VOYAGE

D'ÉGYPTE ET DE NUBIE.

TOME TROISIEME.

Se trouve a Paris,

Chez Constantin, quai de l'École, n°. 15.

VOYAGE

D'ÉGYPTE et DE NUBIE,

PAR

FRÉDÉRIC-LOUIS NORDEN.

NOUVELLE ÉDITION,

Soigneusement conférée sur l'originale, avec des notes et des additions tirées des auteurs anciens et modernes, et des géographes arabes,

PAR L. LANGLÈS,

Auteur de l'Alphabet Tartare-Mantchou, etc.

Ouvrage enrichi de cartes et de figures dessinées par l'auteur.

TOME TROISIEME.

A PARIS,

DE L'IMPRIMERIE DE PIERRE DIDOT L'AÎNÉ.

L'AN VIe DE LA RÉPUBLIQUE.

M. DCC. XCVIII.

VOYAGE

D'ÉGYPTE ET DE NUBIE.

SEPTIEME PARTIE.

JOURNAL DU VOYAGE DE L'AUTEUR

DEPUIS ESSUAEN JUSQU'À DEIR OU DERRY.

Jeudi 19 *décembre.*

LA ville d'Essuaen (Éçouân), située sur la rive orientale du Nil, n'est guere plus considérable que la plupart
des autres villes de la Haute-Egypte : elle a pourtant,
outre ses mosquées, une citadelle, avec un aga qui
s'appeloit alors *Ibraïm.* Une chose qui la distingue
beaucoup des autres places du même gouvernement,
c'est qu'on n'y voit point au-dessus des maisons ces
sortes de colombiers qui de loin donnent aux autres villes une si belle apparence.

Mais ce qui rend sur-tout cette place remarquable, c'est que c'est l'endroit où commence, ou bien,

si l'on veut, l'endroit où finit la premiere cataracte, marqué par des rochers de granit, qu'on trouve au milieu du Nil avant que d'y arriver.

Notre réys, qui étoit janissaire, ne manqua pas d'aller avertir l'aga de notre arrivée, et de lui annoncer en même temps qu'il y avoit dans sa barque des Francs à qui Osman, aga, chef des janissaires au Grand-Caire, avoit donné des lettres qui lui seroient présentées.

A huit heures du matin, l'aga nous envoya deux janissaires, chacun un bâton à la main ; et ils nous offrirent de nous conduire à la citadelle. Nous y allâmes ; et l'aga, qui étoit malade, nous reçut couché par terre et couvert d'une vieille toile des Indes. Nous lui présentâmes nos lettres, et nous lui fîmes entendre que notre intention étoit d'aller jusqu'à la seconde cataracte; ce qui le surprit beaucoup, et l'engagea à nous faire dire que le conseil qu'il avoit à nous donner c'étoit de borner notre curiosité à voir la premiere cataracte.

Ce conseil ne fut point de notre goût. Nous lui fîmes répondre que nous étions déterminés à avancer, à moins qu'il ne fût dans le dessein d'y mettre obstacle. « Je ferai plutôt, répliqua-t il, tout mon pos- « sible pour vous faciliter ce voyage, et vous n'avez « qu'à faire vos préparatifs pour vous pouvoir mettre « en route ». Là-dessus il nous fit présenter le café; et, après que nous l'eûmes bu, nous prîmes congé de lui.

Quand nous fûmes de retour à notre barque, nous

n'eûmes rien de plus pressé que de songer à lui
faire un présent; nous lui envoyâmes un habit d'é-
carlate, une veste d'écarlate, deux boîtes de sorbet, avec quelques bouteilles de liqueurs ; et il en
parut extrêmement satisfait. Nous reçûmes en con-
tre-présent un mouton; et l'après-midi il nous envoya présenter le café dans notre barque. Nous nous
contentâmes néanmoins de le goûter, parcequ'il
étoit cuit avec de la sauge, ce qu'on avoit fait apparemment pour lui donner du haut goût.

Nous avions déja parlé le matin des chameaux,
des chevaux et des ânes que l'aga devoit fournir
pour de l'argent, afin de nous porter nous et notre
bagage au port de la cataracte. L'après-midi nous
lui fîmes demander si nous pouvions compter que
tout cela seroit prêt pour le lendemain matin. La
réponse fut qu'il ne négligeroit rien à cet égard,
et que les lettres de recommandation aux puissances
du pays où nous nous proposions de passer seroient
prêtes.

Nous avions encore demandé qu'il nous fît accompagner par quelqu'un de ses gens, à la charge de le
défrayer et de lui faire outre cela un présent. Il nous
offrit pour cet effet son frere; il nous l'envoya pour
convenir du prix, et nous fûmes bientôt d'accord.

L'aga en usoit d'une maniere très honnête avec
nous : il nous avoit même offert sa maison, que nous
ne crûmes pas devoir accepter, parceque nous ne
comptions demeurer devant Essuaen (Êçouân) que

jusqu'au lendemain. Nous lui envoyâmes donc encore quelques petits présents, dont il fut bien charmé,
et en même temps nous le fîmes prier de ne pas
oublier les lettres qu'il nous avoit promises. Sur quoi
il nous fit dire qu'il les auroit déja écrites si le papier ne lui avoit pas manqué; qu'il ne lui en restoit
pas une feuille, et qu'il nous prioit de lui en envoyer.
Nous en étions pourvus; ainsi il nous fut aisé de le
tirer de cette disette.

Vendredi 20 décembre.

LE matin, à huit heures, un des peres, qui parloit
l'arabe, se rendit chez l'aga pour presser notre départ.

Il trouva que l'aga avoit engagé un réys à nous
mener de la premiere cataracte à la seconde. L'accord fut fait pour vingt sevillans, outre quelques
petits présents. Mais le réys demandoit le temps de
faire du pain pour son équipage; nous en avions
besoin nous-mêmes : ainsi notre départ fut fixé au
dimanche matin.

Ces mesures étant prises, je me rendis à une petite isle située au village d'Essuaen et assez près de
la rive occidentale du Nil; on l'appelle

ELL-SAG (Él-Zâher).

C'est sans doute celle que les anciens ont connue
sous le nom d'*Eléphantine* : sa partie méridionale
est montueuse et couverte de ruines; il n'y en a
cependant que fort peu que l'on puisse bien distinguer, parceque le reste est enseveli sous la terre,

J'y trouvai entre autres un ancien édifice encore debout, quoique couvert de terre par-dessus ainsi que d'un côté; et il méritoit que je me donnasse la peine de le dessiner: on l'appelle *le temple du serpent Knuphis;* mais, à en juger par l'apparence, c'étoit plutôt un monument sépulcral qu'un temple.

Planche
CXXXII.

Quoi qu'il en soit, il a une enceinte qui forme tout à l'entour une espece de cloître, soutenu dans sa longueur par des colonnes. Aux quatre coins il y a une muraille solide; et sur la largeur on ne remarque qu'une seule colonne au milieu. Cette enceinte renferme un grand appartement, qui a deux grandes portes, l'une au midi, l'autre au nord, et dont presque tout l'intérieur est rempli de pierres et de terre: *les murailles, couvertes d'hiéroglyphes, sont enduites de boue et noircies par la fumée du feu que les bergers y font.*

On remarque, du côté de l'ouest, au-dedans de cet appartement et précisément au milieu, une table carrée toute nue sans aucune inscription. Je présumai qu'il pouvoit y avoir dessous une urne ou une momie, et je fus fort tenté de faire lever cette table; mais la superstition du peuple et celle du gouvernement même ne le permettent pas : un voyageur doit se trouver heureux s'il peut avoir la liberté de contempler tranquillement ces anciens édifices; il ne faut-pas qu'il aille plus loin. Je n'oublierai jamais que quand nous vînmes mouiller devant Essuaen (Êçouân) la populace accouroit en foule

3.   2

pour voir, disoit-elle, les sorciers expérimentés dans la magie noire.

La longueur de ce bâtiment intérieur est d'environ quatre-vingts pieds danois, et sa largeur est de vingt pieds : on ne doit pas s'attendre à des mesures plus précises. En mesurant exactement on donneroit trop dans la vue des gens, et on s'exposeroit à être privé entièrement de la liberté de voir les antiquités.

On peut remarquer par le dessin que tout cet édifice est couvert d'hiéroglyphes, et ils semblent être de la plus ancienne sorte.

Il y a tout auprès une espece de piédestal, fait de grands blocs d'une pierre blanche chargés d'inscriptions grecques; mais le temps ne me permit pas d'en faire des copies.

En quittant l'isle d'Ell-Sag (Él-Zâher) j'allai faire un tour aux environs, du côté de l'ouest, pour y voir les ruines de l'ancienne *Syene*, dont Strabon, Pline, et d'autres auteurs grecs et latins, ont fait mention. A dire vrai néanmoins la plupart de ces ruines ne paroissent pas de grande conséquence. Je n'ai pas laissé d'en lever une vue; et, pour l'éclaircir d'autant plus, je remarquerai ici que l'on ne voit sous la *let. a* que des ruines modernes; que sous la *let. b* est représentée une muraille antique, bâtie de grandes pierres carrées, et qui autrefois servoit à soutenir les terres de l'isle. La *let. i* montre l'endroit où étoit l'ancienne ville, et il en reste encore quel-

Planche CXXIX.

ques vestiges qui s'élevent au-dessus de la terre : je les ai marqués sous les *let. c, d, e.* Pour le reste, il est tellement couvert de terre, qu'il n'y a que les décombres, qui percent en quelques endroits, qui puissent faire juger qu'il y a eu autrefois de magnifiques bâtiments.

On découvre en effet çà et là, quoiqu'assez confusément, dans des endroits où la terre s'est écoulée, quelques colonnades accompagnées de tables chargées d'anciennes inscriptions grecques. Ces tables sont de granit; mais les blocs qu'on a employés pour les bâtiments sont d'une pierre blanchâtre, qui ressemble à la pierre de Brême , quoiqu'elle soit plus dure. La *let. e* marque la route qui conduit par eau à *la premiere cataracte : elle est remplie de petites isles ou de rochers de granit, dont les deux bords du Nil sont aussi couverts.* Sous la *let. h* on apperçoit une mosquée à demi ruinée; et la *let. g* fait voir une vieille citadelle, derriere laquelle se trouve une petite baie, qui, du côté du midi, a pour soutien une digue naturelle de grandes pierres de granit, sur lesquelles l'art a gravé différents hiéroglyphes.

La CXXX^e planche représente l'endroit le plus remarquable. On y remarque sous la *let. a* la pierre angulaire, qui, outre quelques hiéroglyphes, a vers le bas une niche carrée, avec une espece de colonne au milieu marquée *b.* Les mesures qui sont taillées dans les pierres de cette niche me firent conjecturer que tout cela pouvoit anciennement être destiné à servir de mokkias (méqyâs) pour connoître l'accroissement et la diminution des eaux du Nil.

Sur ce rocher il y a, *let. e*, des ruines considérables; mais ce sont des ruines d'édifices modernes.

J'ai dessiné sous la *let. f* l'ancien soutien de la baie, ou la digue dont j'ai fait mention dans la planche précédente; et sur une des pierres de granit qui servent de fondement il y a, *let. g*, deux hiéroglyphes, les seuls que j'aie apperçus de ce côté-là sur les pierres de cette espece.

Un valet que l'aga m'avoit donné pour m'accompagner me fit dire que ce que je voyois étoit peu de chose en comparaison de ce qu'il y avoit de l'autre côté du fleuve, et que, si j'y voulois passer, j'y trouverois toute une ville ancienne : « Il y a, dit-il, des « peintures, des inscriptions, et des momies ». Cet avis me surprit extrêmement; je ne pouvois m'imaginer quelles antiquités si remarquables on pouvoit trouver dans cet endroit. Mais il étoit trop tard alors pour y passer, et je me proposai d'employer le lendemain à en faire la visite.

Samedi 21 *décembre*.

Nous avions fait faire une bonne provision de pain, que nous n'eûmes pourtant pas sans peine : il fallut acheter le bled, et le donner en différents endroits de la ville pour le faire moudre à la main. Nous avions déja trouvé la même difficulté dans d'autres endroits : mais plus nous avancions, plus elle deve-

noît grande; et nous la sentîmes encore davantage
à mesure que nous remontâmes plus haut. Rien n'é-
toit si difficile que de se procurer pour de l'argent
les choses nécessaires à la vie : le bois à brûler sur-
tout est dans ces quartiers d'une rareté inconcevable;
quelques mouvements que nous nous fussions donnés pour en acheter, nous n'en avions pu avoir.
Heureusement l'aga nous envoya un morceau de bois
de sycomore. C'étoit un vrai présent, dont un de nos
peres alla le remercier; et il lui porta en revanche
quelques bagatelles qui avoient leur prix dans le
pays.

Le vieil aga fut si touché de notre reconnoissance,
que, pour témoigner combien il s'intéressoit pour
nous, *il exhorta le pere à ne pas avancer plus loin* :
« Vous serez tous perdus, dit-il; vous n'allez pas chez
« des hommes, mais chez des bêtes féroces. Ils tue-
« roient un homme pour un parat : de quelle ma-
« niere en useront-ils avec vous qui portez tant de
« trésors »? Le pere lui répondit qu'il ne dépendoit
pas de lui de rester quand même il le voudroit. « Eh
« bien ! reprit l'aga , parlez donc de ma part à
« vos compagnons de voyage, et détournez-les du
« dessein d'aller plus loin ». *Ils ne se laisseront pas
persuader*, répliqua le pere; *ce ne sont pas des gens
à reculer.* « *Im-schalla* (1)*!* s'écria l'aga : tiens, voilà
« les lettres qu'ils m'ont demandées pour les puis-

______

(1) *Yn chaá állah.* Voyez t. II, p. 109.

« sances. Qu'ils aillent au nom de Dieu. Mais je suis
« bien fâché que ces gueux attrapent tant de belles
« choses que vous avez avec vous. »

Le pere nous fit un récit fidele de ce dialogue.
Mais comme personne d'entre nous n'ignoroit que
les Turcs ont une peine extrême à permettre aux
étrangers de passer au-delà de la premiere cataracte,
nous crûmes que le dessein de l'aga étoit de nous
intimider; et comme nous avions reçu le reste de
notre pain et acheté ce que nous avions pu avoir
pour de l'argent, nous mîmes tout en ordre, et nous
fîmes nos paquets pour être en état de partir le
lendemain, parceque l'aga nous avoit promis de nous
fournir assez de chameaux et d'autres montures pour
nous conduire à la cataracte.

Dans le temps que nos gens étoient occupés à em-
paqueter notre bagage, nous eûmes la visite d'un
saint mahométan, qui d'une main jouoit du tambou-
rin, et de l'autre tenoit un petit bâton courbé dont
il toucha tous nos coffres et nous-mêmes en nous
donnant une espece de bénédiction à sa maniere.
Un chien, qui appartenoit à un de nos gens et duquel le saint s'approcha aussi pour le toucher à son
tour avec son bâton, ne goûta point cette cérémonie; il prit cette bénédiction mahométane pour une
menace; et pour en prévenir les suites il sauta au
cou du saint et le renversa par terre. Celui-ci se
mit à crier et à nous donner autant de malédictions
qu'il nous avoit donné de bénédictions un moment

auparavant, tandis qu'une foule de canaille accouroit, et que chacun offroit de venger l'insulte faite
à leur saint par des infideles.

Pour finir ce jeu, qui auroit pu nous coûter cher,
j'envoyai vers le saint notre valet juif avec une
couple de sevillans qui firent leur effet. Le saint se
retira de notre barque, et emmena avec lui la foule,
qu'il appaisa le mieux qu'il put.

J'avois une envie extrême d'aller voir les antiquités dont on avoit parlé; mais il ne fut pas possible
de trouver un canot; le seul qui étoit dans la ville,
et qui appartenoit à notre réys, avoit été envoyé
quelque part avec du sel. Ce contre-temps me mor-
tifia beaucoup; mais il fallut prendre patience jusqu'au retour, où j'aurai occasion d'en toucher quelque chose.

Le fils de l'aga, qui étoit commandant et douanier du port de la cataracte, vint nous voir dans
ces entrefaites avec son compagnon. Ils nous dirent
qu'ils nous accompagneroient eux-mêmes jusqu'à la
cataracte, et que, selon l'ordre de l'aga, ils auroient
soin que les montures fussent prêtes pour le lendemain. Nous leur donnâmes le café, et nous leur
fîmes présent de quelques épiceries et de quelques
babioles.

Dimanche 22 décembre.

A dix heures du matin l'aga envoya une garde de janissaires auprès de notre barque afin que tout notre bagage pût être déchargé en sûreté et sans confusion : il nous fit ensuite amener treize chameaux, trois chevaux, et autant de bourriques qu'il en falloit pour tout porter.

Malgré la précaution de l'aga, l'affluence du peuple étoit si grande que nous employâmes plus de deux heures avant que de nous pouvoir mettre en chemin; et quoiqu'ensuite le fils de l'aga, revêtu de son cafetan, et son compagnon, l'un et l'autre à cheval, conduisissent notre troupe et empêchassent le désordre, la populace qui s'étoit assemblée devant notre barque ne laissa pas de nous suivre jusqu'à la moitié du chemin.

Voyez la carte du Nil, Planche CXXXIII.

Nous prîmes notre route à l'orient du Nil; et, après avoir traversé une assez grande plaine bordée de rochers, nous trouvâmes un défilé si étroit qu'à peine un chameau chargé y pouvoit passer. Nous vîmes après cela une forteresse turque, et nous poursuivîmes par un chemin assez étroit qui couroit le long de la cataracte. Enfin au bout de deux heures et demie de marche nous arrivâmes au havre de Morrada (Moradah) ou de la premiere cataracte.

Nous y rencontrâmes la barque que l'aga avoit frétée pour nous : elle étoit bien plus petite que la premiere que nous avions louée au Caire; cependant

quand nous y eûmes mis notre tente, elle nous parut
assez commode. Nous donnâmes au fils de l'aga et à
son compagnon sept sevillans, tant pour le droit de
la douane que pour la peine qu'ils avoient prise de
nous accompagner. Ils auroient bien voulu avoir
davantage, car il est bien rare de pouvoir contenter quelqu'un dans ce pays; mais nous fîmes semblant de ne pas nous appercevoir de leur mécontent-
tement. A l'égard de la voiture, elle nous coûta dix
parats par chaque chameau, et trois parats par chaque
bourrique. J'observerai à cette occasion que ce qu'on
appelle ici des chameaux ce sont des dromadaires,
qui ne portent pas une grande charge, et qu'on ne
peut mettre sur les bourriques qu'un sac, tant elles
sont petites et foibles.

Lundi 23 décembre.

Le fils de l'aga vint de grand matin prendre congé
de nous, et nous renvoyâmes un janissaire que nous
avions depuis notre arrivée à Essuaen (Êçouân). Il
parut très content d'un sevillan que nous lui donnâmes. Le réys qui nous avoit amenés du Caire vint
aussi prendre congé, et nous lui fîmes présent d'un
habit verd, et de quelques clincailleries pour sa femme
et pour ses enfants. A l'égard de trente fendouclis (1)
que nous étions convenus de lui donner pour notre
passage, ils lui avoient été payés d'avance avant que
de partir du Caire.

____

(1) Environ vingt-quatre francs; voyez t. II, p. 13. (*Langlès.*)

3. 3

Dans le temps que nous comptions de mettre à la voile, on nous fit entendre qu'il ne falloit pas y songer de trois ou quatre jours, parceque le *Rammadam* (Ramadhân) étoit commencé, et que la loi du prophete ne permettoit pas d'entreprendre un voyage dans les premiers jours de cette fête. C'est pour cette raison que notre nouveau réys ne s'étoit pas encore rendu à bord.

Suivant l'accord que nous avions fait avec lui, sa barque, comme celle que nous avions louée au Caire, ne devoit être chargée que de nos personnes et de notre bagage: mais il nous arriva ici la même chose qu'au Caire; nonobstant l'accord, nous vîmes qu'on se mettoit en devoir d'y charger du sel et du bled qui avoient été apportés au port sur plusieurs chameaux. J'en fis faire des plaintes au pilote, qui dit que sa barque ne tirant que deux pieds d'eau au lieu de trois qu'elle devoit tirer pour être lestée, il convenoit de recevoir ces marchandises: il obtint là-dessus la permission de les charger. Il en résulta pourtant d'abord un inconvénient, c'est que notre barque faisoit beaucoup d'eau, parceque le dessus avoit été long-temps exposé au soleil, et que la plupart des jointures s'étoient entr'ouvertes. Durant le séjour qu'on nous obligeoit de faire malgré nous, je me promenois dans les environs du port. L'envie me prit de passer un défilé qui menoit de l'autre côté de la montagne que nous avions au midi, et qui étoit si étroit qu'un homme seul pouvoit à peine y passer de front. Je pris avec moi quelques uns de nos gens; mais dès que nous fûmes à l'entrée du défilé une vingtaine de Barbarins, la zagaie à la main, s'opposerent à notre passage. Il fallut arrêter; et je fis d'autant moins d'instance pour avoir la liberté de passer, que la barque devoit bientôt nous mener de ce côté-là. Je feignis donc de m'embarrasser peu de pénétrer plus avant, et je le leur fis dire par le valet juif.

Cette indifférence n'étoit pas ce qu'ils souhaitoient. Ils répondirent que je pourrois passer, et qu'ils me conduiroient eux-mêmes pourvu que je leur donnasse le *backsich* (1); mais, pour leur persuader que j'agissois de bonne foi, je refusai leur offre et me retirai vers notre barque. Ils m'y vinrent trouver, et me prierent d'aller dans l'endroit que je m'étois proposé de voir; mais je ne me laissai point persuader. Ils dirent après cela à un de nos peres qu'ils m'avoient refusé le passage parcequ'il y avoit quantité de trésors enterrés dans une isle voisine.

Mardi 24 décembre.

Avec le jour il nous arriva un exprès dépêché par le cacheff Ibrim (kiâchef Ibrâhym). Cet exprès étoit chargé d'une lettre adressée à notre réys; elle lui faisoit défense de partir avec sa barque et de nous mener plus loin. Le cacheff ajoutoit que dans le jour

____

(1) Gratification. (*Langlès.*)

il seroit à Essuaen (Èçouân), et que de là il lui donneroit ses ordres pour ce qui nous concernoit. Du reste la lettre, selon l'usage des Turcs, étoit ouverte; et comme le réys ne se trouvoit pas à bord, le pilote la porta à un de nos peres pour qu'il la lût.

Le contenu de cette lettre nous surprit extrêmement : nous ne pouvions concevoir la raison de cette défense. Nous proposâmes à un des peres de se rendre chez l'aga pour le consulter et pour convenir avec lui de la maniere dont nous devions nous conduire dans cette fâcheuse rencontre. Mais le bon pere, qui apparemment avoit été intimidé par les discours que l'aga lui avoit tenus, s'excusa sous prétexte de quelque incommodité. Les autres s'offrirent d'y aller; mais comme ils n'étoient pas assez forts dans la langue, je résolus d'y aller moi-même avec le valet juif, à qui je fis faire serment de ne dire absolument à l'aga que ce que je dirois, et de me rapporter fidèlement les réponses de cet officier, afin que j'en pusse juger si on avoit dessein de nous faire quelque avanie ou de nous jouer un mauvais tour.

Cette résolution prise, j'envoyai pour chercher des montures; mais il ne fut pas possible d'en trouver. Il fallut donc se résoudre à faire le voyage à pied, quoique le soleil fût déja bien haut et qu'il fît une chaleur extrême. Cela ne m'empêcha pas de me mettre en route : et je puis dire que je fis une promenade des plus agréables; car je pouvois contempler à loisir la cataracte et les rochers de granit qui la forment.

Lorsque je fus entré dans la plaine de sable, je m'arrêtai souvent pour contempler les hiéroglyphes qu'on avoit taillés dans la roche vive, et les carreaux de marbre granit qu'on avoit commencé à travailler, et dont une grande partie restoit sans être achevée.

A force d'avancer dans cette grande plaine, j'arrivai à un cimetiere très vaste et rempli de pierres qui avoient toutes leurs inscriptions. Je l'avois pris pour un cimetiere des Turcs quand j'y passai pour la premiere fois; mais comme j'avois plus de temps pour le considérer, je remarquai bientôt qu'il étoit d'une tout autre espece. Les tombeaux, presque tous semblables, n'avoient aucun rapport à ceux que je pouvois avoir vus ailleurs, et j'avois de la peine à me faire une idée des personnes qui avoient été enterrées dans ce lieu. Je dis à notre valet juif, qui lisoit le turc et l'arabe, d'examiner s'il pourroit déchiffrer quelque inscription. Sa réponse fut qu'il n'y avoit pas une lettre qui ressemblât à celles des Turcs ou des Arabes, et qu'il ne comprenoit rien à ce qu'on avoit écrit. Je lui recommandai de s'en informer, afin d'apprendre au moins quelle étoit la tradition du pays: et on lui dit que c'étoit là des tombeaux de Mammelus (Mamlouk), qui avoient été tués lorsque le calife (khalyfe) entra en Egypte. J'ai donné dans mes dessins la vue de ce cimetiere.

Planche CXXXI.

En avançant plus loin j'arrivai à une porte antique, qui avoit été ruinée et ensuite rebâtie : aussi n'y voyoit-on point le goût des anciens Egyptiens, mais plutôt celui des Sarrasins. La matiere étoit de briques cuites au soleil, mêlées de carreaux de pierres de la Thébaïde et de quelques morceaux de colonnes; et ce mélange ne disoit que trop que la porte avoit été sujette à bien des changements.

Je traversai ensuite une grande quantité de ruines, qui témoignoient par un semblable mélange qu'elles étoient du même temps que la porte; le tout étoit ceint d'une muraille ruinée comme le reste.

Je me serois arrêté tout le jour à considérer ces ruines, si je n'avois pas été obligé de penser à notre sûreté commune. Je les quittai donc à regret pour me rendre chez l'aga, à qui je fis exposer mes justes plaintes. Le bon homme, qui commençoit un peu à se rétablir de sa maladie, parut indigné de la maniere dont le cacheff (kiâchef) en usoit avec nous. Il haussa les épaules, et me fit dire qu'il voyoit bien où tout cela tendoit : « Le cacheff craint, dit-il, « que par mes bons conseils vous ne changiez de « sentiment, et que vous ne renonciez au dessein « d'aller plus loin : ainsi il veut tirer de vous tout ce « qu'il pourra. Du reste, ajouta-t-il, soyez assurés que « si vous pénétrez plus avant, vous êtes tous perdus. « Nous en avons des exemples funestes: des gens « même de notre propre religion ont été dans le pays « et n'en sont jamais retournés. Le nouveau cacheff

« est un grand coquin : son pere et son frere lui
« ressemblent, et tous ceux qui ont quelque chose à
« dire dans le gouvernement ne valent pas mieux. »
Pour ne pas témoigner de foiblesse, je lui fis répondre que nous étions déterminés à aller jusqu'à
la seconde cataracte, pour peu que la chose fût possible; que les puissances du Caire nous avoient accordé
pour cela leur protection, et que notre dessein étoit
d'en user, à moins que lui ou le cacheff ne nous
défendissent d'aller plus loin. « Vous le voulez, reprit
« l'aga, je ne vous en empêcherai pas d'autorité. Les
« lettres que vous m'avez apportées m'ordonnent de
« vous assister et non pas de vous arrêter. J'y obéis
« de mon mieux, et je vous proteste que tant que
« vous serez dans mon gouvernement ou dans celui
« de mon fils personne ne vous fera le moindre tort.
« Mais je vous avertis que, dès que vous serez sortis
« du port de la cataracte, ma protection ne vous
« sert plus de rien, et je vous ai dit d'avance ce qui
« vous arrivera. Restez, poursuivit-il. Le cacheff va
« venir; vous le verrez. J'enverrai mon fils avec vous,
« et vous saurez plus précisément de quoi il est ques-
« tion ». Là-dessus il fit servir le café, et me régala
de quelques grappes de raisins, qui étoient d'un très
bon goût, mais fort petits.
Nous en étions encore à cette frugale collation
quand la décharge de deux canons et de quelques
mousqueteries nous annonça l'arrivée du cacheff. Je
me rendis chez lui avec le fils de l'aga et le Juif. Nous

trouvâmes cette *puissance* assise sur une natte étendue dans la poussiere d'une grande basse-cour. Le
fils de l'aga me présenta. Le cacheff se leva, me
donna la main, et me fit asseoir à côté de lui.

Après ce *salamaleck*, c'est-à-dire après la saluta-
tion ordinaire, le fils de l'aga demanda de la part
de son pere au cacheff quelle raison il avoit pu avoir
de nous arrêter. « Vous savez, répondit-il sans hésiter,
« que notre peuple est bien méchant, et que ces
« Francs courent de grands risques s'ils avancent
« dans le pays sans ma protection, sans celle de mon
« pere, et sans celle de mes amis. Le bey de Tschirche
« (Djirdjeh) m'a chargé d'avoir soin d'eux: ainsi je
« prétends que, pour leur propre sûreté, ils ne par-
« tent pas avant que j'aille moi-même dans le pays,
« où je répondrai de chaque pas qu'ils feront, et
« où je les pourrai garantir de toute insulte. »

Cette réponse m'ayant été expliquée, je fis dire
au cacheff que je le remerciois de ses soins; mais
que nous ne pouvions pas attendre son départ
puisqu'il n'auroit lieu que dans trois ou quatre se-
maines; que nous ne craignions rien de la part du
peuple; et que, si quelqu'un nous attaquoit, nous
savions nous défendre; en un mot que toute la
grace que nous lui demandions c'étoit de lever
l'ordre qu'il avoit donné de suspendre notre départ.
« Je le veux, dit-il, si vous voulez signer de votre
« main que vous avez refusé ma protection et celle
« de mes amis, et que vous me tenez quitte de tous

« les accidents qui vous peuvent arriver ». Je n'avois
garde de consentir à une pareille demande. Pour trouver un milieu, je lui fis proposer de nous donner
des lettres pour ses amis; et j'ajoutai que je les croyois
capables de nous procurer le peu de protection dont
nous pouvions avoir besoin. « Afin de vous montrer,
« reprit il, combien je suis porté à vous faire plaisir, je
« vous les donnerai telles que vous les voudrez, et j'en-
« verrai au réys la permission de mettre à la voile. »

Là-dessus nous prîmes congé de lui: mais quand
nous fûmes près de sortir de sa basse-cour il nous
rappela, et dit tout bas au fils de l'aga qu'il me devoit avertir que si nous voulions avoir des lettres il
falloit les payer d'un bon présent et de quelque
argent comptant. Il y avoit trop de monde dans la
cour pour entrer en discours sur cette matiere; de
sorte que le fils de l'aga se tut et ne communiqua
l'avis qui lui avoit été donné que lorsque nous fûmes
sortis. Il le déclara au Juif, qui m'en fit le rapport.

Nous retournâmes chez l'aga pour lui faire part de
ce qui s'étoit passé. Il prit d'abord tout le discours du
cacheff (kiâchef) dans son vrai sens, et conclut que,
si nous voulions avancer, il faudroit absolument en
passer par-là, d'autant qu'il ne convenoit guere de
l'avoir pour ennemi. Comme je voyois l'aga agir de
bonne foi, je le fis prier de composer avec le cacheff au meilleur marché qu'il lui seroit possible. Il
le promit, et me dit d'envoyer le lendemain notre
Juif pour apprendre des nouvelles de sa négociation.

3.   4

Je le priai de me procurer deux montures pour retourner au port de la cataracte. Il me prêta son cheval, et me fit avoir une bourrique pour mon valet. Bien nous en prit d'être montés; le pourparler avoit tellement duré que le jour se trouvoit avancé, et nous eûmes de la peine à arriver à notre barque avant la nuit.

J'eus soin de défendre au Juif de rien dire des difficultés qu'on nous avoit faites. Je craignois que nos compagnons de voyage ne perdissent le courage qui est si nécessaire pour franchir des pas difficiles.

Mercredi 25 décembre.

Aujourd'hui, jour de Noël, après avoir satisfait à quelques devoirs qu'exigeoit un si saint jour, j'employai tout le reste du temps à visiter la cataracte; et, pour ne pas donner trop dans la vue des gens du pays, je me dérobai avec une seule personne de la compagnie, qui n'entendoit pas plus l'arabe que moi.

L'endroit où je me rendis d'abord fut celui où j'avois observé le jour précédent que se rencontroit la plus grande chûte. Je fis tant de tours et de détours sur les rochers qui avancent le plus dans le fleuve, que j'eus de la peine à en sortir à sec, et je m'y étois arrêté plus d'une heure à faire mes observations sans y avoir vu ame qui vive; mais en montant sur un rocher j'y trouvai un Barbarin qui

pêchoit. Je pris plaisir à le regarder : il s'en apperçut, et il me conduisit dans un endroit où à l'aide
d'un petit crochet il me fit prendre d'excellentes
carpes. Je lui donnai alors quelques parats; et ce
petit présent, qui étoit une espece de fortune pour
lui, me gagna entièrement son affection, de sorte
qu'il abandonna sa pêche et me mena dans tous les
endroits qui étoient accessibles. Je demeurai plus
de quatre heures avec lui, et j'eus tout le loisir de
contempler la situation de cette cataracte, qui dans
ce temps-là pouvoit avoir quatre pieds de chûte et
trente pieds de longueur. Je ne manquai pas d'en
lever une carte particuliere, que je joins à mes dessins.

Voyez Planche CXXXIV.

De dessus un de ces rochers je découvrois les
beaux restes d'antiquités de *Giesiret-ell-Heist* (Djézyret-
êl-Hhéyf); mais j'en étois trop éloigné pour en tirer
un bon dessin. Je m'en consolai par l'espérance d'y
aller un autre jour, ou du moins d'y passer lorsque
nous aurions la liberté de continuer notre route.

Durant toute cette promenade j'essuyai une grande
chaleur. Je mourois de soif, et, quoique je fusse
au milieu du Nil, je ne pouvois attraper une seule
goutte d'eau pour me désaltérer ; le prompt écoulement de l'eau rendoit les rochers de granit si glis-
sants, que je ne pouvois parvenir à prendre de
l'eau avec la main; j'y faisois des efforts inutiles.
Heureusement mon Barbarin fut plus habile que
moi : il me fit arrêter, se coucha ensuite sur le

ventre; et, après qu'il se fut bien lavé les mains,
il me présenta de l'eau, que je bus avec un plaisir
que je ne saurois exprimer.

Cette promenade finie, le Barbarin me conduisit
à sa cabane pour m'y régaler de quelques dattes et
d'un peu de lait. Il me montra ensuite tout son
ménage, dont l'inventaire auroit été aisé à faire;
ce qu'il y avoit en plus grande abondance, c'étoient
des enfants qui couroient tout nuds autour de nous;
et je les régalai de quelques bagatelles.

Le Barbarin, gagné par mes largesses, m'ouvrit
une de ses grandes jarres, afin de me montrer
comment on conservoit le bled dans le pays. Il
apporta lui-même les carpes à notre barque; et
le lendemain il y retourna encore pour nous présenter du lait. Je puis dire qu'il en usa si bien avec
moi que j'en fus édifié: il fut le premier et le dernier
qui nous rendit quelque service dans notre route sans
demander auparavant le *backsich* (bakhchych). Il fit
pourtant une faute qui faillit à entraîner de mau-
vaises suites; il étoit si charmé du peu de parats
que je lui avois donnés qu'il les montroit à tous
ceux qui se rencontroient en chemin, et il leur
faisoit en même temps le récit de ce qui s'étoit
passé sur les rochers de la cataracte et dans sa cabane.

Tout cela fit un très mauvais effet. Lorsque je fus
de retour à la barque, les peres, qui apprirent où j'avois
été et ce que j'avois vu sans rencontrer qu'une seule

personne, se mirent en chemin avec nos autres compagnons de voyage, sur-tout pour voir la pêche. Ils
y parvinrent effectivement; mais à peine furent-ils
sur le rocher, qu'une vingtaine de Barbarins accou-
rurent pour leur démander le backsich. Ils étoient
en trop grand nombre pour qu'on pût les contenter
tous; et il n'y avoit pas moyen de donner à quelques uns sans offenser les autres. Nos gens crurent
que le plus court étoit de refuser tout net; et comme
ils savoient la langue, ils demanderent de quel droit
on prétendoit exiger quelque chose d'eux. La réponse fut prompte et claire : « Il y avoit ici ce ma-
« tin, dirent-ils, un des nôtres qui a reçu de l'ar-
« gent d'un étranger; nous voulons aussi en recevoir
« de vous autres ». Cette réponse insolente fut accompagnée d'un geste encore plus insolent, car l'un
d'entre eux mit sans façon la pointe de sa zagaie à la
poitrine d'un des nôtres. Pour se tirer d'affaire, il
fallut mettre la main à la bourse, donner à quelques uns, et promettre de donner aux autres quand
ils seroient à la barque. Les Barbarins ne manque-
rent pas de s'y rendre: mais ils n'y trouverent pas
ce qu'ils cherchoient; au lieu d'argent ils n'essuyerent
que des menaces, et on punit ainsi l'insolence qu'ils
avoient eue.

Pendant que cette scene s'étoit passée sur les rochers de la cataracte, je m'étois occupé dans la
barque à dessiner une plante appelée en arabe *oschar* : elle croît dans ces quartiers, et je l'avois fait

Planche
LIX.

apporter par le Barbarin qui m'avoit accompagné à
la promenade. On en peut voir la figure parmi mes
dessins; et j'ajouterai ici une courte description
pour la faire mieux connoître.

Cette plante a trois pieds danois de hauteur; sa
tige est droite, et il en sort ordinairement quinze à
vingt feuilles, et trois ou quatre fruits assez près l'un
de l'autre : tout cela ensemble forme un bouquet
verd, car la tige, les feuilles et les fruits sont de
cette couleur. Ses fleurs, de la grandeur de celles
du cerisier, ont cinq feuilles, au milieu desquelles
il y a un pentagone verd qui repose sur cinq pieds
violets : elles sont blanches en dehors, et le dedans
est moitié blanc, moitié violet. Le fruit, de la grosseur d'un œuf d'oie, approche de la figure d'une
pêche, et a des veines ou des côtes comme les
feuilles; il est presque tout rempli de vent, qui en
sort dès qu'on y fait quelque ouverture, et alors la
peau demeure un peu relâchée. Le dedans de ce
fruit est blanchâtre, et on y voit une espece de
filet comme dans les melons. On y trouve aussi
une feve velue par dehors; et, quand on l'ouvre,
on en rencontre une autre qui sur sa superficie porte
la semence rangée comme des écailles de poisson,
et qui ressemble aux pepins du melon : cette feve
intérieure, où la semence se trouve, est d'une matiere
blanche et cotonneuse. Quand on rompt ou le fruit,
ou les fleurs, ou les branches, il en découle quantité de lait d'un goût aigre. On avertit les étrangers

de ne le point approcher des yeux, parcequ'on prétend qu'il est très nuisible à la vue : le peuple le
regarde comme un préservatif contre la peste. Du
reste on n'attribue à cette plante aucune autre vertu,
si ce n'est qu'on applique assez communément sur
les plaies des feuilles d'*oschar* après les avoir fait
rôtir devant le feu.

Notre valet juif étoit parti dès le matin pour Essuaen (Éçouân), et il ne revint point ce jour-là.
Son retardement nous inquiétoit, et nous laissoit toujours en suspens par rapport à la continuation de
notre voyage.

Jeudi 26 décembre.

JE levai ce jour-là la vue du port qui est au-dessus
de la premiere cataracte, et qu'on nomme dans la
langue du pays

MORRADA (Moradah).

J'y ai marqué, *let. a* et *b*, les deux passages qui
donnent la facilité de remonter le Nil : ils sont formés
par l'isle *c*. Quand on sort de celui qui est du côté
du midi, on commence à appercevoir la pointe de
l'isle de *Ell-Heist* (Djézyret êl-Hhéyf), remarquable
par ses superbes antiquités, et dont je parlerai bientôt. La *let. d* est l'endroit où les barques qui vont
à la seconde cataracte ou qui en reviennent jettent
l'ancre : ce sont des bâtiments construits à-peu-près
de la façon d'un *merkeb*, mais plus petits ; ils n'ont
qu'un mât, et ne tirent guere plus de trois pieds

Planche
CXXXV.

d'eau quand ils sont lestés. Du reste la douane de
ce port ne rend pas au-delà de trois bourses.

Il étoit midi passé, et notre Juif ne revenoit point;
mais nous reçûmes de sa part un messager par lequel
il nous manda que l'aga espéroit de finir bientôt avec
le cacheff (kiâchef), et que lui-même comptoit être
enétat de nous rejoindre vers le soir. Il arriva effectivement à l'entrée de la nuit, amenant avec lui le
réys et le frere de l'aga, qui devoient nous accompagner. Le cacheff avoit fait tant de difficultés et porté
ses prétentions si haut, que dans tout le jour précédent l'aga n'avoit rien pu conclure avec lui. Le
26 il rabattit pourtant de quelque chose; mais il demandoit encore cent piastres ou sevillans. L'aga,
voyant qu'il ne se mettoit point à la raison, s'y prit
d'une autre façon, il envoya chercher des chameaux
et d'autres montures pour nous ramener à Essuaen
(Éçouân). Cette démarche fut décisive. Le cacheff
sentit que ses affaires alloient prendre un tour peu
favorable à ses intérêts, et que, pour vouloir trop
exiger, il n'auroit rien : il donna bientôt les mains
à l'accommodement que l'aga lui avoit proposé; il
nous envoya deux lettres, et un de ses janissaires
qu'il chargeoit de nous servir en chemin, le tout
pour vingt-un sevillans et quelques livres de tabac
par-dessus le marché. Nous lui envoyâmes l'argent
et le tabac par le messager qui étoit venu d'Essuaen,
et à qui nous fîmes aussi divers petits présents.

Je fis parler le soir à notre réys, et je lui fis demander de mettre le lendemain à la voile de si bonne heure, que nous pussions nous arrêter quelques heures à l'isle d'*Ell-Heist* (Él-Hhéïf). Il fit d'abord beaucoup de difficultés; il le promit cependant à la fin, et nous mîmes tout en ordre pour notre départ.

Nous avions entre autres provisions quatre à cinq sacs de froment, tant pour notre propre usage que pour échanger diverses petites choses que les Barbarins ne veulent pas toujours vendre pour de l'argent.

Vendredi 27 décembre.

LE matin, à huit heures, nous mîmes à la voile avec un vent de nord très fort; nous sortîmes du havre de la premiere cataracte, et nous passâmes bientôt

GARBELTHEES (Gharb êl-Tys),
village sur la rive occidentale du Nil.

Le premier objet qui s'offrit ensuite à notre vue fut

GIESIRET-ELL-HEIST (Djézyret êl-Hhéïf).

Cette isle, la *Phile* des anciens, est située à quelque distance de la rive occidentale du Nil, et près d'une autre isle beaucoup plus grande, mais déserte et toute couverte de rochers de granit. Ses bords sont taillés en forme de murs ménagés sur le roc; et au-dedans il y a quantité de colonnades, de bâtiments, et d'autres antiquités des plus magnifiques.

En approchant de cette isle j'eus soin de faire ressouvenir notre réys de la promesse qu'il m'avoit faite : mais il me fit répondre que le vent étoit si fort, qu'il risqueroit sa barque et nos personnes mêmes s'il entreprenoit d'y aborder. La raison étoit trop plausible pour que j'insistasse davantage. Cependant, pour lui faire sentir que je n'étois pas facile à tromper, je lui montrai en passant un endroit où il auroit pu mettre à terre sans courir le moindre risque. Je me consolai de ce contre-temps comme j'avois fait auparavant à Carnac (Qarnâq) et à Luxor (Louqssor), c'est-à-dire que je dessinai tout ce que je pus découvrir; et on peut recourir aux trois vues que je levai alors.

Planche CXXXVI. La premiere représente l'isle telle qu'elle se montre aux yeux lorsqu'on sort du port de la premiere cataracte. On y voit une porte ou une espece de citadelle semblable à celle que j'ai décrite en donnant les antiquités d'Edfeu (Edfou) : celle d'Ell-Heist (Èl-Hhéïf) est pourtant mieux conservée. Quant aux figures hiéroglyphiques qu'on y a gravées, elles sont de la même grandeur que celles d'Edfeu (Edfou); mais leurs attitudes different : quelques unes sont assises et ont la tête couverte d'une mitre; d'autres sont debout et tiennent des armes à la main, etc.

Il y a des especes de bastions ou de boulevards qui paroissent être encore en assez bon état. Si la muraille n'étoit pas ruinée en quelques endroits, on courroit risque de ne pas découvrir la plupart

des colonnes qui sont au-dedans, et qui, autant qu'on
en peut juger, y sont en grand nombre et d'un fort
beau travail.

On apperçoit de ce côté-là sur le roc de granit
divers hiéroglyphes taillés à-peu-près de la même
maniere que ceux que nous avons vus à Essuaen.

La seconde vue est prise du côté du couchant; Planche
et la troisieme représente le côté méridional de l'isle. CXXXVII.
Planche
On y voit aussi la porte ou citadelle dont j'ai déja CXXXVIII.
parlé; et l'attitude des figures hiéroglyphiques ne dif-
fere point de celle des figures qui sont de l'autre
côté.

Cette partie de l'isle paroît la plus ruinée; mais
le temple, marqué dans le dessin sous la *lett. a*,
semble être d'une grande beauté. Il est très bien
conservé, et les ornements ainsi que les chapiteaux
des colonnes sont de la derniere délicatesse.

Voilà tout ce que j'ai pu observer en allant: mais
au retour la fortune me favorisa davantage. Quoique
le réys voulût alors recommencer ses mêmes chansons, à quoi il ajoutoit que son équipage étoit fatigué d'avoir ramé tout le jour, il ne s'opposa pas
néanmoins si vivement à mon dessein; il y consentit
même après que j'eus gagné moi-même le pilote
par le moyen d'un sevillan, et qu'une autre personne en eût fait autant auprès de l'équipage.

Le réys se fit mettre à terre alors avec le frere de
l'aga et avec le janissaire. Ils se rendirent tous trois
à Essuaen par terre; et nos Barbarins, animés par

le présent qui leur avoit été fait, jouerent de la rame
de plus belle; de sorte qu'ils attacherent bientôt la
barque à l'isle d'Ell-Heist (Él-Hhéïf).

Comme il étoit déja tard, j'eus dessein d'abord de
différer ma curiosité jusqu'au lendemain matin; mais
la nuit se trouvant belle, et mon impatience redou-
blant par-là, je demandai si l'isle étoit habitée. On
me fit entendre que je n'y trouverois personne. Cette
réponse m'anima. Je me munis de mes mesures, de
mes papiers et d'une lanterne, et je descendis avec
une seule personne de notre compagnie.

La premiere chose à laquelle nous pensâmes fut
de faire le tour de l'isle pour avoir une idée générale de la situation des édifices; et j'en donne le
Planche
CXXXIX,
n°140 et 141.
Planche
CXLII. plan dans mes dessins. Il est suivi de deux coupes
prises sur le travers de l'isle et représentées dans
une même feuille; et dans une troisieme feuille on
a une troisieme coupe prise sur la longueur de l'isle.

Nous fûmes bien surpris quand nous apperçûmes
parmi ces antiquités un assez grand nombre de cabanes de Barbarins, et nous crûmes véritablement
que notre pilote nous avoit joué un mauvais tour:
cependant nous ne laissâmes pas d'avancer; et comme
nous n'entendions aucun chien aboyer, cela nous
rassura un peu. Enfin nous nous trouvâmes entièrement hors d'intrigue en voyant que ces cabanes
étoient désertes et en ruine.

Nous ne balançâmes pas alors à entrer dans le grand
temple d'Isis, monument des plus superbes et qui reste

presque entièrement sur pied. J'en fis une ébauche
générale, où je marque, sous la *lett. c,* l'entrée principale : la cour intérieure se voit sous la *lett. d;* la seconde
entrée est désignée *lett. e;* le vestibule suit, *lett. f;*
la basse-cour vient ensuite, *lett. g;* diverses chambres sont représentées sous la *lett. h;* et la cour extérieure est marquée *lett. i.*

De là nous allâmes voir un autre temple, qui, quoique beaucoup plus petit, est d'une beauté et d'un goût
extraordinaires. Il est marqué *lett. a;* et je crois que
ce doit être le temple de l'Epervier; car Strabon,
livre XIII, fait mention d'un temple de ce nom. Il
y a encore d'autres temples que j'ai marqués *lett. k;*
mais le temps ne me permit pas de les examiner en
détail.

A la première pointe du jour j'apperçus des escaliers, qui me firent juger que l'isle avoit par-tout des
souterrains. Je tentai de descendre en divers endroits; mais il ne me fut pas possible d'avancer bien
loin, tous les passages étoient remplis ou bouchés
d'immondices ou de décombres.

Quand le jour fut venu, je m'occupai à dessiner
diverses sortes de colonnes et de chapiteaux, que j'ai
représentés dans une feuille particuliere; et j'y ai   Planche
ajouté l'ornement qu'on observe non seulement sur   CXLIV.
l'entrée principale du temple d'Isis, mais encore
sur presque toutes les portes égyptiennes. Je l'ai
marqué *lett. a.*

J'avois déja commencé à tirer les hiéroglyphes du

grand frontispice, quand quelques Barbarins du voisinage, qui venoient de se lever, apperçurent notre barque, et jugerent que quelqu'un avoit dessein de mettre pied à terre dans l'isle. Ils crierent aussitôt au pilote de s'éloigner et de ne pas permettre que personne descendît. Le pilote ainsi que son équipage, gagné par nos largesses, ne fit pas grand cas de ces ordres; mais une centaine de Barbarins ayant paru dans le moment sur le bord du Nil, et menacé de brûler la barque si elle ne s'éloignoit, il prit l'épouvante, vint à moi en diligence, et me pria de me rembarquer. Je l'amusai le plus qu'il me fut possible afin de gagner du temps. Il me fallut pourtant lâcher prise lorsque tout l'équipage de la barque survint, et me fit entendre qu'il n'y avoit pas de sûreté à demeurer plus long-temps dans ce lieu.

Je ne quittai cette isle qu'avec beaucoup de regret : un seul jour auroit suffi pour dessiner une infinité d'hiéroglyphes capables d'éclaircir l'histoire et le culte d'Isis; mais la prudence vouloit que je cédasse à la nécessité. Je me félicitai néanmoins de ce que j'avois gagné sur ces sortes d'ennemis, et je souhaite que quelque autre après moi ait le bonheur d'achever un ouvrage que j'ai ébauché.

Pour revenir à notre premiere route, je remarquerai qu'après avoir passé l'isle d'Ell-Heist (Él-Héïf), nous avançâmes tout le jour à la voile, et laissâmes premièrement à notre droite le village d'

UBSCHIIR (Oûbchyr).

Environ une lieue au-dessus, nous eûmes à notre gauche

SCHEMT-ELL-UAH (Chemt êl-Ouâhh),

et un peu plus haut, du même côté,

SARDSCH-ELL-FARRAS (Sardje êl-Faras).

Ces deux villages n'ont rien de considérable, si ce n'est qu'à une lieue ou environ au-dessus du premier il y a dans le Nil un endroit très dangereux à passer à cause des pierres qui embarrassent le lit du fleuve, comme je l'ai remarqué dans la carte.

Vis-à-vis de Schemt-Ell-Uah (Chemt êl-Ouâhh) on apperçoit

DEBOUD (Déboudeh),

autre village, où j'aurois souhaité mettre pied à terre pour y voir de près quelques anciens édifices qui donnent extrêmement dans la vue: mais le vent étoit bon, on voulut en profiter, et il fallut me contenter de prendre une vue de ces antiquités.

On y remarque un grand et long édifice, bâti de grandes pierres de taille, fermé de toutes parts, à l'exception de la façade, où il y a une grande porte, et comme deux fenêtres de chaque côté formées par quatre colonnes.

Au haut de l'édifice regne une simple corniche, au-dessous de laquelle, ainsi qu'aux quatre angles, est le cordon que l'on voit d'ordinaire dans les bâtiments égyptiens.

Cet édifice est entouré d'une muraille assez haute,

Voyez Planche CXLV.

Planche CLVI.

et qui est fort endommagée, sur-tout vers le por-tail.

A la droite, on voit un morceau de muraille de grandes pierres carrées, et qui aboutit à ce bâti-ment.

Vis-à-vis de la façade, il y a une file de trois portails, qui semblent faire le passage pour conduire à un canal de quarante pieds de largeur, et dont la sortie aboutit au Nil. Ce canal est ruiné et rem-pli de sable. On ne laisse pourtant pas de remar-quer que ses bords étoient revêtus d'une épaisse mu-raille faite de grands blocs de pierre.

On voit outre cela une grande masse d'une mé-chante maçonnerie moderne, qui déshonore ces an-ciens bâtiments et rend leurs prospects un peu con-fus.

On peut s'appercevoir qu'il y a des colonnes au-dedans du principal édifice, qui, à ce qu'on en peut juger, a servi anciennement de temple.

Environ une lieue et demie plus loin nous nous trouvâmes entre deux villages, dont l'un, situé à l'orient, s'appelle

DEMHIID (Demhhyd);

l'autre, situé à l'occident, se nomme

DIMMEL (Dymmel).

Plus haut et du même côté nous rencontrâmes

HINDAU (Hhindâou),

village où nous apperçûmes quatre à cinq colonnes, qui sont des restes de quantité d'anciens bâtiments

qu'il y a eu dans ce quartier. En effet, dans l'espace de plus d'un quart de lieue on remarque de
tous côtés des murailles et des fondements de divers superbes édifices: mais il ne seroit pas aisé d'en
donner une vue exacte, car tout y est en ruine,
percé d'outre en outre, et presque couvert de sable.
J'en donne une idée dans un de mes dessins.

Nous avançâmes ensuite jusqu'à l'isle de
GIESIRET-MABUES (Djézyret-Ma'abous) (1).
Elle est située à six lieues au-dessus de la premiere
cataracte et assez près de la rive orientale du Nil.

Vis-à-vis de cette isle et sur le même bord du
fleuve se trouve
SAHDAEB (Ssa'âdab),
village où l'on apperçoit un ancien édifice, dont je
donne une vue. Il n'a au-devant qu'un simple cordon, et son portail carré pose sur un socle de six
pieds de hauteur, fait de grands blocs de pierres
jointes fort artistement. Cet édifice est entouré d'une
muraille.

Un peu plus loin nous rencontrâmes
HUVAED (Hhouâd),

Planche
CXLVII,
Fig. 1.

Planche
CXLVIII.

---

(1) L'auteur commet ici un pléonasme, qu'il faut attribuer à son
inexpérience dans la langue arabe. Il y a cependant peu de personnes instruites en géographie qui ignorent que le mot *Djézyret*
signifie isle. Il devoit donc dire simplement, « Nous avançâmes
« jusqu'à la djézyret Máabous, ou l'isle *Ma'abous* ». *Ma'abous* est
un participe arabe, qui peut signifier ici malheureuse ou stérile.
(*Langlès.*)

3.

6

et à une lieue et demie plus haut

UMBARAKAEB (Ôumm Bârâqâb).

Ces deux villages sont sur la rive occidentale du Nil; et c'est un peu plus haut que l'on rencontre les confins de l'Egypte et de la Nubie. On peut voir dans la carte du Nil que la Nubie commence aux villages de

ELL-KALABSCHE (Ėl-Kelâbchy)

et de TESTA (Teftah).

Le premier est à l'orient du Nil, et le second à l'occident : ils sont peu de chose par eux-mêmes. Il y a cependant auprès de Testa (Teftah) quelques restes de bâtiments anciens, que je pris soin de dessiner. Ils sont, ainsi que ceux dont j'ai parlé en dernier lieu, bâtis de pierres blanches parfaitement bien jointes les unes avec les autres. Les colonnes y subsistent encore en dedans; mais celles qui étoient au-dehors se trouvent ruinées.

Nous n'étions pas à un coup de fusil de ces villages, qu'il nous arriva un accident qui nous fit connoître le caractere de leurs habitants. A huit heures du soir, on nous cria que la barque devoit mettre à terre. Le réys en demanda la raison. On lui répondit qu'on vouloit voir les Francs qu'il conduisoit, et qu'ils donnassent quelque chose des richesses qu'ils portoient avec eux. Le réys s'en moqua, et dit qu'il n'approcheroit point du bord. Là-dessus on nous tira deux coups de fusil, un de chaque côté du fleuve; et, quoiqu'il fît assez sombre, on visa assez

Planche CXLV.

Voyez Planche CXLVII, Fig. 2.

bien pour que nous pussions entendre siffler les balles. Nous répondîmes sur-le-champ à cette insulte par deux décharges de sept fusils, en tirant vers les endroits d'où les voix étoient venues: mais nos ennemis s'étoient cachés derriere des pierres; ainsi nous ne leur fîmes pas grand mal. Ils garderent quelque temps le silence; mais ils reprirent courage, et recommencerent à tirer et à nous dire des injures. Ce jeu ne nous plaisoit point; de sorte que nous leur criâmes que s'ils ne se tenoient pas tranquilles nous mettrions effectivement à terre et les exterminerions entièrement. Nous ne les entendîmes plus; et nous ne laissâmes pas quelque temps après, faute de vent et parcequ'il étoit nuit, d'attacher notre barque aux environs de

BERBETUUD (Berbetoud),

village situé sur le bord occidental du Nil.

Samedi 28 décembre.

Durant toute la nuit nous avions fait bonne garde. Vers le matin il se leva un peu de vent, et nous mîmes à la voile; mais le calme ayant recommencé peu de temps après, nous approchâmes de la rive orientale, et nous nous arrêtâmes devant un village nommé

SCHERCK-ABOHUER (Cherq (1) Abou-Hhouer).

---

(1) C'est par erreur sans doute que Norden a mis sur sa carte le *kéf* à la place du *qâf*. *Cherq* désigne l'orient, en opposition à *gharb*, l'occident. (*Langlès.*)

Voyez
la carte
du Nil,
Planche
CXLIX.

Son district a près de deux lieues d'étendue. Notre pilote étoit de cet endroit-là. Il nous assura que nous trouverions ses compatriotes honnêtes gens, et que nous pouvions descendre chez eux en toute sûreté. L'évènement le confirma, et je puis leur rendre cette justice.

Dimanche 29 décembre.

Comme le calme nous retint à Scherck-Abohuer (Cherk Âbou-Hhouer) jusqu'à midi, j'en visitai les environs; et du côté du nord, à la portée du fusil, je trouvai le long du Nil un quai antique : il est fait de carreaux de pierres toutes taillées en prisme, et si bien jointes l'une avec l'autre qu'il n'y avoit pas le moindre espace entre deux. Le côté qui bordoit le Nil étoit tout uni.

A quelque distance de là il y avoit cinq à six cabanes bâties de pierres entièrement couvertes d'hiéroglyphes. Je cherchai dans le voisinage si je ne pourrois pas remarquer d'édifice d'où on les avoit tirées : mais je n'apperçus qu'un amas de pierres; tout étoit détruit. Les pierres de ces ruines étoient aussi couvertes d'hiéroglyphes, tous d'une bonne main, mais qui n'avoient jamais été peints. Un Barbarin, qui me voyoit attentif à examiner ces pierres, me fit signe de le suivre, comme s'il vouloit me montrer quelque chose de curieux. J'allai à lui, et il me mena vers un gros caillou, qui, par la chûte qu'il avoit faite des rochers voisins, s'étoit cassé ou partagé en deux. Il étoit brun; et le merveilleux que le Barbarin y trouvoit, c'est que le milieu, qui avoit la forme d'un noyau, étoit tout rouge.

La plus grande largeur du terrain depuis les montagnes jusqu'au bord du Nil n'est dans ce district que de cent pas; si dans quelques endroits il a un peu plus d'étendue, il en a dans d'autres beaucoup moins.

Nous achetâmes à Scherck-Abohuer (Cherq Âbou-Hhouer) une génisse pour quatre sevillans. Elle nous avoit paru en assez bon état; mais, quand on l'eut tuée, nous y trouvâmes plus d'os que de chair.

Après midi il sembla qu'il se levoit un peu de vent; et nous mîmes à la voile. Ce ne fut pas pour long-temps; le calme qui revint aussitôt nous obligea de remettre à terre devant

GARBE-ABOHUER (Gharb Âbou-Hhouer).

Ce village est situé à l'occident du Nil, vis-à-vis de Scherck-Abohuer (Cherq Âbou-Hhouer).

Lundi 3o décembre.

A huit heures du matin, le vent se trouvant bon, nous mîmes aussitôt à la voile; et au bout de quelques heures nous gagnâmes

SCHERCK-MERRUVAU (Cherq-Merouvâou)

et GARBE-MERRUVAU (Gharb-Merouvâou).

Ces deux villages sont vis-à-vis l'un de l'autre. Nous avions le premier à notre gauche et le second à notre droite.

Nous avançâmes encore jusqu'à

SCHERCK-MERIE (Cherq-Meryeh)

et GARBE-MERIE (Gharb-Meryeh),

deux autres villages, dont le premier nous restoit pareillement à la gauche et le second à la droite.

Planche
CL. Je pris la vue de Garbe-Merie (Gharb-Meryeh), parceque j'y voyois les ruines d'un ancien édifice, que je dessinai en particulier sur la même feuille.

A une lieue plus loin nous rencontrâmes

SCHERCK-DENDOUR (Cherq-Dendour)

et GARBE-DENDOUR (Gharb-Dendour);

le premier situé sur la rive orientale du Nil, et le second vis-à-vis sur la rive occidentale.

On voit à Scherck-Dendour (Cherq-Dendour) le tombeau d'un saint mahométan; et on compte que cet endroit est précisément à la moitié du chemin depuis la premiere cataracte jusqu'à Derri.

Auprès de Garbe-Dendour (Gharb-Dendour) il y a un ancien temple, que j'eus envie d'aller d'examiner; et notre réys se laissa aisément persuader pour cette fois de m'y mettre à terre. J'eus le loisir de Planche
CLI. dessiner ce temple et de le mesurer; et j'en donne le plan et la perspective.

Mon ouvrage fini, je me rembarquai. Nous mîmes au large; et nous vîmes bientôt à notre gauche

BARASBOUR (Bârâs-Bour).

J'y apperçus quelques ruines sur la pente d'une montagne et presque en forme d'un amphithéâtre; mais, en les considérant avec attention, je remarquai qu'elles étoient des restes d'édifices modernes.

Vers le midi nous approchâmes d'une isle située entre

SCHERCK-GIRCHE (Cherq-Ghyrcheh)
et GARBE-GIRCHE (Gharb-Ghyrcheh).

Je pris la vue du dernier village situé à l'occident du Nil, et j'y joignis les dessins des antiquités qui s'y trouvent. Il y a encore des ruines considérables sur les montagnes des environs; mais ces ruines ne sont pas anciennes: il paroît que ce sont des restes de quelques maisons qu'on y avoit bâties pour s'y retirer.

Entre Scherck-Gyrche (Cherq-Ghircheh) et Garbe-Girche (Gharb-Ghyrcheh) se trouve le passage le plus difficile qu'il y ait dans tout le cours du Nil. Toute la largeur du fleuve est remplie d'écueils cachés sous l'eau, qui a une grande profondeur aux côtés de ces écueils, dont les entre-deux ne forment que des gouffres avec des tournoiements ou tourbillons. Nous nous y prîmes avec toute la précaution que demandoit un passage si périlleux : ce qu'il y avoit de plus triste, c'est que la barque n'obéissoit point au gouvernail. Nous donnâmes sur un rocher, et nous y restâmes dans une situation effrayante. La barque avoit été prise précisément par le milieu, et le tournoiement de l'eau nous faisoit tourner sur le rocher comme sur un pivot. Il y avoit trop de profondeur pour que nos gens se missent à l'eau, au fond de laquelle la perche ne pouvoit pas atteindre.

Le réys voulut persuader à ses gens de sortir avec
une corde et de tirer la barque à la nage; mais ils
lui représenterent que les tournoiements de l'eau
les empêcheroient de nager. Nous nous voyions dans
un péril évident. Heureusement le courant et le vent
battoient la barque tout-à-la-fois : ce fut son salut,
elle se dégagea par-là d'elle-même. Pour surcroît de
bonheur le vent se trouvoit assez fort; et nous en
profitâmes si bien que dans peu nous nous vîmes
hors de danger.

Notre surprise fut grande lorsqu'après notre déli-
vrance nous apperçûmes le réys et tout son équipage
s'armer de fusils et de pistolets. La premiere pensée
qui nous vint fut qu'ils avoient formé quelque mauvais dessein contre nous. Il fallut néanmoins dissimuler pour ne leur donner pas à penser que nous
étions capables de prendre l'alarme. De son côté le
réys s'étonnoit de ce que nous n'en faisions pas autant; et il nous fit dire enfin que nous ferions bien
d'imiter leur exemple, parceque dans peu nous ren-
contrerions un endroit où nous ne manquerions pas
sans doute d'être attaqués. Quand nous en demandâmes la raison, il nous répondit que le peuple y
étoit si mauvais qu'il ne laissoit presque jamais passer
de barque sans tirer dessus, et que s'ils la pouvoient
forcer d'approcher de la terre, ils la pilloient impunément: « Ils sont si méchants, ajouta-t-il, que le ca-
« cheff (kiâchef) lui-même n'ose s'exposer à aller
« chez eux. »

Comme nous avions toujours nos fusils en état, nous feignîmes de ne pas nous embarrasser de ce qu'il nous disoit; et, pour lui donner encore une meilleure idée de notre intrépidité, je lui fis demander de me mettre à terre pour aller voir les ruines antiques que j'avois dessinées à Garbe-Girche (Gharb-Ghyrcheh). A ces mots il jeta un cri épouvantable, et jura par tout ce qu'il connoissoit de plus saint et de plus sacré qu'il ne consentiroit point absolument à ma demande. Ce n'étoit pas non plus mon intention; aussi n'insistai-je pas beaucoup là-dessus.

Enfin nous arrivâmes à l'endroit en question, et nous n'y vîmes qu'une douzaine de Barbarins assis au bord du Nil, et qui tenoient chacun leur zagaie à la main; mais ils demeurerent tranquilles sans nous demander seulement d'où nous venions.

Lorsque notre réys et son équipage se crurent hors de danger, ils en témoignerent leur joie le mieux qu'ils purent, et c'étoit un vrai plaisir d'entendre un chacun raconter comment il s'y seroit pris si nous avions été attaqués; ce qui nous apprêta plus d'une fois à rire.

Les deux villages où ces perturbateurs du repos public se tiennent sont situés sur les deux bords du Nil. Celui qui est sur la rive orientale s'appelle

GESCH-STOBNE (Ghechtobneh);

l'autre, à l'opposite, se nomme

SABAGURA (Zàbâghourah).

Comme le vent continuoit à être favorable, nous

en profitâmes, et nous gagnâmes bientôt

HOKUER (Hhoqouer),

village à quelque distance de la rive occidentale du Nil.

A trois quarts de lieue plus loin nous nous trouvâmes entre

KUBAEN (Qoubân)

et DECKKE (Deqqeh).

Le premier de ces endroits étoit à notre droite, et le second à la gauche. Celui-ci est remarquable par les restes d'un ancien temple qui n'en est pas éloigné; et j'en donne deux vues dans une même feuille : on le nomme

ELL-GURAEN (Èl-Ghourân).

Ce temple est un peu avancé dans les terres. On n'y voit aucun hiéroglyphe; il ne laisse pas cependant d'être dans le goût des anciens édifices égyptiens, et il peut passer pour magnifique.

Nous rencontrâmes après cela deux autres villages; l'un à l'orient, nommé

ALAGI (Èl-Âdjy);

l'autre à l'occident, appelé

GURTA (Ghourtah).

Nous gagnâmes ensuite trois différents districts, qui ont chacun deux villages de même nom; l'un à l'orient, l'autre à l'occident du Nil; savoir,

MOHARRAKA (Mohhârakah),

UMHENDI (Ôumm-Hhendy),

et SCHEMEDE-RESCHIED (Chem êl-Dérychyth).

Voyez la carte du Nil, Planche CLIII.

Planche CLIV.

Nous attachâmes la barque auprès de celui de ces
derniers qui est situé sur la rive occidentale du Nil.

Le fleuve commence ici à devenir plus large qu'il
n'a été depuis la premiere cataracte, comme on peut
le remarquer dans la carte; cependant sa situation
continue à être la même, si ce n'est que les rochers
de granit ont cessé un peu au-dessus de l'isle d'Ell-
Heist (Êl-Hhéyf), et que les montagnes et les rochers
de ce canton sont d'une pierre sablonneuse mêlée
de cailloux et couverte de sable et de petites pierres:
du reste tout le pays est fort stérile.

Mardi 31 décembre.

Nous restâmes toute la nuit auprès de Schemede-
Reschied (Chem Êl-Dérychyth). Nous ne mîmes à
la voile que vers les sept heures du matin; et peu
de temps après il m'arriva une aventure assez plai-
sante, que je ne veux pas omettre, parcequ'elle donne
en quelque sorte occasion de juger du génie de ce
peuple.

J'étois sorti de ma tente pour confronter les noms
des endróits où nous avions passé le jour précédent.
Le réys et le valet juif étoient assis auprès de moi:
ils me répétoient les noms que j'avois déja écrits,
et je les corrigeois sur leur prononciation.

Sur ces entrefaites un passager barbarin, qui n'é-
toit pas fort éloigné de nous, se leve, saute sur
moi, s'empare du papier que je tenois, le déchire,
et se retire ensuite tranquillement à sa place, où il

s'assied comme si de rien n'étoit. Je ne savois que
dire de cette insolence, et je réfléchissois si je me
fàcherois ou non, lorsque le réys et les autres personnes qui étoient présentes se mirent tous à éclater
de rire. J'en voulus savoir la raison; et, après beaucoup de discours, on m'expliqua à la fin le mystere.
Le Barbarin ne vouloit pas que je connusse l'endroit
d'où il étoit : il en donnoit pour raison qu'il pouvoit
arriver que je retournerois dans quelques années en
Nubie, et qu'y amenant plus de monde avec moi je
me rendrois maître du pays; que si je connoissois le
village où il étoit né et si j'en avois le nom par
écrit, il ne manqueroit pas d'être pris comme les
autres; que c'étoit uniquement à cause de cela qu'il
m'avoit ôté le papier où j'en allois écrire le nom.

J'eus bien de la peine à m'empêcher de rire de la
simplicité de cet homme; mais, pour prévenir les
conséquences d'une pareille fantaisie, je pris un
grand sérieux, et je fis dire au réys qu'il devoit approcher du bord du fleuve et jeter à terre cet insolent. La barque, ajoutai-je, est toute à nous, ce n'est
que par grace que nous donnons passage à quelqu'un; et, lorsqu'il fait l'insolent, nous le chassons.

Le réys fut prompt à obéir; il tourna aussitôt sa
barque vers la terre. Notre Barbarin, qui s'en apperçut,
me vint prier humblement de ne pas le chasser, et
promit de mieux se comporter à l'avenir. Je me laissai
gagner; il obtint la permission de demeurer; et depuis
ce temps-là il fut tranquille et fort serviable.

Cependant nous avions déja passé trois autres districts, qui ont pareillement un village de même nom
sur chaque bord du Nil; savoir,

    BUBEBAED (Boubébâd),
NAGHALHADJEMU'SE (Nekhl Hhádjy-Mouça),
  et GABT-ELL-ABIID (Ghâbed êl-Abyd).

Il nous survint ensuite un si grand calme, que nous
fûmes obligés d'attacher la barque dans un autre district semblable, auprès du village situé sur la rive
occidentale du Nil, et qu'on nomme

        SABUA (Sabouah).

Il y a dans le voisinage quelques antiquités remarquables, que je dessinai. Elles n'ont pas une apparence aussi magnifique que celles de Dekke (Deqqeh); *les pierres non plus n'y sont pas si bien jointes:
on voit entre quelques unes des ouvertures assez
grandes, et les pierres même ne sont que d'une espece sablonneuse et jaunâtre.* Cependant cet édifice
est bâti dans l'ancien goût égyptien; son portail est
endommagé, mais le reste est encore debout.

Ces ruines se trouvent dans une plaine couverte
de sable; et on y remarque encore quatre morceaux
de muraille, qui donnent à connoître qu'il y a eu
autrefois dans cet endroit de vastes édifices.

Nous n'avions ici autour de nous que des montagnes et des roches sablonneuses. Le pied des montagnes est en talut, et cultivé jusqu'à la hauteur où
les eaux du Nil étoient parvenues dans son débor-
dement. Le bas de ce terrain étoit rempli de hari-

cots et de lupins qu'on y avoit plantés, et le haut étoit couronné de buissons d'épines qui y venoient d'elles-mêmes.

Mercredi 1ᵉʳ janvier 1738.

Nous restâmes à notre ordinaire toute la nuit tranquilles. Le matin, à sept heures, le vent se trouvant bon et même un peu fort, nous nous mîmes en route. Le Nil continuoit à avoir sa largeur et les bords leur situation ordinaires.

Nous passâmes bientôt devant un autre district nommé

GUAD-ELL-ARRAB (Gouâd êl-A'rab *ou* A'reb).

Il occupe aussi les deux bords du Nil, sur lesquels il a deux villages de son nom.

Un peu plus haut nous eûmes à notre gauche et à quelque distance du Nil le village de

SCHIATURMA (Châtourmah).

Voyez la carte du Nil, Planche CLVI.

Ensuite nous nous trouvâmes entre deux grands villages nommés

ANGORA (Ânghorah)

et MALCKI (Mâlqy):

le premier est à l'orient, le second à l'occident.

Nous en vîmes ensuite deux autres: savoir,

AREGA (Âréghah),

il étoit à notre droite;

et SINGARI (Synghary),

celui-ci nous restoit à la gauche.

Après midi nous approchâmes d'un village situé

sur la rive orientale : on le nomme

KOROSKOF (Qorousqah).

On nous avoit crié d'y amener la barque à terre.
Nous obéîmes, et on nous apprit que le *schorbatschie*
(chorbâdjy), pere du cacheff Ibrim (kiâchef Ibrâhym), y étoit dans sa maison de campagne. Nous
descendîmes alors à terre, et j'allai voir cette *puissance:* j'étois accompagné du frere de l'aga d'Essuaen
(l'âghâ d'Éçouân), du réys, du Juif, et du janissaire.

Nous trouvâmes sa seigneurie assise au milieu de
la campagne, exposée à toute l'ardeur du soleil, et
occupée à décider un procès entre deux Barbarins
au sujet d'un chameau. Il avoit l'air d'un loup, et
il étoit vêtu comme un gueux; une vieille serviette,
autrefois blanche, faisoit son turban; et un habit
rouge, encore plus vieux, couvroit assez mal son
corps, qui paroissoit à nud aux travers des trous.

En l'abordant, je le saluai à la maniere ordinaire:
mais comme il vit que je ne lui apportois point de
présent, il ne me fit pas un grand accueil; il ne me
pria même pas de m'asseoir. Je ne laissai pas de le
faire sans permission, et je lui remis les lettres de
l'aga d'Essuaen (d'Éçouân), et celles dont son fils
nous avoit pourvus pour de l'argent. Il mit celles-ci
dans son turban; mais il lut les autres avec beaucoup d'attention; après quoi il se tourna vers les
plaideurs, qui sembloient vouloir chacun gagner leur
procès à force de crier. Le *schorbatschie* (chorbâdjy)
y mêloit quelquefois sa voix, et se faisoit si bien

entendre qu'on ne pouvoit pas douter qu'il ne fût
le juge. ,

Comme ce procès avoit l'air de ne pas finir sitôt,
je dis au Juif de parler à l'*effendi* qui étoit présent,
afin qu'il engageât le *schorbatschie* à nous expédier
promptement. L'effendi eut cette complaisance; et
sur ce que le *schorbatschie* apprit de lui que le Juif
étoit mon truchement, il le fit appeler et lui demanda pourquoi je ne lui avois pas apporté quelque
bon présent. Le Juif, qui étoit au fait du métier,
répondit : « Tu vas bien vîte. Comment! tu demandes
« des présents avant de lui avoir rendu le moindre
« service ! Va, montre-toi son ami, et tu verras qu'il
« te paiera bien. »

Cette flatteuse espérance changea entièrement
notre homme : *il prit un air de douceur*, recommença à me saluer, et me fit dire que nous n'avions
qu'à nous en aller à Derri, où il seroit aussitôt que
nous; que là nous parlerions d'affaire, et qu'il feroit
en sorte que nous serions contents. En même temps
il donna ordre à son fils de me conduire à sa maison de campagne, de me la faire voir, et d'envoyer
un mouton pour présent à la barque.

Je vis donc ce lieu de plaisance, que je serois tenté
de qualifier plutôt du titre d'écurie; et, pendant que je
m'occupois à le regarder, mon conducteur s'appliquoit
à choisir entre sept à huit chevres la plus maigre qu'il
pourroit trouver. Il y réussit, et il eut la satisfaction de
voir tous les domestiques approuver son choix.

Lorsque nous retournâmes à la barque, le Juif me raconta, chemin faisant, que l'effendi (1), qui étoit au Caire, lui avoit témoigné être fort surpris de ce que nous avions osé nous engager si avant; ajoutant que nous n'avions pas assurément été bien conseillés, et que nous serions heureux si nous pouvions échapper sains et saufs. Je ne fis pas semblant de prêter l'oreille à ce discours. On est souvent dupe si on se fie trop à ce qui se dit dans ce pays : les interpretes peuvent quelquefois en faire accroire à un étranger qui n'entend pas la langue; sensibles à l'intérêt, ils se laissent quelquefois corrompre, et quelquefois on trouve le secret de les intimider. D'un autre côté il y a encore plus d'inconvénient à négliger un avis salutaire: de sorte qu'il est expédient de tenir un certain milieu, ce qui n'est pourtant pas toujours aisé.

Quand nous fûmes arrivés à la barque, nous trouvâmes que la chevre, quelque chétive qu'elle fût, y étoit devenue une pomme de discorde. L'équipage y formoit des prétentions, et soutenoit que le *schorbatschie* (chorbâdjy) l'avoit envoyée pour leur souper. Le réys les appuyoit de son témoignage. Notre valet, de son côté, ne vouloit pas lâcher prise; de sorte qu'on se disputoit vivement de part et d'au-

____

(1) *Éfendy*, maître. On donne ce titre aux théologiens, aux gens de loi, en un mot à tous les savants de distinction. Ce mot turc est dérivé du grec moderne.

3. 8

tre à qui auroit la proie. Nous vîmes que les esprits s'aigrissoient; cela nous engagea à nous mêler de la dispute, et à soutenir notre droit par des menaces sérieuses qui déciderent que la chevre nous demeureroit. Cependant, comme nous n'en avions pas besoin et que ce n'étoit pas un morceau bien friand, nous en fîmes généreusement présent à l'équipage.

Nous mîmes ensuite à la voile pour continuer notre route. Le réys commença alors à faire entendre qu'il ne nous conduiroit que jusqu'à Derri, ajoutant que si nous ne lui voulions donner cinquante sevillans de plus il ne nous meneroit pas jusqu'à la seconde cataracte. Nous prîmes cela pour des discours en l'air, et nous jugeâmes qu'il étoit inutile d'y répondre : cependant, comme il s'adressa ensuite à un de nos peres et qu'il le pria de nous en avertir, nous lui en fîmes demander la raison. A quoi il se contenta de répondre qu'il n'avoit point été accordé qu'il iroit plus loin. Nous le menaçâmes de nous faire rendre justice à Derri: mais il se mit à rire, et dit d'un air moqueur qu'il croyoit que nous ne parlerions pas si haut quand nous y serions arrivés.

Tous ces discours et les avis que nous avions reçus de l'effendi nous firent faire diverses réflexions. Mais nous étions trop engagés pour reculer, et nous résolûmes d'avancer toujours pour voir ce qui en résulteroit. En attendant nous crûmes qu'il étoit à propos d'imposer silence au réys, et de l'assurer que, de

quelque façon que les choses tournassent, il nous
resteroit toujours assez de pouvoir pour lui casser la
tête, parceque, s'il nous arrivoit du mal, nous l'en
regarderions comme l'auteur : « Dussions-nous tous
« périr, ajoutâmes-nous, tu peux être assuré que tu
« seras la premiere victime. »

Ces menaces le firent entièrement changer de langage. Il jura qu'il n'auroit aucune part à ce qui pourroit nous arriver; que si Baram, cacheff (kiâchef),
à qui appartenoit la barque, le vouloit permettre,
il nous conduiroit de bon cœur aussi loin qu'elle
pourroit aller; mais qu'il craignoit bien que le cacheff
(kiâchef) n'y voulût pas consentir. Il nous avertit
de prendre bien garde de ne pas offenser ce tyran,
dont il nous fit un portrait affreux, quoique ce fût
son maître. Nous n'en crûmes pourtant que ce que
nous voulûmes, remettant à juger du reste par nous-
mêmes lorsque nous serions chez lui.

Le calme qui survint alors nous fit mettre à terre;
et comme le courant nous avoit repoussés, nous attachâmes la barque près d'

AMADA (Âmadah),

village situé sur la rive occidentale du Nil, presque
vis-à-vis de Koroskof (Qorousqah). J'y mis pied à terre
pour aller voir un ancien temple égyptien, qui dans
la suite passa entre les mains des chrétiens. Ces derniers en firent une église. Les murailles en fournissent une preuve bien sensible, puisqu'on y voit des
peintures qui représentent la Trinité, les apôtres et

divers autres saints; et dans les endroits où la chaux est tombée, les hiéroglyphes qui sont dessous viennent à paroître. Ce temple est encore tout entier; mais le monastere qu'on avoit bâti auprès est absolument ruiné. Je dessinai cet ancien édifice. Je le mesurai très exactement, et j'en donne le plan ainsi que la perspective.

Planche CLVII.

Après avoir fini mon dessin, je me retirai. Je n'avois apperçu personne en chemin; mais auprès de la barque je rencontrai un Barbarin à cheval et entièrement nud, si ce n'est qu'il avoit la poitrine couverte d'une peau de chevre; il étoit armé d'une longue pique et d'un bouclier de peau de rhinocéros. Il m'arrêta, et me fit plusieurs demandes, auxquelles je tâchai de répondre du mieux qu'il me fut possible; mais comme il parloit le barbarin et moi la langue franque, nous ne nous satisfîmes guere l'un l'autre. Il se lassa à la fin et s'en alla. J'en fis de même.

Nous vîmes ce même jour un crocodile, et ce n'étoit que le second que nous avions apperçu depuis la premiere cataracte.

Du reste le lit du Nil avoit si peu de profondeur que la barque pouvoit à peine passer en plusieurs endroits.

Jeudi 2 janvier.

Le matin, à huit heures, le vent étant au nord,
nous détachâmes pour continuer notre route: mais
comme le Nil se tournoit ici vers le nord, nous
fûmes obligés durant tout le jour de nous servir de
la corde pour tirer notre barque. Nous rencontrâmes
premièrement deux villages vis-à-vis l'un de l'autre,
nommés

ABUHANDEL (Âbou-Hhândel)
et HASSAJA (Âçâyeh);

le premier nous restoit à la gauche, et le second
à la droite. Vers le soir nous mîmes à terre près d'un
village situé aussi à notre droite : on l'appelle

KUDJUED (Qoudjoud).

La situation du Nil et de ses bords continuoit toujours d'être la même. Nous remarquâmes que le talut du rivage du fleuve étoit pour la plupart couvert
de lupins et de raves, dont la graine sert à faire de
l'huile. Il y avoit aussi quelques autres plantes, comme
de la chicorée et de la pimprenelle.

On n'est pas mieux pourvu de canots dans ce quartier qu'aux environs de la première cataracte. Nous
remarquâmes ce jour-là qu'on s'y prenoit d'une plai-
sante façon pour traverser le Nil ; deux hommes
étoient assis sur une botte de paille, tandis qu'une
vache les précédoit à la nage : l'un d'eux tenoit
d'une main la queue de la vache, et de l'autre il
dirigeoit une corde attachée aux cornes de l'animal;

l'autre homme, qui étoit par-derriere, gouvernoit avec une petite rame, par le moyen de laquelle il tenoit en même temps la balance.

Nous vîmes encore ce même jour des chameaux chargés qui traversoient le fleuve : un homme nageoit devant, tenant à la bouche la bride du premier chameau ; le second étoit attaché à la queue du premier, et le troisieme à la queue du second ; un autre homme, assis sur une botte de paille, faisoit l'arriere-garde, et avoit soin que le second et le troisieme chameaux suivissent à la file.

Vendredi 3 janvier.

Voyez
la carte
du Nil,
Planche
CLVIII.

LE matin, de bonne heure, nous recommençâmes à faire usage de la corde. Le vent étoit bien toujours du côté du nord, mais il ne souffloit pas assez fort, de sorte que nous n'avancions guere.

Nous ne fîmes ce jour-là que trois lieues, et nous ne vîmes que trois villages ; savoir,

ABADU (Âbâdou),

situé sur la rive orientale du Nil ; et à-peu-près deux lieues plus loin nous nous trouvâmes entre

KERAVASCHIE (Kêrâvâchyeh)

et DIVAN (Dyvân) ;

le premier de ces villages étoit à notre droite, et le second à la gauche. Nous attachâmes la barque près de Divan (Dyvân).

Samedi 4 janvier.

LE matin, avant que de mettre au large, nous eûmes
une scene sérieuse avec le pilote. Il vint à nous et
nous demanda son habit. Personne ne lui en avoit
promis, et ce n'étoit pas non plus la coutume de
faire de semblables présents aux pilotes: ainsi on se
moqua de lui, et on lui déclara tout net qu'il n'en
auroit point. Il ne laissa pas d'insister encore; et
quand il vit à la fin qu'il ne pouvoit rien gagner,
il fut assez insolent que d'en venir aux menaces.

Pour soutenir le caractere de fermeté que nous
avions toujours montré, nous lui fîmes dire que
s'il ne se taisoit sur-le-champ nous lui ferions mal
passer son temps. Cette menace, accompagnée de
la vue d'un pistolet bandé, lui imposa silence. Il
ne dit pas un mot; mais, après avoir pris ses hardes,
il quitta la barque, jurant tout bas qu'il nous feroit
rester une quinzaine de jours dans l'endroit où nous
étions. Nous en fûmes avertis par le valet; et nous
lui fîmes dire que puisqu'il avoit tant fait que de
quitter la barque, il devoit bien se donner de garde
d'y rentrer sans notre permission. Il se mit à rire
et s'en alla : cependant comme il vit qu'on n'en-
voyoit personne après lui pour le prier de retourner,
il revint de lui-même au bout d'une heure; et, en
approchant de la barque, il demanda s'il pouvoit y
entrer. Nous lui fîmes dire que pour cette fois nous
voulions bien y consentir; mais que s'il s'avisoit d'é-

prouver davantage notre patience, il n'en seroit pas quitte à si bon marché.

La tranquillité étant ainsi rétablie, nous mîmes à la voile; et, après avoir passé entre deux villages, nommés

TOMAS (Toumâs)

et SIU-SIUGA (Djoudjoughah),

le premier à notre droite, et le second à la gauche, nous arrivâmes vers le midi à

DEIR ou DERRI (Déïr ou Derri).

Planche CLIX.

Cette place est située sur la rive orientale du Nil, à-peu-près dans l'endroit où ce fleuve commence à diriger sa course vers l'occident; et on en trouve une vue dans mes dessins.

La nouvelle de notre arrivée nous avoit devancés; car, lorsque nous attachâmes la barque à terre, nous vîmes accourir une foule de monde curieuse de nous voir. On m'y avertit d'abord que le *schorbatschie* (chorbâdjy) étoit de retour, et qu'il avoit assemblé d'autres puissances chez lui. Je m'y rendis aussitôt, accompagné du pere qui entendoit la langue, et de notre valet juif. Ils étoient en grand divan (dyvân). Nous fûmes reçus avec beaucoup de civilité. Baram, cacheff (kiâchef), présidoit, et me fit dire après les premiers compliments qu'ils avoient délibéré à notre sujet; et que, comme ils étoient dans l'intention d'avancer notre voyage, ils avoient cru que le meilleur expédient qu'il y eût, c'étoit de nous garder à Derri jusqu'à l'arrivée du nouveau cacheff (kiâchef),

parcequ'alors ils iroient faire la guerre à un peuple
qui demeuroit aux environs de la seconde cataracte,
et que, comme ils meneroient une armée de cinq
cents hommes, nous ferions la route en bonne compagnie et en toute sûreté. Tout le divan (dyvân)
témoigna être du même sentiment. Pour moi, qui
commençois à sentir la meche, je leur fis dire que
nous préférions de continuer notre route sur le Nil
avec la barque que nous avions frétée, et que cependant nous ferions nos réflexions sur les offres
qui nous étoient faites.

Il étoit aisé de voir, au travers de ces offres obli-
geantes, qu'on avoit envie de nous tendre un piege,
dont nous aurions bien de la peine à nous débarrasser, à moins que nous ne trouvassions un expédient
pour leur faire prendre le change. J'engageai le pere
à parler à Baram, cacheff (kiâchef), pour lui dire
que je souhaiterois fort de m'entretenir avec lui tête
à tête. Il y consentit, et me fixa une heure. Je me
levai alors; et, après avoir salué le divan (dyvân),
je me rendis à la barque, afin d'y concerter avec
nos compagnons de voyage les mesures que nous
avions à prendre dans une circonstance si critique.

Lorsque je leur eus fait le récit des propositions
du divan (dyvân), et que nous nous fûmes rappelé
tout ce qui nous avoit été dit à Essuaen (Éçouân), et
ce qui nous étoit arrivé depuis, il parut à un chacun
qu'il seroit insensé de nous engager plus avant, et
qu'il falloit tâcher de s'en retourner au plutôt. On

me remit le soin de procurer notre départ du mieux qu'il me seroit possible : mais cette permission n'étoit pas une chose aisée à obtenir.

Cependant je me rendis à l'heure marquée chez Baram, cacheff (kiâchef), à qui je fis exposer qu'il n'y avoit personne des nôtres qui fût en état de soutenir un si long voyage par terre, et que nous lui demandions en grace d'obliger le réys à nous conduire par eau jusqu'à la seconde cataracte. Il répondit que cela ne se pouvoit pas; que la barque étoit à lui; que si le réys s'étoit engagé à nous conduire plus loin, il avoit passé ses ordres; que d'ailleurs il n'étoit pas possible de remonter le Nil jusqu'à la cataracte, parceque les eaux étoient trop basses; et que nous serions forcés de rester quelque part en chemin avec sa barque, ce qui lui causeroit une grande perte. « Puisqu'il ne nous est pas possible « d'avancer par eau, répliquai-je, et que d'un autre « côté nous ne sommes pas en état d'aller par terre, « nous n'avons donc pas d'autre parti à prendre que « de nous en retourner ». *Vous le pouvez*, reprit-il; *mais ce ne sera pas avec ma barque : j'en ai besoin ailleurs, et il faut même que vous la vuidiez au plutôt.*

Un pareil discours ne me permettoit plus de douter des mauvais desseins que l'on avoit formés. Il n'y avoit point alors d'autre barque à Derri; et quand il y en auroit eu, elle n'auroit jamais osé entreprendre de nous conduire sans la permission de cet homme, qui étoit un vrai tyran, et qui, quoique hors de charge, gouvernoit le pays. Il falloit donc se résoudre à tout plutôt que de quitter la barque. Pour cet effet je lui fis offrir par le pere et par le Juif tous les avantages qu'il pouvoit espérer en nous la louant; et je lui fis représenter qu'il gagneroit plus avec nous qu'avec toute autre personne.

Après bien des difficultés l'accord fut fait. On appela le réys; et nous jurâmes tous, en tenant la barbe à la main, d'accomplir le traité tel qu'il avoit été convenu. Baram, cacheff (kiâchef), en fut si content qu'il me fit présent de deux zagaies neuves, et d'un nerf d'un jeune éléphant qu'il me dit avoir porté lui-même plus de dix ans. Nous nous retirâmes ensuite à la barque, où Baram, cacheff (kiâchef), nous envoya une chevre et un panier de dattes.

Nous envoyâmes alors le Juif avec du sorbet, des liqueurs, du tabac, etc. pour en faire présent à Baram, cacheff (kiâchef): mais les choses avoient déja changé de face. Le schorbatschie (chorbâdjy), ayant appris que nous avions fait un accord avec lui, et craignant de perdre, si nous nous en allions, tout l'avantage qu'il s'étoit proposé de tirer de nous, avoit parlé à Baram, cacheff (kiâchef), et l'avoit fait changer de sentiment. Il rejeta nos présents, en disant que nous nous moquions de lui; qu'il lui falloit bien d'autres choses de plus grande valeur pour nous conserver sa protection; et qu'en tout cas nous n'avions qu'à attendre l'arrivée du nouveau cacheff (kiâchef), qui, comme on nous l'avoit dit le matin, nous conduiroit à l'endroit où nous avions dessein d'aller.

Le Juif étant venu nous faire ce rapport, nous eûmes de la peine à ajouter foi à ce qu'il nous disoit. Nous chargeâmes le pere d'aller trouver Baram, cacheff (kiâchef), afin de savoir au juste ce qui en étoit. Il fut reçu comme un chien dans un jeu de quilles. Baram, cacheff (kiâchef), lui dit mille sottises; et quand le pere voulut lui dire qu'il devoit pourtant penser que nous venions munis de la protection du grand-seigneur, il répondit en colere : « Je me « moque des cornes du grand-seigneur; je suis ici « moi-même le grand-seigneur, et je vous appren- « drai bien à me respecter. Je sais déja, ajouta-t-il, « quels gens vous êtes : j'ai consulté ma coupe, et « j'y ai trouvé que vous étiez ceux dont un de nos « prophetes a dit *qu'il viendroit des Francs travestis* « *qui, par de petits présents et par des manieres dou-* « *cereuses et insinuantes, passeroient par-tout, exa-* « *mineroient l'état du pays, en iroient ensuite faire* « *leur rapport, et feroient venir enfin un grand nom-* « *bre d'autres Francs, qui feroient la conquête du pays* « *et extermineroient tout.* Mais, s'écria-t-il, j'y met- « trai bon ordre; et sans plus de délai vous n'avez « qu'à quitter ma barque. »

Le pere à son retour nous ayant confirmé le changement de Baram, cacheff (kiâchef), et rapporté tout le galimatias qu'il lui avoit fait, nous prîmes

la résolution de ne quitter la barque qu'avec la vie.
Nous arrêtâmes qu'en attendant nous tiendrions bonne
mine; et que nous irions même au-devant du danger pour ne point marquer de foiblesse. Nous restâmes pourtant tranquilles le reste du jour et toute
la nuit.

Dimanche 5 janvier.

Selon que nous en étions convenus la veille, je
me rendis d'assez bonne heure chez Baram, cacheff
(kiâchef): j'étois accompagné à l'ordinaire du pere,
qui parloit la langue, et du Juif. Notre barbare ne
tarda pas à paroître. Il nous répéta sa chanson accoutumée, et offrit de nous mener à la cataracte. Je
lui répondis tout net que nous ne voulions pas y
aller. Il changea alors de note; il demanda de gros
présents, et fit sentir que quand il les auroit reçus
il verroit ce qu'il pourroit faire pour nous. Là-dessus
je lui fis demander de quel droit il formoit une prétention semblable; si nous lui devions quelque chose,
et à quoi il pensoit quand il se jouoit ainsi de son
serment, et rompoit l'accord qu'il avoit fait avec
nous.

Ces reproches le mirent dans une colere épouvantable: il jura qu'il nous feroit connoître qui il étoit et
ce que nous lui devions: «Vous êtes, dit-il, dans un pays
« qui m'appartient, et je vous ferai payer jusqu'à la
« dixieme partie de votre sang ». Je me contentai
de répondre que nous saurions prendre nos mesures.

Nous étions indignés d'une telle conduite. Nous n'attendîmes pas sa réplique; nous le quittâmes sans prendre congé, et nous nous rendîmes sur-le-champ chez le schorbatschie (chorbâdjy).

Celui-ci, qui ne valoit pas mieux, nous tint à-peu-près le même langage; et, lorsqu'on m'eut expliqué ce qu'il avoit dit, je me levai; et haussant la voix je recommandai au pere de lui dire que s'ils avoient pris leur résolution nous avions pris la nôtre, et que nous attendrions la fin de cette scene les armes à la main. Je pris là-dessus le chemin de la porte; et le pere, ainsi que le Juif, après lui avoir expliqué mes sentiments., me suivit de près.

Mon dessein étoit de me rendre à la barque; mais, lorsque je traversois la grande place, Baram, cacheff (kiâchef), qui s'y trouvoit, me fit appeler. Il étoit alors dans sa bonne humeur. Il nous fit asseoir auprès de lui; et, après les salutations ordinaires, il dit que nous devions l'habiller comme un prince, et lui faire outre cela divers autres présents qu'il stipula. Ses demandes m'ayant été expliquées, je répondis que nous le contenterions, et que nous lui accorderions tout ce qu'il souhaitoit pourvu qu'il voulût donner incessamment ses ordres pour notre départ. Il demanda quel habit je lui donnerois. Je dis qu'il auroit le mien, qui étoit tout neuf et magnifique. Il fallut lui en faire une description, dont il parut content.

L'accord sembloit conclu. Il manquoit encore de

composer avec le schorbatschie (chorbâdjy). Je voulus l'aller trouver; mais Baram, cacheff (kiâchef),
m'en empêcha. « Envoie les autres, me dit-il, et
« reste avec moi jusqu'à leur retour. S'ils convien-
« nent avec le schorbatschie (chorbâdjy), ce sera
« une affaire faite : sinon je lui parlerai; et, s'il est
« opiniâtre, vous n'en partirez pas moins pour cela. »

Pour ne montrer ni défiance ni crainte, je demeurai avec lui; et, lorsque nous fûmes seuls, il fit apporter des dattes et de l'eau, dont il me régala.
Pour lui, il ne mangea ni ne but à cause du ram-
medan (ramadhân). Il m'accabla pendant ce temps-
là de civilités, et me fit entendre que je devois lui
donner quelques unes de mes chemises, du café,
du riz, etc. Je lui promis tout cela par signes et
par quelques mots arabes mal articulés. Il en ressentit une grande joie, qu'il me faisoit comprendre
par des caresses réitérées.

Je m'apperçus pourtant que parmi ses caresses il
y en avoit dont son avarice étoit le principe. Les
Arabes, ainsi que les Turcs, ont pour coutume de
mettre ce qu'ils ont de plus précieux dans les plis
de leur turban et dans ceux de leur écharpe. Baram,
cacheff (kiâchef), vouloit savoir si je ne portois point
quelque chose de prix sur moi: pour cet effet il commença par me remplir mes poches de dattes; et,
quand elles en furent remplies, il en mit dans mon
turban et dans mon écharpe, ayant soin de fouiller
en même temps pour voir s'il n'y trouveroit rien.

Mais j'avois eu la précaution de tout ôter avant que
de sortir de la barque; de sorte qu'il y perdit et sa
peine et ses dattes.

Dans ces entrefaites, le pere et le Juif retourne-
rent d'auprès du schorbatschie (chorbâdjy) avec la
nouvelle qu'ils n'avoient rien pu gagner sur lui.
Baram, cacheff (kiâchef), me fit dire alors que si je
voulois rester avec lui et laisser partir les autres, il
me traiteroit comme son frere et me feroit bien passer mon temps. Je le remerciai de ses offres gra-
cieuses, le priant seulement de finir notre affaire et
d'ordonner notre départ. Il y consentit. Nous nous
levâmes, et nous retournâmes à sa maison, où nous
conclûmes un nouvel accord. Il y fut dit « Que
« mon habit seroit pour lui; qu'il auroit de plus une
« paire de pistolets, de la poudre, du plomb, une
« certaine quantité de riz et de café, quinze sevil-
« lans; et que je donnerois autant d'argent pour le
« schorbatschie (chorbâdjy), trente-cinq sevillans pour
« le fret de la barque, six sevillans au réys, et trois
« pour les matelots ». A ces conditions le réys devoit
partir avec nous pendant la nuit, afin que nous pussions nous en aller plus sûrement.

Ce nouvel accord terminé, Baram, cacheff (kiâchef),
nous dit qu'il alloit trouver le schorbatschie (chorbâdjy) pour lui faire entendre raison, et qu'il viendroit ensuite à la barque afin d'y voir les présents
qu'on lui destinoit. Pour nous, nous gagnâmes la
barque, où nous ne fûmes pas plutôt arrivés que

nous fîmes tirer de nos malles toutes les choses en
question, afin de n'avoir pas besoin de les ouvrir en
présence de Baram, cacheff (kiâchef). Nous eûmes
soin de cacher tous les ustensiles de notre ménage,
et mille bagatelles qui nous étoient nécessaires, n'exposant rien à la vue que les armes, dont nous avions
une assez bonne provision.

Baram, cacheff (kiâchef), n'arriva qu'au bout
d'une heure. Il fit d'abord écarter tout le peuple,
qui se tenoit au bord du Nil; et, aussitôt qu'il fut
entré dans la barque, il demanda à voir son présent, dont il parut très satisfait. « Il convient, dit-il,
« de le cacher, parceque le *schorbatschie* (chorbâdjy)
« va venir. Vous le garderez jusqu'au soir; et, quand
« il commencera à faire nuit, j'enverrai un de mes
« esclaves pour le prendre. »

Le *schorbatschie* (chorbâdjy) étant arrivé, on parla
de l'accord qui avoit été arrêté; mais il n'en parut
pas content. En vain nous lui offrîmes une piece de
drap rouge ordinaire dont il pouvoit se faire un
habit; il ne le trouva pas à son gré, et ne voulut
point l'accepter: de sorte qu'il se retira mécontent.

Nous craignîmes une seconde rupture de l'accord.
Cela m'engagea à faire ressouvenir Baram, cacheff
(kiâchef), de ses promesses. Il répondit que nous
ne devions douter de rien; que tout se feroit de la
maniere qu'on en étoit convenu. Qui n'auroit pas
cru après cela qu'il agissoit sincèrement, sur-tout
lorsque nous vîmes venir le réys, qui nous dit qu'il

avoit reçu les ordres de son maître, et qui tout l'après-midi déchargeoit ce qu'il avoit apporté, et rechargeoit de nouvelles marchandises à la place ?

Cependant la nuit vint, et elle étoit déja bien avancée sans que l'esclave eût paru. L'inquiétude nous prit, et nous fîmes partir le Juif et le frere de l'aga pour aller voir ce qui causoit ce retardement. Ils y resterent jusqu'à minuit passé, et revinrent enfin avec la fâcheuse nouvelle que les choses avoient entièrement changé de face, que Baram, cacheff (kiâchef), étoit plus endiablé que jamais, qu'il ne juroit que notre perte, et qu'il ne parloit que de caisses d'or qu'il vouloit avoir avant que de nous laisser échapper.

L'*effendi* (êfendy), dont j'ai fait mention le premier de ce mois, et qui paroissoit avoir quelque principe d'honneur, vint alors nous trouver, et nous témoigna qu'il étoit très mortifié des tristes circonstances où il nous voyoit. « Vous n'avez pas affaire, dit-il, à des « hommes, mais à des diables. Ma mauvaise fortune « m'oblige de vivre avec eux; et je me maintiens dans « mon poste parceque je sais écrire, ce qu'ils ne savent « pas eux-mêmes. J'ai horreur de la maniere dont « ils traitent les étrangers : aucune barque ne vient « plus ici; ils ont pillé toutes celles qui ont paru, « et ont maltraité les réys jusqu'à leur faire donner « la bastonnade. Je ne sais pas, poursuivit-il, ce « qui les retient si long-temps par rapport à vous; « ce sont ou vos armes ou vos lettres: je ne saurois

« pas dire lequel des deux; mais je sais bien qu'a-
« vant votre arrivée on a agité au divan (dyvân) si
« on se déferoit de vous d'abord, et de quelle façon
« on pourroit s'y prendre. Après de grandes disputes,
« on étoit convenu de vous conduire dans les dé-
« serts, sous prétexte de vous accompagner jusqu'à
« la cataracte. Ce qu'ils vouloient faire de vous le
« prophete le sait : mais tout ce qu'ils disent d'une
« guerre qu'ils veulent entreprendre, ce sont de purs
« mensonges pour vous faire donner dans le piege.
« Croyez que vous avez affaire au plus grand scélé-
« rat qu'il y ait sur la terre : il a tué neuf hommes
« de sa propre main ; ils étoient cependant de ses
« amis et des plus puissants du pays : c'est ce qui l'a
« rendu si redoutable, outre qu'il soutient sa puis-
« sance par les largesses qu'il fait aux uns de ce qu'il
« prend aux autres. Il seroit encore cacheff (kiâchef)
« s'il osoit aller à Tschirche (Djirdjeh) pour y de-
« mander le cafetan (qaftân) ; mais il est retenu
« par la crainte que les plaintes qu'on y porte si
« souvent contre lui ne lui fassent jouer quelque
« mauvais tour; ainsi il aime mieux y envoyer quel-
« que jeune imbécille, sous le nom de qui il gou-
« verne. De plus, ajouta l'effendi (êfendy), il est
« ivre tous les soirs : il devient alors comme insensé ;
« il couche avec ses propres filles : en un mot, c'est
« l'homme le plus vicieux que j'aie jamais vu. »

Nous écoutâmes cet affreux panégyrique sans y
répondre un seul mot, parceque nous ne connois-

sions pas assez l'effendi pour nous fier à lui. Nous lui demandâmes néanmoins son conseil: mais il ne put nous en donner aucun; il nous laissa dans l'incertitude où nous étions, et dans laquelle nous restâmes toute la nuit.

Lundi 6 janvier.

Dès que le jour commença à paroître, un esclave de Baram, cacheff (kiâchef), vint à bord pour annoncer au réys qu'il devoit jeter tout notre bagage à terre et nous obliger à vuider la barque. Celui-ci nous en ayant aussitôt donné avis, nous lui dîmes, en présence de l'esclave, qu'il devoit bien prendre garde à ne rien toucher de ce qui nous appartenoit; que nous étions résolus à ne point quitter la barque qu'avec la vie, et que le premier qui entreprendroit de nous en chasser seroit assuré de rester mort sur la place. Nous promîmes pourtant d'aller parler à Baram, cacheff (kiâchef), et je me rendis sur-le-champ à sa maison suivi des interpretes.

Nous y fûmes reçus à-peu-près de la maniere qu'il nous avoit accueillis le jour précédent au matin; et, quand je voulus parler du second accord qui avoit été fait, il entra en furie, et nous apostropha d'un *roug, roug (rouhh, rouhh);* ce qui veut dire : Allez-vous-en.

Nous ne nous fîmes point répéter ce brutal compliment; nous nous en allâmes droit chez le *schorbatschie* (chorbâdjy), afin de tâcher de connoître par sa contenance ce que nous en devions espérer. Nous

y arrivâmes avant son lever, et nous y trouvâmes
quantité de personnes qui s'y étoient assemblées. Un
chacun s'empressoit à vouloir nous parler, et tous
leurs discours n'aboutissoient qu'à demander que
nous leur donnassions quelque chose. Le pere qui
étoit avec moi me répétoit ce qu'ils disoient; et leurs
demandes ridicules nous apprêterent plus d'une fois
à rire.

Un de leurs *santons*, qui s'étoit tenu dans un coin
où il avoit gardé un morne silence, s'approcha enfin,
et fut choqué de la bonne humeur où il nous voyoit:
il nous avertit charitablement en langue franque,
qu'il parloit assez mal, que nous ne devions pas montrer un air si joyeux : « Il vous conviendroit plutôt,
« dit-il, dans les circonstances où vous êtes, de pleu-
« rer; car peut-être qu'avant la fin du jour vous au-
« rez perdu toute votre gaieté. »

Ce conseil, opposé à la maxime que nous nous
étions faite, ne fit pas grande impression sur nous.
Le *santon* s'en apperçut: il changea alors de ton,
et nous dit quelques sottises en françois mal prononcé
qu'il avoit appris à Alger parmi les esclaves. Il en
étoit revenu tout nouvellement, et à demi nud, ce
qui joint à son prétendu caractere de saint l'avoit
mis en vénération parmi les barbares.

Enfin le *schorbatschie* (chorbâdjy) parut. Nous lui
présentâmes le bon jour, qu'il nous rendit avec assez
d'indifférence. Je lui fis demander dans quel sentiment il étoit, et si nous pouvions nous promettre

d'en venir à quelque composition avec lui. « Donnez-
« moi, dit-il, cinq ou six bourses, après cela je vous
« parlerai ». Et, sans attendre notre réponse, « Il
« faut, poursuivit-il, voir vos coffres. J'irai aujour-
« d'hui à la barque : vous me les ouvrirez; et s'ils ne
« sont pas remplis d'or vous partagerez avec moi ce
« qu'il y aura. »

Lorsque j'entendis qu'il touchoit cette corde, je
lui fis savoir qu'il ne verroit point le dedans de nos
coffres qu'il ne les fît ouvrir avec une hache; mais
qu'il devoit compter que celui à qui il en donneroit
la commission ne retourneroit pas pour lui dire ce
qu'il y auroit trouvé. Le *schorbatschie* (chorbâdjy)
ne répondit pas à cette menace; il se contenta de
me regarder fixement; après quoi il se tourna vers
ses gens pour parler avec eux.

Nous en avions assez appris pour juger de ce que
nous devions attendre; ainsi nous nous retirâmes
dans le dessein de rejoindre la barque. Mais quand
nous fûmes sur la grande place, nous y vîmes Baram, cacheff (kiâchef), assis en grand divan (dyvân).
Il nous appela dès qu'il nous vit. Nous feignîmes de
ne le pas entendre, et nous passâmes notre chemin;
cependant, lorsqu'il nous eut envoyé un esclave
pour nous appeler, nous allâmes à lui.

Ce n'étoit plus le même homme : il nous reçut
d'un air gai; et, après m'avoir fait asseoir à son côté,
il me fit demander pourquoi j'étois si dur envers lui,
et pourquoi je ne voulois pas lui donner une caisse

d'or, tandis que nous en avions un si grand nombre. Le pere m'ayant expliqué sa plainte, je me levai pour m'en aller sans lui faire de réponse; mais Baram me retint par mon habit et m'obligea de me rasseoir. Il me demanda pourquoi je ne lui répondois pas. Et je lui fis dire par l'interprete qu'il étoit un misérable qui n'avoit ni foi, ni loi, ni parole, et que je ne voulois pas perdre les miennes avec lui, puisque mon parti étoit pris.

L'interprete hésitoit de rendre ma réponse. Baram s'en apperçut, et lui ordonna d'un air sévere de lui dire tout sans omettre une seule parole. « Tu « le veux, reprit l'interprete : tiens, voilà ce qu'il « dit ». Et il rendit mot pour mot ce qu'il avoit entendu.

Baram, au lieu de se fâcher, comme je m'y attendois, se mit à rire, et me fit dire que je n'avois qu'*à lui amener le cheval* et qu'il le monteroit. « Je « n'ai déja que trop offert, répondis-je ; mais s'il « veut nous laisser partir d'abord, je n'y regarderai « pas de si près, et je lui donnerai encore quelques « petits présents qui ne lui seront pas désagréables. »

Cette nouvelle ouverture parut être du goût de notre homme; il me combla de caresses, il m'appela son frere : mais, quand il en fallut venir à la conclusion, il demanda quelques bourses pour lui, et ajouta qu'il en falloit autant pour le *schorbatschie* (chorbâdjy): il forma en outre de cela diverses autres prétentions, auxquelles je ne daignai pas répondre.

Il me pressoit cependant pour avoir ma résolution; et à la fin je lui fis dire que, comme nous n'avions que ce qui nous étoit nécessaire pour les besoins de notre voyage, nous ne pouvions rien donner; qu'il étoit vrai que je lui avois fait des promesses, mais que, puisqu'il ne tenoit pas lui-même sa parole, j'étois dispensé de tenir la mienne; qu'il pouvoit être sûr qu'il n'auroit rien que par force, et que de ce pas j'allois à la barque afin d'y mettre tout en ordre pour sa réception.

Il se fit expliquer ce que je venois de dire, et eut la patience de l'entendre sans se fâcher. Il se contenta de répondre qu'il avoit pourtant assez de force pour nous détruire s'il le vouloit. « Nous le savons, « répliquai-je, et nous avons été informés de votre « mauvaise volonté avant que de partir d'Essuaen « (Êçouân). Nous n'avons pas laissé de venir, après « avoir pris la précaution de faire venger les insultes « qui nous seroient faites, au cas que nous ne fus- « sions point en état d'en tirer vengeance nous- « mêmes ». Là-dessus je me levai, je pris congé, et je m'en allai à la barque avec la ferme résolution de n'en plus sortir.

Je n'y fus pas une demi-heure que Baram m'envoya dire de lui envoyer un interprete. Le Juif y alla, et retourna bientôt avec la nouvelle que Baram étoit sérieusement dans le dessein de nous laisser partir; qu'il demandoit qu'on lui envoyât les présents qu'on étoit convenu de lui donner. Il de-

mandoit encore quelques autres bagatelles, de si peu
d'importance qu'il ne valoit pas la peine de les lui
refuser; moyennant cela il promettoit de nous faire
partir d'abord, et de nous accompagner lui-même jusqu'à une certaine distance.

Il n'y avoit pas beaucoup de sûreté à se fier à la
parole d'un homme qui en avoit manqué si souvent:
il fallut néanmoins en passer par-là. Les présents
lui furent envoyés avec l'argent; et le *schorbatschie*
(chorbâdjy) eut aussi sa portion, avec quelques piastres de plus qu'il avoit demandées pour ses enfants.

Vers le midi, Baram, cacheff (kiâchef), accompagné de deux de ses braves, se rendit à la barque. Il
vint d'abord à notre tente; mais comme il vit que
nous étions à table, il ne voulut absolument pas
entrer de crainte de nous troubler. Il fit d'abord
appareiller et mettre à la voile. Quand il vit que
nous avions dîné, il me remit son sabre et ceux de
ses gens pour les garder, et pour montrer qu'il agissoit de bonne foi. Alors il me fit demander si j'étois
content de lui, et si je l'appellerois encore un homme
sans foi. Je n'avois garde de chercher à l'irriter. Je
lui fis dire que je n'aurois pas cru qu'il étoit si honnête homme, et que présentement je lui voulois du
bien. J'en disois trop à un homme de cette trempe :
aussi ne manqua-t-il pas de me prendre au mot.
« Puisque tu me veux du bien, reprit-il, donne-moi
« donc quelque chose ». Nous parûmes un peu ser-
rés; mais il ne démordoit point, et il fallut encore

3.   11

se défaire de bien des bagatelles en sa faveur : ce qu'il y avoit de pire, c'est qu'il ne finissoit point ; il n'avoit pas plutôt une chose qu'il en vouloit avoir une autre : rien n'étoit plus ennuyant. Il demandoit ; nous refusions : on disputoit de part et d'autre ; enfin il falloit en venir à composition, et toujours donner, des bagatelles, à la vérité, mais des bagatelles qui auroient pu nous servir dans une autre occasion.

Cependant nous avions fait bonne route, et la nuit approchoit. Nous mîmes à terre à Karavaschie (Kêrâvâchyeh). Baram nous y quitta, fit apprêter son souper, et mangea à la belle étoile à une petite distance de la barque.

Dans ces entrefaites un garçon des peres, à qui on avoit volé une redingotte, alla se plaindre à Baram, cacheff (kiâchef), qui commençoit déja à s'enivrer. Il entra dans une furieuse colere, se leva, tira son sabre, et jura que quiconque avoit fait le vol le paieroit de sa tête. « Je veux bien, ajouta-t-il, « prendre tout ce que je puis attraper ; mais je pré- « tends que mes esclaves tiennent leurs mains nettes ». Là-dessus il ordonna une recherche exacte ; et dans un instant la redingotte se trouva. L'esclave qui l'avoit volée se jeta à ses pieds pour demander grace, nos gens même implorerent pour lui ; et Baram se laissa fléchir. L'issue de cette affaire fut heureuse pour nous ; car si Baram avoit tué son esclave, nous aurions été obligés de le lui payer : c'est la moindre

chose qui nous en seroit arrivée. Nous étions fort
fâchés de ce que le garçon avoit porté sa plainte à
notre insu; mais il n'en prévoyoit pas les conséquences.

Avant que de sortir de la barque, Baram, cacheff
(kiâchef), nous avoit obligés de payer deux sevillans à chacun des braves qu'il avoit amenés avec
lui. Lui-même, comme je l'ai dit, nous avoit escro-
qué tout le jour tantôt une chose, tantôt l'autre, et
n'avoit cessé de demander que parcequ'il n'avoit
plus rien vu qu'il pût exiger. Il sembloit qu'il vouloit encore revenir à la charge; car il fit entendre
qu'il avoit envie de retourner à la barque pour y prendre congé de nous. Le frere de l'aga (âghâ), qui
avoit soupé avec lui, nous sauva cette rechûte : il
lui représenta qu'il avoit tout à craindre s'il nous
approchoit pendant la nuit; qu'on nous avoit tant
vexés, que nous étions poussés à bout, et qu'il ne
répondroit pas de sa vie s'il faisoit tant que de
rentrer dans la barque.

Tout ivre qu'étoit Baram, ces représentations firent
effet sur lui; il se contenta de nous envoyer souhaiter un bon voyage de sa part: mais il nous fit dire
en même temps qu'il venoit d'être informé que sa
sultane étoit accouchée, et que nous aurions la bonté
de donner à l'enfant les *manottes* d'argent. Nous répondîmes que nous les enverrions par le réys, et nous
n'y manquâmes pas; mais ce ne fut que dans le temps
que nous l'envoyâmes avertir que nous allions partir.

Baram fut content de notre présent. Il chargea le frere de l'aga (âghâ) d'Essuaen (Éçouân) de lettres pour son frere et pour le cacheff Ibrim (kiâchef Ibrâhym), et il donna ordre au réys de nous conduire. Enfin nous nous vîmes heureusement échappés des mains de ce tyran, et nous nous félicitâmes d'en être quittes à si bon marché.

Le Nil change ici de cours, il tourne vers le nord; et nous avions un grand calme. Nous eûmes recours aux rames, qui, secondées du courant du fleuve, nous firent si bien avancer, que dans peu nous perdîmes de vue le feu que Baram, cacheff (kiâchef), avoit fait allumer pour se chauffer.

VOYAGE

D'ÉGYPTE ET DE NUBIE.

HUITIEME PARTIE.

SUITE DU VOYAGE DE L'AUTEUR

POUR RETOURNER DE DEIR OU DERRI JUSQU'AU CAIRE.

Mardi 7 janvier.

Nous avions continué toute la nuit à nous servir
de la rame, nous en fîmes aussi usage durant tout
le jour; et le soir, à huit heures, nous avions déja
passé

GURTA (Ghourtah).

Ce jour-là notre réys s'avisa de faire le petit tyran; il crut qu'à l'exemple de son maître il devoit
aussi nous rançonner : il demanda cinquante sevillans au-dessus du prix qui lui avoit été accordé, et
menaça de nous ramener à Derri si nous refusions
de lui donner cette somme. Heureusement il n'avoit
pas, comme Baram, cacheff (kiâchef), le pouvoir en

main. Nous lui fîmes donc entendre que, s'il étoit désormais assez osé pour nous tenir de semblables propos, il pouvoit être assuré que nous le jetterions sans façon dans le Nil, et que nous aurions bien soin nous-mêmes de conduire la barque. Cette menace le fit changer de langage : il dit que son intention n'avoit pas été de rien exiger de nous, qu'il avoit seulement voulu plaisanter; mais qu'il espéroit néanmoins que nous serions assez généreux pour lui faire quelque présent. « Notre générosité, répon-« dîmes-nous, dépendra de ta propre conduite, et « nous en agirons avec toi comme tu agiras envers « nous ». Il parut content de cette déclaration et nous laissa depuis en repos.

Mercredi 8 janvier.

Nous avions fait route toute la nuit à la faveur du courant; nous continuâmes de même jusqu'à midi, que nous fûmes obligés de mettre à terre à cause d'un vent de nord qui étoit trop fort et qui nous empêchoit d'avancer. Nous attachâmes la barque au bord oriental du Nil près de

DENDOUR (Dendour).

Nous avions fait un peu plus de la moitié de la route de Derri à la cataracte; route où l'on a beaucoup de peine à faire des provisions : on ne trouve que quelques moutons extrêmement maigres, et des chevres qui ne valent rien; les poules sont très rares, et les œufs par conséquent ne sont pas communs : à l'égard du pain, on n'en vend point; les Barbarins ne font moudre le bled qu'à mesure qu'ils veulent cuire; et les gâteaux qu'ils font ne sont jamais qu'à moitié cuits. Ce qu'il y a de plus désagréable, c'est que, quand on rencontre quelque chose à acheter, la marchandise vendue, livrée et payée, ne fait pas une vente parfaite. Nous en eûmes ce même jour une preuve convaincante. Notre valet avoit acheté un mouton qu'un Barbarin avoit amené à la barque dans le dessein de le vendre; après bien des contestations il le laissa pour deux sevillans, avec lesquels il s'en alla: mais au bout d'une demi-heure il retourna pour demander son mouton, et offrit de rendre l'argent qu'il avoit reçu. Indignés de son procédé, nous refusâmes de rompre le marché; d'ailleurs nous avions besoin du mouton. Là-dessus notre homme s'obstina, fit un vacarme terrible, et assembla tant de monde par ses cris, que, pour n'être pas obligés d'en venir à quelques extrémités, nous acquiesçâmes à sa demande moyennant les deux sevillans qu'il restitua. La comédie ne finit pas là; un moment après il retourna avec le même mouton, dont il demanda trois sevillans. Nous voulûmes le chasser. Quand il vit que nous ne paroissions pas avoir envie de son mouton, il prétendit nous obliger à le prendre pour le prix qui lui en avoit été donné la première fois. Nous fîmes les difficiles; enfin on s'accommoda, et le mouton nous demeura pour un sevillan et quelques mesures de bled; ce qui étoit pourtant au-dessous de ce qu'on lui avoit donné au commencement.

Jeudi 9 janvier.

Quoique le vent du nord fût encore assez fort, nous ne laissâmes pas de faire route tout le jour par le moyen de la rame et du courant; de sorte que vers le soir nous gagnâmes le village d'

ABOHUER (Âbou-Hhouer).

Nous approchâmes de la terre; et nous en avions fait autant ce jour-là en divers endroits sans pourtant nous y arrêter. On nous avoit seulement demandé comment on nous avoit permis de retourner de Derri : quelques uns avoient ajouté fort civilement que si le réys vouloit nous faire descendre chez eux ils partageroient le butin avec lui. Mais à Abohuer (Âbou-Hhouer) une vingtaine d'hommes oserent venir à la nage jusqu'à notre barque pour y demander des nouvelles de notre voyage: ils se tinrent pourtant dans de certaines bornes, et ne marquerent aucunement avoir envie de nous faire du mal; ils témoignerent seulement beaucoup de surprise de ce qu'on nous avoit laissé échapper si aisément.

Comme depuis Essuaen (Êçouân) jusqu'à Derri on n'a pas l'usage de traverser le Nil avec des canots, les habitants savent suppléer à ce défaut de diverses manieres. J'en ai déja donné deux; en voici une troisieme assez singuliere : ils se mettent à califourchon sur un grand morceau de bois, après avoir

ajusté leurs habits sur leurs têtes en forme de turban; ils y attachent aussi leurs zagaies; ensuite ils
se servent de leurs bras en guise de rames, et tra-
versent ainsi le fleuve sans beaucoup de peine.
Cette maniere est encore en usage un peu au-dessous d'Essuaen (Èçouân), et même dans des endroits
où il y a plus de crocodiles qu'ici : cependant on
n'apprend pas qu'il arrive aucun malheur; et ceux
qui se baignent tous les jours dans le Nil ne prennent non plus aucune précaution contre cet animal.

Vendredi 10 janvier.

On reprit la rame de grand matin, parceque le
vent du nord continuoit toujours. L'après-midi nous
mîmes à terre à

UBSCHIIR (Oûbchyr).

Le dessein étoit pris de rester toute la nuit devant
ce village. Cependant, à force de sollicitations et par
quelques libéralités que je fis, j'obtins que nous ferions en sorte de gagner

GIESIRET-ELL-HEIFF (Gjézyret êl-Hhéïf).

J'ai déja dit d'avance de quelle maniere j'employai
toute la nuit à examiner les magnifiques antiquités
de cette isle, jusqu'à ce que l'importunité des Barbarins m'obligeât de me retirer le lendemain matin.
Ainsi je me contente de renvoyer le lecteur à la relation que j'en ai donnée.

Samedi 11 janvier.

Après avoir quitté Giesiret-Ell-Heiff (Djézyret êl-Héïf), nous descendîmes le Nil jusqu'à

MORADA (Morâdah).

Il n'étoit guere que neuf heures du matin quand nous arrivâmes dans ce port. Nous nous y crûmes en un lieu de sûreté, puisque c'étoit l'endroit où commençoit le gouvernement de notre bon aga d'Essuaen (âghâ d'Êçouân); mais nous y apprîmes bientôt que sa maladie empiroit tellement qu'on croyoit qu'il n'iroit pas loin. Cette nouvelle nous affligea; car nous connoissions assez son fils pour ne pouvoir pas nous promettre de lui les mêmes honnêtetés que nous avions reçues de son pere.

Il avoit été informé de notre arrivée par le réys; et, en venant d'Essuaen (d'Êçouân) pour nous joindre, il avoit rencontré le valet juif que nous avions dépêché à l'aga (âghâ) pour l'avertir de notre retour, et pour le prier de nous faire fournir le plutôt qu'il seroit possible des montures, afin que nous pussions nous rendre à Essuaen (Êçouân) avec nos bagages.

Dans cette rencontre le fils de l'aga (âghâ) fit entendre à ce valet qu'il ne nous rameneroit pas à si bon marché qu'il nous avoit menés. « Nous savons, « dit-il, maintenant de quelle façon il en faut user « avec vos gens. Nous, qui les avons traités avec « toute la civilité imaginable, nous n'en avons reçu

« que des bagatelles, tandis que ceux qui les ont
« tyrannisés en ont tiré des choses d'une grande
« valeur ». Notre valet lui demanda s'il vouloit se
mettre en parallele avec des voleurs, qui auroient
voulu prendre jusqu'à la chemise s'ils n'avoient ap-
préhendé que leurs doigts ne s'écorchassent en la
tirant. « Tout cela est bon, reprit le fils de l'aga
« (âghâ); mais je ne serai pourtant pas si fou que
« je l'ai été. »

Nous ne savions pas encore l'intention où il étoit
quand il vint nous voir dans notre barque avec le
réys; mais après les premiers complimens il eut
soin de nous faire sentir qu'il lui falloit un présent
de quelque valeur pour l'engager à nous conduire à
Essuaen (Éçouân), et que moyennant cela il nous
fourniroit toutes les commodités que nous pouvions
souhaiter. Nous répondîmes que nous l'avions toujours regardé comme un homme d'honneur; que
nous espérions n'avoir qu'à nous louer de lui comme
nous nous louïons de son pere; que, s'il prétendoit
marchander avec nous, il n'avoit qu'à mettre ses
services à prix; que s'il prenoit garde à ses intérêts,
nous en faisions de même de notre côté; et que du
reste il y avoit au Caire des puissances à qui nous
saurions faire le rapport de la maniere dont il en
auroit usé avec nous.

Cette réponse parut un peu l'intriguer. Il tint
bon néanmoins; et, moitié par nécessité, moitié
par courtoisie, nous nous engageâmes à lui donner

un habit de drap et quatorze sevillans, outre trois sevillans que nous accordâmes pour les montures. Ce marché conclu, notre homme parut content, et promit de venir nous prendre le lendemain.

Je fis ce jour-là encore un tour à la cataracte pour la contempler de nouveau. Après cela je retournai à la barque, où nous restâmes tranquilles, tandis que nos gens tiroient des tourterelles, qui se trouvent ici en quantité de même que le poisson; et on nous en apporta autant que nous en pouvions souhaiter.

Dimanche 12 janvier.

Vers le midi, le fils de l'aga (âghâ) arriva avec un assez grand nombre de montures pour nous porter commodément à Essuaen (Èçouân). Nous fîmes aussitôt charger notre bagage, et nous nous mîmes en chemin; mais en approchant de la ville le fils de l'aga (âghâ) prit le devant, et nous étonna fort lorsque nous vîmes qu'il passoit au-delà d'Essuaen (Èçouân). Il fallut pourtant le suivre; car il en avoit donné l'ordre à ses gens : en vain je fis demander à quelques uns la raison de cette contre-marche, personne ne put ou ne voulut m'en dire le motif.

On nous avoit joué tant de mauvais tours que cette marche à contre-temps devoit un peu nous alarmer. Cela ne m'empêcha pas de tourner un peu à la gauche pour y voir un obélisque qui est à moitié enterré dans le sable, et dont j'ai fait mention ailleurs. Ce-

pendant je ne m'y arrêtai pas beaucoup; le temps
ne me le permettoit pas, car il falloit suivre le gros
de la troupe, avec laquelle nous arrivâmes enfin
dans une soi-disant maison de campagne de l'aga
(âghâ). Le commandant du port de la cataracte y
étoit déja. Il ordonna, dès que nous fûmes arrivés,
que l'on fît entrer tous nos bagages; après quoi il
donna ordre qu'on fermât la porte.

Tous ces mysteres nous donnoient beaucoup à
penser: ils ne nous alarmerent pas néanmoins. Il n'y
avoit pas beaucoup à craindre pour nous, puisque
nous étions assez bien armés pour leur faire tête.

Quand il eut payé les chameliers, il vint à nous
pour nous saluer, et nous fit dire par les interpretes
qu'il ne nous avoit conduits dans cette maison de
campagne qu'afin de faire prendre le change au
peuple qui s'étoit assemblé en foule à Essuaen (Èçouân)
pour nous voir arriver. « Ils savent tout, dit-il,
« et on les a instruits de la maniere dont on vous
« a traités à Derri; ils pourroient prendre la fantai-
« sie d'en user de la même façon à votre égard : il
« ne seroit pas en notre pouvoir de vous en garan-
« tir; notre force n'est pas capable de résister ici au
« peuple lorsqu'il vient à se révolter. J'ai donc jugé
« qu'il étoit plus convenable et pour vous et pour
« nous de vous conduire dans cette maison de cam-
« pagne, où vous serez en toute sûreté. »

Nous entrâmes dans ses raisons, et nous commen-
çâmes à le croire plus honnête homme qu'il ne nous

avoit paru dans ses premieres démarches. Je puis même dire à sa louange qu'il soutint depuis ce caractere assez bien; car, quoiqu'il ne laissât échapper aucune des occasions où il pouvoit nous escroquer quelque petit présent, il ne laissa pas néanmoins de nous servir de tout son pouvoir.

Cependant le séjour que nous nous voyions réduits à faire dans une campagne n'étoit guere de notre goût, et nous ne manquâmes pas de parler de notre départ : mais pour cela il falloit une barque, et il n'y en avoit point à Essuaen (Éçouân). Le fils de l'aga (âghâ) nous offrit néanmoins en tout cas d'en faire venir une du port de la cataracte. Je vis qu'il se passeroit quelques jours avant que nous pussions l'avoir; ainsi je lui fis demander s'il ne pourroit point me procurer un bateau ou un canot pour aller de l'autre côté du Nil, où je souhaitois de voir les antiquités dont le valet de l'aga (âghâ) m'avoit parlé avant que nous partissions pour Derri. « Je te satisferai, « me dit-il; mais ce n'est pas le tout qu'un canot, « il te faut encore une escorte pour te garantir des « insultes des Arabes qu'on rencontre quelquefois de « ce côté-là ». Et sur ce que je répondis que nous irions en assez grand nombre et assez bien armés pour ne rien craindre, il promit d'y penser, et nous laissa assez contents de sa conduite.

Nous prîmes alors pleine possession de notre nouvelle demeure, qui, au lieu de chambres, n'avoit que trois especes de remises voûtées, et pourvues chacune

pour tous meubles d'un divan (dyvân) de maçonnerie; celle du milieu recevoit le jour par toute sa façade qui étoit entièrement ouverte : il y avoit pourtant encore une cuisine découverte par en haut,
outre un petit réduit où logeoit un esclave avec sa
femme. Il étoit le châtelain ou le concierge du château. Son maître lui avoit donné ordre de nous obéir
en toutes choses, et il devoit nous remettre les clefs
tous les soirs.

Ce qu'il y avoit de meilleur dans cette maison de
campagne, c'étoit une grande cour remplie de brebis
et de volailles. Le tout étoit à notre service, à condition que nous le paierions, c'est-à-dire plus cher
qu'au marché.

Sur le corps du principal bâtiment régnoit une
plate-forme, très propre pour s'y rôtir au soleil qui
y donnoit tout le jour : on auroit pu pourtant y
respirer la fraîcheur le soir et la nuit; mais il y avoit
un grand obstacle, car on y avoit porté depuis long-
temps les immondices de la maison ; elles s'y étoient
pourries, et donnoient une odeur qui ne permettoit
pas de s'y tenir long-temps.

Nous étions accoutumés à loger si étroitement dans
notre barque, que, malgré le peu de commodités
qu'il y avoit dans cette maison, nous nous trouvions
mieux que nous n'avions été depuis long-temps: nous
y étions du moins au large. Cet avantage ne nous touchoit guere pourtant, et nous soupirions après le
moment où nous pourrions quitter ce triste séjour.

Lundi 13 janvier.

On nous avoit avertis le matin qu'il y avoit à Essuaen (Éçouân) une petite barque qui offroit de
nous mener au Caire. J'allai la voir; mais elle étoit
trop petite, et le maître demandoit quarante-cinq
sevillans pour notre passage. Je n'étois pas tenté
de conclure le marché; et le fils de l'aga (âghâ),
qui arriva dans ces entrefaites, n'y voulut pas non
plus consentir. Il dit que le voyage étoit assez fatigant par lui-même sans en augmenter la fatigue en
se mettant dans une prison; et il me fit espérer qu'il
arriveroit dans peu une barque plus large. J'accor-
dai pourtant avec le maître de celle-ci pour qu'il
me menât le lendemain de l'autre côté du Nil; et
le fils de l'aga (âghâ) me promit deux janissaires,
avec le valet qui m'avoit parlé des antiquités qui s'y
trouvoient : c'étoit lui qui devoit servir de guide.

Mardi 14 janvier.

Dès le matin, je passai de l'autre côté du Nil.
J'étois accompagné des peres, des janissaires, et des
valets. Nous fûmes obligés de descendre le Nil plus
d'une lieue, parceque le bord du fleuve entre l'isle
Eléphantine et le continent, du côté occidental,
n'avoit pas assez de fond pour en pouvoir approcher
avec une barque.

Lorsque nous eûmes mis pied à terre, il fallut
remonter le long du rivage aussi haut que nous

étions descendus. Notre guide nous fit après cela traverser des montagnes sablonneuses, qui dans ce quartier s'approchent jusqu'au bord du fleuve. C'étoit la marche la plus incommode du monde; car, outre que nous avions à monter dans des sables, ce qui est fatigant, ils cachoient à leur surface quantité d'épines qui n'accommodoient pas nos jambes nues, comme on les a toujours dans ce pays-là. De plus, il faisoit une chaleur extrême; de sorte que le chemin, que notre guide avoit fixé à la durée de quelques pipes de tabac, nous sembla d'une longueur épouvantable.

Au bout de trois heures de marche nous arrivâmes enfin au lieu que nous cherchions, sans autre accident que celui de nous être bien lassés. Mais quel fut mon étonnement quand, au lieu de quelques superbes anciens édifices, je n'apperçus que de vieilles masures de briques et de boue! Je fis demander au valet de l'aga (âghâ) si c'étoient là ces belles choses qui valoient plus que ce que j'avois vu dans l'isle Eléphantine. Il répondit tranquillement qu'oui; et comme il s'apperçut que j'en étois irrité, il chercha à m'adoucir, en disant que je verrois quelque chose de plus beau en dedans. Il fallut prendre patience, et avancer pour entrer. Je n'y trouvai non plus que de vieilles masures. Je commençois à éclater contre mon homme, qui ne fit que rire de la colère où il me voyoit, comme s'il eût voulu plaisanter de ce qu'il m'avoit trompé de la sorte.

Je cherchai à éteindre ma colere par le boire et le manger que j'avois fait apporter avec moi. Je me refis en même temps de ma fatigue, et je me rappelois alors que le drôle m'avoit parlé de momies, de peintures et d'inscriptions. Je lui en fis demander des nouvelles, et il m'offrit de m'en donner de bien sûres en me montrant toutes ces choses. Aussitôt il me conduisit dans un endroit dont les murailles étoient effectivement peintes; mais lorsque je les vis, je ne doutai pas un moment que toutes ces ruines ne fussent des restes d'une église et d'un couvent copte ou grec. Il me mena après cela dans une espece de cimetiere, dont les Arabes ont ouvert les tombeaux. Il me donnoit quelques os de morts pour des momies : encore passe s'il en avoit fait des reliques. Il ne manquoit plus après cela qu'à me montrer les inscriptions. Il n'y fut pas embarrassé quand je les lui fis demander; il soutint la gageure jusqu'au bout, et me fit remarquer des cellules ruinées où l'on avoit écrit avec du charbon sur le plâtre dont les murailles étoient enduites.

Mon homme n'en demeura pas là; il se piqua de faire plus qu'il n'avoit promis. Il me fit descendre dans un endroit où on voyoit un puits à moitié comblé. « Tiens, dit-il, voilà l'endroit où les trésors « sont enterrés. Si tu sais les tirer de là, tu seras « suffisamment payé de la peine que tu as prise de « venir jusqu'ici ». Je me mis à rire à mon tour de la simplicité de ce Barbarin, commune à tous ses compatriotes. Je jugeai alors que ces couvents ruinés pourroient bien avoir occasionné le sentiment général qu'on y a enterré des trésors. Il peut se faire que les moines en danger de voir leurs couvents détruits enterroient l'argenterie et les reliquaires de leurs églises ; que les Arabes dans la suite, ayant découvert quelques uns de ces trésors, se sont imaginé qu'il y en avoit par-tout ; et que, comme ils ne savent pas faire de différence entre une ruine antique et une ruine moderne, ils croient qu'il y a des trésors dans tous les endroits où il y a eu des édifices. Je crois même qu'on ne courroit pas risque de se tromper, si on disoit que la conservation de tant d'antiquités, qu'on admire encore aujourd'hui, n'est due qu'à cette fausse persuasion, bien incommode pourtant et bien périlleuse pour un voyageur qui cherche à y satisfaire sa curiosité.

Comme j'avois tant fait que de me rendre sur le lieu, je voulus le voir entièrement. J'en fis tout le tour ; mais à dire le vrai je n'y apperçus rien qui valût la peine d'être remarqué : je ne trouvai que les vestiges d'un bâtiment qui avoit été habité par des chrétiens uniquement occupés au culte du vrai Dieu. Du reste, ce bâtiment étoit d'une mauvaise construction et situé dans le terrain le plus stérile du monde. On n'y voit à perte de vue que des plaines et des montagnes couvertes de sable. L'eau, selon les apparences, n'y étoit pas fort bonne ; et si ceux qui ont demeuré dans ce lieu étoient obligés d'en aller

chercher à la riviere, ils avoient assez d'incommo-
dités pour se la procurer.

Après nous être un peu reposés, nous nous mîmes
en chemin pour regagner notre barque; la marche
qu'il nous fallut faire pour cela fut encore plus désagréable que celle du matin. Premièrement nous
étions alors tout frais, et l'espérance de voir quelque
chose de beau nous encourageoit; au lieu qu'à notre
retour nous étions déja las de la marche précédente;
et de plus nous avions le déplaisir de nous être fa-
tigués inutilement.

Ni en allant ni en revenant nous ne rencontrâmes
personne sur la route : autant que je puis l'imaginer, les Arabes ne viennent guere dans ce quartier
que quand ils s'attroupent pour y aller chercher quelque chose. Je payai trois sevillans pour la barque,
et j'en donnai deux qui furent partagés entre les janissaires et le valet de l'aga (âghâ). Ces derniers
furent plus contents de ma libéralité que je ne le
fus de la corvée que j'avois faite.

Mercredi 15 janvier.

LE fils de l'aga (âghâ) nous amena un réys dont
la barque étoit au port de la cataracte, et il devoit
la faire descendre dans trois jours à Essuaen (Èçouân).
Nous accordâmes avec lui moyennant soixante sevillans, ce qui faisoit dix sevillans par rame. Il
s'obligea de nous conduire au Caire, et de nous

mettre à terre par-tout où nous voudrions. Nous payâmes dix sevillans d'avance.

Nous eûmes ce jour-là la visite du frere de l'aga (âghâ), qui nous avoit accompagnés à Derri : il arriva un moment après que le fils de l'aga (âghâ) nous eut laissés après avoir conclu le marché de la barque. Nous n'avions pas encore vu ce bonhomme depuis notre retour. Il nous félicita de nouveau sur ce que nous étions échappés à si bon marché des mains de Baram, cacheff (kiâchef). Nous lui demandâmes s'il croyoit véritablement qu'on en avoit voulu à notre vie. « Je ne crois pas, dit-il, qu'ils « en fussent venus à cette extrémité s'ils eussent pu « vous enlever votre bien sans cela; mais comme « ils vous voyoient résolus à le défendre, et qu'ils « craignoient d'un autre côté que si quelqu'un de « vous échappoit il n'eût porté des plaintes, leur « premier dessein fut de tâcher de vous surprendre « et de se défaire de vous. Ils ne purent pas heu- « reusement convenir de la maniere dont ils s'y pren- « droient; car ils n'avoient pas envie de s'exposer « eux-mêmes, d'autant qu'ils voyoient que vous n'é- « tiez pas gens à lâcher prise aisément. Il survint, « poursuivit-il, une autre circonstance qui contribua « beaucoup à vous faire partir; c'est que le bruit « de vos richesses s'étant répandu, il venoit tous les « jours de divers endroits des personnes qui préten- « doient avoir part au gâteau. Baram sentit alors que, « s'il partageoit vos dépouilles avec tant de gens, il

« courroit risque d'avoir beaucoup moins que s'il
« s'accordoit avec vous. Son intérêt particulier le
« détermina donc à tirer de vous le plus qu'il pour-
« roit et à vous faire partir de la maniere qu'il s'y
« prit ». Nous lui fîmes encore demander s'il n'avoit
jamais parlé de nous à Baram, cacheff (kiâchef).
« Je n'y ai pas manqué, répondit-il; je ne l'ai pas
« vu une seule fois sans lui représenter le tort qu'il
« se feroit s'il vous maltraitoit. L'effendi (êfendy),
« ajouta-t-il, se joignoit à moi; mais le tyran nous
« chargea l'un et l'autre d'injures, et menaça d'en
« user avec nous comme avec vous. Je nommai une
« fois mon frere; Baram se moqua de sa recomman-
« dation; et cependant le misérable a osé lui écrire
« qu'en sa considération il vous avoit témoigné toute
« la civilité imaginable et rendu tous les services
« qui dépendoient de lui ». Le bon vieillard nous
détailla encore une infinité de circonstances que
nous ignorions, et s'étendit beaucoup sur la cruauté
de Baram; ce que nous avions moins de peine à
croire que quand il nous en avoit parlé d'avance.
Du reste, ce frere de l'aga (âghâ) ne nous avoit pas
été d'un grand secours dans notre voyage : il craignoit encore plus que nous, et il étoit d'un tem-
pérament trop phlegmatique pour se remuer comme
il faut dans une occasion délicate. Je m'imagine pourtant que Baram, cacheff (kiâchef), l'auroit souhaité
bien loin : un témoin de cette espece devoit l'embarrasser, et il n'y avoit pas moyen de le tuer; son

frere étoit trop proche voisin et trop puissant pour être offensé impunément.

Quant à nous, nous nous félicitions d'avoir esquivé un si grand péril; et, quoique nous eussions encore bien des difficultés à surmonter avant que d'arriver au Caire, ce n'étoit plus rien en comparaison du danger que nous avions couru à Derri. Nous n'oubliâmes pas de faire quelques présents au bonhomme; et il ne faut pas demander s'il en fut charmé.

Jeudi 16 janvier.

Vers le midi mourut Ibrim, aga (Ibrâhym, âghâ). Son fils nous envoya annoncer cette mort, et nous fit dire en même temps qu'il succédoit au gouvernement. Nous l'envoyâmes bientôt complimenter, et nous lui fîmes porter en présent diverses choses qu'il avoit paru souhaiter. En reconnoissance il nous donna le soir une garde de trois janissaires, en nous faisant dire que, comme il ne pouvoit pas garantir qu'il ne survînt quelques troubles à l'occasion de la mort de son pere, il avoit cru qu'il convenoit de nous mettre en sûreté. Il fallut prendre en bonne part cette attention, dont nous l'aurions volontiers dispensé. Nous aurions mieux aimé n'avoir point de garde : tout nous étoit suspect. Aussi tant que ces janissaires resterent auprès de nous, deux de nos gens faisoient la nuit bonne garde tour-à-tour. Il ne nous arriva néanmoins aucun fâcheux accident.

J'avois été le matin faire un tour sur une hauteur, d'où j'apperçus notre barque qu'on faisoit descendre du port par la cataracte ; on employoit dans quelques endroits des chameaux, qui la tiroient par le moyen d'une corde ; et dans d'autres endroits des hommes faisoient cet office. C'étoit un ouvrage bien lent, et qui me fit craindre que notre départ n'en fût retardé de quelques jours.

Vendredi 17
Samedi 18 } *janvier.*
Dimanche 19

Durant ces trois jours il ne se passa rien de bien intéressant. Comme le nouvel aga (âghâ) nous avoit mandé de ne point sortir pour la même raison qui l'avoit porté à nous donner une garde, nous ne nous éloignâmes pas beaucoup de notre demeure ; nos gens s'amusoient à la chasse, et nous fîmes des provisions pour notre prochain voyage.

Lundi 20 *janvier.*

Vers le soir, notre réys vint nous avertir qu'à la fin il étoit arrivé avec sa barque ; qu'elle étoit attachée au-dessous de la citadelle ; et qu'il espéroit le lendemain ou pour le plus tard le jour d'après l'amener à l'endroit où se faisoit l'embarquement.

Mardi 21 janvier.

Ce jour-là le vent étoit trop fort pour entreprendre de conduire la barque dans l'endroit où nous devions nous embarquer; de plus, c'étoit le jour de Pâque des Turcs.

Mercredi 22 janvier.

Les mêmes raisons empêcherent la barque de descendre. Ce même jour l'aga (âghâ) nous envoya une brebis et du pain blanc fait à l'occasion de la fête de Pâque : il nous les fit présenter au nom de sa sultane; ce qui, dans le langage du pays, vouloit dire : « Vous avez oublié de lui faire un présent; « pensez-y, et réparez votre faute. »

Jeudi 23 janvier.

La barque arriva enfin le matin à sa place. J'allai la voir, et je la trouvai assez spacieuse; elle ne tiroit qu'un pied et quelques pouces d'eau étant vuide, et elle étoit à fond plat. Toutes ces sortes de barques sont construites de bois de sycomore, bois dont sont aussi faites les caisses des momies. Ce bois est extrêmement dur, et on peut dire que les barques sont bien fortes. Cela n'empêche pourtant pas qu'il n'en périsse un grand nombre, tant à cause de leur mauvaise construction qu'à cause de l'ignorance des pilotes, qui ne savent pas gouverner. Je convins avec le réys de la maniere dont les choses devoient être

3.   14

disposées dans sa barque pour notre plus grande commodité.

Vers le soir, nous envoyâmes quelques clincailleries à madame l'agasse (1), qui fit dire qu'elle en étoit très satisfaite; mais monsieur son époux se plaignit au Juif de ce que nous étions trop resserrés à son égard, et ajouta qu'il n'étoit que juste que nous nous défissions encore de quelque chose en sa faveur. Le Juif répondit que nous avions déja tant donné et qu'on nous avoit tant pris, qu'il ne savoit pas s'il nous restoit suffisamment de quoi nous conduire au Caire. L'aga (âghâ) témoigna qu'il ne se payoit pas de cette réponse. Il nous fit dire néanmoins que le lendemain il nous enverroit des montures pour nous conduire à la barque.

Notre valet juif nous pria de lui permettre de charger dans la barque une partie de dattes, sur lesquelles il feroit quelque profit en les vendant au Caire. Nous étions en droit de disposer de toute la barque, ainsi nous fûmes bien-aises de lui procurer ce petit avantage; nous lui avançâmes même une douzaine de piastres pour faire cet achat. Nous ne connoissions pas alors la conséquence de la chose: sans cela nous nous serions bien gardés de lui ac-

----

(1) Ce mot n'est d'aucune langue. On se rappellera que Norden n'étant pas né François écrivoit dans une langue qui lui étoit étrangere. Ainsi on lui pardonnera aisément ses mauvais néologismes et ses tournures de phrases souvent irrégulieres. (*Langlès.*)

corder la permission qu'il demandoit; nous l'aurions plutôt avantagé d'une autre façon.

Vendredi 24 janvier.

Les chameaux arrivèrent le matin avec des bourriques, sur lesquels on devoit charger notre bagage. Mais le réys fit difficulté de se mettre en besogne, sous prétexte qu'il n'avoit pas touché les dix sevillans que nous avions remis à l'aga (âghâ) pour les lui donner. Il étoit aisé de juger que l'aga (âghâ) les vouloit retenir pour son courtage. Nous ne crûmes pas devoir nous mêler de cette affaire; nous nous contentâmes d'envoyer le Juif avec ordre de faire des plaintes du réys. L'aga (âghâ) fit appeler celui-ci; il lui remit les dix sevillans en présence du Juif, et l'obligea de déclarer qu'il les avoit reçus de nous. Cette procédure étoit dans l'ordre; mais l'aga (âghâ) étoit trop avide pour lâcher prise si aisément. A peine le réys eut-il reconnu avoir reçu cet argent, que l'aga (âghâ) lui ordonna de le lui rendre. Il fit venir ensuite le cadi (qâdhy) pour dresser un contrat où le pauvre réys fut contraint de souscrire qu'il avoit reçu les dix sevillans. On ne sauroit concevoir de quelle manière ces misérables sont écorchés par leurs supérieurs, qui tirent d'eux tout ce qu'ils peuvent. Ainsi il n'est pas étonnant s'ils veulent aussi tirer à leur tour de ceux qui ont de quoi leur donner.

Nous ne nous rendîmes à bord qu'après midi, et nous n'avions pas encore embarqué tout notre ba-

gage lorsqu'il s'éleva une dispute entre les chameliers et les hommes qui conduisoient les bourriques.
Ce ne fut d'abord que des paroles; les injures succéderent, et enfin ils en vinrent tout de bon aux
mains. Ils se battirent avec des bâtons assez courts
et plombés, qu'ils portent ordinairement. Le peuple,
qui accourut bientôt en foule, se mit de la partie,
et en moins de rien on vit quatre à cinq cents
hommes engagés dans la mêlée. Le combat fut rude;
plusieurs furent renversés des coups qu'ils reçurent,
et quelques uns paroissoient à demi morts. Pour
nous, dès le commencement de la querelle, nous
nous retirâmes dans notre barque, où nous eûmes
soin de tenir nos armes prêtes, au cas que l'orage
s'approchât trop près de nous.

Cependant l'aga (âghâ), informé de ce tumulte,
envoya une douzaine de janissaires pour l'appaiser.
Leur présence n'en imposa point; ils furent obligés
de jouer long-temps de leurs bâtons, et ce ne fut
qu'au bout d'une demi-heure qu'ils parvinrent à séparer les combattants. Il ne resta alors qu'un garçon
étendu sur la place : il étoit grièvement blessé d'un
coup de couteau qu'il avoit reçu dans les reins.

La mere de ce misérable accourut bientôt lorsque
les janissaires se furent retirés. Elle étoit suivie d'autres femmes; toutes jetoient des cris épouvantables,
et, pour achever la cérémonie, elles s'égratignoient
le visage : la mere entre autres se tournoit de temps
à autre vers notre barque, nous donnant mille ma-

lédictions, menaçant et jurant de ne point quitter
la place, qu'elle n'eût vu couler notre sang pour
venger celui que son fils avoit répandu.

Nous ne craignions pas beaucoup les menaces de
ces femmes; nous appréhendions seulement que leurs
cris ne rassemblassent la populace, avec qui nous
n'étions pas curieux de nous compromettre. Nous
fîmes donc avertir l'aga (âghâ), qui nous envoya
deux janissaires chargés de chasser ces femmes. Elles
se défendirent d'abord comme des enragées. Il fallut
prendre le bâton : leur courage céda alors à la douleur des coups qu'elles recevoient. Elles prirent enfin
la fuite, et nous fûmes en repos. Cependant un des
janissaires resta avec nous, suivant l'ordre qu'il en
avoit reçu, pour nous servir de garde.

Depuis la mort du vieil aga (âghâ) nous n'avions
pas encore vu le nouveau. Sa loi l'obligeoit à ne
point sortir de sa maison qu'après un certain temps;
il voulut bien néanmoins enfreindre cette loi en
notre faveur, ou, pour mieux dire, en faveur de
son propre intérêt. Il vint à bord à minuit, accompagné d'un seul homme qui portoit une longue
pique, marque de sa dignité. Je n'étois pas encore
couché. J'allai le recevoir; je le fis entrer dans notre
tente; et, après avoir pris le café, il ne tarda pas à
me donner à entendre le sujet de sa visite, en me
faisant sentir qu'il étoit bien naturel que nous lui
fissions encore quelque présent. Nous répondîmes
que nous n'ignorions pas que nous étions dans

ses dettes pour le loyer de la maison où il nous
avoit logés, et qu'il devoit compter qu'avant de partir nous aurions soin de nous en acquitter. Quand
il vit que notre intention répondoit si bien à ses
vues, il changea de discours, et nous pria de vouloir bien nous charger des lettres qu'il écrivoit aux
puissances du Caire, et où il demandoit d'être confirmé dans sa charge sans être obligé d'aller en personne demander cette confirmation. Au bout de quelques heures d'entretien, il nous quitta en nous sou-
haitant un bon voyage et nous promettant d'ordonner notre départ pour le dimanche suivant.

Samedi 25 janvier.

L'ENDROIT où l'on avoit attaché notre barque étoit
à un quart de lieue de la citadelle d'Essuaen (d'Éçouân).
Nous avions devant nous une plaine d'environ cent
trente toises; c'étoit un terrain que l'écoulement des
eaux du Nil avoit laissé à sec : cela nous reculoit de
la terre ferme, où nous ne pouvions pas aller sans
nous éloigner trop de la barque. Ainsi nous nous
occupions à tirer des corbeaux et des poules de
Pharaon, parceque notre voisinage ne fournissoit
pas d'autre gibier.

Vers le midi, nous eûmes un spectacle qui nous
intrigua un peu. Une vingtaine de personnes à cheval parurent vouloir s'approcher de notre barque :
l'escadron étoit précédé d'une longue pique; ce qui
marquoit qu'il y avoit dans la troupe un schech

(cheykh) arabe. Quand nous vîmes qu'ils avançoient
effectivement à nous, nous prîmes tout de bon l'a-
larme, et nous songeâmes à nous mettre en défense.
Lorsqu'ils furent à dix pas de la barque, ils mirent
pied à terre, attacherent leurs chevaux, planterent
la pique, et avancerent assez près de nous le pistolet au ceinturon. Nous les fîmes prier alors par un
interprete de ne pas approcher davantage sans nous
dire ce qu'ils souhaitoient. A cette sommation, le
schech (cheykh) s'arrêta et ordonna aux autres
d'en faire autant. Il porta lui-même la parole, et
nous dit que nous ne devions point prendre ombrage
d'eux; qu'il n'étoit venu que pour nous voir, parcequ'il avoit entendu dire que nous avions été à Derri,
et qu'il souhaitoit de nous connoître.

Persuadés qu'il n'avoit nulle mauvaise intention,
nous nous rendîmes auprès de lui, et nous l'invi-
tâmes d'entrer dans notre barque, à condition qu'il
y viendroit seul. Il nous remercia civilement de notre
offre. Alors nous lui fîmes présenter le café et le
sorbet. Il en prit; et, après nous avoir fait plusieurs questions, il prit fort honnêtement congé de
nous, remonta à cheval, et s'en alla comme il étoit
venu.

Le réys demanda ce jour-là qu'on lui avançât une
quinzaine de sevillans; il nous représenta qu'il n'a-
voit pas touché la moindre chose des dix premiers
que nous avions avancés; qu'il avoit absolument besoin d'argent pour faire des provisions et pour don-

ner quelque chose à son équipage. Il étoit de notre intérêt de l'aider de notre mieux, afin qu'il hâtât d'autant plus notre départ. Nous entrâmes donc dans ses peines, et nous lui donnâmes ce qu'il nous demandoit. Mais nous ne savions pas que c'étoit un piege que le drôle nous tendoit : le Juif et lui s'entendoient ensemble; ils employerent tous deux leur argent à acheter des dattes, qu'ils chargerent dans la barque, et qui nous exposerent dans la suite à bien des avanies.

Sur le soir, le réys qui nous avoit conduits du Caire à Essuaen (Êçouân) vint nous voir, et nous présenta un mouton excellent avec un panier de pain de Pâque. Nous reconnûmes comme nous devions sa générosité. Il étoit janissaire, et vivoit avec une certaine aisance. Je dois pourtant avertir que, quoique toute la milice de ce canton prenne le nom de janissaires, ce ne sont pourtant que des assafs (1).

Dimanche 26 janvier.

Notre réys et le Juif acheverent ce jour-là de charger leurs dattes dans la barque; et le réys qui nous avoit menés à Derri et nous en avoit ramenés vint à bord avec une prétention à notre charge : il ne demandoit pas moins qu'un habit avec une dixaine de piastres. Nous l'envoyâmes au cadi (qâdhy), qui jugea qu'il n'avoit plus rien à prétendre de nous.

---

(1) *Açáb.* Voyez ce mot à la table des matieres. (*Langlès.*)

Cette sentence coûta une piastre, y compris les frais de l'accord dressé pour le réys qui devoit nous conduire au Caire.

Vers le soir, nous envoyâmes en présent à l'aga (âghâ) un paquet de riz, d'épiceries et de quelques autres babioles, avec quatre sevillans pour le loyer de sa maison. Il parut content du premier article; mais il faisoit difficulté d'accepter l'argent, parce-qu'il trouvoit la somme trop modique. Cependant l'interprete lui ayant représenté qu'il n'étoit pas de son intérêt de nous chagriner, puisque cela pour-roit nous porter à négliger ses affaires ou à le des-servir au Caire, il accepta l'argent, et donna ses ordres pour notre départ. Il nous fit remettre en même temps les lettres dont il nous chargeoit; et nous appareillâmes aussitôt pour être en état de par-tir la nuit, ainsi que l'aga (âghâ) l'avoit conseillé pour notre plus grande sûreté.

Lundi 27 janvier.

A une heure après minuit nous mîmes à la rame. Le vent, qui venoit du nord, souffloit assez fort et nous retardoit: mais vers le midi il tomba entière-ment; ce qui fit que, sans nous arrêter nulle part, vers les sept heures du soir nous gagnâmes

GIESIRET-ELL-MANSORIA (Djézyret
êl-Mançouryah.)

Le cacheff d'Esnay (kiâchef d'Èsneh) campoit dans cet endroit. Il nous fit mettre à terre. Je me rendis

d'abord auprès de lui avec quelques petits présents.
Il me reçut fort civilement et me fit apporter le
café; mais il refusa absolument ce que je lui pré-
sentai, et me fit dire par l'interprete que dans les
endroits d'où nous venions nous avions donné des
choses de plus grande valeur, et que nous ne devions
pas avoir moins d'égard pour lui. Nous disputâmes
beaucoup de part et d'autre; mais je tins bon, et
tout se termina à faire connoître qu'il souhaitoit
quelque chose de plus.

Pour parvenir à son but, il offrit de nous faire
accompagner par une douzaine de ses soldats. « Les
« Arabes, dit-il, rendent le passage dangereux, et
« depuis peu ils ont tué un effendi (êfendy) qui
« venoit de Girge (Djyrdjeh) ». Je le fis remercier
de sa bonne volonté, et je m'excusai d'accepter ses
offres, sous prétexte que nous étions trop étroitement logés pour recevoir quelqu'un dans notre barque. « Du reste, ajoutai-je, nous nous croyons assez
« forts pour résister à ceux qui oseroient nous atta-
« quer ». Je le priai seulement de nous laisser partir
le même soir; mais il n'y voulut pas consentir. Il
promit pourtant de nous expédier le lendemain.

Le cacheff (kiâchef) étoit Turc de naissance; il
avoit suivi la fortune d'un bey rebelle au gouvernement du Caire, et avoit lui-même tué un autre
bey envoyé contre son maître. Ce dernier ayant enfin
succombé et s'étant noyé dans le Nil, il se retira
auprès des princes arabes, qui lui donnerent leur

protection, et le firent ensuite leur cacheff (kiâchef)
à Essnay (Èsneh).

Mardi 28 janvier.

Le cacheff (kiâchef) nous envoya de grand matin
en présent deux moutons bien gras avec un grand
panier de pain. Il fallut répondre à cette honnêteté
par un autre présent plus considérable; il eut donc
un morceau de drap rouge pour un habit, du sa-
von, des épiceries, du café, et d'autres bagatelles.
Nous le contentâmes ce jour-là, et il ordonna au
réys de partir dans deux heures; il ne laissa pas dans
cet intervalle de nous envoyer divers messages pour
demander tantôt une chose, tantôt l'autre; et, comme
il ne demandoit véritablement que des bagatelles, on
ne lui refusa rien.

Dans un entretien il montra au pere interprete
un morceau de marcassite, et lui demanda comment
on pouvoit en tirer l'argent. Le bon pere se tira d'affaire du mieux qu'il put. Ce cacheff (kiâchef), persuadé,
comme tout le peuple du pays l'est généralement, que
les Francs n'ignorent rien, chargea le pere de demander à nos gens si quelqu'un d'entre eux vouloit rester
avec lui pour mettre en valeur les mines d'argent
qu'il disoit être très abondantes dans les montagnes.
Il promit d'enrichir celui qui demeureroit; mais personne ne fut tenté d'accepter sa proposition.

Nous étions prêts à partir quand il nous vint un
nouveau message chargé de nous dire que le cacheff

(kiâchef) nous demandoit quelque chose capable de
le rendre plus formidable dans son serrail. Nous ne
pûmes nous empêcher d'éclater de rire à cette proposition. Pour répondre néanmoins en quelque maniere
à sa confiance, nous lui envoyâmes deux bouteilles
d'eau de la reine de Hongrie, et nous lui conseillâmes
d'en prendre une bonne dose le soir et le matin.

Nous partîmes aussitôt; et nous nous trouvâmes
dans peu vis-à-vis de l'ancien temple de

KONOMBU (Qonombou).

Je mis pied à terre pour l'aller voir. Chemin faisant
je remarquai qu'une grande quantité de poules de
Pharaon suivoit le petit camp du cacheff (kiâchef);
il y en avoit de blanches avec des ailes noires, et
d'autres étoient entièrement noires; elles se nouris-
soient de ce qu'on jettoit, et elles passoient entre
les tentes comme des oiseaux apprivoisés.

Il régnoit un grand calme, de sorte que nos rameurs, aidés du courant, nous firent faire bonne route.

Un peu après midi nous étions déja arrivés à
TSCHIBAL ESSELSELE (Djébel êl-Selseleh),
c'est-à-dire à la Montagne de la Chaîne. Notre réys,
qui étoit convenu de nous mettre à terre par-tout
où nous voudrions, fit beaucoup de difficulté pour
s'arrêter. Il eut beau faire, je descendis, et je me
mis d'abord à dessiner et à mesurer tout ce que je
trouvai de remarquable. J'avois à peine commencé
que le Juif vint m'avertir de me retirer dans la
barque, parcequ'on avoit apperçu une troupe d'Arabes

qui s'approchoient; j'avois été si souvent la dupe de
pareilles chansons, et j'avois tant de peine à me faire
mettre à terre dans les endroits où ma curiosité
m'appeloit, que je renvoyai mon homme sans vouloir l'écouter, et je continuai mon travail.

Peu de temps après, un autre de nos gens fut dépêché pour me dire que le réys détachoit la barque
afin de s'en aller. Je ne fis pas plus de compte de
ce second avis que du premier; j'avois commencé et
je voulois finir : je retins mon homme avec moi en
lui faisant entendre que la barque n'iroit pas loin,
et que nous la rejoindrions bientôt. Je travaillai
ainsi tranquillement toute l'après-dînée jusqu'au soir.
Je visitai les grottes voisines, et je ne quittai la
place que quand l'obscurité de la nuit qui commençoit ne me permit plus de voir les objets.

J'avois cependant un bon chemin à faire avant
que de pouvoir joindre la barque, et je ne m'y rendis
pas sans peine. A mon arrivée, un chacun m'y reçut en riant de la terreur panique qui les avoit saisis;
car ils m'apprirent que la prétendue troupe d'A-
rabes n'avoit consisté qu'en une vingtaine de chameaux suivis de leurs chameliers. Je fis pourtant
un peu le fâché, et j'avois sujet de l'être; je remarquai à mon grand regret que les périls passés avoient
fait une trop forte impression sur l'esprit de quelques uns de nos gens. Le Juif, qui avoit ses dattes
dans la barque, étoit plus craintif que jamais; et le
réys, frippon fieffé, avoit fait tant de coquineries

tout le long du Nil, qu'il trembloit de peur quand il entendoit une feuille tomber : c'étoit d'ailleurs le même réys qui avoit conduit le pere Sicart lorsqu'il fit son voyage dans la Haute-Egypte. Ce réys savoit beaucoup de circonstances touchant ce pere; mais j'étois surpris de ce que, l'ayant accompagné par-tout, il n'étoit pas meilleur guide : il nous avoit montré dans la matinée de quoi il étoit capable.

Avant que d'arriver à la *Montagne de la Chaîne*, nous avions passé devant un endroit où un jeune garçon gardoit quelques brebis. Le réys lui dit des injures; et l'enfant lui répondit sur le même ton. Piqué de la réponse, le réys se jette sur un fusil chargé à trois balles, qui étoit toujours en cet état hors de la tente, et il tire sur le troupeau de brebis. Nous avions cru qu'il ne prenoit cette arme que pour faire peur à l'enfant; mais, lorsqu'il l'eut tirée, nous en fûmes très scandalisés : heureusement il ne tua rien; ce qui nous surprit beaucoup, c'est que l'enfant, au lieu de s'enfuir, demeura ferme sur la place et se mit à vomir mille injures contre notre barbon, qui, pour s'en venger, ne parloit pas moins que de mettre à terre et de s'emparer de toutes les brebis. Son équipage ne valoit pas mieux que lui; c'étoient de véritables corbeaux : ils voloient la viande du pot qui bouilloit sur le feu.

Nous continuâmes à descendre à la rame jusqu'à minuit, que nous nous trouvâmes devant
BUEBBE.

Mercredi 29 janvier.

Le calme dura toute la nuit et même tout le jour suivant, ce qui nous fit beaucoup avancer. Nous vîmes de temps en temps divers crocodiles, et nous tirâmes dessus sans en pouvoir tuer aucun.

L'après-midi nous apperçûmes sur le haut d'une montagne un édifice qui paroissoit de construction sarrasine, et à un quart-de-lieue de là je remarquai quelques ruines dans une vallée derriere la montagne; il n'y eut pas moyen d'y aller, je n'aurois pu y arriver que dans la nuit. Le réys outre cela s'y opposoit; et d'ailleurs le temps étoit si favorable pour descendre le fleuve, qu'on crut devoir en profiter.

Je fis dès-lors une convention avec le réys pour qu'il nous arrêtât à Luxxor (Louqssor) et à Carnac (Qarnâq), et je lui protestai que s'il y manquoit il perdroit tout ce qu'il devoit encore avoir pour notre passage. Il me le jura par sa barbe; et, pour être plus sûr de mon fait, je promis de lui donner une piastre lorsque je serois de retour de ces deux endroits.

Vers le minuit nous arrivâmes devant

TURRAEG (Tourrâhh).

Nous y trouvâmes sept à huit barques, qui étoient à terre et qui s'appeloient mutuellement l'une l'autre, comme c'est la coutume ordinaire du pays. Il y avoit dans ces lieux deux schorbatschiers d'Essuaen (chorbâdjy d'Êçouân), qui devoient signer les lettres que l'aga (âghâ) écrivoit aux puissances du Caire. Nous les leur envoyâmes par le réys; et, dès qu'ils les eurent signées, nous mîmes au large.

Jeudi 3o janvier.

Nous avions continué toute la nuit à faire bonne route à la faveur du calme; il en fut de même dans la matinée: mais vers le midi il se leva un vent de nord très fort, et notre gouvernail se cassa. Il nous fallut rester au milieu du Nil, bien empêchés entre le vent et le courant qui se combattoient, et qui occasionnoient un si grand roulis que quelques uns de nos gens en furent malades. Nous fîmes pourtant si bien jouer nos rames, qu'à la fin nous approchâmes de la terre à

DUREG (Tourehh).

Tandis que nous y étions, il passa une petite barque dans laquelle il y avoit trois Francs (1). Nous remîmes presque aussitôt à la rame; de sorte que nous arrivâmes, vers le midi, vis-à-vis d'

ESSNAY (Èsneh).

La premiere chose à laquelle nous songeâmes, ce fut de faire réparer notre gouvernail. Nous demandâmes ensuite des nouvelles des Francs que nous avions rencontrés; mais personne ne nous en put

---

(1) Parmi ces Francs se trouvoit le docteur Pococke, maintenant évêque d'Ossory, auteur d'un excellent *Voyage au Levant et en Egypte*, qui nous a été très utile pour nos observations additionnelles. (*Note traduite de* Templeman).

rien dire de positif : l'unique circonstance que nous pûmes apprendre fut qu'ils avoient été voir l'ancien temple, où ils avoient voulu rompre une pierre, mais que le peuple s'y étoit opposé. Je savois déja par ma propre expérience que ce n'étoit pas une chose à tenter. J'eus regret de n'avoir pas pu parler à ces messieurs; je les aurois informés de mes aventures, dont ils auroient pu profiter. Mais ils passerent si vîte que nous perdîmes leur barque de vue dans un moment.

Le vent venoit toujours du nord, et étoit encore très fort; de sorte que nous passâmes la nuit devant Esnay (Èsneh).

Vendredi 31 janvier.

J'ALLAI de grand matin considérer de nouveau l'ancien temple. Je confrontai mon dessin, où je ne trouvai rien à changer. J'aurois seulement souhaité d'y ajouter quelque chose; mais je me vis dans l'instant entouré d'une telle foule de monde, que je fus contraint de m'en tenir à ce que j'avois déja et de songer à la retraite; car, je le dirai, les gens d'Esnay (Èsneh) sont la plus méchante canaille que j'aie jamais rencontrée. Notre réys en étoit, il ne démentoit pas son origine.

Il doit y avoir aux environs d'Esnay (Èsneh) un autre ancien temple. Je m'en informai, et personne ne put m'en donner des nouvelles. Notre réys, qui y avoit conduit déja le pere Sicart, n'en savoit pas

davantage, ou ne voulut pas me donner cette satisfaction. Il me dit seulement que ce pere avoit perdu
tous ses papiers en allant au couvent copte, mais
qu'il les lui avoit fait rendre. Il ajouta que le même
pere avoit été fort mal traité dans ce couvent.

Notre gouvernail se trouvant refait, nous quittâmes Esnay (Êsneh), quoique le vent du nord con-
tinuât et fût toujours bien fort. Il étoit huit heures
du soir quand nous partîmes, et à minuit nous
n'étions pas encore hors de la vue d'Esnay (Êsneh).
Nous mouillâmes alors au milieu du Nil, environ à
une demi-lieue d'Esnay (Êsneh).

Samedi 1ᵉʳ février.

Dès la pointe du jour, nous levâmes le grappin
pour essayer de faire route. Cependant le vent du
nord, qui devint encore plus violent, nous obligea
bientôt de remettre à terre. Nous mouillâmes à

ELL-ARDIE (Êl-Ârdyeh),

lieu situé sur la rive occidentale du Nil, entre Esnay
(Êsneh) et Asfuun (Âsfoun). Nous y demeurâmes
tout le jour; nos gens allerent à la chasse, et tuerent
une douzaine d'oies du Nil. Le soir nous voulûmes
éprouver si nous ne pourrions point avancer chemin : le vent étoit encore trop fort. Nous nous
vîmes contraints de remettre à l'attache auprès d'une
petite isle que l'écoulement du Nil avoit formée.

Dimanche 2 février.

Le vent du nord régnoit toujours, et il étoit très fort. Nous fîmes cependant une tentative pour remettre à la rame; mais tous nos efforts furent inutiles : ils n'aboutirent qu'à traverser le Nil et à gagner l'autre bord du fleuve vis-à-vis d'

ASFUUN (Âsfoun).

Nous avions devant nous une plaine qui n'étoit guere cultivée; elle s'étendoit en largeur l'espace d'un quart de lieue, après quoi les montagnes s'élevoient de nouveau. Vers le soir, le vent ayant tombé entièrement, nous détachâmes la barque, et fîmes route. Nous avançâmes jusqu'à

SCHAGAB (Chaqab).

La nuit approchoit, et nous aurions bien pu continuer à descendre le Nil; mais nous prîmes le parti d'arrêter, afin de faire le lendemain provision de bois, dont nous avions grande disette. Le village de Schagab (Chaqab) est situé à une portée de fusil de la rive occidentale du fleuve et à égale distance des montagnes. Il y a aux environs des dattiers avec un bosquet d'arbres de diverses especes. Le terrain n'est pas d'une grande étendue; mais il est très bien cultivé.

Lundi 3 février.

Le matin, on apporta à bord trois grands sacs de séné-meque (1); nous les fîmes jeter dehors dès que nous les apperçûmes : la barque étoit déja assez chargée.

Peu de temps après que nous eûmes mis à la rame, nous vîmes plusieurs crocodiles. L'après-midi nous passâmes devant les antiquités d'Arment (2). Je voulois y mettre pied à terre; mais le réys me fit représenter que si j'y allois, il lui seroit impossible de me satisfaire à l'égard de Luxxor (Louqssor) où nous devions arriver le soir. Je n'insistai pas davantage, et nous continuâmes à faire route, parceque je savois d'ailleurs que nous n'étions pas éloignés de

MAGSHERADONE (Mahhdjerdone).

Ce passage est difficile et impraticable même au moindre vent qu'il fait. La raison en est que le Nil n'y a point de courant. Quand nous y fûmes, le réys eut soin de me le faire remarquer, afin de mieux excuser le refus qu'il avoit fait de me faire aborder à Arment.

Le Nil forme ici une grande isle, après laquelle nous en rencontrâmes encore une autre.

---

(1) Voyez la table des matieres. (*Langlès.*)

(2) C'est par erreur que le nom d'Arment se trouve ici au lieu de celui d'une autre place que nous ne pouvons deviner. Arment est beaucoup plus bas. (*Langlès.*)

Enfin nous arrivâmes auprès de

LUXXOR (Louqssor).

On ne peut pas y aborder dans cette saison, parceque l'eau est trop basse. Nous mîmes à terre à un
quart de lieue du village, hors duquel sont les principales antiquités. Je proposai au réys d'y aller dans
la nuit; il approuva mon dessein, et offrit de m'y
accompagner. Quelques uns des nôtres voulurent
aussi être de la partie.

Nous partîmes à minuit, et nous arrivâmes à ces
antiquités sans rencontrer en chemin ame qui vive.
Les Arabes se défient si fort les uns des autres, qu'ils
se retirent avec le soleil et ne se montrent qu'après
son lever.

Mardi 4 février.

J'eus tout le temps qu'il me falloit pour mesurer
ces belles antiquités, et j'avois même fini avant que
le jour arrivât. Je voulus tenter d'aller mesurer aussi
les antiquités qui sont dans le village; mais à peine
m'en fus-je approché que l'aboiement des chiens
m'obligea de me retirer. Nous prîmes donc le parti
de nous rendre à la barque.

Le matin je retournai à Luxxor (Louqssor). Nos
gens amuserent les Arabes qui accouroient pour
acheter des provisions; et ils les occuperent assez
long-temps pour que je pusse employer la meilleure
partie de la matinée à prendre les mesures qui me
manquoient.

A onze heures, nous retournâmes à la barque, et nous mîmes d'abord au large dans le dessein de nous rendre à

CARNAC (Qarnâq).

Comme le Nil n'avoit de ce côté-là que très peu de profondeur, il nous fallut faire plus de deux lieues avant que de trouver une place où nous pussions mettre à terre. Le temps étoit calme et le courant assez fort; de sorte que nous fîmes ce chemin en moins de deux heures.

Je ne tardai pas à mettre pied à terre pour aller aux ruines, quoique je fusse très fatigué du travail que j'avois fait dans la nuit. Notre réys, qui s'en apperçut, m'offrit de me procurer un cheval; et j'acceptai volontiers son offre. Il m'en amena un qui ne paroissoit pas être un grand coursier : sa mine étoit trompeuse; à peine fus-je dessus, qu'il partit comme un éclair, et m'emporta bien loin sans qu'il me fût possible de le gouverner. La bride ne consistoit qu'en un morceau de ficelle; et la selle, qui étoit de bois, ne se trouvoit guere bien sanglée : ajoutons à cela que je ne suis pas des meilleurs cavaliers du monde. J'avoue que j'étois dans une situation peu agréable; je me tenois pourtant ferme à force de serrer les genoux, qui en furent bien écorchés. A la fin j'eus le bonheur de rencontrer un dattier. Je fis donner mon cheval droit contre cet arbre; il en fut épouvanté, et s'arrêta tout court jusqu'à ce que nos gens vinssent à mon secours; je descendis alors bien vîte ; et je me rendis à pied à l'endroit qui faisoit l'objet de ma curiosité.

J'y dessinai à la hâte tout qui ce m'en parut mériter la peine. Je me pressois parcequ'on nous avoit apperçus, et que je me doutois bien qu'on accourroit bientôt en foule autour de nous. Je n'y fus pas trompé. En allant nous n'avions rencontré parmi les ruines que deux ou trois personnes ; mais au retour nous trouvâmes tout le chemin semé de pelotons d'Arabes, qui demanderent tous le *backsich* (bâkhchych). Je leur fis dire que je ne portois jamais rien sur moi, mais qu'ils pouvoient me suivre à la barque, où je leur donnerois quelque chose. Il y en eut qui nous suivirent, et d'autres se retirerent tranquillement.

En arrivant à la barque, nous y trouvâmes un schech (cheykh) arabe, non pas de ceux qui vivent en princes, mais un schech (cheykh) tel que celui que j'avois rencontré de l'autre côté du Nil lorsque j'allois visiter les ruines de Thebes. Il nous fit d'abord demander un droit qu'il prétendoit lui être dû parceque nous étions descendus sur ses terres. Nous fîmes l'oreille sourde. Il se borna alors à nous prier de lui faire présent d'un peu de poudre et de quelques balles. Nous lui en donnâmes sans songer à la conséquence ; car le drôle n'eut pas plutôt ce qu'il avoit souhaité, qu'il chargea son fusil, le banda, et demanda avec hauteur qu'on lui payât son droit. Nous savions qu'il ne lui en étoit dû aucun. Ainsi

nous sautâmes sur nos armes; et, en les lui présen-
tant fièrement, nous le menaçâmes de le renverser
mort sur la place, s'il ne posoit à l'instant son fusil
par terre.

L'ordre étoit trop pressant et trop bien soutenu
pour qu'il n'obéît pas. Il débanda son fusil sans la
moindre difficulté, et nous pria d'être persuadés
qu'il n'avoit eu aucune mauvaise intention contre
nous. « Ce n'est qu'au réys, dit-il, que j'en veux ».
Nous lui fîmes entendre que quiconque offensoit
notre réys nous offensoit. Il ne souffla pas après
cela, voyant bien qu'il n'y avoit rien à gagner avec
nous.

Les Arabes qui nous avoient suivis jusqu'à la
barque commencerent alors à se remuer. Ils demanderent le *backsich* (bâkhchych) qui leur avoit
été promis. Notre réponse fut courte. Nous leur
montrâmes nos armes; et nous leur fîmes dire que
ce que nous avions à leur donner étoit dedans. Ils
demeurerent confus, et n'insisterent pas davantage.
Cependant ils dirent que, s'ils l'avoient su plutôt,
ils auroient bien trouvé le moyen de nous empêcher
de rejoindre la barque avant que nous les eussions
satisfaits.

En courant avec le cheval, j'avois perdu les papiers qui contenoient les mesures et les dessins des
antiquités de Luxxor (Louqssor). Je n'y avois pas
pris garde dans le temps; je m'en apperçus à Carnac (Qarnâq), et j'envoyai d'abord le valet pour

les chercher, avec ordre d'offrir le *backsich* (bâkhchych) à celui qui les auroit trouvés. J'étois encore
aux ruines quand il revint me dire qu'il n'en avoit
pu avoir aucune nouvelle. J'étois fort en peine, et
je ne voyois guere de possibilité à réparer cette
perte.

Quelqu'un avoit pourtant trouvé ces papiers, dont
le schech (cheykh) s'étoit emparé pour en faire son
profit. Il n'eut garde de les faire voir d'abord; il
étoit persuadé que nous nous trouverions toujours
trop heureux de les racheter; et il vouloit essayer
auparavant d'autres moyens pour tirer quelque chose
de nous. Quand il vit qu'il ne pouvoit rien obtenir,
il montra enfin les papiers, et offrit de les rendre
moyennant vingt sevillans. Je lui fis répondre que
je lui conseillois de les bien garder; que je n'en
avois plus besoin; et que j'avois trouvé celui dont
j'étois le plus en peine. Je défendis au valet d'en
parler davantage; et j'ordonnai au réys de détacher
la barque pour mettre au large.

On se mit aussitôt en devoir d'exécuter cet ordre;
mais le schech (cheykh), qui n'y trouvoit pas son
compte, se jeta avec quelques Arabes sur le mate-
lot qui détachoit la corde, et l'empêcha de faire
son office. Nous accourûmes à son secours; nous
appliquâmes, à droite et à gauche, de si rudes coups
de crosses de fusils, que le schech (cheykh) et les
Arabes furent contraints de lâcher prise. La barque
gagna après cela le courant, et nous fîmes route

comme si nous ne nous inquiétions plus des papiers.

Ce n'étoit pas ce que le schech (cheykh) souhaitoit. Il nous suivit toujours le long du rivage, jusqu'à ce que la nuit commençât à venir; alors il nous
cria de mettre à terre, qu'il nous rendroit nos papiers, et qu'il se contenteroit de ce que nous lui
donnerions. Nous abordâmes effectivement; mais
nous eûmes la précaution de ne faire descendre que
le Juif seul, et nous tenions la barque le plus près
de la terre qu'il étoit possible. Les papiers furent
rendus pour une piastre. Je ne saurois exprimer la
joie que j'eus en les recouvrant. Nous reprîmes le
Juif, et nous avançâmes à la rame jusques vers les
neuf heures du soir, que nous fûmes obligés de
mettre à terre entre

GAMOLA et JOES (Ghamola-Edjous).

Il s'étoit élevé un vent si fort que la barque ne
pouvoit pas tenir contre.

Mercredi 5 février.

Au lever du soleil nous reprîmes les rames, et nous
gagnâmes à onze heures

ELL-HELLA (Èl-Hhellah).

Ce village est vis-à-vis de Negadi (Néghâdy). Nous
y relâchâmes, parceque le vent étoit devenu trop
fort.

Nous n'étions qu'à une lieue de

GIERA-JOES (Djéradjous).

Il y a dans cet endroit quelques antiquités, que j'aurois voulu aller visiter; mais ma cavalcade du jour précédent m'empêcha de me satisfaire.

Vers le midi, dans le temps que nous étions tous retirés dans la tente, à l'exception de quelques uns qui étoient à terre, la fantaisie prit à un jeune garçon, fils du réys, et déja à-peu-près aussi grand coquin que son pere, de jouer avec notre fusil de garde: il s'y prit si bien qu'il vint à bout de le décharger. Le coup fit un grand trou dans la barque, mit le feu à notre tente, faillit tuer un de nos gens; et, par le plus grand bonheur du monde, la foule qui accourt dès qu'on voit arriver une barque s'étoit retirée : sans quoi quelqu'un auroit assurément été ou tué ou grièvement blessé.

L'après-midi, le vent ayant baissé considérablement, nous reprîmes notre route; et le soir nous mîmes à terre un peu au nord de

SCHECHHIE (Chekhyeh).

Jeudi 6 février.

Avec le jour le réys éveilla son monde, et leur annonça qu'il falloit partir. Le pilote n'étoit pas de cet avis. Ils se chamaillerent. Grande dispute entre eux; et l'affaire auroit été plus loin si nous ne nous fussions approchés pour mettre le holà. On mit pourtant à la rame jusqu'à midi, qu'il s'éleva un grand vent qui nous obligea de nous arrêter à

EBENUUD (Èbenoud).

Le réys nous demanda dans cet endroit la permission de chasser son pilote. Nous y consentîmes
aisément, parceque nous savions qu'il ne valoit pas
grand'chose. Cette permission obtenue, ils allerent
trouver le cadi d'Ebenuud (qâdhy d'Ébenoud); le
pilote perdit son procès et la moitié de ses gages. Il
vint ensuite à bord y prendre ses hardes, et enfin
il s'en alla.

Nous restâmes tout le jour dans ce lieu, car le
vent étoit au nord, et trop fort pour pouvoir avancer.

Vendredi 7 février.

LE vent continuoit toujours du même côté et souffloit de la même force; de plus notre barque s'étoit
ouverte à la proue et faisoit beaucoup d'eau : c'en
étoit la moitié plus qu'il ne falloit pour nous retenir.
Le réys fit venir un charpentier, qui acheva vers le
soir de remédier au mal. Le vent se trouvant alors
un peu tombé, nous nous trouvâmes en état de
faire route jusqu'à neuf heures du soir, que nous
mîmes à terre au bord occidental du Nil, sur le
territoire de

DANDERA (Denderah).

Je parlai de descendre à terre pour voir une antiquité qui s'y trouve. Personne ne fut de mon sentiment; le réys fit à son ordinaire le difficile. J'eus
beau solliciter et même offrir de l'argent, il n'y eut
pas moyen de le persuader : il y avoit apparemment
fait quelque fredaine qui l'empêchoit de s'y arrêter.

Nos gens firent aussi mille obstacles. Ils craignoient qu'on n'y arrêtât la barque pour lui faire payer quelque douane. Ils me prierent de ne pas mettre pied à terre ; enfin personne ne fut d'humeur de m'accompagner : il n'y eut pas jusqu'au valet qui s'en excusa, sous prétexte qu'il ne savoit pas le chemin. Nous l'aurions bien trouvé, si quelqu'un avoit été d'humeur de faciliter la descente.

Samedi 8 *février.*

Un peu après minuit, on mit à la rame. Je dormois. On eut soin de ne me point avertir du départ ; de sorte que, le matin à mon réveil, je me vis si éloigné de Dendara (Denderah), qu'il n'y avoit plus d'espérance de voir une antiquité qui pourtant après Thebes tient la premiere place dans mon esprit, sans en excepter celles qui sont du côté de la cataracte. J'en étois véritablement mortifié ; et je ne pus m'empêcher de faire sentir à la compagnie le déplaisir qu'on m'avoit fait : mais un chacun s'excusa du mieux qu'il put.

Vers le midi, il faisoit bien du vent ; cependant, comme le courant étoit très fort, nous ne mîmes à terre que vers le soir, proche de

REIESIE.

Dimanche 9 février.

Lorsque le jour commença à paroître, nous mîmes au large. Le vent prit bientôt de la force; nous ne nous arrêtâmes néanmoins que vers le midi aux environs de

HAU (Hhâou).

Il y a tout auprès de cette ville un amas de pierres, restes d'un édifice antique tout-à-fait ruiné. Je descendis pour voir la ville, où je remarquai qu'on avoit employé pour la bâtisse des maisons des morceaux de colonnes et d'autres pierres tirées de quelques anciens bâtiments. Je me mis en chemin pour aller faire la visite des ruines que j'avois apperçues. Il me fut impossible d'y arriver; le vent étoit si fort et élevoit tant de sable, qu'il n'y avoit pas moyen de tenir les yeux ouverts. Il fallut absolument rebrousser chemin.

Le calme étant revenu vers le soir, nous mîmes de nouveau à la rame; et, quoique nous eussions ensuite une nuit très obscure, nous ne laissâmes pas de faire si bonne route, que, vers les onze heures du soir, nous avions déja passé

BADJURA (Bahhdjourah).

A une petite distance au-dessous de cet endroit, nous donnâmes sur un banc de sable, où nous restâmes jusqu'au lendemain.

Lundi 10 *février.*

Notre monde travailla beaucoup pour dégraver la barque. Ils se mirent tous dans l'eau pour la soulever; le réys les aidoit avec une longue perche; mais elle se cassa, et il tomba alors dans l'eau. On le retira, et on recommença à faire d'autres efforts qui mirent enfin la barque à flot.

Comme l'équipage s'étoit extrêmement fatigué dans cette manœuvre, nous abordâmes pour le laisser reposer. Au bout de quelque temps, nous remîmes à la rame, et nous arrivâmes à

SAUAGGEL.

Dans cet endroit, le réys fit provision de broussailles pour brûler. Le terrain cultivé aux environs de ce village n'a guere plus de cinquante pas de largeur; les montagnes commencent au-delà, et on y apperçoit quantité de grottes et diverses carrieres.

Pour continuer notre route, nous prîmes à l'orient du Nil; et nous eûmes beaucoup de peine à avancer. Le lit du fleuve avoit changé cette année, et avoit jeté des bancs de sable au travers du passage. Nous en surmontâmes trois avec bien du travail, et nous en trouvions toujours quelques autres devant nous : le réys étoit obligé d'aller de temps à autres à terre pour s'informer des profondeurs. On lui fit espérer qu'après qu'il seroit un peu plus avancé, il y auroit assez d'eau. Nous prîmes courage là-dessus; et tantôt on se servoit des rames, tantôt on avoit recours à la corde, lorsque le besoin l'exigeoit. Par ce moyen nous sortîmes des bancs, et fîmes tant de diligence que, vers le soir, nous avions gagné

SAMUUD (Sâmoud).

Nous jetâmes le grappin au milieu du Nil, en attendant que le jour vînt.

Mardi 11 février.

Le matin, à six heures, nous remîmes à la rame et fîmes bonne route, parceque nous n'avions pas beaucoup de vent. Nous étions déja à neuf heures près de

BELLIENE (Bélyéneh).

Nous fûmes obligés dans cet endroit de prendre le long de la rive orientale du Nil, parceque l'autre côté n'avoit presque point d'eau cette année. Quand nous fûmes un peu plus loin, le vent devint fort et nous força de mettre à terre. Nous y trouvâmes une barque qui déchargeoit, parcequ'elle ne pouvoit pas passer les bancs de sable qui traversoient le fleuve.

L'après-midi, le vent étant tombé, nous reprîmes notre route; et nous avançâmes tant que nous passâmes au-delà de

BARDIS (Bârdys).

Nous nous trouvâmes alors tellement engagés dans des bancs de sable, que nous ne savions pas par où prendre pour en sortir. Deux grandes barques chargées de séné y avoient déja déchargé depuis sept jours sans avoir pu se remettre à flot. Nous craignions de nous voir dans la nécessité d'en faire autant; mais nous attrapâmes un petit canot, et promîmes à l'homme qui y étoit de le bien payer s'il nous pouvoit trouver un débouché pour nous faire sortir de ce labyrinthe. Il en vint à bout; et, quand il nous eut tirés d'intrigue, nous continuâmes notre route; de façon que, vers les neuf heures du soir, nous arrivâmes à

GIRGE ou TSCHIRCHE (Djirdjeh).

Mercredi 12 février.

LE matin, nous descendîmes à terre pour faire des provisions. Un des peres de l'Hospice nous demanda passage pour aller au Caire; et nous le lui accordâmes avec plaisir. Le bey de Tschirche (Djirdjeh) n'étoit pas encore de retour; mais le prince d'Achmiin (Åkhmym) se trouvoit dans cette ville, et il devoit se rendre à Bardis (Bårdys) pour y tenir une assemblée générale de tous les schechs (cheychs) arabes.

Nous étions prêts pour partir, et nous croyions que rien ne pouvoit nous arrêter : mais notre réys et le valet juif y avoient mis bon empêchement; au lieu de déclarer à la douane une charge de trente *ardebs*, ils n'en avoient déclaré que quatre. Les douaniers s'en apperçurent aisément en faisant la visite; de sorte qu'ils arrêterent la barque, qu'on ne put délivrer qu'en payant pour ceux à qui appartenoit

3.   18

la marchandise. Nous fîmes chercher notre réys, qui avoit eu soin de se mettre à l'écart en prenant les devants ; il étoit trop connu dans cet endroit pour s'y montrer : cependant il avoit eu l'attention d'engager un pilote, qui vint à bord.

Tout l'après-midi se passa à réparer la faute faite par nos deux marchands de dattes. Le directeur de la douane lui-même vint à notre barque, et après quelques compliments il nous fit dire qu'il étoit bien fâché de nous demander que nous ouvrissions quelques uns de nos coffres. « Le bruit, ajouta-t-il, « s'est répandu dans la ville que vous aviez avec vous « quantité de caisses remplies d'armes ; et je crois que, « pour votre sûreté et pour la mienne, le mieux est « que vous en ouvriez quelques unes ». Nous trouvâmes sa demande raisonnable, et nous ne balançâmes pas un moment à le satisfaire. Nous lui donnâmes le choix des caisses ; il en fit ouvrir deux en présence des douaniers et d'autres personnes qui l'avoient suivi. Il n'y trouva que des choses nécessaires pour notre voyage ; et il prit ensuite congé de nous fort civilement.

Il n'eut pas plutôt quitté la barque que nous partîmes. Nous fîmes peu de chemin ; car nous engravâmes fortement ; et, après avoir mis la barque à flot, nous mîmes à terre au bord oriental du Nil, au pied de ces hauts rochers qui viennent tout proche de l'eau.

Jeudi 13 février.

Dès que la lune fut levée, nous mîmes à la voile;
et à sept heures du matin nous arrivâmes devant
MESSCHIE (Mechyeh).

Un marchand grec vint nous demander passage;
mais comme nous n'avions guere de place de reste,
nous le lui refusâmes. Nonobstant ce refus, il ne laissa
pas de faire embarquer ses hardes; car il s'entendoit
avec notre réys, qui nous avoit rejoints. Nous fûmes
indignés de ce procédé, et sans autre façon nous fîmes
ôter de la barque le bagage de ce Grec. Il ne s'en tint
pas là; il s'adressa au caïmakan (qâymaqâm), qui vint
à bord nous prier de recevoir cet homme. Nous demeurâmes fermes, refusant néanmoins le plus honnêtement qu'il nous étoit possible. Quand il vit qu'il
n'obtenoit rien par prieres, il commença à parler
haut; et, ne gagnant pas davantage par-là, il en
vint aux menaces, disant qu'il nous joueroit des
tours qui nous feroient repentir de l'avoir refusé.
Nous nous en moquâmes. Nous n'étions plus à Derri;
nous connoissions la carte, et un si petit officier
n'étoit pas capable de nous intimider.

A huit heures du soir, le prince d'Achmiin
(Âkhmym) arriva dans une barque, accompagné de
six autres. Il ne s'arrêta guere; il partit peu de temps
après comme il étoit venu, c'est-à-dire au bruit des
timbales qu'il avoit à bord. Nous le suivîmes de
fort près; et nous arrivâmes un peu avant minuit à

ACHMIIN (Âkhmym).

Nous y attachâmes la barque pour reprendre nos peres qui s'y étoient rendus par terre dès le matin.

J'observai une isle que le Nil avoit formée cette année vis-à-vis de Messchie (Mechyeh), qui est de l'autre côté du fleuve. Le prince d'Achmiin (Âkhmym) s'en étoit mis en possession; mais elle lui étoit disputée par ses voisins, habitants d'Uladjechche (Ôuladjedje), qui prétendoient qu'elle leur appartenoit, et il y avoit procès entre eux.

Vendredi 14 février.

Les peres vinrent nous joindre de grand matin: le procureur du prince et plusieurs autres chrétiens romains les accompagnerent jusqu'à la barque. Ceux-ci nous firent divers petits présents, consistants en pain, en dattes, en eau-de-vie qu'on tire du même fruit, etc. Nous leur donnâmes en revanche des images, des chapelets de Jérusalem, et d'autres bagatelles qui leur firent plaisir.

Nous prîmes congé d'eux, et nous partîmes par un très beau temps, qui dura jusqu'à cinq heures du soir. Le vent se leva alors, et devint très fort. Cela nous fit mettre à terre à

MORAGA (Mourâghah).

Le Nil avoit emporté la moitié de ce village. Comme cet accident étoit arrivé dans l'année, le réys ne savoit pas que les ruines avoient formé divers bancs dans le Nil. Lorsque nous mîmes à la rame, au bout de quelques heures nous donnâmes sur un de ces bancs. Nos gens essayerent d'abord de dégager la barque; mais quand ils virent que leurs efforts étoient inutiles, ils allerent se coucher.

Vis-à-vis de Moraga (Mourâghah) les montagnes s'approchent très près du fleuve, et on y voit quantité de grottes.

Samedi 15 février.

Dès la pointe du jour nos gens se jeterent à la nage pour gagner la terre, afin de retirer notre barque par le moyen d'une corde. Ils y réussirent. Nous fîmes route alors, et nous eûmes bientôt passé

REJEYNA (Reyenâ).

J'avois accordé avec le réys qu'il s'arrêteroit à

GAU-SCHERKIE (Ghâou-Cherqyeh).

Je voulois y voir un ancien temple qui est dans cet endroit. L'imprudence de nos matelots me frustra de cette espérance dont je m'étois flatté. Les habitants des divers villages situés le long du Nil ont un sobriquet dont on se sert pour les railler. En approchant de Gau-Scherkie (Ghâou-Cherqyeh), nos rameurs raillerent de cette sorte quelques habitants du lieu, qu'ils appercevoient au bord du Nil. Ceux-ci, piqués de l'insulte, en appelerent d'autres; et en moins de rien il parut au bord du fleuve plus de cinquante Arabes armés de bons bâtons. Ils nous inviterent à descendre chez eux, et nous dirent tout net de quelle maniere ils avoient intention de nous régaler. Nos rameurs, qui ne trouvoient pas la partie égale, et qui savoient que les Arabes de Gau-Scherkie (Ghâou-Cherqyeh) n'entendent pas raillerie, ne voulurent jamais y mettre à terre : je ne les pressai pas non plus de le faire ; je n'avois pas grande envie de me mêler de leur querelle. Nous passâmes donc au-delà, et nous arrivâmes de nuit à

NECHCHEELE (Nekhleh).

Nous essayâmes presque aussitôt d'en partir : mais nous ne connoissions pas le fond du Nil; il avoit changé cette année. Nous donnâmes d'abord sur quelques pierres, et peu après sur d'autres. Nous nous en dégageâmes néanmoins ; et, pour éviter de pareils inconvénients, et peut-être quelque malheur plus grand, nous jetâmes le grappin à environ un quart de lieue de là, afin d'y attendre que le jour vînt.

Dimanche 16 février.

Nous levâmes le grappin dès que le jour commença à paroître. Nous continuâmes notre route ; et nous passâmes devant

CATEA.

Nous remarquâmes que presque la moitié du village avoit été emportée par le Nil cette même année. Nous appercevions en quelques endroits les cimes des palmiers et les toits des maisons qui perçoient au-dessus de l'eau. Il paroît que les Arabes ne se soucient pas beaucoup de la perte de leurs maisons. Il n'en est pas de même des terres que le fleuve leur enleve et qu'il va poser ailleurs; ils les regrettent beaucoup, et cela cause de grands procès, et quelquefois même des guerres entre les princes arabes.

A dix heures du matin, nous arrivâmes à

SIOUTH (Syouth).

Il devoit s'y tenir un bazar. Nous y allâmes; mais il étoit encore de trop bonne heure, et le temps d'ailleurs étoit trop beau pour le perdre. Nous retournâmes donc sur nos pas, et nous fîmes d'abord mettre au large.

A soleil couchant nous nous trouvâmes entre deux isles; et le passage y est assez dangereux, tant à cause du courant qui s'y trouve très fort, que parcequ'il s'y rencontre divers bancs de sable. Nous y vîmes une barque qui y avoit péri depuis peu.

A dix heures du soir, nous étions près de

MONFALUTH (Monfâlouth).

Dès que la barque de la douane nous apperçut, elle tira un coup de fusil pour nous avertir de mettre à terre. Si nous n'avions point eu de marchandises dans notre barque, nous aurions été expédiés sur-le-champ; mais les malheureuses dattes nous arrêterent jusqu'au lendemain.

Lundi 17 février.

Le matin, les droits de la douane étant payés, nous mîmes au large; et nous gagnâmes bientôt

UMEL-GUSUER (Ôumm êl-Ghouzour).

Les habitants de ce lieu ne passent pas pour de forts honnêtes gens; il ne fait pas fort sûr avec eux.

Le réys voulut mettre à terre à

GALANISCH (Qalanich).

Son dessein étoit d'y attendre quelques barques, afin de passer en compagnie devant

STABLEANTOR (Istabl-Ântour).

Il craignoit les habitants de ce lieu, qui sont renommés pour leur piraterie. Nous avions en effet laissé plus de vingt barques à Galanisch (Qalanich) qui attendoient le jour pour passer l'endroit en question. Nous le passâmes néanmoins sans que personne nous dît mot; et, à onze heures du soir, nous mîmes à terre au bord occidental du Nil, près de

NEZLET-ELL-RARAMU (Nezlet êl-Râramou).

Nous vîmes dans cet endroit plus de trente barques, qui, comme celles que nous avions laissées à Galanisch (Qalanich), attendoient le jour pour passer devant Stableantor (Istabl-Ântour).

Mardi 18 février.

Dès la pointe du jour nous mîmes au large, et nous continuâmes notre route. Vers les dix heures, nous passâmes devant

SCHECH-ABADE (Cheykh-Âbâdeh).

C'est dans cet endroit qu'étoit autrefois la ville d'Antinopolis : il en reste quelques édifices : nous les apperçûmes en partie de la barque; mais il n'y avoit pas moyen de mettre à terre. Nous passâmes à la gauche de l'isle de

ELL-MOTTA-GHARA (Èl Motha-Gharah).

Elle est vis-à-vis d'un territoire de même nom, qui a tout le long du Nil un excellent bosquet, dont le fleuve avoit pourtant emporté cette année une grande partie. Nous vîmes plusieurs grottes pratiquées dans les montagnes, et sur-tout vers Sauuada (Ssâouâdah); il y en a qui ont de grandes portes par lesquelles on y entre. Le soir, à huit heures, nous nous arrêtâmes devant le même village de

SAUUADA (Ssâouâdah).

Il est situé sur la rive orientale du fleuve; et tout auprès il y a un moulin à sucre.

Mercredi 19 *février.*

Lorsque le jour se leva, nous traversâmes le Nil pour nous rendre à

MENIE (Ményeh).

Notre réys y paya la douane de ses dattes. Cette douane n'est pas forte : elle n'est destinée qu'à faire subsister un aga (âghâ), que le bacha tient dans ce lieu afin de ramasser le bled nécessaire pour la subsistance des soldats du Caire. Il est aussi chargé d'envoyer le tribut à Constantinople.

3. 19

Quand nous arrivâmes à Menie (Ményeh), il faisoit un brouillard si épais qu'on ne pouvoit rien appercevoir de trente pas. Nous mîmes pied à terre pour voir la ville, qui est maintenant défendue par une bonne digue de pierres contre les débordements du Nil. Cette digue n'étoit achevée que depuis quelque temps.

En reprenant notre route, nous passâmes devant le couvent de

SAINTE-MARTHE.

Il est situé au sommet d'une montagne. Nous y vîmes des milliers de cormorans et une grande quantité de poules de Pharaon. Au nord et assez près il paroît qu'il y a comme des ruines d'une ville entiere, qui avoit été creusée dans le roc. Le soir, nous mîmes à terre à

COLOSSANO (Qolloçânho).

Jeudi 20 février.

A L'AUBE du jour, nous quittâmes ce lieu, et nous fîmes bonne route à la faveur d'un grand calme. Nous nous arrêtâmes un peu à

BENEMHAMMED (Bény-Hhamed).

C'étoit pour y faire quelques provisions, et nous y trouvâmes ce que nous souhaitions.

A quatre heures après midi, nous passâmes

SCHERONA (Chérounah).

Vendredi 21 février.

Nous mîmes au large de grand matin, et nous fîmes encore bonne route; mais, en approchant de Benesoef (Benésouef), nous nous trouvâmes embarrassés au milieu d'une petite flotte de barques chargées de bled pour le Caire; quelques unes d'entre elles étoient engravées; et il nous en seroit arrivé de même si nous n'avions trouvé le moyen de gagner le courant, qui nous conduisit dans peu à

BENESOEF (Benêsouef).

Il nous fallut mettre à terre dans cet endroit pour y payer vingt-cinq parats, somme que l'on exige de chaque barque. Nous n'y restâmes qu'une heure; après quoi nous continuâmes notre route. Nous rencontrâmes fort près de Benesoef (Benésouef) une autre barque engravée : elle avoit été attaquée la nuit précédente par des voleurs; et comme elle n'étoit pas en état de se défendre, elle avoit coupé sa corde, et s'étoit laissé emporter par le courant, qui l'avoit jetée sur le sable. Nous gagnâmes après cela

ESCHMEND-ELL-ARAB (Êchmend êl-A'rab).

Nous jetâmes le grappin au midi de cette place, et nous passâmes la nuit dans l'endroit.

Samedi 22 février.

Nous partîmes avec le jour, et nous arrivâmes à midi à

SAUVIED-ELL-MASLUUB (Zâouvyd êl-massloub).

Le caymakan (qâïmaqâm) étoit de notre connoissance. Nous envoyâmes pour le saluer; mais nous
apprîmes qu'il avoit depuis quelque temps quitté cet
endroit avec sa famille, et qu'il s'étoit rendu au Caire
pour se mettre au service d'Osman Bey, qui devoit
conduire la caravane à la Mecque (Mekkeh). Nous
remîmes donc d'abord à la voile, et nous passâmes
les sept isles. Nous approchâmes de la terre dans
un endroit d'où on voyoit de bien près les pyramides de Sakarra (Ssakharah). Nous continuâmes
ensuite à faire route jusqu'à neuf heures du soir,
que la barque donna rudement sur des pierres où
elle demeura engagée. On essaya en vain de la dégager; on ne put pas en venir à bout : mais vers
minuit elle se débarrassa d'elle-même. Nous mouillâmes à une petite distance de là, vis-à-vis de
COFFERLOGAD (Kafr-êl-ôyâd).

Dimanche 23 février.

Nous prîmes de grand matin les rames, et nous
dépêchâmes bien le chemin jusqu'à midi, que le vent
devint très fort. Nous engravâmes à la vue du Caire.
Malgré tous nos efforts et quoique nous eussions mis
le grappin dehors, nous ne pûmes mettre la barque
à flot que vers le soir. Nous gagnâmes alors dans
peu le vieux Caire, où nous attachâmes précisément dans l'endroit d'où nous étions partis le 18
novembre de l'année précédente. Nous envoyâmes

aussitôt donner avis de notre arrivée au Caire, afin qu'on nous vînt prendre le lendemain.

Lundi 24 février.

Ce jour-là en effet nous fûmes pourvus d'une quantité suffisante de chameaux pour nous conduire à la ville avec notre bagage : il étoit midi quand nous y arrivâmes.

F I N.

TABLE GÉOGRAPHIQUE

POUR

LE VOYAGE DE NORDEN,

COMPOSÉE PAR L. LANGLÈS.

NOTES

ET ÉCLAIRCISSEMENTS

SUR

LE VOYAGE DE NORDEN,

TIRÉS PRINCIPALEMENT DES ECRIVAINS ARABES.

PAR L. LANGLÈS,

Membre de l'institut national des sciences et des arts, conservateur des manuscrits orientaux de la bibliotheque nationale de France, professeur de persan à l'École spéciale des langues orientales vivantes, etc.

An X.

3.   20

A LA MÉMOIRE

CHÈRE ET SACRÉE

D'UN CITOYEN VERTUEUX,

D'UN SAVANT AUSSI MODESTE QUE PROFOND,

D'UN DIPLOMATE

ÉGALEMENT RECOMMANDABLE PAR SA SAGACITÉ ET SA LOYAUTÉ,

MON RESPECTABLE AMI ET COLLEGUE

VENTURE DE PARADIS,

ANCIEN DROGUEMAN,

SECRÉTAIRE-INTERPRETE DE LA RÉPUBLIQUE

POUR LES LANGUES ORIENTALES,

PROFESSEUR DE TURK

A L'ÉCOLE SPÉCIALE DES LANGUES ORIENTALES VIVANTES, etc. etc,

MORT EN SERVANT LA PATRIE QU'IL CHÉRISSOIT,

J'OFFRE CE TÉMOIGNAGE SINCERE

DE L'ATTACHEMENT LE PLUS TENDRE

ET DES PLUS VIFS REGRETS.

AVIS DE L'ÉDITEUR.

Les acquéreurs de la nouvelle édition du *Voyage de Norden* se sont plaints du long espace qui s'est écoulé entre la publication de chacun des volumes ; leurs plaintes ne sont que trop fondées : cependant, sans la crainte de m'appesantir sur des détails bien fastidieux, il me seroit aisé de démontrer que ces délais ont été en grande partie occasionnés par les circonstances où nous nous sommes trouvés. Devois-je, par exemple, publier des notes sur un Voyage en Égypte au moment où une nombreuse société de nos savants compatriotes alloit visiter ce pays? ne falloit-il pas attendre, sinon le résultat de leurs travaux, au moins leur opinion sur des monuments et sur des ruines dont tous les voyageurs ne parloient qu'avec un enthousiasme souvent capable de les rendre suspects. A la vérité, cet enthousiasme est pleinement justifié par le témoignage et le récit de la plupart de ces savants (1). La magnifique collection de dessins, faite et rapportée par l'un d'entre eux (2), littérateur-artiste aussi recommandable par son extrême complaisance que par ses talents, tout en portant le cachet inimitable de la vérité, prouve que les

---

(1) Les citoyens Denon, Norry, Costas, Grobert, Ripault, etc. etc.

(2) Ce n'est pas dans une note que j'essaierai de donner une idée de l'important ouvrage du citoyen Denon ; il me suffira d'observer que l'amour des arts l'a déterminé à partager les fatigues et les dangers de la division chargée de conquérir la haute Égypte, jusqu'aux cataractes et sur les bords de la mer Rouge : il a dessiné pendant ce voyage un nombre infini de costumes, de vues, de ruines, de monuments, d'inscriptions hiéroglyphiques, etc. etc. Un pareil ouvrage ajoutera beaucoup à nos connoissances sur l'Égypte, et ne peut manquer d'être bien accueilli par les savants et par les artistes.

voyageurs qui l'ont précédé sont encore restés, dans leurs récits, bien au-dessous de la réalité.

Je dois convenir aussi que mes recherches m'ont entraîné bien au-delà des limites que je m'étois tracées ; de maniere que, pour avoir donné trop d'extension au plan annoncé dans le Prospectus et dans ma Préface, je ne l'ai point rempli en entier : mais le moyen de s'arréter quand on s'enfonce dans les antiquités de l'Égypte, et de borner ses recherches quand on a sous la main un trésor aussi précieux, aussi immense que celui qui est confié à ma garde, et que je vois depuis dix ans prendre de prodigieux accroissements? Dans la situation où j'ai le bonheur de me trouver, c'est pour moi une jouissance bien réelle, j'ai presque dit un devoir de saisir toutes les occasions de faire connoître quelques portions de ces richesses, et de pouvoir sur-tout affirmer que, parmi les manuscrits arabes de la bibliotheque nationale, il n'en est peut-être pas un seul relatif à l'Égypte qui ne m'ait passé sous les yeux. Je n'ai pas cru devoir négliger non plus les autres écrivains orientaux qui se sont occupés de la même contrée. Grace à deux savants de l'illustre société asiatique de Calcutta, feu M. Jones et M. Wilford, j'ai pu offrir, d'après d'anciens ouvrages sanskrits, des preuves non équivoques de la liaison des Indiens avec les Égyptiens, et donner sur ces derniers des renseignements d'autant plus intéressants qu'ils remontent à l'antiquité la plus reculée. Peut-être me reprochera-t-on un excés de fidélité en traduisant quelques fables que je présente d'ailleurs pour telles. Je ne crois pourtant pas avoir abusé de la complaisance du lecteur, et je n'ai rapporté que celles qui, me paroissant fondées sur un fait historique, ont par cela même un certain degré d'importance.

Le dépouillement des manuscrits que j'ai consultés m'ayant procuré beaucoup plus de matériaux que ne pouvoit en contenir l'espace dans lequel je devois me circonscrire, je ne pouvois

choisir qu'entre deux partis, ou de donner un extrait fort abrégé
du produit de mes recherches, ou de me borner à quelques morceaux complets chacun en particulier. En me déterminant pour
ce dernier parti, j'ai sans doute consulté moins le goût général
des lecteurs que le mien ; mais enfin mes *mémoires sur Alexandrie et ses monuments*, sur l'*ancien canal de Suez*, sur les
pyramides, etc. pourront donner une idée de ceux dont j'ai déja
recueilli les principaux matériaux ; ils auroient spécialement
pour objet la haute Egypte et le Nil.

Si l'orthographe que j'ai adoptée pour les mots orientaux
présente quelque innovation, je me flatte que l'on n'y rencon-
trera aucune difficulté, puisque je me suis astreint à n'employer
que les vingt-quatre lettres de notre alphabet, en y joignant
les accents dont elles sont susceptibles. Je suis parvenu à
exprimer les vingt-huit consonnes et les trois voyelles arabes,
de maniere que les personnes versées dans cette langue et fami-
liarisées avec l'alphabet harmonique arabe-français placé au
commencement du premier volume de ce Voyage, et développé
avec beaucoup plus de détails au commencement du cinquieme
volume des *notices et extraits des manuscrits de la bibliotheque
nationale*, pourront aisément transcrire en caracteres originaux
les mots arabes ainsi orthographiés. Je ne prétends point
pourtant donner à ce procédé plus d'importance et d'extension
qu'il n'en doit avoir, ni l'employer à transcrire des ouvrages
entiers. Un pareil travail ne seroit d'aucune utilité pour celui
qui l'entreprendroit ni pour les autres. Comme la principale
difficulté des traductions de l'arabe consiste dans la lecture, et
que l'on ne peut guere lire ce que l'on ne comprend pas, un
homme qui sauroit la langue sans en connoître les caracteres
ne seroit jamais qu'un interprete bien peu utile : ajoutons que
vous êtes amplement dédommagés de l'étude des caracteres par
les facilités qu'elle vous procure pour vous caser les mots dans la

mémoire et pour expliquer avec le secours des yeux des passages que vous ne comprendriez jamais par la prononciation, à
moins que celui qui vous les liroit ne les comprît lui-même. Mais,
sans insister plus long-temps sur l'inutilité et l'insuffisance de
ces sortes de transcriptions, j'observerai que, fatigué de voir
les mêmes mots arabes écrits de manieres fort différentes par
d'Herbelot, Galland, de Guignes, Silvestre de Sacy, et autres
célebres Orientalistes français, j'ai cherché à exprimer, *avec nos
lettres seulement*, de la maniere à la fois la plus fidele et la plus
simple, toutes les lettres de l'alphabet arabe et celles de l'alphabet
persan, afin que le même mot arabe ou persan fût orthographié avec une parfaite uniformité par toutes les personnes qui
auront adopté mon système.

Vendémiaire, an X.

NOTES
ET ÉCLAIRCISSEMENTS
POUR
LE VOYAGE DE NORDEN.

TOME PREMIER, page 1re.

ALEXANDRIE.

Malgré l'opinion généralement adoptée qui attribue la fondation de cette ville au conquérant dont elle porte aujourd'hui le nom, je n'hésite pas à lui contester le titre de fondateur que je ne crois pas lui appartenir.

Comme il ne s'agit pas moins que de contredire formellement des auteurs anciens universellement estimés, et les savants modernes qui les ont pris pour guides (1), on me permettra d'entrer dans des détails qui pourroient paroître fastidieux ou superflus dans une discussion moins importante. *Arrian.* lib. III, c. IV; *Plutarch.* vit. Alex.; *Diod. Sicul.* n° 52; *Justin.* lib. XI, c. XII; *Curt.* lib. IV.

Au témoignage formel et presque unanime des écrivains arabes que j'ai déja cités dans un *mémoire historique sur Alexan-*

----

(1) L'estimable et savant *Sainte-Croix* partage cette opinion; il fixe la fondation d'Alexandrie à la cinquieme année du regne d'Alexandre, qui répondoit à la premiere de la CXII^{me} olympiade, 332 avant l'ere vulgaire. *Examen critique des histor. d'Alexand.* page 72.

drie (1), je vais ajouter celui des monuments encore existants et des preuves de raisonnements fondés sur les notions que l'on nous a conservées de l'ancienne Égypte et de ses habitants.

Alexandre ne fit que relever les ruines et changer le nom d'une des plus anciennes et des plus grandes villes de l'Égypte. Cette ville se nommoit *Raqoùth* ou *Raqoùdah*, suivant les auteurs arabes (2), mais plutôt *Rakhoty*, suivant l'orthographe qobthe; mot dont les Grecs et les Latins ont fait Ῥάκωῖης *Rhacotis*. Je n'ignore point qu'ils nous représentent *Rhacotis* comme un simple village habité par des pêcheurs et des bergers, et muni d'une garnison pour s'opposer aux descentes des ennemis; mais ils conviennent aussi que cet endroit subsistoit bien long-temps avant la fondation d'Alexandrie, dont un quartier même a conservé le nom de *Rhacotis* : dans ce quartier étoit situé le Sérapion, monument antérieur à la ville

Strab. lib. XVII, p. 547, Heliod. AEth. I, c. 11.

---

(1) Ce mémoire est inséré dans le *Magasin Encyclopédique*, année V, tome 3, pag. 189 et suiv.

(2) *Al-Maqryzy*, description d'*Eskendéryeh*, et dans le chapitre intitulé, *Etymologie du nom de l'Egypte et sa signification; Ben-Ayás*, pag. 34. *Al-Báhoùcy*, pag. 30, après avoir nommé Chedâd et différents princes à qui l'on attribue la fondation de cette ville, dit que « l'on y voit des colonnes et des édifices consi- « dérables qui sont bien certainement antérieurs aux constructions d'Alexandre». L'auteur anonyme de l'ouvrage turk, intitulé *Flambeau de la Méditerranée*, dit « qu'Alexandrie est une ville fort ancienne dont on ignore quel a été le fonda- « teur; Alexandre ne fit que relever les ruines de cette ville, et lui donner son nom». *D'Herbelot* écrit *Caissoun*, au lieu de *Raqoùdah*, et dit, d'après des auteurs arabes, qu'il ne cite pas nominativement, que « c'étoit le nom de cette ville avant « qu'elle fût rebâtie par Alexandre ». *Bibliot. orient.*, p. 320, deuxieme colonne. *Abulfedá* est le seul géographe arabe qui, à ma connoissance, attribue la fondation d'Alexandrie au prince dont elle porte le nom, sans indiquer ni un fondateur ni une ville antérieurs. Vid. *Abulfed. descript. AEgypt.* p. 21 ex edit. arabic. lat. Michael. Malgré toute l'estime dont jouit *Abulfedá*, son silence sur l'ancienne ville de Raqoùdah ne peut être regardé comme une preuve négative contre les témoignages que nous venons de citer.

grecque, puisque l'ancienne *Rhacotis* avoit pour divinités tutélaires Serapis et Isis (1). Les monuments historiques nous manquent pour déterminer l'époque où cette ville fut bâtie et pour désigner le nom de son fondateur. Les uns l'attribuent à un arriere-petit-fils de Noé, nommé *Messraïm*, ou au grand-prétre Qelymoùn, qui vivoit sous le regne de ce prince ; d'autres au roi Chédâd, fils de A'âd, si célebre dans les anciennes annales de l'Orient par le paradis d'Irem qu'il voulut former pour rivaliser le paradis céleste. Al-Méç'oùdy, cité par Al-Maqryzy, prétend que, quand Alexandre s'occupa de relever les ruines de Raqoùdah, il y trouva une inscription, dans laquelle Chédâd (2) faisoit l'énumération des travaux et des soins que lui avoient coûtés la fondation du paradis d'Irem et celle de Raqoùdah. Nous n'avons malheureusement rien de positif sur le temps où régnoit ce Chédâd ; mais il nous suffit de savoir que, suivant la chronologie des Arabes, il est bien antérieur au conquérant macédonien. Pour donner une idée de l'étendue de cette ville, les mémes auteurs assurent qu'elle en renfermoit trois avec trois enceintes de murailles inexpugnables : elle fut ruinée et reconstruite plusieurs fois. D'abord elle fut saccagée par les Amalécites, et Chédâd ne fit que la restaurer ; en second lieu, par les Persans, sous la conduite de Bakht-Nassar, qui détruisit aussi Memphis. Vers la deux mille trois cent cinquante-sixieme année après le déluge, seize cent quatre-vingt-quatre ans avant la ruine du temple de Jérusalem. Cent dix années solaires (3) après cette catastrophe, Alexandre, fils de Phi-

----

(1) Nam Racotis, quæ postea nonnisi suburbium Alexandriæ fuit, diu ante urbem hanc regiam ab Alexandro erectam, illic steterat. Quod multi testantur, et deos tutelares, Serapim ac Isin habuerat, etc. Vid. *Panth. Ægypt.* t. I, p. 231-232.

(2) L'Edrycy place sur cette inscription le nom d'Yamer, fils de Chédâd. Vid. *Geograph. Nubiens.*, p. 96.

(3) Je me borne à rapporter les époques indiquées par Al-Maqryzy, sans m'engager dans des discussions chronologiques qui excéderoient les bornes que je me suis prescrites. Les auteurs arabes s'accordent à substituer le nom de Bakht-Nassar (Nabuchodonosor) à celui de Cambyses, à qui les Grecs attribuent l'invasion des Persans en Égypte. Voy. Scaliger *de emendat. temp.*, p. 393 ex ed. 1629.

lippe, le même qui vainquit Darius et régna sur la Perse, reconstruisit cette ville, lui donna son nom, et y fixa le siege de l'empire qui avoit été précédemment à Memphis. Il tira de cette derniere ville beaucoup de monuments, et fit venir aussi des ouvriers et des matériaux de l'Afrique, de la Sicile, et de Rhodes. Les mêmes auteurs qui me fournissent ces détails ont bien soin d'observer que « les monuments chargés de figures d'animaux (d'hiéroglyphes), que les obélisques et le phare aux signaux ne sont pas l'ouvrage d'Alexandre, comme certains écrivains qu'ils nomment le prétendent, mais qu'ils appartiennent aux anciens rois qobthes et aux Pharaons qui régnerent autrefois en Égypte». Les monuments des arts déposent en faveur du témoignage de mes historiens ; et, par une coïncidence fort remarquable, mon estimable collegue à l'institut national, le citoyen Olivier, a conçu, à la vue des catacombes d'Alexandrie, la même idée que m'avoient fournie les auteurs arabes. Cette concordance fortuite nous a été d'autant plus agréable qu'elle est un nouveau témoignage en faveur de notre opinion : celle du citoyen Olivier sera développée dans la relation qu'il prépare de son intéressant voyage. Mais, en attendant, je vais donner le précis d'une note qu'il a bien voulu me communiquer.

« Lorsque l'on porte ses regards sur le nombre prodigieux de « catacombes qui occupent un espace de plusieurs lieues le long du « rivage de la mer, à l'ouest d'Alexandrie, espace que les Grecs « désignoient sous le nom de Nécropolis (ville des morts), la pre- « miere idée qui se présente c'est de chercher quel fut le peuple « assez nombreux pour exécuter d'aussi vastes travaux et à quelle « époque ils ont été entrepris. On ne doit point les attribuer aux « Grecs ni aux Romains, qui, loin de chercher à conserver intacts « les corps de ceux qui leur étoient chers, les brûloient et en « renfermoient les cendres dans des urnes. Il faut donc remonter « à ce peuple industrieux, savant et superstitieux, qui mettoit au « nombre de ses devoirs les plus sacrés le soin d'embaumer les « morts. On seroit alors porté à croire que, dès l'arrivée d'Alexan-

« dre en Égypte, il existoit déja une ville assez considérable, dont
« ce conquérant n'auroit fait que changer le nom qu'elle portoit
« avant lui. Quand même on supposeroit que les Égyptiens, qui
« habiterent concurremment avec les Grecs la ville d'Alexandrie,
« purent remplir librement toutes les cérémonies et les précautions
« relatives à la conservation des morts, on n'en doit pas moins
« regarder les catacombes dont il s'agit comme antérieures aux in-
« vasions des Grecs et des Romains ; 1°. parcequ'on n'y reconnoît
« nulle trace de l'architecture grecque ; 2°. parcequ'il n'y a et qu'il
« ne paroît pas même y avoir eu d'inscription grecque ou latine.
« Comment deux nations qui les prodiguoient sur les moindres mo-
« numents pour indiquer l'époque et l'auteur de son érection, se
« seroient-elles abstenues d'en graver dans ces catacombes, où elles
« se seroient si bien conservées, et où elles auroient été vraiment
« nécessaires pour faire connoître les personnes dont on avoit voulu
« conserver les restes ? »

Terminons cette discussion par un raisonnement qui n'est peut-
être pas entièrement dépourvu de justesse. Peut-on supposer qu'une
nation dont l'origine se perd dans la nuit des temps et à laquelle la
Grece a dû sa religion, sa civilisation, ses sciences, ait attendu
l'arrivée du conquérant macédonien pour connoître le parti qu'elle
pouvoit tirer d'un port aussi avantageusement situé ? Comment imaginer en outre que les Pharaons, qui ont laissé d'innombrables monuments de leur amour pour les sciences et de leur zele éclairé pour
la prospérité de leur empire, auront méconnu toute l'importance
de ce port unique en Égypte, et que la nature même semble avoir
destiné à servir d'entrepôt pour les marchands de l'ancien monde
connu ? Enfin ce canal de communication, creusé entre le Nil et la
mer rouge, et dont l'existence n'est plus maintenant un problême,
ce phare annexé à la ville de Raqoùdah, ne prouvent-ils pas que si
les Égyptiens n'osoient pas, comme on le prétend, se hasarder sur
l'élément liquide, au moins ils ne négligeoient aucun moyen d'attirer
chez eux les navigateurs et les commerçants étrangers ? On ne peut

Hist. de la navig., p. 22.

même douter de leurs liaisons avec les Phéniciens ; et ce n'est certainement pas sans d'excellentes raisons que le docte Huet nous représente ces deux peuples comme les plus anciens navigateurs du monde : les Égyptiens s'étoient emparés du commerce d'orient par la mer rouge, où ils pénétroient par le moyen du canal de Suez ; les autres de celui d'occident par la Méditerranée, et ils entretinrent aussi des correspondances avec l'Orient : les Égyptiens étoient pour ainsi dire leurs facteurs ; et jamais factorerie ne fut plus avantageusement située que sur le terrain aujourd'hui couvert des ruines d'Alexandrie et de la ville à laquelle celle-ci a succédé.

Le phare (1), T. I, p. 3.

LA *petite tour*, située à l'entrée du port d'Alexandrie, n'offre plus aucun vestige du monument dont elle a conservé le nom. Malgré la diversité d'opinion des auteurs arabes, grecs et latins touchant le fondateur du phare, malgré les contes hyperboliques auxquels il a donné lieu (2), on ne peut douter qu'il n'ait existé, et qu'il ne

---

(1) Les auteurs arabes nomment ce monument *él-Minâr él-Eskenderyéh*, la tour d'Alexandrie. Je ne puis m'empêcher de relever ici une faute assez étrange de Benjamin de Tudèle, ou plutôt de son traducteur et éditeur, Constantin l'Empereur, p. 121, éd. de Leyde, 1633. On lit dans la traduction : *Ibi turris magna ab eo* (Alexandro) *extructa fuit, quæ dicitur Megraa, arabicè vero Megar Alexandriæ.* Il n'y a point de doute que le voyageur n'ait entendu et n'ait écrit *Minâr él-Eskenderyeh* et non pas *Megar-Aleksandryeh*. Le traducteur a pris le *noun* pour un *gimel*, et a transposé le *samech* et le *coph*. Cette faute a été servilement copiée par plusieurs voyageurs ou compilateurs, tels que *Sandys* (Travels, p. 89), *Dapper* (Afrique, p. 50), etc. Ils ont en outre confondu le phare avec la colonne dite de Pompée.

(2) Les orientaux ne sont pas les seuls auteurs de ces hyperboles ; un scholiaste inédit de Lucien, cité par *Vossius in Melam.*, p. 762 de l'éd. de 1782, dit que le circuit du phare est égal à celui des pyramides, et d'une telle hauteur qu'on l'apperçoit à la distance de cent milles : c'est aussi l'opinion de quelques auteurs arabes. Certains se bornent à soixante-dix milles. Ils disent qu'avec le miroir on voyoit les vaisseaux sortir des ports de la Grece, etc. Je donne ces assertions pour ce qu'elles valent.

méritât même une place parmi les merveilles du monde. Le voile
impénétrable qui nous en dérobe l'origine m'autorise en quelque
sorte à croire que sa fondation a dû suivre de près, peut-être
même précéder celle de Raqoùdah; car il est difficile de décider si
le phare a été construit pour la sûreté de la ville ou pour celle des
vaisseaux. Néanmoins il remplissoit ce double objet par le moyen
des feux qu'on y entretenoit pendant la nuit, et d'un miroir ou
espece de télescope placé au-dessus d'un dôme qui couronnoit son
sommet. Les merveilles que l'on raconte touchant ce miroir pourroient inspirer des doutes fort plausibles sur son existence, si l'on
ne connoissoit l'époque de sa destruction et de celle du phare. En
outre, les observations des astronomes arabes et la description de
leurs instruments ne permettent pas de douter qu'ils ne fissent usage
de verres ou lunettes à longue vue, à travers lesquelles on regardoit
les objets, ou qui les réfléchissoient de très loin, comme le miroir
dont il s'agit. Si l'on en croit les Arabes, le fameux observatoire
d'Alexandrie étoit placé dans le phare. Ce miroir avoit cinq palmes
(environ trois pieds neuf pouces) de diametre; certains auteurs
disent qu'il étoit de crystal, d'acier de la Chine poli, ou de différents métaux fondus ensemble suivant d'autres. Des vedettes, munis
d'une cloche et placés auprès de ce miroir, y découvroient les
vaisseaux en haute mer et les signaloient aux habitants de la ville.
En temps de guerre, ceux-ci pouvoient se mettre sur la défensive,
et ne craignoient point d'être surpris. Ce miroir paroît avoir long-
temps résisté aux différents échecs que le phare éprouva, comme
on en pourra juger par le précis historique que je vais tracer.

Les auteurs arabes, grecs et latins, confondant la fondation du
phare avec les réparations (1) qu'on a dû y faire à différentes
époques, l'attribuent au dixieme Pharaon, à Messraïm, fils de *Plin., Lucien; Suidas, Euseb., Maqryzy, Soyouthy.*

____

(1) Le savant Valois, *notæ in Amm. Marcell.*, p. 342, pense, comme nous,
qu'on a confondu les restaurateurs du phare avec le fondateur, qu'il dit être Ptolémée Philadelphe.

Bosséïr, le même qui bâtit Raqoùdah sur l'emplacement qu'occupe Alexandrie ; à la reine Doùléká, au vainqueur de Darius, à Ptolémée Philadelphe, et à Cléopâtre. Il avoit originairement mille coudées de haut ; les commotions, occasionnées par les tremblements de terre, en firent crouler une portion considérable, de maniere qu'il fut d'abord réduit à moins de quatre cents coudées (environ six cents soixante pieds) : il se divisoit alors en trois étages (1), dont le premier, de cent trente-trois coudées, étoit carré ; le second étoit rond et haut de cent trente-une ; le troisieme octogone et haut de cent vingt-une coudées. Les rois grecs, qui succéderent en Égypte au conquérant macédonien, réparerent cet édifice, et le réduisirent à deux cents trente-trois coudées, en lui conservant pourtant ses trois étages avec leur forme particuliere. A chaque étage on trouvoit une galerie extérieure au moyen de laquelle on pouvoit circuler à l'entour de l'édifice. L'intérieur renfermoit plus de trois cents appartements, avec un grand nombre d'escaliers ; ce qui formoit une espece de labyrinthe où l'on risquoit de s'égarer à jamais. En effet, sous le regne d'Al-Moqtader-Billah (2), plusieurs barbaresques étant montés dans le phare, s'y égarerent, et trois d'entre eux y périrent de soif et de faim. Les escaliers étoient faits si artistement qu'une bête de somme pouvoit monter avec sa charge dans les appartements de l'intérieur de cet édifice.

---

(1) Les auteurs arabes, à qui nous devons ces détails, s'accordent ici avec les Grecs qui donnent à cet édifice l'épithete de πολυόροφος, *à plusieurs étages ;* c'est ainsi que Montfaucon traduit ce mot grec. Quoique ce savant bénédictin n'ait point consulté les auteurs orientaux, sa *dissertation sur les phares* mérite pourtant d'être consultée. Voyez les *Mémoires de l'académie des belles-lettres,* t. VI, p. 576 et suiv.

(2) Maître de l'occident (la Barbarie) et de l'Espagne ; c'est le titre qu'Al-Maqryzy et Ben-âyâs donnent à ce khalyfe. Il monta sur le trône à l'âge de treize ans, en 295 de l'hég. (907), et fut massacré en 320 (932), dans un fauxbourg de Baghdâd, par un rebelle nommé Moùnas. *Abulfed., annal.* t. II, p. 365, ex edit. arabic. lat.

Oùessyf-Cháh nous apprend que, le jeudi des lentilles, c'est-à-dire le jeudi de la semaine-sainte (jour où les Qobthes se régaloient de lentilles, de poissons et d'œufs teints en différentes couleurs), les chrétiens de la ville d'Alexandrie se rendoient au phare pour y manger des lentilles : on leur en ouvroit les portes, et ils y entroient en foule, les uns pour s'amuser à différents jeux, les autres pour y faire leur priere. Vers la fin du jour, ils se retiroient chez eux.

Le phare étoit anciennement à près d'un mille du port (1), ou plutôt, suivant la tradition conservée parmi les habitants d'Alexandrie, et rapportée par les auteurs arabes, à une égale distance de la ville et de la mer : mais les tremblements de terre favoriserent l'épanchement des eaux; elles inonderent une portion de l'emplacement d'Alexandrie, de maniere que le phare se trouva assez avant dans la mer. Cette tradition contrarie l'opinion généralement adoptée d'après les auteurs grecs que la mer a plutôt perdu que gagné du côté d'Alexandrie; puisqu'Homère compte une journée de navigation d'Alexandrie à l'isle du phare, et que la levée, construite, dit-on, par l'ordre de la reine Cléopâtre, et qui sert encore aujourd'hui à joindre cette isle à la ville, avoit sept stades de longueur; ce qui lui valut la dénomination de *Hepta-stadium*. Il me suffit de soumettre ces faits aux géologues : je vais prendre l'histoire du phare à l'époque où elle acquiert une certitude incontestable ; et c'est à la fin du premier siecle de l'hégire (le 8ᵉ de l'ere vulgaire), sous le regne d'él-Oùâlyd ben-A'bdoûl-Melek ben-Meroùân. Ce khalyfe, le 6ᵉ des Ommyades, vécut dans une guerre continuelle avec les empereurs grecs. L'un d'eux (2), connoissant l'avidité et la stupide crédulité

Odys. lib. IV, v. 355.

Plin. H. N, lib. II, c. 85.

Strab. lib. I, p. 63.

---

(1) Je dois observer que les auteurs arabes disent que le phare est situé sur une *langue de terre* (*Liçân él-árdh*), et n'emploient point le mot *Djézyreh*, isle.

(2) Ni Al-Maqryzy ni Ben-âyâs ne donnent le nom de cet empereur grec et n'indiquent point même l'année où cet évènement arriva : je ne puis décider s'il s'agit de Justinien II, de Filépique ou d'Anastase II, qui occuperent successivement le trône de Constantinople depuis l'an 705 jusqu'en 716, c'est-à-dire pendant le regne d'él-Oùâlyd, qui commença en 705, et finit à sa mort en 715.

3.   22

d'él-Oùâlyd, voulut en profiter pour détruire un monument qui contribuoit à la sûreté de la principale ville de l'Égypte. Il chargea de cette opération importante un de ses favoris plein d'adresse , à qui il donna des instructions particulieres. Ce personnage aborda en Syrie comme un favori disgracié que son souverain irrité vouloit faire périr. Il accompagna cette imposture de détails également controuvés , et capables cependant de lui attirer la confiance du khalyfe ; enfin il poussa la fourberie jusqu'à embrasser l'islamisme en présence d'él Oùâlyd. Pour se rendre encore plus agréable , il lui annonça des trésors cachés à Damas et autres lieux de la Syrie, lesquels étoient indiqués et représentés dans un livre qu'il avoit apporté avec lui. Les richesses et les bijoux qu'él-Oùâlyd trouva en effet dans ces trésors exalterent son imagination et ne firent qu'exciter son avidité. Le Grec sut adroitement profiter de ces dispositions pour lui insinuer que sous le phare d'Alexandrie on trouveroit des richesses entassées par Alexandre , qui en avoit hérité de Chédâd , fils de A'âd , et d'autres rois d'Égypte. Le prince des fideles , séduit par ces récits , résolut de faire faire des fouilles , et chargea son nouveau favori de les diriger. Il le mit à la téte d'un certain nombre d'ouvriers. Leurs travaux avancerent rapidement. La moitié du phare fut bientôt démolie, et le miroir enlevé. Cet évènement causa la plus vive indignation , et l'on s'apperçut alors de l'insigne fourberie du Grec. Mais, dès que celui-ci se vit découvert et sut que le khalyfe étoit instruit de ce qui venoit d'arriver, ayant d'ailleurs rempli ses projets, il s'enfuit pendant la nuit sur un bâti- qu'il avoit fait préparer. Le phare étoit encore ainsi tronqué en

862 de l'ere vulgaire. 793.

l'an 248, et peut-être dans un état pire que celui où l'on avoit réduit l'émissaire de l'empereur grec ; car , en l'an 177, un tremblement de terre avoit fait encore écrouler une autre portion du sommet. Cependant, en l'an 248, le vezyr du khalyfe él-Métoùekkel,

862.

nommé Abdoúllah ben-Yahhyâ ben-Khâqàn (1), allant en exil à

---

(1) Quelques manuscrits portent fautivement O'béïd-úllah , etc. Il ne faut pas confondre le personnage dont il s'agit ici avec un autre vezyr du même él-Mé-

Barqah par ordre d'Al-mosta'ïn (1), passa par Alexandrie, et s'apperçut que le sommet du phare étoit éclairé long-temps après le coucher apparent du soleil. Il imagina une expérience au moyen de laquelle il pût être certain que le soleil étoit couché pour toute la terre qu'il croyoit platte. On fit monter sur ce phare un homme muni d'une pierre qu'il laissa tomber au moment où il vit le soleil se coucher. Cette pierre tomba à terre après la seconde prière du soir : or, comme cette expérience ne se faisoit que pour régler certaines pratiques religieuses, le vezyr superstitieux et ignorant résolut de ne rompre le jeûne qu'après la seconde prière du soir, c'est-à-dire à la nuit close, et non après le coucher apparent du soleil. Cette donnée, qui est appuyée sur le témoignage de plusieurs historiens dignes de foi, pourroit suffire pour déterminer quelle devoit être alors la hauteur du phare.

Vers l'an 260, Ahhmed ben-Thoùloùn, qui gouvernoit au nom des khalyfes l'Égypte et la Syrie, répara le phare et fit construire un dôme en bois, qui fut détruit par les ouragans. Le phare avoit alors cent coudées en carré ; du côté du septentrion étoit une inscription grecque, dont chaque lettre en plomb avoit une coudée de long sur une palme de large : les Arabes ne nous en indiquent point le contenu. Voici quelles étoient alors la forme et la hauteur de cet édifice. De la base, jusque vers la moitié, c'est-à-dire plus que le tiers du bâtiment, étoit carré et construit en pierres blanches. Cette portion pouvoit

_873._

---

toùekkel, nommé èl-Fatahh ben-Khâqân, qui voulant soustraire son souverain au fer des assassins, fut massacré avec lui en 247 (861). Aboùlfedâ, *Annales Moslemic.* t. II, p. 205, ainsi que ses traducteurs et éditeurs, ne paroissent pas s'être occupés d'établir cette distinction entre deux vezyrs dont la conformité des noms peut causer quelque embarras. M. Reiske, dans sa savante note (188), p. 200, ne parle que de Fatahh ben-Khâqân, et cite un passage fort curieux du *Raoùdh èl-Akhyâr.* Je regrette qu'il n'ait pas consulté *èl-Maqryzy.*

(1) Al-Mosta'ïn Billah, trente-unième khalyfe et douzieme de la race des A'bbárydes, succéda, en 248 (862), à l'exécrable Mostansser Billah, qui ne jouit du fruit du parricide commis sur èl-Métoùekkel que pendant cent soixante-dix-huit jours. Al-Mosta'ïn fut lui-même déposé et ensuite assassiné en 252 (866).

avoir cent dix ou cent vingt-une coudées de haut ; les soixante ou quatre-vingt-une coudées supérieures étoient octogones et construites en briques cuites, liées avec du plâtre ; une galerie extérieure, où l'on pouvoit se promener, régnoit à l'entour de ce second étage : la partie supérieure du phare avoit trente-une coudées et étoit ronde. D'après cette description on peut conjecturer que la hauteur totale du phare étoit alors à pen-près de deux cent trente-trois coudées (environ quatre cent quatre-vingt-dix pieds), comme nous l'avons déja indiqué.

Les réparations faites par Ahhmed ben-Thoùloùn ne tarderent pas à se dégrader, au point que son fils Aboùl-djéïch Khamroùyeh (1) fut obligé de faire de nouveaux travaux ; la mer, qui étoit précédemment éloignée, avoit gagné considérablement de terrain et miné les fondations.

Au mois de ramadhán 344 (2), un tremblement de terre effroyable qu'on ressentit en Égypte, en Syrie et en Barbarie, fit crouler une portion du sommet, d'environ trente coudées.

1182. En l'année 578, un curieux prit les dimensions du phare ; il trouva que chacun des quatre côtés avoit plus de cinquante toises (*bá'a*) de large, et que la hauteur totale de l'édifice étoit de cent cinquante. Sur le sommet étoit construite une mosquée où l'on faisoit la priere.

Sous le regne du mamloùk Bahharyte, nommé él-Melik-Dtáher-Béïbérès, des piliers du phare s'écroulerent, il les fit réparer en 1274. l'année 673, et l'on y construisit une mosquée qui fut détruite le 13 de

---

(1) Ce prince, dont je vois le nom entier pour la premiere fois, parceque les auteurs arabes se contentent de le nommer Khamroùyeh, fils d'Ahhmed, fils de Thoùloùn, hérita de la puissance et du titre de sulthán, dont jouissoit son pere dans la Syrie et dans l'Égypte. Ahhmed étant mort en Égypte et ayant été enterré sur le mont Moqatham au mois de dzoùl-qa'dah 270 (883), Khamroùyeh lui succéda, et fut assassiné à Damas en 282 (895). Il laissa le trône à él-Djéïch son fils. Voyez *Eutychii Annales arabic. latin.* t. II, p. 475-480. *Abulfedæ Annal.*, t. II, p. 261-277. Consultez aussi, sur la cause de la mort de Khamroùyeh, Renaudot, *Histor. Patriarchar. Alexandr.*, p. 334.

(2) Le 18 de ramadhán, qui répondoit au 5 de kânoùn 1er et au 9 de tiby. *Maqr.* janvier 956.

dzoûl-hhadjah 702 par un tremblement de terre qui endommagea en- Juill. 1303.
core ce qui restoit du phare, et renversa les murailles d'Alexandrie, *Ben-áyás,*
ainsi que plusieurs tours de cette ville. Depuis cette époque, c'étoit p. 27.
sous le regne d'él-Nâsser-Mohhammed ben-Qalâoùn, il ne reste
plus le moindre vestige de ce monument.

L'année suivante, c'est à dire en 703, l'émyr Rokn éd-dyn Béïbérès 1503 *Maqryz.*
él-Djachneguyr fit construire sur l'emplacement du phare une mos- 1441.
quée, qui subsistoit encore du temps d'âl-Maqryzy, vers le milieu
du quinzieme siecle (1).

  (2) *Bibliotheques d'Alexandrie* (T. I, p. 3, ligne 11.).

Le nom d'Alexandrie rappelle naturellement l'idée des plus riches
bibliotheques qui probablement aient jamais existé. Pourquoi faut-il
que cette idée soit inséparable de regrets aussi douloureux que superflus ? A peine connoît-on l'emplacement qu'occupoient ces bibliotheques : mais certainement aucune n'a été dans le pharillon, comme
Norden paroît le croire. La bibliotheque, fondée au plus tard par
Ptolémée Soter, vers l'an 283 avant l'ere vulgaire, et que les Grecs
regardent comme la premiere, fut placée dans le quartier du *Bru-*

---

  (1) Voyez la notice que j'ai donnée sur la description de l'Égypte par cet auteur,
et particulièrement sur le canal de Suez, dans les *notices et extraits des manusc.
de la Bibl. nat.* t. VI, p. 320-386.

  (2) Me pardounera-t-on de traiter encore une matiere qui paroît avoir été épuisée
par des savants d'un mérite reconnu, tels que Just. Lips. *Syntagm. de Biblioth.*,
c. II ; Bonami, *Mém. de l'acad. des inscript.* t. IX, p. 397 ; Beck, *Specimen
Hist. Bibliot. Alex.* ; Gronov. Kuster, et l'estimable cit. Sainte-Croix, *Remarques
sur les anciennes bibliot. d'Alexandrie*, insérées dans le *Magas. encycloped.*
année V, t. IV, p. 433 ? Peut-être les notions que j'ai recueillies dans les auteurs
arabes me serviront d'excuse, sur-tout depuis que le résultat que j'en ai donné
dans le *Magasin encyclop.*, année V, t. III, p. 380, a provoqué les intéressantes
remarques que je viens de citer et dont l'auteur a non seulement pour but d'*éclaircir
une question* souvent agitée, mais aussi de combattre, avec toute la décence et
l'aménité qu'on lui connoît, et qui devroit régner dans toutes les discussions littéraires, une opinion que j'avois émise et que je reproduis ici avec de nouvelles
preuves.

chion (1), à l'orient du grand port, du côté de la porte de Canope, au milieu d'un grand nombre de palais, et non loin du musée; cette bibliotheque, composée successivement de 54,800, de 100,000, 200,000, 500,000 et 700,000 *volumes* ou rouleaux, devint la proie des flammes quand César fit le siege d'Alexandrie. Mais il en échappa sans doute quelques volumes (2), tels que les textes hébraïques des prophetes, traduits en grec par ordre de Ptolémée Philadelphe, que l'on porta dans la bibliotheque du Sérapion, ainsi que les 200,000 volumes rassemblés à Pergame par les anciens rois de Bithynie, et dont Antoine fit hommage à la reine Cléopâtre. Ce fut ainsi que la *fille* devint presque aussi riche, et sur-tout plus précieuse encore que ne l'étoit sa *mere*; car c'est sous ces dénominations que les anciens désignoient les deux bibliotheques dont il s'agit. Ces dénominations me paroissent d'autant moins fondées qu'ils ne peuvent fixer l'époque où fut établie la bibliotheque du *Sérapion*, qu'ils nomment la fille de l'autre. J'observerai en outre que le *Sérapion* ou temple de Sérapis ornoit l'ancienne ville de Rhacotis long-temps avant qu'Alexandre en relevât les ruines. Le plus ancien quartier d'Alexandrie conserva le nom de Rhacotis. N'est-il donc pas très probable qu'il a dû exister dans ce temple, comme dans la plupart de ceux de la basse et haute Égypte, une bibliotheque fort ancienne....?

Outre la bibliotheque du Sérapion, Auguste en fonda une nouvelle dans le Sébastion, temple élevé par ses soins dans ce quartier du Bruchion, si riche en monuments. « Le Sébastion renfermoit en

---

(1) Βρουχεῖον, corruption de Πυρουχεῖον, magasin de blé.

(2) Comme cet ouvrage existoit encore du temps de S. Jean-Chrysostome dans la bibliotheque du Serapion, brûlée deux ans avant la mort de ce pere de l'église, le cit. Sainte-Croix en conclut qu'il aura passé de la bibliotheque du Bruchion dans celle du Serapion à l'époque de l'incendie de la premiere; conclusion fort plausible, à moins qu'on ne conjecture que la bibliotheque du Serapion étoit consacrée aux livres autographes ou très rares; usage qui s'accorderoit assez bien avec la haute antiquité de ce temple, où l'on conservoit le nilometre et autres objets sacrés ou précieux.

« outre une immense et admirable collection de tableaux et de
« statues disposés sous des portiques délicatement sculptés ». Un
grand nombre de savants y étoit logé et splendidement entretenu
aux dépens du trésor public ; car les anciens ne témoignoient pas
moins d'attention pour les auteurs que pour leurs ouvrages. Ce beau
monument éprouva le sort de tous ceux que renfermoit le Bruchion,
quand Aurélien, irrité de la résistance que lui avoient opposée les
rebelles Alexandrins, ordonna la destruction de ce quartier où étoit
située la citadelle qui leur avoit servi de retraite. Les livres du Sébastion furent alors dispersés ou transportés dans le Sérapion, qui ne
devoit pas éprouver un sort moins funeste. En effet, cent vingt-deux
ans après cette catastrophe, le digne ami du farouche Théodose, le
fanatique Théophile, patriarche d'Alexandrie, profita du zele outré
de cet empereur en faveur des chrétiens, pour extirper l'idolâtrie
dans la capitale de l'Égypte. Les habitants païens se retrancherent
dans le Sérapion, qu'ils regardoient comme le chef-lieu de leur religion ; là, ils soutinrent l'attaque des troupes de l'empereur, qui
eurent beaucoup de peine à les réduire ; cependant il fallut céder à
la force. Les savants qui s'étoient mêlés de cette querelle furent
obligés de s'exiler de leur patrie ; la bibliotheque du Sérapion fut
dispersée, le temple renversé, et l'on éleva sur ses ruines une église
qui porta le nom de l'empereur Arcadius. Orose, disciple de saint
Jérôme, qui passa de la Palestine en Égypte environ vingt ans après
cette triste expédition, atteste avoir trouvé absolument vides les
armoires et les caisses qui renfermoient des livres dans tous les temples d'Alexandrie et dans ceux de l'Égypte (1). Il ajoute que c'étoient
ses contemporains même qui avoient dispersé et détruit ces inappréciables dépôts des connoissances humaines. En effet c'est à cette
même époque, si funeste aux lettres, que les Ariens, *secte des-
tructive*, *qui*, suivant l'excellente remarque de l'estimable Sainte-

Phil. legat. ad Cai. p. 1014.

L'an 269.

Amm. Marcel. lib. 22, c. XVI, p. 3.3.

En 391.

Renaud. hist. Patr. Alex. p. 107.
Baron. ad ann. 389.

---

(1) Voyez le passage d'Orose concernant la bibliotheque d'Alexandrie, conféré
sur douze manuscrits de la bibliotheque nationale par le cit. Sainte-Croix, à la
suite de ses *Remarques*, *lib. cit.* p. 446 et 447.

Croix , *travailla plus qu'aucune autre à plonger le monde dans la barbarie*, s'acharnerent à la destruction d'une autre bibliotheque d'Alexandrie , fort considérable aussi , mais moins précieuse sans doute que celles dont nous venons de parler ; c'étoit celle de l'école chrétienne , fondée vers l'an de l'ere vulgaire par Pantænus , originairement philosophe stoïcien, et ensuite converti au christianisme qu'il alla prêcher aux Indes. Ses successeurs s'occuperent d'enrichir cette bibliotheque. Mais Philippe Rhodon, le dernier des catéchistes , contemporain de Théodose , eut la douleur de la voir disperser et détruire, comme nous venons de l'observer. Ainsi nous adoptons volontiers l'opinion du savant précédemment cité « que les plus « anciennes et les plus considérables bibliotheques d'Alexandrie « n'existerent pas au-delà du quatrieme siecle de l'ere vulgaire » ; et nous rejetons comme lui l'opinion qui « fait détruire au septieme « par les Arabes l'immense collection des Ptolémées, ou plutôt des « rois de Pergame ». Mais , malgré notre profonde estime pour ses connoissances et pour sa critique, nous ne pouvons conclure avec lui « qu'aucune bibliotheque publique n'a pu être incendiée par ordre de « O'mar , deux siecles et demi après la mort de Théodose ». Ce savant convient lui-même que pendant ce laps de temps on s'occupa encore en Égypte de la philosophie , des lettres et des sciences , particulièrement de l'astronomie, de la médecine, et de l'alchymie. Les habitants d'Alexandrie continuerent le commerce de papyrus préparé pour écrire , et celui des livres qui les enrichissoit depuis longtemps : preuve certaine que, malgré les persécutions suscitées contre les savants et leurs ouvrages, les uns et les autres n'avoient point été entièrement anéantis. Il est en outre très probable que, pendant ces deux siecles et demi, il a dû paroître quelques nouveaux livres. Réunis avec ceux qui avoient certainement échappé aux recherches des fanatiques et des barbares, ils auront pu servir à former au moins un diminutif de ces inappréciables trésors littéraires dont on sentoit de jour en jour plus vivement la perte, et dont celui-ci partagea bientôt la triste destinée. Il étoit réservé au stupide musulman , à cet éternel ennemi des sciences et de ceux qui les cultivent de leur porter le dernier coup en détruisant cette derniere bibliotheque.

Ce fait rapporté avec beaucoup de détails par Aboùl-faradje a été d'abord et pendant long-temps adopté au point de passer en pro-verbe ; ensuite des écrivains recommandables par leur érudition et par leur critique ont proposé des doutes qui n'étoient pas dépourvus de fondements. On ne citoit d'autre autorité que celle d'Aboùl-faradje ; et, malgré la juste estime dont il jouit, les circonstances dont il accompagne son récit, et sur-tout sa qualité de chrétien, pouvoient le rendre suspect, sur-tout quand il impute aux musulmans un trait de barbarie sur lequel Elmakyn et Eutychius, autres chrétiens ara-bes, gardent un profond silence. On observoit encore avec beaucoup de raison que ce fait important n'est point mentionné dans sa Chroni-que syriaque, antérieure, à la vérité, à son Histoire universelle arabe ; de maniere qu'il a pu ajouter dans cet ouvrage des faits qui lui étoient inconnus quand il composa le premier. Ébranlé par ces raisonnements, je cherchai moi-même des preuves négatives en leur faveur dans le silence des auteurs arabes musulmans, quand je trouvai, au contraire, le fait dont il s'agit énoncé d'une maniere très positive par deux des historiens les plus recommandables qui aient écrit sur l'Égypte (1). Le premier est A'bdôl-lathyf, qui écrivoit vers 600 de l'hégire, et dont l'ouvrage sur l'Égypte a été publié en arabe seulement par l'illustre professeur M. White ; l'autre est Taqy éd-dyn âl-Maqryzy, mort en 845 (2), et auteur d'une *excellente description de l'Egypte* inédite, que j'ai souvent occasion de citer dans le cours de ce travail. Quoique deux siecles et demi séparent ces deux écrivains, ils s'accordent à nous apprendre, presque dans les mêmes termes, que « la colonne

Hist. Dynast.,
t. I, p. 180.

---

(1) L'édition entiere a passé en Allemagne, et a paru à Tubinge en 1789, avec une préface latine de M. le professeur Paulus, sous le titre d'*Abdollatiphi com-pendium memorabilium Ægypti, arabicè è manusc., edidit J. White, præfatus H. E. G. Paulus*, etc. *in-*8°. M. Gunther Wahl en a donné une traduction alle-mande en 1790.

(2) Et non en 854, comme on lit, par une transposition de chiffres, dans le *traité des Monnoies musulmanes*, p. 4, traduit d'Al-Maqryzy par mon hono-rable collegue le cit. Silvestre de Sacy, dont l'érudition et l'exactitude sont trop bien connues pour qu'on lui reproche une erreur purement typographique.

<table><tr><td>3.</td><td align="right">23</td></tr></table>

« *Séoüéry* (dite de Pompée) se trouvoit au milieu d'une colonnade
« immense qui ornoit l'école où Aristote, et ses disciples après lui,
« donnoient leurs leçons. Cette académie fut fondée par Alexandre
« quand il bâtit sa ville ; c'étoit là que se trouvoit une bibliotheque
« que A'mroù-ben-él-á'ss brûla d'après le consentement de O'mar ».
Il n'est pas inutile d'observer que nos deux auteurs relativement à
O'mar emploient, l'un le mot *ácharét* (consentement) ; l'autre,
édzn (permission), et non *ámr* (commandement) ; expression
dont ils n'auroient pas manqué de faire usage si le prince des fideles
eût donné un ordre spontanée : mais on voit qu'il s'agit d'une réponse
aux questions soumises à sa décision par A'mroù. Cette observation
n'est pas purement grammaticale ; elle confirme les détails donnés par
Aboùl-faradje, qui nous a conservé le précis de la lettre du lieutenant du
khalyfe et la réponse de son souverain. Cette bibliotheque étoit-elle
assez nombreuse pour alimenter pendant six mois les foyers des bains
d'une ville telle qu'Alexandrie ? J'en doute , c'est certainement une
hyperbole, comme on en trouve tant d'autres dans des histoires qui
ne sont pas même écrites par des orientaux. Quant à la *colonnade*
auprès de laquelle étoit située cette bibliotheque, elle fut détruite
sous le regne de Ssaláhh éd-Dyn, comme on le verra dans un article
suivant (p. 181). Mais il me suffit d'avoir présenté de nouvelles
autorités qui avoient jusqu'à présent échappé aux recherches de nos
savants, et d'après lesquelles il est incontestable , 1º. qu'à l'arrivée
des musulmans il existoit encore à Alexandrie une bibliotheque ;
2º. que cette bibliotheque fut livrée aux flammes par A'mroù d'après
l'autorisation du khalyfe O'mar.

Le calisch (lisez khalydje), ou canal de Cléopâtre, t. 8, p. 18.

ON le nomme aussi canal de Canope, sans doute parcequ'il se
terminoit auprès de cette ancienne ville maritime. Je n'examinerai
point si les voyageurs qui désignent ainsi le canal d'Alexandrie proprement dit ne le confondent pas avec celui que d'Anville, d'après
Strabon, a tiré d'Alexandrie à Canope. Je ne chercherai pas même si
ce canal est l'ouvrage de la reine dont il porte le nom (1) : des savants
d'un mérite reconnu et plusieurs écrivains orientaux voudroient
l'attribuer à Alexandre; pour moi, je serois tenté de le placer au
nombre des utiles travaux dont les anciens Égyptiens ornerent la
ville de Raqoùdah : au reste, toutes ces opinions ne portant pour
ainsi dire que sur des conjectures, je n'ai ni le temps ni l'espace
nécessaires pour les discuter. Je me bornerai donc à donner une
notice chronologique des réparations faites à ce canal (2) par différents princes musulmans. Malgré son aridité elle offrira quelque intérêt à ceux de nos savants compatriotes qui auront examiné soigneusement ce canal dans toute son étendue.

Pocock. *Obser.
on Egypte*,
p. 10, etc.

Map. Ægypt.
Mém. sur l'É-
gypte, p. 67.

---

(1) Suivant les auteurs arabes elle le fit revêtir en marbre, et le conduisit
jusque dans la ville, où il n'entroit pas avant son regne. Mais ne doit-on pas
entendre par-là qu'elle le fit nettoyer et débarrasser des sables qui empêchoient
l'eau de pénétrer jusque dans Alexandrie? *Les détails sur les travaux des princes
musulmans et la maniere dont ils sont présentés* semblent justifier ma conjecture.

(2) Je passe sous silence et à regret l'énumération des petits canaux adjacents
qu'on tiroit de celui-ci pour arroser un grand nombre de cantons susceptibles
d'une étonnante fertilité. Mes auteurs ont soin d'indiquer le quantieme du mois
Qobthe où l'on ouvroit ces petits canaux ; ces époques étoient subordonnées
aux genres de productions qu'on vouloit arroser. On sent combien ces détails,
tout intéressants qu'ils sont, exigent de notes et de commentaires ; il en résulteroit un travail inadmissible dans le plan que je me suis tracé : peut-être aurai-je
occasion de le reprendre.—Suivant les auteurs arabes ce canal étoit originairement revêtu de marbre dans toute son étendue ; les bâtiments y circuloient : il
servoit à abreuver les habitants du Bâthen et ceux des environs du lac d'Alexandrie ; on y pêchoit beaucoup de poissons _ etc.

(1) Vers l'an 245 de l'hégire (859-60), un gouverneur d'Égypte, nommé él-Hharéts ébn-Meskyn, fit nettoyer le canal d'Alexandrie.

Au mois de raby'i premier 259 (872-3), Ahhmed ben Thoùloùn ordonna les mêmes travaux ; et cependant, dès l'année 332 (943-4), l'eau du Nil ne pénétroit plus même dans le canton d'Alexandrie ; elle s'arrétoit à une journée de la ville : les barques ne pouvoient plus y naviguer, et les habitants étoient réduits à boire de l'eau de puits.

En l'an 404, le khalyfe él-Hhâkem Bàmr îl-lah, si fameux par ses extravagantes cruautés, consacra une somme de 15000 dynârs (environ 2,25,000 f.) pour faire curer ce canal dans toute son étendue.

En 662 (1263-4), él-Melik éd-Dtâher Béïbérés chargea l'émyr A'ly, le trésorier, du nettoiement de ce canal : l'embouchure en étoit alors tellement obstruée par le limon du Nil que les habitants d'Alexandrie manquoient d'eau. On commença les travaux à él-Teqtédy, où l'on bâtit une mosquée, et l'inspection de cette grande entreprise fut confiée au Mo'allem Boghâ Séïf, receveur général des contributions. En 664 (1265-6), le sulthân lui substitua l'émyr A'lem éd-dyn Sandjar él-Mesroùry. Celui-ci contraignit tout le monde indistinctement, les officiers comme les soldats, de travailler en personne jusqu'à ce que le lit du canal fût débarrassé des sables qui l'encombroient depuis él-Teqtédy jusqu'à son embouchure ; ensuite il se rendit à Omm-dynâr (2), où l'on fit couler bas des radiers sur lesquels on éleva des constructions en maçonnerie. Cependant, loin de circuler pendant toute l'année dans ce canal, l'eau n'y séjournoit qu'environ deux mois, et se retiroit aussitôt : les habitants furent contraints de ne boire que de l'eau conservée dans les citernes.

En 710 (1310), l'émyr Bedr éd-Dyn Mektoùt, affranchi du trésorier, et surnommé émyr Chekâr, gouverneur d'Alexandrie, se rendit

---

(1) J'ai extrait cette notice de la description du canal d'Alexandrie, qui forme un des chapitres les plus intéressants de la *Description géographique de l'Egypte* par âl-Maqryzy.

(2) *Bâr-Byâr*, suivant quelques manuscrits.

auprès du sulthân él-Nâsser Mohhamened ben Qalâoùn, qui faisoit sa
résidence dans le château de la montagne auprès du Caire : il représenta
à ce souverain combien il y auroit d'avantages à nettoyer le canal
d'Alexandrie ; 1°. la facilité de conduire en bateau dans cette ville
des grains et toutes sortes de marchandises ; de là une plus grande
activité dans le commerce et l'industrie, conséquemment une augmentation de revenu pour le trésor public : 2°. la culture des terres
situées le long de ce canal, parcequ'on y construiroit des machines
hydrauliques pour les arroser, et qu'il s'y formeroit des villages :
3°. enfin les habitants de la ville pourroient arroser aussi leurs jardins,
et boiroient de l'eau fraîche toute l'année. Frappé de tous ces avantages,
le sulthân envoya l'émyr Bedr éd-dyn Mohhammed ben-Kéïd avec
l'émyr Mektoùt, pour exécuter le projet proposé par le gouverneur
d'Alexandrie. Il ne fallut pas plus de vingt jours pour rassembler quarante mille ouvriers ; et l'opération fut terminée au mois de redjeb de
cette même année. Les habitants de chaque district furent chargés de
creuser une certaine portion du canal, qui avoit en tout seize mille
qassabah Hhâkemytes (1), dont huit mille depuis son embouchure
dans le Nil jusqu'à Chembâr, et autant depuis Chembâr jusqu'à
Alexandrie. Je passe sous silence les difficultés prodigieuses que les
ouvriers éprouverent de la part des eaux qui en firent périr un
grand nombre. Enfin les bâtiments circulerent dans ce canal toute
l'année ; les habitants d'Alexandrie ne furent plus réduits à boire de
l'eau de citerne : en peu de temps plus de cent mille faddân, situés

---

(1) Treize lieues moins cinq cents toises, en évaluant la qassabah ou canne
Hhâkemyte à huit coudées ordinaires de dix-huit pouces chacune. — Ben-Ayâs
(*Nechq él-âzhâr*, p. 57), donne des dimensions fort différentes de ce même
canal, d'après des registres du dyvân dressés par un nommé él-Aç'ad ben-Memâty.
« Ce canal, dit-il, a 30,600 qassabah de long, et de deux qassabah et demi à trois
« quassabah et demi de large. » Cette évaluation est certainement exagérée,
sur-tout si l'on adopte l'opinion du même ben-Ayâs, qui, page 28, évalue la
qassabah sept coudées communes (de dix-huit pouces chacune). Voyez aussi le
traité des Mesures itinéraires de d'Anville, pag. 41 et suiv., et celui *de Mensuris et ponderibus antiquis*, par Edouard Bernard, p. 223, 224, 225.

des deux côtés du canal et n'offrant que des marais infects, furent peuplés et cultivés; on pratiqua environ six cents machines pour arroser les colocasies, les plants d'indigo, de sésame: enfin plus de mille enclos furent aussi arrosés dans Alexandrie. L'émyr Mektoùt, à qui le sulthân avoit fait présent d'une grande quantité de plomb trouvée dans les fondements de l'ancien canal et des citernes, construisit à ses frais un pont, ou plutôt une chaussée pour faciliter la communication dans les temps de crûe. On employa trois mois à cette construction; les pierres employées aux fondements et dans toutes les parties inférieures étoient liées avec du plomb, et avec de la chaux dans les parties supérieures. On construisit aussi trente arches pour soutenir cette chaussée, et un kàravânserây pour les voyageurs, avec un concierge et le revenu nécessaire pour l'entretien de cet établissement. L'émyr dépensa environ soixante mille dynârs Messryeh (1), outre les pierres et autres matériaux qu'il tira d'un ancien édifice situé hors l'enceinte d'Alexandrie, et sans compter le plomb des canaux souterrains de ce même édifice, lesquels conduisoient jusqu'à la mer, et celui qu'on avoit trouvé en recreusant le canal, et que le sulthân lui avoit donné.

L'eau ne cessa de circuler pendant tout le cours de l'année dans ce canal que vers 770 (1368-9); alors elle n'y entra plus qu'à la faveur de la crûe du Nil, et il restoit à sec quand le fleuve se retiroit dans son lit. La plus grande partie des jardins d'Alexandrie fut frappée de stérilité; presque tous les villages situés le long de ce canal disparurent. Voici la cause de son dessèchement; les sables ayant obstrué et fermé l'embouchure par où l'eau de la mer pénétroit dans le lac d'Alexandrie furent ensuite poussés par le vent dans le canal dont ils fermerent l'embouchure et comblerent le lit. On fit dans la suite quelques tentatives inutiles pour déblayer ce canal, mais les choses resterent dans cet état jusque sous le regne d'él-Melik él-Achref Bersebâï. Ce prince chargea l'émyr Djerbâch âl-Kérymy, surnommé Qâchéq, à qui on

---

(1) Près d'un million. Le dynâr Messryeh ou dynâr d'Égypte valoit environ quinze francs.

fournit tous les moyens d'exécuter cette belle entreprise. Il rassembla huit cents soixante-quinze ouvriers, qui se mirent au travail le 11 de djemâdy premier 826 (1423), et qui travaillerent jusqu'au 11 de cha'bân suivant. En quatre-vingt-dix jours les travaux furent terminés ; l'eau coula dans le canal jusqu'à Alexandrie, les bâtiments y circulerent, ce qui causa une joie universelle, d'autant plus que l'on ne fit contribuer que les propriétaires des champs riverains et des jardins d'Alexandrie; on ne commit point les vexations et les horreurs qui avoient eu lieu autrefois. Quand l'émyr Djerbâch retourna au château de la montagne au Caire le sulthân le revêtit d'une robe d'honneur et lui témoigna publiquement sa satisfaction ; mais le sable ne tarda pas à causer de nouveaux encombrements, de maniere que dans le milieu du quinzieme siecle les bâtiments n'y passoient que dans le temps de la crûe.—Je laisse aux savants de l'expédition le soin de nous faire connoître l'état actuel de ce canal, qui peut avoir quinze à seize lieues de long, depuis Alexandrie jusqu'à son embouchure à Rahhmanyéh.

Colonne de Pompée (T. 1 , p. 34, lig. 20.).

Nᴏᴛʀᴇ voyageur observe avec raison qu'*on ne sauroit dire d'où dérive cette dénomination*. Quoique dénuée de toute autorité historique, elle a été constamment adoptée, pour désigner le monument dont il s'agit, par nos plus anciens voyageurs européens, tels que l'auteur anonyme d'une relation du pelerinage de la Mekke, par Laurence Aldersey, etc. , qui visiterent l'Égypte dans le cours du seizieme siecle. D'après leur maniere de s'exprimer on peut conjecturer que le nom primitif étoit *colonna di Pompeio* et de fabrique italienne. Le nom arabe *O'moùd él-Séoùáry*, colonna degli Alberi (colonne des arbres ou des mâts), c'est-à-dire la plus grande des colonnes (1), a suggéré à M. Michaëlis une idée plus ingénieuse que juste. Dans le mot *Séoùáry*, ce savant croit reconnoître le nom de Sévere (Septime). Tout en refusant notre adhésion à une analogie qui nous

Hackl. pelgr., t. I, p. 199 et 284.

Leo Afric., p. 89, del *Ramus.*

Not: ad Ægyp. descr., p. 94-95.

---

(1) Parce qu'en effet elle étoit environnée, comme on va le voir, de quatre cents colonnes d'un module moins considérable.

Abulfarag.
p. 125, 149.
Eutych. Alex.
Annal.,
p. 372, etc.

Leo Afric. loco
citato; Villa-
mont, p. 480.
Bruyn., t. 1,
p. 480.
Sonini, t. 1.
p. 205.

paroît contraire au génie de la langue arabe , et à l'orthographe que les auteurs de cette langue ont généralement adoptée pour écrire le nom de cet empereur romain , nous sommes convaincus , d'après le style de cette colonne , d'après le silence de Strabon , qui n'en fait aucune mention (1) , que son érection , loin de dater du regne des Pharaons ou de celui des Ptolémées , comme certains voyageurs prétendent , ne peut remonter beaucoup au-delà du bas-empire (2). Nous parlons ici de son *érection* et non de sa *fabrication* , en adoptant la distinction établie par Norden , qui « croit cette colonne « égyptienne , et ensuite changée sous la forme qu'on lui voit aujourd'hui ». Cette distinction et cette conjecture se trouvent confirmées par les observations d'un artiste distingué de l'expédition

---

(1) Comment M. Michaëlis , si profondément versé dans les langues orientales , et sur-tout dans l'arabe , n'a-t-il pas fait attention que tous les mots latins terminés en *us* prennent en arabe un *oùdoù* et un *syn*, ou au moins cette derniere lettre ? Si le mot *séoùâry* est la représentation du génitif *Severi*, pourquoi l'*âlyf*, qui est redondant , et l'article qui est incompatible avec un nom propre ? Enfin la traduction de ce nom , donnée par Léon l'Africain , qui écrivit originairement en arabe et se traduisit en italien , ne peut laisser de doute. Par le mot *alberi* il faut entendre des mâts (de vaisseaux). Le mot *séoùâry* a aussi cette signification.

Castel. Lexic. On comparoit à des mâts les colonnes dont celle-ci étoit environnée. Ce mot
Heptagl., désigne aussi des colonnes.
p. 2619.

M. Reiske , *Bibliotheca critica*, p. 111 , croit devoir traduire ces mots *O'moùd el-Séoùâry* par *columna porticûs* (colonne du portique). Ce sens ne s'éloigne pas , comme on voit, de celui que j'ai adopté. Le même savant croit que cette colonne a été érigée par ordre de Vespasien , parcequ'un voyageur , Ed. Montaigue , prétend avoir trouvé une médaille de cet empereur au pied même de la colonne. — Je n'ignore pourtant pas les motifs de reconnoissance des Alexandrins envers Septime Sévere. A ceux que M. Michaëlis a cités d'après Spartianus , j'ajouterai que cet empereur éleva dans Alexandrie un temple nommé le temple des dieux (Panthéon). Vid. *Eutych. Alexandr. Annal.* p. 372. Au reste ce savant a lui-même reconnu son erreur dans son *Neue. oriental. Bibliot.*, T. II , p. 206.

(2) Le docteur Shaw (t. II , p. 22) observe , avec autant de justesse que de sagacité , qu'un pareil monument n'auroit point échappé à Strabon qui visita et décrivit si soigneusement tous ceux de la haute et basse Égypte.

d'Égypte, le cit. Norry, qui nous a donné une excellente description
de cette colonne et de l'aiguille de Cléopâtre, avec leurs dimensions
prises de la maniere la plus exacte. Le témoignage de ces deux
voyageurs nous laisse entrevoir une ombre de vérité au milieu des
fables que les auteurs arabes racontent touchant cette colonne : ils
prétendent « qu'elle a été taillée dans les carrieres (1) du Ssa'ïd, d'où
« les anciens Égyptiens tiroient les pierres de leurs nombreux et
« immenses édifices ». Ce fait paroît incontestable ; mais nous
sommes loin d'exiger la même confiance dans les détails qu'ils
ajoûtent. « Il en existoit originairement sept de la même dimension,
« qui servoient d'ornement à un palais immense, nommé *maison*
« *de la sagesse*, qui n'avoit pas son pareil sur la terre ». Ils en donnent la description et les dimensions avec des détails moins exacts
sans doute que minutieux. « Sept géants de la famille de A'âd ap-
« porterent chacun une de ces colonnes sous leurs bras, depuis
« le mont Bérym au midi d'Eçoûân jusqu'à Alexandrie ». Ici un
de mes auteurs fait une longue digression sur les géants, et tâche de
prouver leur existence, non seulement par le témoignage d'anciens
écrivains, mais encore par les squelettes trouvés dans des tombeaux, et par des descendants même de ces géants qui *existoient*
encore en 530 (1135-6) *dans le pays de Boulghâr*. Nous passons
également sous silence les tours de force qu'on attribue à ces derniers, et nous nous bornons à recueillir les renseignements authentiques que ces auteurs peuvent nous procurer sur l'objet de nos
recherches. Tous ceux que j'ai consultés s'accordent à nous représenter cette colonne environnée de plus de quatre cents autres de
la même pierre, mais moins considérables que celle-ci (2). A'bdel-

Mém. sur l'Égypte, p. 36 et 60.

A'bdellath. Maqryzy, Djélâl éd-dyn âl-Soyoûthy.

---

(1) Ces carrieres se trouvant dans le voisinage d'Eçoûân (Syène), les pierres qu'on
en tiroit porterent le nom de cette ville et s'appelerent *eçoûânyennes* (èçoûânyeh,
dont les Grecs ont fait συηνίτις). Méç'oudy atteste « avoir vu dans ces carrieres des
« colonnes taillées et sculptées, mais qui n'étoient pas encore détachées du massif
« même ; elles attendoient qu'on les en détachât ». Al-Maqryzy, *descript. de la
colonne él-Seoûâry*. Le même fait est attesté par différents voyageurs.

(2) Ce nombre ne doit pas être regardé comme une hyperbole orientale ; car il

Voyez t. II, p. 195.

« lathyf atteste en avoir vu les débris et les fûts rompus vers le tiers
« ou vers la moitié. On en attribue la destruction à Qaradjâ, gou-
« verneur d'Alexandrie, pour le sulthân Ssaláhh éd-dyn Yoùçouf ;
« (après l'an 1171 (1) de l'ere vulgaire) il fit jeter ces précieux
« débris sur le bord de la mer, afin de préserver la ville de l'in-
« cursion des flots, ou, suivant d'autres, pour empêcher les des-
« centes des ennemis. A'bdellathyf jugea par celles qui restoient en-
« core sur pied plus ou moins entieres qu'elles étoient destinées à
« soutenir un toit ou un plafond. La colonne Seoùáry (de Pompée)
« dépendoit particulièrement de l'académie fondée par Alexandre,
« où Aristote et ses disciples après lui enseignerent (2). Il y avoit
« là une bibliotheque que A'mroù fit brûler d'après le consentement

Voy. ci-dessus
p. 174.

« de O'mar ben-Al-khaththâb ». Elle étoit surmontée, je crois, d'une
statue colossale d'airain, placée sur un énorme stylobate, et qu'on
nommoit chéráhhyl ; elle regardoit la mer et avoit le doigt dirigé
vers Constantinople. Un receveur général des impositions d'Égypte,

---

est aisé de reconnoître ici les rues dans lesquelles Clitophon se promena. « Elles
Achilles-Ta-
tius, lib. V.
« étoient, dit-il, formées par des rangs de colonnes, tellement disposées qu'elles
« avoient une égale étendue quand on les regardoit obliquement ou en droite ligne. »
Aphthonius (*Progymn. descript. arcis Alex.*) donne une description absolument
semblable de cette colonnade.

(1) J'indique cette date, en supposant que ce Qaradjâ, dont je n'ai pu découvrir
le nom dans Bohâ éd-dyn, Aboùl-faradje, Aboùl-fedâ, etc., soit le même que
Qará-koùche, dont parlent ces historiens, et que Ssaláhh éd-dyn prit en effet
pour son lieutenant en l'année de l'hégyre 567 (1171-2); mais si ces deux noms
désignent deux personnages différents, Qaradjâ est incontestablement postérieur
à Qarâ-koùche, qui fut le premier lieutenant que Ssaláhh éd-dyn s'adjoignit en
Égypte au moment qu'il s'y établit en souverain.

(2) On reconnoît ici le gymnase, dont les galeries, suivant Strabon (liv. XVII,
p. 795., étoient élevées et soutenues sur des colonnes l'espace d'une stade : plus
de vingt salles de ce gymnase, ainsi que les colonnes qui séparoient et soutenoient
ces salles, subsistoient encore du temps de Benjamin de Tudele : les expressions
dont il se sert ne permettent guere de douter qu'il n'ait vu ces monuments. En
effet ils ne furent détruits, comme on vient de le voir, qu'après l'année 1171,
et peut-être même après la mort du voyageur hébreu arrivée en 1173. Voyez *Iti-
nerarium Benjaminis ex edit.* Lempereur, p. 121, *et Dissertatio ad lector.,*

Açâmeh ben-Zéïd (1), demanda au khalyfe él-Oüâlyd ben-A'bdoûl-mélik ben-Méroüán la permission de faire fondre cette statue pour en frapper une grande quantité de *fels*, petites pieces de billon.

Ebn-áyds, p. 46.

Les mêmes auteurs donnent les dimensions de cette colonne, mais avec des variations considérables, que j'attribue en grande partie à la différence des mesures employées par chacun d'eux, et surtout à l'inexactitude des copistes. Au reste on ne me saura pas mauvais gré de substituer ici le résultat des opérations aussi ingénieuses que justes et hardies du citoyen Norry, et de ses estimables compagnons de voyage.

Mém. sur l'Égypte, p. 62 et 63.

« La hauteur totale du monument est de quatre-vingt-huit pieds six pouces, qui se divisent ainsi ; piédestal dix pieds, base cinq pieds six pouces trois lignes, fût soixante-trois pieds un pouce trois lignes, chapiteau neuf pieds dix pouces six lignes ; diametre de la colonne dans la partie inférieure huit pieds quatre pouces, et sept pieds deux pouces huit lignes près l'astragale. Elle a éprouvé un tassement de huit pouces, auquel on attribue une profonde crevasse longue de quinze pieds dans la partie inférieure du fût. »

Muséum (T. I, p. 35, ligne antépénultieme), *et Obélisque de Cléopâtre* (p. 5.)

C'est à tort que notre voyageur place le *muséum dans l'endroit où est aujourd'hui le petit pharillon*, quoiqu'il y ait été *déterminé par*

---

pag. 41 ; *Saladini Vita ex editione arabico-latina Schultens.*, pag. 50 et 300 ; *Abulfarag. Hist. Dynastiar.*, p. 266. Voyez ci-après l'article du *tombeau d'Alexandre.* — S'il étoit permis d'invoquer quelquefois le témoignage de Paul Lucas , je dirois que ce voyageur indique très positivement cette colonnade dans son *Voyage de la basse Egypte*, t. II, p. 51, et paroît en avoir vu des restes assez considérables, qui subsistoient encore de son temps en 1714.

(1) Cet Açâmeh est le même qui construisit le nilometre de l'isle de Raoûdhah , comme on le verra à l'article des *nilometres.* Il n'est pas inutile de savoir que presque tous les souverains ou gouverneurs d'Égypte qui éleverent quelques grands monuments, avoient trouvé, en fouillant ou en détruisant les anciens, des secours pécuniaires que le pays n'auroit pu leur fournir.

ce qu'ont dit les soixante-dix interpretes. Je remarquerai d'abord avec Templeman qu'il y a certainement une faute typographique, et qu'il faut lire, *par ce qu'on dit des soixante-dix interpretes.* On sait que Justin le martyr assure avoir vu lui-même dans le phare les vestiges de leurs cellules qui subsistoient encore de son temps (1). En effet Ptolémée Philadelphe établit les savants juifs dans les appartements du phare (que Norden a confondu ici avec le petit pharillon); afin qu'ils fussent éloignés du tumulte de la ville, et des curieux capables de les distraire. On sait aussi que le muséum, au contraire, se trouvoit situé dans le quartier nommé *Bruchion*, le plus fréquenté, et conséquemment le plus bruyant de la ville, non loin de la bibliotheque, du théâtre, de la palestre, de l'amphithéâtre, du gymnasé, etc. ; car le Bruchion contenoit tous ces beaux monuments, de plus un grand nombre de temples et de bois sacrés. — J'ajouterai que, d'après la situation actuelle des obélisques dits *de Cléopâtre* ; j'ai tout lieu de croire qu'ils devoient être également compris dans ce magnifique quartier, auprès du *Sébastion* ou *Césarion : Et alii duo (obelisci)*, dit Pline, *sunt Alexandriæ ad portum, in Cæsaris templo.* — Ce sont les deux obélisques que A'bdellathyf dit « avoir vus sur le bord de la mer, « au milieu d'un grand nombre de bâtiments ; ils lui parurent plus « grands que les petits de A'ïn-Chems (Héliopolis), mais moindres « que les plus grands de cette même ville »: D'après ce passage il est assez naturel de conclure que ces deux obélisques étoient encore debout au commencement du treizieme siecle : l'un des deux est maintenant étendu sur le sable ; celui qui reste sur pied a été soigneusement mesuré par le cit. Norry, et en voici les dimensions données par cet artiste : « Cet obélisque étoit enterré de quatre metres quatre- « vingt-sept centimetres (quinze pieds) dans les sables, monument en « granit de vingt metres quarante-deux centimetre (soixante-trois « pieds) de hauteur, réédifié, ainsi que nous nous en sommes as-

Cohortat. ad Græc., p. 17.

Strab. lib. XVII.

Voy. ci-dessus, p. 170.
Lib. XXXVI, cap. XIV, p. 736.
P. 62.

----

(1) Vers l'an 130 de l'ere vulgaire, peu de temps avant que ce philosophe platonicien embrassât le christianisme, sous le regne de Hadrien. Voyez *Justini philos. et martyr. Oper. ex edit. Monach. S. Maur.* 1742, præfat. p. lxiij et lxiv.

« surés par les fouilles (dirigées par le cit. Coutel, chef de bri-
« gade), pour trouver le pavé antique ». Voyez p. 36 de la *relation
de l'Expédition d'Egypte* , etc. par le cit. Norry , *membre de la
société philotechnique, et l'un des architectes attachés à l'expédition d'Egypte.*

Tombeau d'Alexandre (**T. I** , p. 35 , lig. 20).

Le corps d'Alexandre fut d'abord déposé dans un cercueil d'or battu *Diodor. Sicul.,* lib. XVIII , p. 278 , *ed. Wessell.*
au marteau, rempli jusqu'à la moitié d'aromates propres à embaumer
et à conserver les corps; ce qui donne lieu de croire qu'il ne fut point
embaumé à la maniere des Égyptiens , comme l'assure Quinte-
Curce. Celui des lieutenants d'Alexandre à qui l'Égypte étoit échue *Lib. X, cap. X, p. 811-13. , edit. Snakenb.*
en partage, Ptolémée , obtint des Macédoniens , chargés de con-
duire le corps de leur souverain à Ægés , qu'ils le déposassent à
Memphis ; quelques années après , il fut transporté à Alexandrie
dans un magnifique monument , que les auteurs grecs nomment
σῆμα (et non σῶμα) sépulture. Ce fut en effet la sépulture *Strab.* , lib. XVII.
du conquérant macédonien et celle des rois d'Égypte. Le *Sima*
se trouvoit dans l'enceinte de leur palais , et conséquemment dans
ce magnifique quartier du Bruchion (voyez ci-dessus p. 170.), à peu
de distance de cette ville (c'est-à-dire de la citadelle), dont les rues ,
suivant Clitophon et Aphthonius , étoient formées par des rangs de
colonnes nombreuses et ingénieusement alignées (voyez pag. 182).
Cet appareil imposant , le nom du héros , et le respect plus que
religieux des anciens envers les morts , n'empécherent pas que ces
cendres ne fussent troublées par les mains profanes de l'avidité. Un
Ptolémée , surnommé Cybiosactes , chassé par Ptolémée Auletes
son pere , enleva le cercueil d'or et en substitua un de verre. Un
motif plus louable conduisit Auguste à ce même tombeau ; il en fit
retirer le corps d'Alexandre pour le contempler , le couvrit de fleurs
avec respect, et posa une couronne de laurier (1) sur cette tête, qui,

---

(1) J'adopte ici la restitution proposée par Bernecius , qui croit devoir lire
laurea (une couronne) de laurier au lieu d'*aurea*. Les empereurs, comme l'observe

suivant l'expression d'un poëte persan, « méditoit la conquête du « monde entier quand elle devint la pâture des vers ». Caracalla, qui affectoit d'avoir quelque ressemblance avec le héros macédonien dont il avoit même pris le nom, déposa sur son tombeau des vêtemens magnifiques, des bagues, un baudrier, et tous les bijoux qu'il avoit sur lui dans le moment.

Un sophiste romain, nommé Sévere, qui florissoit au milieu du cinquieme siecle, après avoir pour ainsi dire épuisé toutes les sciences divines et humaines, rassembla tous les livres contenant quelque secret qu'il pût se procurer, et les renferma dans le tombeau d'Alexandre, afin qu'on ne pût désormais ni voir le corps de ce prince ni lire les livres au milieu desquels il l'avoit pour ainsi dire enseveli.

Malgré les désastres multipliés qu'essuya la ville d'Alexandrie, ce monument conserva, même sous l'empire des musulmans, un reste de la vénération dont il jouissoit depuis une si longue suite de siecles. Il suffit que le nom d'Alexandre aux deux cornes se trouvât dans le qorân (1) pour que les musulmans se fissent un devoir d'aller en pelerinage au tombeau dont il s'agit et d'y déposer leurs offrandes, usage pieux qui subsistoit encore au seizieme siecle, du temps de Léon

---

très bien ce critique, ne portoient pas de couronne d'or, mais un diadême ou une couronne de laurier. Auguste aura pris la sienne ou celle qui se trouvoit sur les faisceaux qu'on portoit devant lui. Voyez *Sueton. in vit. Oct. Cæs. August.*, lib. II, cap. XVIII, p. 136-7, *ex edit. Græv.* 1703.

(1) Chap. XVIII, t. II, p. 48, trad. de Savary. Tous les commentateurs ne s'accordent pas à reconnoître *Iskender Roûmy*, Alexandre le Grec, dans *Iskender Dzoûl-Qarnéïn*, Alexandre aux deux cornes. Al-Maqryzy, dans sa *Description de l'Egypte*, a placé à la suite de l'Histoire d'Alexandrie, et de celle d'Alexandre fils de Philippe, un chapitre fort curieux sur la différence qui se trouve entre les deux Alexandre. Cet historien reconnoît en eux deux personnages absolument différens. « L'Alexandre aux deux cornes, dont parle le qorân, étoit un roi hhoméï- « ryte; les Hhoméïrytes sont des Arabes autochthones; ceux qui le confondent « avec Alexandre le Grec se trompent ». C'est au lecteur à juger entre le témoignage d'âl-Maqryzy et celui de Savary, ou plutôt de Maracci (*refut. in Coran., p.* 426); ces deux derniers penchent pour l'identité des deux personnages dont il s'agit.

l'Africain. Mais alors ce monument si magnifique n'étoit plus qu'une misérable petite chapelle (1) située au milieu des ruines immenses de cette ancienne ville. Depuis ce temps on en a perdu toutes les traces, au point que les habitants modernes n'en pourroient indiquer la place, et n'en ont pas même conservé la tradition :

> Le tombeau d'Alexandre, aujourd'hui renversé,
> Avec sa ville entiere a péri dispersé.   VOLTAIRE.

Le Calisch (lisez *Khalydje*), *ou canal qui conduit les eaux du Nil au Caire* (T. I, p. 70 et 80).

CE canal, situé à l'occident du Caire, hors de Fosthâth, date de la plus haute antiquité. Quoique maintenant il ne s'étende pas à plus d'une demi-lieue du Caire, il avoit autrefois son embouchure à Qolzoum, auprès de Suez, et servoit à joindre la Méditerranée à la mer rouge, ou plutôt à entretenir la navigation de l'une à l'autre mer en remontant le Nil jusqu'auprès de Fosthâth. L'existence, ou au moins l'entiere confection de ce canal, a été contestée même par plusieurs anciens écrivains ; mais je crois pouvoir l'établir sur des témoignages d'une authenticité bien reconnue. Je vais même en tracer une notice historique bien suivie depuis le commencement de l'islamisme jusqu'au milieu du second siecle de l'ere musulmane, époque où il fut irrévocablement comblé. Je passerai rapidement sur ce que les Arabes en racontent antérieurement à l'arrivée de A'mroù ben él-A'ss.

Mokhtassar él-A'djáïb d'àl- Maç'oùdy.

Ils en attribuent la fondation au septieme Pharaon, nommé Thoùthys, fils de Mâlyâ (2). Ce prince, pénétré d'admiration pour la

---

(1) M. Bruce se seroit sans doute dispensé de contester ce fait s'il l'eût vu énoncé formellement par un témoin oculaire et digne de foi, tel que Léon l'Africain ; mais il s'est borné à consulter Marmol, avec toute la méfiance que ce compilateur doit inspirer. Voyez Bruce, *Travels to discover the source of the Nile*, t. I, p. 13.

(2) Voyez l'article de *Thoùthys* dans le *Mokhtassar él-A'djáïb* (Abrégé des merveilles), par àl-Maç'oùdy, n.º 901 des manuscrits arabes de la bibliotheque

vertu de Sârah qui résista à toutes ses attaques , la renvoya comblée de présents auprès d'Abraham , et lui donna en outre une esclave qobthe de la plus rare beauté. Celle-ci plut au patriarche ; elle en eut un fils nommé Ismaël. La mere et l'enfant, devenus odieux à Sârah , se retirerent à la Mekke , où ils manquoient de tout , et principalement d'eau : leur misere fut connue du prince égyptien. Il fit creuser un canal depuis le Nil jusqu'à la mer de Qolzoum (la mer rouge) pour porter plus facilement des vivres en Hhedjâz. Je laisse au lecteur le soin d'apprécier la valeur de ces renseignements. Ils me semblent prouver seulement que la construction de ce canal se perd dans la nuit des temps ; c'est l'opinion qu'on peut avoir sur tous les monuments attribués aux Pharaons ou aux Kâhéns (les grands prêtres-rois) antérieurs encore à ceux-ci. Quoique la situation de ce canal au milieu d'un désert sablonneux exigeât de fréquentes réparations , mes auteurs ne parlent que des travaux faits par ordre de Hadrien la dix-huitieme année du regne de cet empereur (135 de l'ere vulgaire). L'eau circuloit encore dans ce canal à l'apparition de l'islamisme ; mais il étoit considérablement

Fara'oûn.

---

nationale. Cet ouvrage renferme un abrégé historique des anciens rois d'Égypte , particulièrement de ceux qui , suivant les traditions arabes , succéderent aux géants , sous le titre de *Kâhén* , et ensuite de *Fara'oûn.* En hébreu et en arabe , *Kâhén* désigne à-la-fois un prêtre et même un devin : c'est à eux que l'on attribue les innombrables et immenses édifices dont les ruines excitent encore aujourd'hui l'admiration des voyageurs. Tout en appréciant ces traditions à leur juste valeur, il me semble qu'on peut en conclure que la fondation du canal est antérieure à l'arrivée des Grecs en Égypte, et même aux temps historiques. Je ne dois pas omettre une circonstance peu importante en elle-même , mais qui peut contribuer à répandre quelque lumiere sur le débranchement des peuples , et principalement sur celui des religions. A l'époque dont il s'agit , les Kâhéns ou grands prêtres-rois d'Egypte se chargeoient de fournir les ornements de la Ka'bah à la Mekke. Ce temple étoit originairement consacré au culte des astres, et principalement à celui d'*Elât* (Vénus), ou plutôt la Lune. Mohhammed-Mohhsyn, *dans son Dâbistân*, observe que le nom de Mekkah (la Mekke) signifie en ancien persan (lieu du culte de la lune). Voyez mes *notes* sur le *Voyage de Thunberg*, t. I , p. vj et vij de la *préface du rédacteur*, édit. *in-4°.*

Castell. Lexic. Heptag.,
p. 1690-1691.

encombré par les sables, puisque A'mroù ben él-A'ss fut obligé de le faire nettoyer ; et voici à quelle occasion :

En 18 de l'hégire (639 de l'ere vulgaire) , année dans laquelle les fléaux de toute espece accablerent les habitants de l'Arabie , qui la nommerent avec trop de raison l'année de la mortalité , la plus affreuse disette désoloit la Mekke : le prince des fideles, O'mar ben âl-Khaththâb , imagina de tirer des subsistances des différents pays que les musulmans venoient de conquérir, principalement de la Syrie et de l'Égypte. Il reçut de la premiere province quatre mille charges de grains , que lui envoya son lieutenant Aboù O'béïd. Le convoi d'Égypte n'étoit pas moins considérable; pour en donner une idée imposante, les auteurs arabes prétendent que la premiere bête de somme entroit à Médyne lorsque la derniere n'étoit pas encore sortie de l'Égypte , et cependant elles marchoient à la file l'une de l'autre (1). Mais , au lieu de me borner à un simple récit, je vais présenter la traduction fidele de la correspondance qui eut lieu dans cette circonstance entre O'mar et son lieutenant A'mroù ben él-A'ss, le conquérant de l'Égypte.

Lettre de O'mar.

« De la part du serviteur de Dieu O'mar , prince des fideles, à
« A'mroù ben él-A'ss, salut sur toi. J'en jure par ma vie, ô A'mroù,
« tandis que toi et les tiens vous vivez dans l'abondance, vous ne
« vous embarrassez pas si moi et les miens nous périssons de
« faim : viens à notre secours , viens ; Dieu te le rendra. »

Al-Maqryzy, Description du canal de Messr.

Abulfed. Annal. Moslem. , an. 18.

Al-Maqryzy.

---

(1) Voyez la description du canal de Messr, par âl-Maqryzy, dans sa Description topographique et historique de l'Égypte, intitulée, *El-Moùd'edt él-I'ttibâr*, etc. ; par âl-Soyoùthy , dans son *Kitâd-Hhusn âl-Mohhadhèrat*, etc. (C'est une compilation historique sur l'Égypte), par *Ben-dyâs* , dans sa Cosmographie, intitulée , *Nechq él-Azhár* , etc. ; par *Chems éd-dyn* , dans son Histoire de l'Égypte et du Caire , etc. J'ai publié les textes originaux des passages que je viens de citer , et plusieurs autres relatifs au même objet, dans le sixieme volume des *Notices et extraits des manuscrits de la bibliotheque nationale*, p. 340-387, à la suite de ma notice sur la *Description de l'Egypte par âl-Maqryzy.*

Réponse de A'mroù.

« Je suis à toi, j'y suis ; je t'envoie un convoi de bêtes de somme,
« dont la première sera arrivée chez toi quand la derniere ne sera
« pas encore partie. J'espere en outre trouver un moyen de trans-
« port par mer. »

Chaque maison de Médyne eut une bête de somme avec sa charge
de comestibles ; voilà de quelle maniere Dieu rendit l'abondance à
la ville de son prophete. O'mar ne manqua pas de lui en rendre les
plus vives actions de graces ; il écrivit ensuite à A'mroù de venir le
trouver et d'amener avec lui quelques uns des principaux habitants
de l'Égypte. Ils s'empresserent de se rendre aux ordres du khalyfe,
qui eut avec son lieutenant l'entretien suivant :

« A'mroù, lui dit-il, les Arabes croient que je leur porte malheur ; tu
« sais qu'ils ont déja manqué de tuer mon cheval. De toutes mes pro-
« vinces dont Dieu puisse se servir pour soulager les habitants du
« Hhedjâz (l'Arabie pétrée), celle sur laquelle j'espere le plus
« c'est la tienne. Fais en sorte d'imaginer un moyen quelconque
« d'adoucir leur sort, jusqu'à ce que Dieu vienne lui-même à leur
« secours. —Que veux-tu ? prince des fideles, répondit A'mroù ;
« je sais qu'avant l'islamisme, des vaisseaux apportoient chez nous
« des marchandises de l'Égypte. Depuis que nous avons conquis ce
« pays, cette communication est interrompue, et le canal encombré
« au point que les marchands en ont abandonné la navigation. Veux-
« tu que je le fasse recreuser, afin d'y faire passer des provisions
« pour le Hhedjâz ? Je vais m'en occuper. — Eh bien, répondit
« O'mar, fais ce que tu dis, et concerte-toi avec ceux que tu as
« amenés. »

En quittant le prince des fideles, A'mroù alla trouver les grands
d'Égypte, qui étoient des Qobthes. Ils se récrierent en disant :
« Qu'as-tu proposé ? Que Dieu bénisse l'émyr ! Comment ! tu tire-
« rois toutes les provisions d'un pays qui t'appartient pour les porter
« dans le Hhedjâz, de maniere que tu ruinerois l'Égypte ! Fais donc
« en sorte d'exagérer les difficultés de cette entreprise, et dis-lui
« sans détour que cela ne se peut pas et ne sera pas, car nous ne

« connoissons aucun moyen d'exécution ». En donnant à A'mroù
son audience de congé, O'mar lui répéta : « Songe au canal, et n'ou-
« blie pas de le faire creuser. — Mais il est comblé, répliqua A'mroù,
« et il en coûteroit des sommes considérables pour le faire déblayer.
« — J'en jure par celui qui tient ma vie entre ses mains, s'écria
« O'mar ; je t'ai bien observé, A'mroù, toi, ainsi que tes compa-
« gnons, quand tu leur as communiqué mes ordres pour creuser le
« canal. Cela leur a déplu ; ils ont dit : *Une pareille opération pour-*
« *roit causer le plus grand tort aux habitants de l'Égypte. Fais*
« *en sorte d'en exagérer les difficultés aux yeux du prince des*
« *fideles, et dis-lui que cela n'est pas possible et que cela ne sera*
« *pas, car nous ne connoissons aucun moyen d'exécution* »
Frappé d'étonnement de ce que le khalyfe lui disoit, A'mroù répondit : « Par Dieu ! tu dis vrai, prince des fideles ; la chose s'est
« passée comme tu viens de le raconter. — Occupe-toi donc sérieu-
« sement, continua O'mar, d'exécuter mon projet, et avise aux
« moyens de manière que l'année ne se passe pas sans que tout soit
« terminé ; autrement je te chasserai par les oreilles, et j'enverrai
« quelqu'un qui l'exécutera. »

A'mroù confia la direction des travaux à un Qobthe, qui lui dit :
« Veux-tu que je te conduise dans un endroit où les vaisseaux pour-
« ront passer et se rendre à la Mekke et à Médyne, décharge-moi
« de l'impôt, ainsi que toute ma famille » · A'mroù y consentit, et
en écrivit à O'mar qui l'approuva. Le canal fut terminé en six mois,
et le septieme les vaisseaux purent y passer et porter les vivres nécessaires aux habitants de la Mekke et de Médyne. On le nomma
canal du prince des fideles.

Lorsque les vaisseaux arriverent dans le Hhedjâz, O'mar sortit
habillé en pélerin qui va faire le tour de la Ka'bah, et dit aux habitants : « Venez voir avec nous les vaisseaux que Dieu nous a envoyés
« du pays de Farâ'oùn, et qui sont arrivés par le fleuve d'él-Djâr (1) ». ^{Pharaon.}

---

(1) Suivant âl-Kebry, « él-Djâr est le rivage de la mer le plus voisin de Médyne.
C'est une ville remplie de palais et autres édifices : elle est très peuplée, et située

O'mar engagea ses compagnons à faire leurs ablutions avec l'eau de la mer, en leur disant qu'elle étoit de bon augure.

L'utilité de ce canal ne se bornoit pas à porter des subsistances aux habitants des deux villes sacrées. Les bâtiments chargés de ces vivres débarquoient leur cargaison à Qolzoum, où ils en prenoient une autre composée de différentes marchandises expédiées du Hhedjâz et autres lieux pour l'Égypte. Cela donnoit lieu à une espece de foire qui se tenoit à un temps fixe. En outre les pélerins venus par mer, et qui avoient abordé aux côtes de Tennys, s'embarquoient sur ce canal pour aller prendre de grands vaisseaux à Qolzoum. Il est fâcheux que nos auteurs ne nous indiquent point combien de journées ces pélerins employoient à se rendre de Tennys au canal ; nous aurions une idée du détour qu'il pouvoit faire, mais aucun ne décrit son cours (1) : ils nous apprennent seulement que, dans le temps de la crûe du Nil, il falloit cinq journées aux bâtiments de ce fleuve pour se rendre à Qolzoum.

A'bdoúl-A'zyz ben-Méroùân, étant gouverneur d'Égypte, bâtit un pont (2) sur ce canal en 69 (688-9), et l'on continua d'y naviguer

Ébn-Zoûláq, manusc. arab. 788.

Description de l'Arabie.

Description de l'Arabie, p. 308, édit. de Copenh.

sur le bord de la mer, au-delà de la ville du prophete. On y voit aborder des vaisseaux d'Égypte, d'Abyssinie, de Bahharéïn et de Chine. Une partie de la ville est située en terre ferme ; l'autre dans une isle ». Aboûlfedâ dit qu'ël-Djâr est le port de Médyne, à trois journées de cette ville. M. Niebuhr écrit « *el-Dsjár*, « ancrage, ville ou village peu loin du port. » Cet endroit se trouve placé au vingt-troisieme degré trente-six minutes de latitude sur la carte du même voyageur, intitulée *Mare rubrum, seu sinus arabicus delineatus à C. Niebuhr.*

Cité par âl-Maqryzy.

(1) « Ce canal, dit ébn-ël-Theoùyr, fut d'abord creusé sur le grand chemin qui conduit aujourd'hui au Caire, et il aboutit au fossé qui borde l'étang situé dans le verger connu sous le nom d'ébn-Kéïçân : il en reste encore des vestiges jusqu'à l'étang de Séïf éd-dyn-Hhosséïn Ssebar beny-Rizbek, et au verger d'ël-Mechtéhy. On voit encore sur ce chemin des vestiges du belvedere, d'où le khalyfe assistoit à l'ouverture du canal ; mais il ne reste absolument rien des maisons situées le long de ses bords, etc. » Je doute fort que ces indications qui remontent au-delà du quinzieme siecle puissent être maintenant de quelque utilité, tant les lieux ont changé.

(2) Un suivant âl-Kendy, cité par âl-Maqryzy dans la *description de ce canal*, et

jusqu'au temps de O'mar ben-A'bdoûl-A'zyz, vers l'an 101 de l'hégire
(716-20). Les gouverneurs d'Égypte ayant négligé de l'entretenir, les
navigateurs l'abandonnerent, et les sables l'encombrerent au point
que la communication se trouva entièrement interrompue; et, dès le
commencement du second siecle de l'hégire, ce canal se terminoit
à un endroit nommé *la queue du crocodile*, et situé dans le canton
des marais de Qolzoum. Une circonstance politique acheva ce que la
négligence avoit déja commencé. Un nommé Mohhamened ben-
A'bdoûllah, descendant de A'ly, voulut faire revivre les droits de
son aïeul, dont les descendants avoient été exclus du trône par les
Ommyades; il se fit un parti assez fort à Médyne. Le khalyfe alors
régnant, Aboû-Dja'far âl-Manssoûr donna aussitôt des ordres en
Égypte pour que l'on cessât d'envoyer des vivres aux habitants des
deux villes sacrées, bien persuadé « qu'ils rentreroient dans le de-
« voir, et se laisseroient conduire avec docilité dès qu'on leur cou-
« peroit les vivres de ce côté ». Afin de mieux intercepter les trans-
ports, il fit combler le canal. Cette opération, vraiment désastreuse
pour le commerce, eut lieu en 150 (767). L'histoire ne nous apprend
point que depuis cette époque aucun souverain ait fait des tentatives
pour déterrer ce beau monument et rétablir une communication
aussi importante. Quelques empereurs ottomans en ont témoigné
le desir. Nous savons par M. d'Anville que Sa'ïd Efendy, ambassa-

---

deux suivant âl-Soyoûthy, qui donne une description presque semblable de ce
même canal, divisée en deux parties, placées, l'une au commencement, l'autre
à la fin de son *Kétâb hhusn âl-mohhadhérat*, etc.

Ce même auteur ajoute que A'bdoûl A'zyz fit graver son nom sur ces deux ponts.
Ils furent réparés par les soins de Tekbyn, émyr d'Égypte, en 318 (930). En
331 (942-3) l'émyr êl-Akhchydy en répara un qui se trouvoit en face de l'enceinte
des sept piscines; c'étoit celui-là qu'on ouvroit du temps des khalyfes fâthimytes,
quand la crûe du Nil étoit parvenue au terme convenable (à seize coudées), et que
le khalyfe alloit en personne couper la digue. Mais le Nil ayant divagué, et les
immondices s'étant accumulées, on négligea d'entretenir ce pont, et l'on construisit celui de la digue auprès du fleuve. On doit ce dernier à êl-Melek êl-
Ssâlehh Ayoûb, en 640 (1242-3).

deur de la Porte auprès de la cour de France en 1740 , avoit été chargé par le sulthân O'tsmân d'examiner si la chose étoit praticable. Quelles furent les conclusions de Sa'ïd Efendy ? Nous les ignorons ; mais nous connoissons parfaitement celles du baron de Tott, chargé également d'examiner le même objet par le sulthân Mussthafa, « dont l'esprit, dit il, commençoit à s'éclairer, et qui auroit montré « à l'univers étonné l'exemple unique d'un monarque philosophe « assis sur le trône ottoman, s'il eût survécu aux malheureuses cir- « constances qui ont préparé la ruine inévitable de cet empire ».

Mém. sur les
Tart. et les
Turcs, t. II,
p. 269-271.

C'est en remplissant cette importante mission que notre habile ingénieur a découvert le radier sur lequel les écluses du canal étoient bâties. Il s'est convaincu en outre qu'un léger travail le rendroit navigable sans y employer même d'éclusés et sans menacer l'Égypte d'inondations. On sait que cette crainte avoit arrêté les ingénieurs de Darius, près de terminer ce canal ; la même considération avoit retenu Sésostris : il s'apperçut, dit Strabon, que le lit de la mer (rouge) étoit trop élevé. Ce géographe ne paroît point partager cette opinion ; il observe que les Ptolémées firent terminer ce canal et couper l'isthme sans que l'Égypte fût inondée. Ils pratiquerent des écluses que l'on fermoit à volonté, suivant que l'on vouloit aller vers la mer ou rentrer dans le Nil.

Mais le canal dont parlent Aristote , Diodore de Sicile , Pline , Strabon (1) , est-il le même que celui dont je viens de tracer l'his-

---

(1) *Hérodote*, livre II , chap. CLVIII , t. II , p. 132 , 489 et 502 de la traduction du cit. Larcher. Le canal dont parle le pere de l'histoire grecque partoit de la branche pélusiaque du Nil à Bubaste, et aboutissoit à l'extrémité de la mer rouge, auprès de Pathumos. Son embouchure étoit probablement la même que celle du canal de Meçr. Hérodote l'attribue à un roi d'Égypte nommé Necos, fils de Psamnitichus. Cent vingt mille hommes périrent en y travaillant, et il ne fut point achevé, parcequ'un oracle prédit au prince qu'il travailloit pour les barbares, c'est-à-dire pour les étrangers. Les Qobthes, comme on a pu le voir, alléguerent la même raison à A'mroù quand il les consulta sur le rétablissement de ce canal. — Suivant Aristote (*Meteorolog.* , *lib. I , cap. I , t. I , p.* 348 , *ex edit. Duval*), ce fut Sésostris qui commença un canal du Nil à la mer rouge :

toire d'après les auteurs arabes ? J'en doute , sur-tout d'après les dimensions rapportées par le géographe grec. Il étoit large de cent coudées (environ vingt-cinq toises). Le canal du prince des fideles a de quarante à cinquante pieds au plus de largeur ; sa longueur étoit de cent stades , que le cit. Ameilhon évalue à cinquante lieues. *Commerce des Egyptiens, p. 76.* Celui dont il s'agit ne devoit pas avoir plus de trente-cinq à quarante lieues (1). Sans pousser plus loin notre parallele, nous observerons que le canal indiqué par les auteurs grecs partoit , suivant *Huet, navig. des anciens, p. 355.* les uns , de Coptos, ville commerçante de la haute Égypte , et se rendoit au bourg blanc , port célebre sur la côte occidentale du golfe arabique ; les autres le tirent de la branche pélusiaque du Nil , et le conduisent à l'extrémité du golfe arabique (2) : peut-être se réunissoit-il avec celui dont parlent les Arabes , vers le lac amer. Au reste,

---

Darius voulut le continuer ; mais il l'abandonna, de peur que les eaux du Nil ne fussent gâtées par celles de la mer rouge. Le même fait est raconté par Diodore de Sicile (*Biblioth. historic.* , lib. I , §. XXXIII, t. I, p. 39, ex edit. Vesselling); par Pline (*Hist. natural.* , lib. LX, cap. XXX, t. II, p. 5o , ex edit. Hard.); et par Strabon (*Geograph.* , lib. XVII, pag. 804 , ex edit. Casaub. , et 115, ex edit. Janson) , avec de légeres différences. Le géographe grec ajoute que Darius , près de terminer cette belle entreprise , fut détourné par ses ingénieurs. qui lui représenterent que le lit de la mer rouge étant plus élevé que le sol de l'Égypte , cette derniere contrée seroit submergée si l'on coupoit l'isthme. Les Ptolémées , plus adroits ou mieux instruits , n'hésiterent pas. — Mais cette gloire appartient-elle bien certainement aux Ptolémées ? Je serois bien tenté de croire que , long-temps avant leur regne , l'eau circuloit dans ce canal, qu'ils auront peut-être fait nettoyer.

(1) En comptant les détours occasionnés par les montagnes; car du Caire à Suez il n'y a pas plus de trente lieues, d'après l'évaluation de plusieurs de mes amis qui ont eu occasion de faire souvent cette route.

(2) Auprès de Pathumos , d'Arsinoé ou Cleopatris , de Qolzoum et de Suez. Tels sont les noms des villes bâties successivement à l'embouchure de ce canal, dans le golfe arabique. Ces villes auront changé de nom en changeant de place. Ces changements , qui répandent un embarras effroyable dans la géographie ancienne de ce canton , prouvent les atterrissements qui , suivant l'excellente observation du cit. Gossellin , s'effectuerent sur les côtes de la mer rouge , de maniere *Recherches sur la Géogr. des anciens, t. II, p. 45, 188.* que cette mer perd chaque jour de sa largeur.

ces contradictions apparentes s'expliquent aisément, en supposant
qu'il a existé différents canaux de communication entre le Nil
et la mer rouge. De pareils travaux ne doivent pas étonner de la
part d'un peuple aussi industrieux et aussi laborieux que l'étoient
les anciens Égyptiens : l'immense commerce qui se faisoit soit à
Coptos, soit dans d'autres villes de la haute Égypte, lorsque la basse
n'étoit encore qu'un vaste lac ou qu'un marais inhabitable, a bien pu
suggérer l'idée de joindre le Nil à la mer rouge ; et les canaux de la
basse Égypte, comme la plupart de ses autres monuments, ne sont
peut-être que des imitations de ceux qui existoient bien antérieurement
dans le Ssa'id. J'aurai plus d'une occasion de développer cette idée, et
de l'appuyer même sur quelques preuves dans le cours de ces *notes*.
Je ne terminerai point celle-ci sans tracer une légere esquisse historique de la ville de Qolzoum, auprès de laquelle se terminoit le
canal lorsque les musulmans le recreuserent (1).

Al-Maqryzy,
description de
Qolzoum.

Cette ville étoit située sur le rivage de la mer d'Yemen (l'Arabie
heureuse), à l'extrémité de cette mer, du côté de l'Égypte ; on la

---

(1) J'observerai qu'Al-Maqryzy et plusieurs autres auteurs arabes placent Qolzoum sur le même site que Suez occupe maintenant ; mais, suivant Kalkacheudy,
Qolzoum se trouvoit au midi de Suez. Cette contradiction apparente a beaucoup
embarrassé Gagnier et d'Anville. Ce dernier même ne doute pas qu'il n'y ait
erreur de la part des Arabes ; mais ceux-ci ont trouvé un défenseur aussi savant
qu'ingénieux dans le cit. Gossellin. « Il est visible, dit-il, que ces auteurs parlent
« de deux villes différentes, et qu'il est question des deux Qolzoum d'Ebn-él-
« Ouârdy ; l'une, c'est-à-dire la moins ancienne, est celle dont les ruines existent
« près de Suez ; l'emplacement de l'autre nous est indiqué au pied d'une mon-
« tagne qui conserve encore le nom de Qolzoum, et que sa distance d'Héroopolis
« met en position correspondante avec la forteresse de Clysma dans Ptolémée.....
« C'est pour avoir confondu les deux Kolzoum que les géographes orientaux
« ont différé entre eux d'un degré sur la latitude de cette ville ». J'ajouterai que
l'existence des deux villes de Qolzoum se trouve constatée encor d'une maniere très
positive dans une compilation géographique en arabe, qui forme un des manuscrits les plus curieux de la collection de Saint-Germain-des-Prés. A l'article *Ardh*
Qolzoum (pays de Qolzoum) on lit : « Il y avoit deux grandes villes de ce nom
« qui ont été détruites depuis qu'elles ont passé sous la domination des Arabes ».

Recherches sur
la Géogr.,
t. II , p. 186.

N°. 396.

place parmi les nomes de cette dernière contrée , et la mer de
Qolzoum lui doit son nom (1). Entre cette ville et la capitale de l'É-
gypte, on compte trois journées de marche (2) ; l'emplacement
qu'elle occupoit se nomme maintenant Suez, vis-à-vis de A'djeroûd.
On n'y voyoit point d'arbres ni de champs cultivés ; l'eau qu'on y
buvoit étoit apportée de très loin.

Entre Qolzoum et Tarân il n'y a ni province ni ville : c'est une
plantation de palmiers , où viennent se reposer les pêcheurs de
Tarân , de Djébylân jusqu'à Eïleh. De Qolzoum à Eïleh on compte
six stations à travers un désert où il ne faut point s'engager sans
avoir fait provision d'eau.

Qolzoum étoit l'entrepôt de l'Égypte et de la Syrie , on pourroit
même ajouter de l'órient et de l'occident; car non seulement on y
faisoit des cargaisons pour les deux premieres contrées , ainsi que
pour l'Arabie , mais encore les marchands arrivés par mer à él-
Faramé faisoient transporter leurs marchandises sur les bêtes de
somme jusqu'à Qolzoum. On évalue à vingt-cinq farsangs (3) la
distance de ces deux villes. Ces mêmes marchands s'embarquoient
ensuite à Qolzoum pour se rendre à Djeddah, et de là ils passoient
dans le Sind, dans l'Inde, et à la Chine. C'est à ce concours non

---

(1) La mer rouge. Cette mer , suivant le témoignage des meilleurs auteurs *Al-Maqryzy ,*
arabes, avançoit considérablement dans l'Égypte, probablement jusqu'au *lac amer* *Ben-âyds*, etc.
qui pourroit bien lui devoir son existence , et voilà pourquoi le *rivage* occidental
de cette mer étoit placé parmi les nomes égyptiens. Les prodigieux atterrissements
causés par les sables qui rétrécissent cette mer viennent à l'appui du témoignage
des historiens que je cite. Il n'y a pas de doute que la basse Égypte en général ,
et même le désert qui la sépare de l'extrémité de la mer rouge, n'aient subi de
grands et prompts changements par les inondations annuelles du Nil qui exhaus-
sent le sol, par les alluvions de la Méditerranée qui ont produit différents lacs,
et par le mouvement rapide des sables qui étendent les déserts aux dépens des
mers et des pays cultivés.

(2) Vingt-huit ou trente lieues à travers un désert brûlant.

(3) Environ trente-huit lieues, en évaluant la farsang une lieue et demie ou
deux koss. Voyez mes notes sur le *Voyage à la Mekke par A'bdoûl-Kérym,
pélerin musulman* , pag. 19, 128, 129, 138.

3.   26

interrompu de négociants étrangers, et même de pélerins musulmans venus des états barbaresques par la Méditerranée, que Qolzoum dut sa population et ses richesses sur le sol le plus aride et le plus affreux qu'on puisse imaginer. L'époque de la fondaion de Qolzoum et celle de sa destruction nous sont également inconnues. Elle commençoit déja à décliner vers le dixieme siecle de l'ere vulgaire, puisqu'en 387 (997) le khalyfe Hhákem bâmr-Illah remit aux habitants de Qolzoum l'impôt qu'il percevoit sur les vaisseaux qui venoient mouiller dans leur port. C'est l'encombrement de ce port qui a causé la ruine de la ville, et cela n'a pu s'opérer qu'insensiblement et à la longue. Il n'est donc pas étonnant que les écrivains arabes n'aient pu saisir pour ainsi dire le moment où elle fut totalement abandonnée.

En nous apprenant que l'emplacement où se trouvoit, ou plutôt auprès duquel se trouvoit Qolzoum, se nomme maintenant Suez (âl-Soûys), ils ne nous indiquent pas l'époque de ce changement ni celle de la fondation de cette derniere ville.

Recherches sur la Géogr. des anciens, t. II, p. 86.

Article de la ville de Qolzoum.

Le cit. Gossellin conjecture avec beaucoup de justesse que Suez n'existoit pas encore en 1483, puisque Brëïtenbach, qui passoit alors auprès de l'endroit où elle est située, n'en fait aucune mention. J'ajouterai qu'âl-Maqryzy, dans sa Description topographique de l'Égypte, composée vers l'an 840 de l'hégire (1436); âl-Soyoùthy, dans son *Histoire de l'isle de Raoùdhah*, terminée en 895 (1489), et dans son *Histoire de l'Egypte et du Caire*, finie en 909 (1503-4), ainsi que Ben-âyâs, dans sa Cosmographie composée en 922 (1516), disent que l'*endroit* (*él-Méoùdh'i*) où le cánal d'Égypte aboutissoit se nommoit de leur temps *le Suez* (âl-Soùys). Si cet *endroit* eût attiré un certain nombre d'habitants, ils n'auroient pas manqué de nous l'apprendre, et de le désigner par les mots *Médyneh* (ville), ou *Boléïdeh* (bourg). J'invoquerai, à l'appui de ce raisonnement, le témoignage d'un ancien voyageur anonyme qui parcourut tout l'Orient au commencement du seizieme siecle (1), et qui dit que « Suez

---

(1) *Sommario di tutti li regni, città e populi orientali con li traffichi e mercantie che ivi si trovano, comminciando dal mare rosso fino alli populi della*

« n'est point un port, mais une plage peu habitée ; le sulthân avoit
« coutume d'y faire construire ses vaisseaux pour la navigation des
« Indes. Tout le pays est stérile et sans habitations ; il faut tirer des
« contrées voisines tous les vivres dont on a besoin : les joncs marins
« ne croissent pas même sur le rivage de la mer, qui est aride et
« hérissé de pointes de rochers, de maniere que les navigateurs
« prennent les plus grandes précautions. Il y a une garnison de cava-
« lerie : on trouve là des chameaux à deux bosses. Quelques Arabes
« chrétiens habitent ce pays ; certains d'entre eux sont circoncis à
« la maniere des Juifs, d'autres ne le sont pas. Les circoncis se nom-
« ment jacobites, les autres melkites ; ils font deux carêmes, etc. »
Ce passage est d'autant plus important que l'auteur paroît avoir eu
en vue de rectifier la relation d'Odoardo Barbosa, son compatriote
et son contemporain (1), ou plutôt d'y faire une espece de supplément, comme on va le voir par le passage dont je donne la traduction.

« En quittant le pays du Prête-Jean (l'Éthiopie) ..... on trouve.
« l'emplacement d'un port de mer (2) qui se nomme Suez ; c'est là que
« les Maures de Ziden (Djeddah) viennent débarquer les marchan-
« dises précieuses de l'Inde que l'on charge sur des chameaux pour

---

China, tradotta della lingua portughese, t. I, p. 359 delle navigationi e viagi
raccolti da Ramusio, édit. de 1554. Cette curieuse et utile notice a été composée par un gentilhomme portugais qui avoit parcouru tout l'Orient. Ayant lu la
relation da Barbosa, que je cite plus bas, il voulut décrire à sa maniere les
mêmes choses qu'il avoit aussi vues par lui-même. Tout me porte à croire que le
voyage dont il s'agit est antérieur à l'an 1519.

(1) Mort en 1519 dans le cours d'un voyage autour du monde, qu'il avoit entrepris après avoir parcouru tout l'Orient. Voyez *il discorso sopra il libro di
Odoardo Barbosa*, etc., t. I, p. 319 de la Collection de Ramusio. Il me seroit
aisé d'indiquer ici des inexactitudes et des omissions fort considérables que j'ai
remarquées dans l'*Histoire des découvertes des Portugais du P. Laffitau* à
l'époque dont il s'agit, mais il faudroit entamer des discussions étrangeres au sujet
dont nous nous occupons.

(2) *Una terra di porto di mare che ha nome Suez*, p. 323.

« les porter par terre au Caire ; de là à Alexandrie , où les Vénitiens
« et autres chrétiens viennent les chercher. Ce commerce est main-
« tenant détruit en grande partie, parceque les Portugais ont une
« flotte qui empêche les Maures de naviguer dans la mer rouge. Le
« grand sulthân , souverain du Caire, qui souffre de cela plus que
« tout autre , a fait construire une flotte dans le port de Suez , la-
« quelle a coûté des sommes prodigieuses , parcequ'il a fallu trans-
« porter par terre les bois, l'artillerie et tout ce qui étoit nécessaire....
« Cette flotte ayant été prise et brûlée en partie, les Maures, après
« d'autres défaites encore , perdirent la navigation de la mer rouge ,
« et l'on ne fait plus le commerce des épiceries dans le port de Suez.

« Auprès de ladite ville de Suez , continue notre voyageur dans
« le chapitre suivant, et toujours dans l'Arabie , au-dessus de la
« mer rouge (1) , est le mont Sinaï , etc. »

Malgré une légere contradiction apparente entre nos deux voyageurs , il résulte de leur récit que Suez n'étoit encore vers l'an 1520
qu'un port peu fréquenté , et n'avoit d'autres habitants que la garnison employée à le défendre, principalement contre les Portugais.
Ces intrépides navigateurs , voulant profiter des avantages que devoit
leur procurer la découverte qu'ils avoient faite d'une *nouvelle route
des Indes orientales* , ne négligeoient rien de ce qui pouvoit contribuer à changer l'ancienne direction du commerce des Indes. Le
*moyen le plus sûr de parvenir à ce but étoit de détruire la navigation
de la mer rouge* , et ils y réussirent. Le port de Suez , qui tiroit toute
son importance de la liberté de cette navigation , dut être long-temps
négligé. Ainsi l'existence de la ville même ne peut guere dater que
de la décadence de la puissance des Portugais dans l'Inde. Vers 1540
ce n'étoit encore qu'un village plutôt qu'une ville ; car Bélon la désigne indistinctement sous ces deux dénominations , et ne donne
pas une grande idée de son étendue. Il faut convenir que depuis

Observations,
p. 275 , 276.

---

(1) La fin de la mer rouge , dit-il, est au village du Suez , où il y a vn arcenal
pour les galeres du Turc, qu'on a tirées au sec en temps d'hyuer ; car la plage ou
port n'est pas bien seure à tous vents. *Observ.* , p. 276 , édit. de 1588.

elle n'a pas considérablement augmenté. Maintenant elle penche terriblement vers son déclin. Son port se comble chaque jour par les sables que les vents y amoncelent, et que les indolents habitants n'ont garde de déblayer ; enfin Suez, réléguée au milieu des terres ou plutôt des sables, ne tardera pas à éprouver le sort des villes auxquelles elle a succédé.

L'isle de Roùdhah (T. I, p. 81).

LES Arabes désignent cette isle comme la plus grande des quatre principales isles formées par le fleuve dans la basse Égypte. Les trois autres sont l'isle d'Or, celle de la tribu de Nasser, et celle de Qoubsnâ située entre Fosthâth et Alexandrie. L'isle de Roùdhah peut avoir une demi-lieue de long sur quelques centaines de pas de large : elle est célebre sur-tout par le nilometre situé à son extrémité méridionale en face de Fosthâth : c'est en outre la seule où les palmiers réussissent ; elle n'a pas son égale en beauté dans toute l'Égypte, et mérite son nom par les magnifiques plantations qu'elle renferme. On a déja vu que ce nom signifie *jardin.* L'orthographe grammaticale exigeroit qu'on écrivît *ál-Raoùdhah ;* mais j'ai cru devoir me conformer à la prononciation vulgaire, et adoptée par les voyageurs.

L'histoire de l'isle de Roùdhah ne remonte pas au-delà de l'invasion des musulmans. Le silence des auteurs grecs et latins qui ont visité ou décrit l'Égypte et, l'absence totale des traditions, prouvent assez que cette isle est de nouvelle formation aussi bien que l'isle d'Or (1),

Maqr. cité par Soyoùt, p. 9.

T. I, p. 81, note premiere.

---

(1) « L'isle d'Or est remarquable, dit M. d'Anville, en ce qu'elle peut faire re- « connoître pourquoi dans Diodore de Sicile il est parlé d'un champ voisin de « Memphis qui étoit appelé *Venus auréa* ». J'adopterois d'autant volontiers l'opi- nion de ce savant géographe, qu'elle est parfaitement conforme à mes idées sur les divagations du Nil ; mais je ne puis me dissimuler qu'elle paroît démentie par l'auteur même qu'il a consulté. J'ignore de quelle édition il s'est servi ; la meilleure, sans contredit, est celle de Wesselling, qui fait maintenant autorité parmi tous les savants. Cette édition porte *Momemphis* au lieu de *Memphis* (καὶ πεδίον εἶναι καλούμενον χρυσῆς Ἀφροδίτης περὶ τὴν ὀνομαζομένην Μώμεμφιν.) Le savant éditeur justifie dans une note la leçon qu'il a adoptée, et prouve très clairement qu'au

Mémoire sur l'Égypte, p. 131.

Diod. Sicul. ; lib. I, t. I, p. 109 et 110 ; cap. 62.

située un peu au-dessus de celle de Roùdhah. L'existence de ces
deux isles n'est pas la seule preuve que nous ayons des divagations
du Nil dans cette portion de l'Égypte; et, par une suite de cette irré-
gularité dans son cours, il ne tardera pas à les rendre aux campagnes
sur lesquelles il les a conquises. Depuis long-temps le bras de ce
fleuve qui sépare Roùdhah du côté de Fosthâth (le vieux Caire),
seroit comblé sans les travaux faits à différentes époques pour enlever
les sables et faciliter la circulation de l'eau ; mais rien ne nous autorise à penser que ce canal ait été originairement creusé par la main
des hommes , comme notre voyageur paroît le croire. Au reste,
cette question sera sans doute examinée et discutée par les savants
de l'expédition d'Égypte : pour moi, je me borne à donner , d'après
les auteurs arabes , une notice historique de l'isle de Roùdhah (1).

---

lieu de *Memphis* il faut lire *Momemphis*, ville célèbre en effet par le culte d'Athor
(Vénus), et dans laquelle on nourrissoit une vache blanche sacrée. On sera sans
doute étonné avec raison que M. d'Anville, qui publia son *Mémoire sur l'Egypte*
en 1766, n'ait pas au moins consulté l'édition dont nous parlons, qui parut en
1746. Il n'est pas moins surprenant que le même géographe dont on connoît la
grande exactitude se soit trompé sur la position de Momemphis, comme l'a très
bien remarqué le cit. Larcher. Cette ville n'étoit point placée près du lac Maréotis , mais « sur le bord ouest du bras sud-ouest du Nil, entre ce bras et le lac
« Maréotis, au sud d'Anthylle et d'Archandropolis ». C'est dans le voisinage de cette
ville que se trouvoit le champ de la Vénus d'or : peut-on supposer que ce champ
s'étendoit jusque sur le bord occidental du Nil; et cette conjecture ne doit-elle
pas donner une idée exagérée de son étendue à ceux qui connoissent la topogra-
phie de cette partie de l'Égypte? Si d'Anville a pu se tromper sur le nom de la ville
dont ce champ dépendoit et sur la position de cette ville , quel jugement doit-on
porter sur l'origine qu'il propose pour le nom de l'isle d'Or ?

(1) Histoire de l'isle de Raoùdhah , intitulée, *Kaoùkeb àl-Raoùdhah* (l'étoile
du jardin); par Djelâl éd-dyn àl-Soyoùthy , manusc. arab. , n° 651 de la bibliot.
nat., *in-fol.*, et 370 des manusc. orient. de Saint-Germain-des-Prés. Djelâl éd-dyn
nous apprend lui-même qu'il mit la dernière main à son ouvrage dans le mois de
djémâdy 1ᵉʳ suiv. le manusc. de Saint-Germain, djémâdy 2ᵉ suiv. le manusc. de
la bibliot. nat., de l'an 895 de l'hégire (1489-90). C'est au manusc. de la bibl. nat.
que se rapportent les pages indiquées dans mes citations. L'ouvrage commence
par l'invocation ordinaire, dans laquelle l'auteur remercie le Très-Haut de ce

Strab. Geogr.
p. 556.
Pant. Ægypt.
t. I, p. 27.

Hérod., t. VII,
*renfer. la table
géog. de l'Hist.
d'Hérodote* ,
p. 239 et 240.

En l'an 18 de l'hégire (639 de l'ere vulgaire) les musulmans, sous la conduite de A'mroù ben él-A'ss (1), s'étant emparés de Babylone (2), la garnison grecque, qui s'étoit retranchée dans la cita-

---

qu'il envoie du ciel l'eau qui vivifie la terre, qui en fait sortir une innombrable quantité de végétaux; de ce qu'il fait jaillir du jardin de sa miséricorde, en faveur des habitants de la terre, le Nil, le Djyhhoùn, le Syhhoùn et l'Euphrate; de ce qu'il a daigné accorder au Nil la suprématie sur tous les fleuves; enfin de ce qu'il a chargé son élu, son prophete; etc. d'apporter le salut aux hommes.

Al-Soyoùthy justifie ensuite le titre de son ouvrage; non seulement il a recueilli toutes les définitions que les grammairiens arabes ont données des deux mots *Kaoùkeb* et *Raoùdhah;* il rapporte aussi toutes les sentences du prophete, qui font allusion au mot *Raoùdhah;* il indique les lieux, les objets et les productions littéraires qui portent ce nom. Il arrive enfin à l'isle qui fait l'objet de ses recherches : si elles manquent absolument de critique, elles annoncent au moins une patience et une exactitude qui ne laissent rien à desirer. L'histoire de cette isle ne forme pas la moitié de l'ouvrage; le reste est consacré à des recherches sur les sources du Nil avec un plan informe de ces sources, à une *notice chronologique sur les inondations les plus remarquables de ce fleuve* depuis le commencement de l'islamisme jusqu'au temps de l'auteur. Il donne ensuite la *description des cérémonies qui se pratiquoient sous la dynastie des Fáthimytes, à l'occasion de l'ouverture de la digue, le jour de l'oùafá* (lorsque la crùe étoit montée à seize coudées). On y trouve aussi une *notice historique sur le canal de Messr*, vulgairement nommée *canal de Suez* (Voyez ci-dessus pag. 187). Hhádjy Khalfah et d'après lui d'Herbelot se sont trompés en indiquant cet ouvrage sous le titre de *Bulbul ál-Raoùdhah* (rossignol du jardin), sur lequel ils ne donnent d'ailleurs aucun détail.

P. 4 verso et suiv.

P. 7 et suiv.

(1) « L'armée que A'mroù conduisit en Egypte, et avec laquelle il fit la conquête « de ce royaume, ne se montoit qu'à douze mille hommes, dont quatre cents « *ssahhbah* ou compagnons du prophete; les autres étoient des *tabi'yn* (ses dis« ciples de la seconde classe ». Voyez le *Kaoùkeb ál-Raoùdhah*, par Djelál éddyn ál-Soyoùthy, p. 17 du manusc. de la bibliot. nat. auquel, comme je l'ai déja dit, se rapportent mes citations.

(2) *Báb él-Yoùn* (la porte d'él-Yoùn, le fondateur de la nation grecque). C'est ainsi que les auteurs arabes ont défiguré le nom de la Babylone égyptienne. Parmi les différentes opinions des auteurs grecs sur l'origine de cette ville, il seroit difficile de déterminer celle qui mérite quelque confiance. Ils s'accordent en général à lui donner pour fondateurs les Persans qui, après avoir fait la conquête de

delle située au midi de la ville, fut bientôt obligée de l'abandonner, et se réfugia dans l'isle de Roùdhah dont elle coupa ensuite le pont. C'est de là que le général grec Jean Méqoùqès, après avoir perdu beaucoup des siens tant Grecs que Qobthes, capitula avec A'mroù. La correspondance qui eut lieu entre les deux généraux, ainsi que les principaux articles de la capitulation, forment un précieux monument historique, qui contribueroit à répandre un nouveau jour sur l'importante révolution qui fit passer l'Égypte sous le joug des Arabes. J'aurai peut être occasion quelque jour de m'en occuper ; mais pour le moment ne perdons pas de vue l'isle de Roùdhah.

Dès que les musulmans s'en virent maîtres, leur premier soin fut de rétablir le pont que les Grecs avoient rompu : ce pont communiquoit de Babylone à la partie occidentale de l'isle même. Du côté opposé, un autre pont conduisoit à Djyzah ; chacun de ces deux ponts étoit porté par trente bateaux attachés l'un à l'autre, et sur lesquels on avoit couché des poutres très épaisses recouvertes de terre et d'une espece de chaussée. Ils avoient trois *qassabah* (1) de large. On établit en même temps dans cette isle un chantier pour la construction des bâtiments du Nil : ce chantier étoit en pleine activité dès l'an 54 de l'hégire (674) ; on continua d'y faire des constructions jusqu'au regne d'él-Ikhchyd. Des raisons politiques déterminerent ce prince à le faire transporter sur la rive opposée du côté de

---

l'Égypte, construisirent une forteresse sur la rive orientale du Nil, en face de Memphis, pour contenir les habitants de cette derniere ville, et même tous ceux de l'Égypte. Ce château se trouvoit auprès d'une ville que Flavius Joseph nomma *Leté* ou *Letouspolis*, et qui changea bientôt son nom en celui de Babylone. C'est sur les ruines de Babylone que A'mroù fonda, en 19 de l'hégire (640-1), la ville de Fosthâth, nommée aujourd'hui le vieux Caire. L'ancien château servit successivement aux Romains qui y entretenoient une garnison, aux empereurs grecs de Constantinople qui le consacroient aussi au même usage, et enfin à plusieurs souverains musulmans de l'Égypte qui y fixerent leur séjour. Il se nommoit le château de la bougie (*qassr él-chem'a*). On en voit encore des vestiges ; et les Turks ont construit une mosquée sur ses fondations. M. Fourmont y a même vu une ancienne colonne de nilometre.

Description des plaines d'Héliopol., p. 7 et 125.

(1) Environ trente-six pieds.

Fosthâth. Un jardin magnifique, nommé *él-mokhtár* (le préféré), y remplaça l'ancien chantier. Ces changements eurent lieu au mois de cha'bân 325 (937). Au reste ce même chantier, suivant la judicieuse remarque d'âl-Maqryzy (1), ne dut pas tarder à repasser dans l'isle, puisqu'en 516 (1122-3) le célebre vézyr âl-Mâmoùn él-Batâïhhy (2) le transféra pour la seconde fois à Fosthâth, et fit élever

---

(1) *Chapitre des chantiers*, *dans sa Description topographique de l'Egypte*. Cet historien est ébn Méïcer ; il est cité et copié lui-même par âl-Soyoùthy, p. 19, verso. Je passe sous silence les motifs qui déterminerent le vézyr âl-Mâmoùn à ordonner que les vaisseaux seroient construits dans le même chantier que les barques du Nil, sur le bord du fleuve à Fosthâth.

(2) Al-Mâmoùn él-Bethâïhhy est le même que Aboù A'bdoùllah Mohhammed ben él-émyr Noùr éd-Doùlah Aboù Chudjâ'a Fâtek ben él-émyr Mendje éd-Doùlah Aboùl-Hhaçan Mokhtar él-Mosstansséry , qui naquit en l'an 478 (1085), s'attacha au service de l'émyr él-Afdhâl ben-émyr él-Djoyoùch en l'an 501 (1107). Il ne tarda pas à gagner la bienveillance et la confiance du prince, au point d'être le dépositaire de ses secrets et de ses trésors; il fut promu à la dignité de *qâïd* ou magistrat suprême. Él-Afdhâl ayant été assassiné en l'an 515 (1121-2) son favori fut très bien reçu du khalyfe él-Amar Béhbakâm-âllah , qui s'en servit pour recueillir les dépouilles d'él-Afdhâl. La conduite d'ébn âl-Mâmoùn dans cette circonstance et le haut degré de faveur auquel il parvint le firent soupçonner d'avoir été le principal agent du khalyfe dans l'assassinat d'él-Afdhâl : cependant sa fortune s'accrut à un point inimaginable. Le khalyfe inventa pour lui des distinctions et des titres absolument nouveaux, et qui furent joints à plusieurs autres que l'on n'avoit jamais vus réunis sur une même tête. Les *parents du favori* participerent à sa fortune. Déja il avoit eu l'honneur, jusqu'alors inoui , de s'asseoir à la droite de son souverain ; il ne pouvoit plus former d'autre desir que de s'asseoir sur le trône même, lorsqu'on vint l'arrêter avec ses cinq freres et différentes personnes de ses amis et les gens de sa maison ; il fut pendu et crucifié , ainsi que ses freres , en l'an 522 (1128-9). On attribue cette chûte effroyable aux propositions qu'il avoit secrètement faites à l'émyr Dja'far ébn él-Mosta'ly, frere du khalyfe, de tuer ce dernier pour le placer sur le trône. On lui imputa encore d'autres projets criminels et très analogues à son ingratitude envers son premier maître et à son ambition insatiable. L'hôtel qu'il habitoit au Caire étoit situé dans la rue de la Chaîne, et fut changé en une école , qu'on nomma *Medréceh âl-Soyoùfyeh*. Voyez l'*Histoire*, *d'âl-Mâmoùn él-Batâïhhy* , *dans la Description topographique de l'Egypte*, par *âl-Maqryzy*.

3.   27

sur le local qu'il avoit occupé dans l'isle un pavillon qui subsista jusqu'à la fin de la dynastie des Fâthimytes, en 567 (1171).

L'isle de Roùdhah n'étoit pas exclusivement consacrée à la construction des vaisseaux ; différents particuliers y avoient des jardins délicieux, des plantations de palmiers célebres par le goût exquis de leurs fruits ; les dattes qui en provenoient étoient exclusivement réservées pour la table des souverains d'Égypte. Le charmant aspect que présentoit cette isle, la fraîcheur de l'air, et principalement la sûreté de sa situation, ne pouvoient manquer d'y attirer des habitants moins paisibles que les cultivateurs et les ouvriers.

En 263 (876-7), Ahhmed ben-Thoùloùn, qui gouvernoit l'Égypte au nom du khalyfe de Baghdâd (él-Mo'atémed Ala-âllah), ou plutôt qui y régnoit malgré ce foible souverain, ayant résolu de lever l'étendard de la révolte, fit construire dans l'isle de Roùdhah une forteresse pour la défense de Fosthâth, qui ne pouvoit être prise que du côté du fleuve, et pour y mettre en sûreté ses femmes et ses trésors ; ensuite il marcha contre Moùça ben-Boghaï, envoyé par le khalyfe pour lui succéder dans le gouvernement de l'Égypte ; mais cet officier, effrayé des forces qu'alloit lui opposer Ébn-Thoùloùn, s'arrêta à Raqqah, où il mourut, en 264 (877-8) : la forteresse de Roùdhah devint ensuite une maison de plaisance pour les princes Thoùloùnydes, et fut insensiblement détruite par les eaux du Nil.

Le chef de la dynastie qui leur succéda, l'émyr Mohhammed Ébn-Thefadje él-Ikhchyd, qui gouvernoit au nom du khalyfe él-Râdhy-bîllah, ayant transféré, comme nous l'avons déja vu, le chantier de cette isle à Fosthâth, fit planter dans l'emplacement de ce chantier un jardin magnifique, qu'il nomma *él-mokhtâr* (le préféré) ; il ne négligea rien pour rendre ce séjour aussi agréable qu'il étoit susceptible de le devenir. On évalue à 15000 dynârs (1) les

____

(1) Environ 225,000 fr., en évaluant le dynâr à 15 fr. pour terme moyen. La valeur de cette monnoie a beaucoup varié, comme on peut le voir dans le *traité des Monnoies musulmanes*, traduit de l'arabe par le cit. Silvestre de Sacy. Le nom de ce savant, aussi modeste que profond, suffit pour garantir l'exactitude de sa traduction.

dépenses qu'il y fit. Dix ans après, en 336 (947-8) le bras du Nil qui coule du côté de Fosthâth étant encombré par les sables au point que les hommes et les bêtes le passoient à sec, Kâfoûr él-Ikhchyd, qui s'occupoit de ce qui pouvoit contribuer à l'agrément de cette isle, donna des ordres pour déblayer ces sables; et bientôt l'eau qui s'étoit entièrement portée du côté de Djyzeh reprit le lit qu'elle avoit abandonné. Au reste, on peut juger du succès des soins d'él-Ikhchyd par la prédilection toute particuliere de ses successeurs pour cette maison de plaisance : elle fit même les délices de plusieurs khalyfes de la dynastie des Fâthimytes, tels que Mo'êz et él-A'zyz qui aimoient à y passer les instants qu'ils vouloient soustraire aux importuns de leur cour. L'exemple de ces princes attira dans l'isle beaucoup d'habitants : elle fut alors plus cultivée qu'elle ne l'avoit été jusqu'à cette époque; cependant on ne l'appeloit encore que l'isle, ou l'isle de Messr ou de Fosthâth. Ce fut sous le vézyrat de Châhân-Châh, surnommé él-Afdhál et fils du célebre Bedr él-Djemâly, qu'elle reçut le nom de *Raoûdhah* (ou *Jardin*). Ce prince avoit affectionné cette isle, et en avoit même acquis une portion assez considérable, qu'il avoit embellie avec soin, et où il se promenoit fréquemment. Il l'appeloit son jardin ; cette dénomination est restée à l'isle entiere : cependant le véritable Raoûdhah ne paroît pas avoir subsisté long-temps après la mort de Châhân-Châh, assassiné en l'an 515 (1121-2) (1). Le khalyfe él-Amar Behhakâm-Allah, que l'on soupçonne avec beaucoup de vraisemblance d'avoir été l'instigateur de ce crime, s'empara de toutes les propriétés du malheureux vézyr, de son trésor qui renfermoit plusieurs millions de pieces d'or, de ses pierreries, de ses chevaux et de ses armes : la maison de plaisance, située dans l'isle, en faisoit aussi partie; et si le khalyfe négligea de l'entretenir,

______

(1) Suivant les meilleurs manuscrits de l'ouvrage d'Al-Maqryzy ; quelques exemplaires portent 1511 ; mais c'est une erreur de copiste. La date que j'ai adoptée l'a été également par le savant Renaudot (*Histor. patriarch. Alexandrin.*), p. 495, et se trouve justifiée par le témoignage d'Aboùl-fedâ (*Annal. Moslemici*, t. III, p. 411, ex edit. arabic. lat. Clariss. Adler).

c'étoit pour lui en substituer une infiniment plus vaste et plus belle, et sur-tout plus analogue au goût de la personne qui devoit l'occuper. Ce prince avoit un penchant particulier pour les Arabes bédoùynes (1). Ayant appris qu'il y en avoit une célebre par sa beauté dans le Ssa'ïd, il y alla déguisé en Arabe bédoùyn, et après beaucoup de courses et de démarches il parvint à la voir. Sa passion en devint alors plus violente : de retour dans son palais, il envoya auprès des parents de la jeune fille un négociateur chargé de la demander en mariage pour le khalyfe. On imagine bien que la proposition ne fut pas rejetée. Arrivée auprès de son auguste époux environnée de toute la pompe des grandeurs, la jeune bédoùyne n'en sentit pas moins vivement la perte des jouissances, ou plutôt de la liberté à laquelle elle étoit accoutumée, et peut-être aussi l'absence d'un jeune Arabe de ses parents. Par condescendance pour cet amour de la liberté qui devoit lui paroître fort étrange dans une femme, le khalyfe fit bâtir dans l'isle de Roùdhah, sur le bord du Nil, auprès du Mokhtâr, une maison de plaisance d'une étendue et d'une magnificence étonnantes, et que l'on nomma *él-Hoùdedje* (2). Peut-être

(1) Ou les Éthiopiennes, suivant quelques manuscrits qui portent *Hhabechât* au lieu de *Bédoùyât*. Au reste cette leçon n'est pas démentie par la suite de l'histoire ; car les Arabes du Ssa'ïd (la haute Égypte), où le khalyfe alla chercher cette belle Arabe, ont beaucoup de la physionomie et presque la couleur des Éthiopiens.

(2) Le *hoùdedje* est une litiere dans laquelle les Arabes transportent leurs femmes quand ils changent de campement ; c'est une espece de caisse garnie de planches ou d'étoffe : elle est quelquefois découverte, ou surmontée d'une impériale, à laquelle pend un rideau pour cacher les femmes dans la marche. Le hoùdedje est porté par un chameau : ce nom convenoit assez bien à une demeure dans laquelle, malgré toute son étendue, notre jeune Arabe devoit se trouver aussi gênée que dans une litiere. L'histoire du hoùdedje, donnée par âl-Soyoùthy, p. 22-24, est tirée en grande partie de la description topographique de l'Égypte, par âl-Maqryzy, qui a aussi consacré un chapitre entier à décrire ce monument. Il faut convenir qu'âl-Soyoùthy a poussé ses recherches plus loin que celui-ci ; il a recueilli des anecdotes et des vers relatifs à ce monument. J'ai cependant tout lieu de croire qu'il s'est borné à faire un choix dans le résultat de ses recherches ; car,

ce nom fut-il imaginé par la jeune Bédoùyne qui, dans ce vaste palais,
se trouvoit aussi à l'étroit que dans ces litieres où les Arabes enferment
leurs femmes pour les transporter sur des chameaux quand ils changent de campement. Le khalyfe rendoit des visites si assidues à cette
belle captive que les bâthényens (1), qui avoient formé le complot
de l'assassiner, se mirent en embuscade dans un four situé à l'extrémité du pont du côté de l'isle ; ils fondirent sur lui au moment où
il passoit, et le poignarderent (2). Après sa mort le houdedje fut
abandonné, et vers le milieu du quinzieme siecle de l'ere vulgaire on n'en connoissoit plus l'emplacement. Les Arabes parlent
d'un autre endroit de la même isle nommé *él-Mochtehy* (qui ex-
cite les desirs). Les khalyfes de la dynastie des Fâthimytes alloient
y passer deux jours de la semaine, les samedi et mardi, pour
s'amuser et se reposer. On y distribuoit des aumônes en argent, en
comestibles, et même en friandises.

    La plupart des princes dont nous venons de parler n'avoient vu
dans l'isle de Roùdhah qu'un asyle charmant où ils venoient passer
les instants consacrés au repos ou au plaisir : ils ne possédoient en
outre qu'une portion de cette isle ; le reste étoit divisé en jardins,

Soyoùthy,
p. 23 verso.

---

suivant un auteur qu'il cite, les contes que l'on a faits sur la jeune Bédoùyne,
sur ébn-Mobâhh son cousin, et sur le khalyfe él-Amar Behhakâm Allah, sont
aussi nombreux que ceux d'él-Bathâl et des Mille et une nuits. On me permettra
de choisir encore dans son extrait les faits qui portent un caractere de vérité, et
qui peuvent contribuer à compléter cette notice historique. Je laisse à d'autres
le soin ou le plaisir de publier les négociations amoureuses du khalyfe et les
intrigues de la belle Arabe avec son jeune parent.

    (1) Les bâthényens étoient une secte hérétique de musulmans, partisans,
pour ne pas dire adorateurs de A'ly. On les nommoit aussi *nossaïrytes* ; c'est
sous ce nom qu'Aboùl-fedâ les désigne (*Annal. Moslem.*, t. II, p. 288). Les
écrivains des croisades les nomment *assassins*.

    (2) Le 4 de dzoùl-qa'dah 524 (1129-30). Ce khalyfe avoit régné vingt-neuf ans
cinq mois et quinze jours, suivant Aboùl-fedâ (*Annal. Moslem.*, t. III, p. 439).
M. Reiske, dans la note (317) p. 735, cite les opinions de plusieurs historiens
arabes qui different entre eux sur la durée du regne d'él-Amar Behhakâm-Allah.

en plantations de palmiers, et autres propriétés particulieres ; elle acquit dans la suite plus d'importance par les établissements qu'on y fit.

En l'an 566 (1170-1), él-Mélik él-Modtaffer Taqy éd-dyn O'mar (1) fit acquisition de cette isle avec l'argent du trésor public, et la garda jusqu'à ce que le sulthân Sselâhh éd-dyn Yoùçouf ben-Ayoùb envoyât en Égypte son fils él-Mélik él-A'zyz O'tsmân avec son oncle él-Mélik él-A'ádel, en ordonnant à él-Modtaffer de leur remettre le gouvernement de ce royaume, et de venir le joindre à Damas. Cet ordre lui causa la plus vive douleur ; et, en voyant arriver ses deux successeurs, il se douta qu'il falloit dire à l'Égypte un éternel adieu. Les propriétés territoriales qu'il possédoit dans ce pays furent consacrées à des œuvres pies. Il fit donation de l'isle de Roùdhah au collège *él-Taqoùyeh* (2), fondé par lui sur l'emplacement de l'hôtel *d'él-A'zz*, *Menázil él-A'zz* (3), et où l'on enseignoit la doctrine

---

(1) Le nom entier de ce prince est él-Melik él-Modtaffer (le roi victorieux) Taqy éd-dyn Aboù Sa'ïd O'mar ben-Nóùr éd-Doùlah Châhân-châh ébn-Nedjem éd-dyn Ayoùb ébn-Châdy ébn-Méroùân. Il étoit neveu du sulthân Sselâhh éd-dyn Yoùçouf ébn-Ayoùb ; il demeura au Caire jusqu'à ce que le sulthân son oncle le fît venir à Damas au mois de mohharrem 571 (juillet 1175). Il fut nommé gouverneur de Hhamâh. Après avoir secondé le sulthân dans différentes expéditions contre les croisés, il retourna au Caire, et fut sur le point de se révolter contre lui, parceque ce souverain avoit donné le gouvernement d'Egypte à son frere él-Mélik él-A'âdel ; mais ils se réconcilierent : enfin él-Mélik él-Modtaffer mourut dans le canton de Khilâth, ville d'Arménie, la nuit du vendredi, 9 du mois de ramadhân 587 (septembre 1191). On transporta son corps à Hhamâh, où il fut enterré dans une chapelle sépulcrale bâtie pour son fils él-Mélik él-Menssoùr Mohhammed. (*Maqryzy*, *Hist. du college de Ménâzél él-A'zz*).

(2) Du nom de ce fondateur qui s'appeloit Taqy éd-dyn, etc. Les mots *él-mélik él-modtaffer* qui précedent son nom sont des qualifications honorifiques. Ce même college se nommoit aussi le college de l'hôtel d'*él-A'zz*.

(3) Al-Soyoùthy (p. 25-27) n'a fait que transcrire, comme il lui arrive souvent, âl-Maqryzy ; et celui-ci est parfaitement d'accord avec Aboùl-fedâ (*Annal. Moslem.*, t. III, p. 633, ex edit. Adler.). Le savant Reiske observe avec raison, dans la note (448), p. 763, que Schultens *excerpta ex Abul-fedæ Annal. ad calcem*

de Chafé'y, chef de l'une des quatre sectes orthodoxes de la religion musulmane. Ce prince dota encore une autre école dans le Fayoùm, et alla rejoindre son oncle Sseláhh éd-dyn, qui lui donna le gouvernement de Hhamâh. Les choses resterent dans cet état jusqu'à ce que él-Mélik él-Ssálehh Nedjem éd-dyn Ayoùb, ayant été nommé gouverneur d'Égypte, proposa au principal du college Taqoùyéh, et conséquemment administrateur des biens de cet établissement, de louer l'isle en deux parties pendant soixante ans chacune. On sait que les donations faites aux mosquées ou aux écoles à titre de *oùaqf*, c'est-à-dire de dot ou de legs, ne peuvent plus être aliénées

---

vitæ Salad., p. 11, n'a pas entendu les mots *Ménâzél él-A'zz* en les traduisant par *œdes sedesque splendidæ*. M. Reiske traduit *œdes A'zizi chalifæ quondam Ægypti* comme s'il y avoit dans l'arabe *él-A'zyz* ; mais il convient, avec la candeur qui caractérise les vrais savants, qu'il n'est pas content de sa propre traduction, et qu'il ne comprend pas le sens du mot *él-A'zz*; il soupçonne que ce doit être un nom propre. Si notre illustre professeur avoit eu en sa disposition une aussi riche collection de manuscrits orientaux que celle qui fait partie des trésors de la bibliotheque nationale, je n'aurois point aujourd'hui la satisfaction de donner des éclaircissements qu'il auroit bien su découvrir par lui-même.

Dans la seconde partie de sa *Description topographique et historique de l'Egypte*, section des *colleges du Caire*, article du *college de Ménâzil él-A'zz*, âl-Maqryzy nous apprend que « ce college a été établi dans un édifice appartenant « aux khalyfes fàthimytes, et construit par la mere du khalyfe él-A'zyz-Billah ébn « él-Mo'ez, et qui se nommoit alors *Ménâzil él-A'zz* (la demeure de la famille « d'él-A'zyz); c'étoit une maison de plaisance pour les khalyfes fâthimytes : elle « donnoit sur le Nil. Parmi ceux qui y firent un séjour habituel on cite le khalyfe « Nâsser éd-Doùlah Hhocéïn ben-Hhamadân qui y resta jusqu'au moment de » son assassinat. Auprès de cette maison étoient les bains d'or et deux marchés qui « subsistoient encore du temps d'âl-Maqryzy.

« Lorsque le sulthân Sseláhh éd-dyn supplanta les fâthimytes, son neveu él-Mélik « él-Modtaffer Taqy éd-dyn s'installa dans l'hôtel *él-A'zz*, et y resta long-temps. « Il finit par l'acheter avec les deniers du trésor public, ainsi que les bains d'or et « les écuries qui en dépendoient. Il fit cette acquisition au mois de cha'bân 566 « (1170-1), et bâtit deux marchés au Caire dans le quartier des marins ; il fonda « aussi une espece de kâravânseráï auprès d'un de ces deux marchés, etc. »

par les administrateurs , ni confisquées par le souverain (1). Les titres de la donation dont il s'agit s'étant perdus dans la suite des temps , l'isle passa à d'autres colleges ou établissements pieux , dont l'énumération seroit aussi longue qu'insignifiante. L'histoire de la citadelle fondée dans cette isle par él-Mélik él-Ssâlehh Nedjem éd-dyn offre infiniment plus d'intérêt , et mérite de fixer notre attention.

Nous devons donner d'abord une idée des travaux préliminaires : le prince voulut s'assurer que l'eau circulât pendant toute l'année autour de cette isle. Il n'ignoroit pas que le bras de Fosthâth étoit sujet à s'encombrer , puisque l'eau même n'y couloit plus que dans le temps de la crûe : cependant il n'y avoit pas encore très long-temps que son aïeul él-Mélik él-Kâmel Mohhammed ben él-Mélik él-A'âdel Aboùbekr ben-Ayoùb (2) avoit fait recreuser ce canal, qui, malgré les travaux de Kâfoùr él-Ikhchydy, dès l'an 600 , s'encombroit au point qu'on pouvoit aller à pied depuis Fosthâth jusqu'au Méqyâs. El-Mélik él-Kâmel avoit consacré trois mois entiers, cha'bân, ramadhân et cheoùâl de l'an 628 de l'hégire (juin , juillet et août de l'an 1281) à faire enlever les sables et nettoyer le lit de la riviere, de maniere que l'eau y coulât et entrât dans le Méqyâs. El-Mélik él-Ssâléhh sentoit parfaitement combien tous les moyens employés jus-

_____

(1) Cet article important de la législation musulmane a été parfaitement traité par M. de Mouradges dans son *Tableau de l'empire ottoman* , t. II , p. 523-562 , édit. *in*-8°.

(2) Ce prince succéda, sur le trône d'Egypte, à son pere le sulthân él-Mélik él-A'âdel Séyf éd-dyn Aboùbekr Mohhammed ben-Ayoùb le jeudi 7 de djomâdy 2° de l'an 615 (31 août 1218). Il régna vingt ans et quarante-cinq jours, et mourut à Damas le mercredi 21 de redjeb de l'an 635 (mars 1238) : ses deux fils se disputerent l'empire ; le second , nommé él-Mélik él-A'âdel él-sulthân Séyf éd-dyn Aboùbekr , fut pris par les généraux de son frere en Egypte , et pendu, après un regne de deux années trois mois et neuf jours, le vendredi 8 de dzoùl qa'dah 637 (31 juillet 1240-1); l'autre lui succéda sans difficulté sous le nom d'él-Mélik él-Ssâlehh Nédjem éd-dyn Aboùl-fétahh Ayoùb , le dimanche 24 du même mois. Il commença par s'emparer des trésors de son frere , s'occupa de faire fleurir la basse Egypte, et poursuivit les Arabes de la haute. Il établit le corps des mamloùks, construisit pour eux le château de Roùdhah , où il transféra le siege de l'empire qui étoit

qu'à présent étoient insuffisants, et prévoyoit bien que les hommes
se lasseroient de retirer le sable du fleuve avant que le fleuve se
lassât d'en charrier. Il résolut donc d'opposer le Nil à lui-même,
et de l'obliger à déblayer son propre lit, en augmentant la force
du courant. Il ne trouva pas de meilleur moyen que de rétrécir le
bras qui passe du côté de Djyzah, au couchant de l'isle. On fit donc
le long du rivage des constructions en maçonnerie sur des radiers : le
lit du fleuve se trouva rétréci, et l'eau se porta insensiblement de
l'autre côté. En outre, ce prince ne manquoit pas tous les ans de
faire nettoyer cette branche du fleuve par ses soldats, et les encourageoit lui-même par son exemple.

Dès que le courant fut bien rétabli de ce côté, on s'occupa de reconstruire les deux ponts de bateauxde Fosthâth et de Djyzeh. Ces
ponts avoient été réparés par les Arabes à leur arrivée en Égypte, et
ensuite par le khalyfe âl-Mâmoùn, vers l'an 210 de l'hégire (825).
Djaùher, général d'él-Mo'ez lédyn, y avoit fait passer son armée en
venant d'Afrique, en 358, au mois de cha'bân (juin 969). Au mois
de redjeb 364 (mars 975), le khalyfe él-Mo'ez les avoit fait rétablir;
la culée du pont du côté de Fosthâth se trouvoit positivement dans
l'endroit où l'on bâtit dans la suite la mosquée Kharoùbyeh. La
politique ombrageuse, qui avoit suggéré à él-Mélik él-Ssâlehh l'idée

---

précédemment au château de la montagne au Caire : il fonda le collège qui porte
son nom (*Medrécéh Ssâlehhyéh*), situé entre les deux châteaux du Caire. Les
Francs, commandés par le roi de France (Louis IX), firent une descente à Damiette le 23 de ssefer 647 (7 juin 1249). Le sulthân, qui se trouvoit alors à Damas,
n'en fut pas plutôt instruit qu'il se mit en marche contre eux; mais il arriva malade à Achmoùm-Thénahh, et mourut sur le territoire de Manssoùrah, dans le
voisinage des Francs, le dimanche 14 de cha'bân 647 (22 novembre 1249). A dater
de la mort de son frere, son regne avoit été de neuf ans huit mois et vingt jours.
Ce précis est tiré de l'histoire de la dynastie des Kourdes en Egypte (*Dzikr men-
Malaka Massr min él-Akrâd*), insérée par âl-Maqryzy dans la seconde partie de
sa *Description topographique et historique de l'Egypte.* Comme les dates offrent
quelque différence entre celles qui se trouvent indiquées dans l'*Art de vérifier
les dates* (t. I, p. 487-9 de la troisieme édition), je les ai conférées sur les manuscrits les plus exacts de la bibliot. nat., tels que les n° 673 *a* 2, et 726.

3,   28

de construire une forteresse dans l'isle de Roùdhah le détermina à placer des especes de barricades à l'extrémité des deux ponts du côté de l'isle ; les hommes et les bêtes n'y pouvoient arriver que sur des bateaux. Quant aux grands qui venoient rendre leurs devoirs au souverain, l'entrée du pont leur étoit permise ; mais il falloit qu'ils descendissent de cheval en y entrant, et qu'ils le traversassent à pied. Le sulthân s'étoit exclusivement réservé le droit d'y passer à cheval.

Al-Soyoùthy d'après ál-Maqryzy, p. 31.

Ce fut enfin le 5 de cha'bân 638 de l'hégire (février 1241) que l'on fouilla pour faire les fondements de cet édifice célebre depuis, sous le nom de château du *Méqyás* (ou du nilometre), de *Raoùdhah* (ou du jardin), d'*él-Djézyreh* (ou de l'isle), ou d'*él-Ssálehhyeh* (d'él-Ssálehh). On posa la premiere pierre vers la fin de la troisieme heure du vendredi 16 du même mois de cha'bân : le 10 de dzoùl-qa'deh, deux mois après, on démollit les maisons, les châteaux et trente-trois mosquées situées dans l'isle. Les habitants furent expulsés de leurs demeures : on abattit une église appartenant aux chrétiens jacobites, et située dans le voisinage du Méqyâs ; l'emplacement qu'elle occupoit, ainsi que celui des mosquées, fut compris dans l'enceinte du château. Les jardins *él-Mokhtár* et *él-Hoùdedje* ne furent point épargnés : on abattit aussi plus de mille palmiers en plein rapport ; la destruction des mosquées ne s'effectua point sans exciter la mauvaise humeur du peuple, ou au moins des ministres du culte, comme on peut en juger par les miracles qui arriverent à cette occasion, et dont je fais grace à mes lecteurs. Ces pieuses supercheries n'arréterent point l'activité du sulthân. L'argent pris sur les Francs y fut prodigué au point que chaque brique revint, dit-on, à un dirhem (1), et chaque pierre à un dynâr (2). Dans l'enceinte des murailles on fit des plantations ; on construisit une mosquée, des maisons, des hôtels et soixante tours ou donjons. On tira des anciens monuments égyptiens des colonnes de pierre thébaïque et d'autre marbre pour l'orner. On n'oublia rien de ce qui pouvoit

Al-Soyoùthy d'après ál-Maqryzy, p. 27.

---

(1) Environ trois francs.
(2) Douze à quinze francs.

contribuer à sa sûreté tant en armes et autres munitions qu'en ap-
provisionnements de bouche ; car on savoit que les Francs projetoient
une invasion en Égypte.

Lorsque ce magnifique édifice fut terminé, le sulthân alla s'y établir avec toute sa maison et son hharem. Il y fixa le siege de son empire, et y entretint une garnison de mille mamloûks bahharytes (1).
Cette citadelle, à laquelle on avoit consacré des sommes si considérables, subit le sort commun à la plupart des monuments modernes
de l'Orient qui ne subsistent pas long-temps après les princes qui les
ont élevés.

A peine le sulthân él-Mo'ez él-Abyk le turkomân se vit-il affermi
sur le trône de l'Égypte, qu'il ordonna de démolir le château de
l'isle de Roùdhah, ainsi que les dèux ponts qui communiquoient à
Fosthâth et à Djyzeh. Une portion des marbres du château fut
employée à bâtir l'école qui porte le nom de ce prince (2) : le reste
des matériaux fut vendu, et l'on transféra ailleurs les mamloùks qui

---

(1) Ce fut él-Mélik él-Ssâlehh, qui, suivant âl-Maqryzy, cité par âl-Soyoùthy, Pag. 3o.
établit le corps des mamloûks bahharytes en Égypte ; et voici pourquoi : « Il n'étoit
pas encore monté sur le trône d'Égypte lorsque les Kourdes et tout le reste de son
armée, excepté les mamloûks, l'abandonnerent ; ceux-ci lui resterent inviolable-
ment attachés : il n'oublia pas cet acte de dévouement et de fidélité. Devenu souverain de l'Égypte, il acheta encore un grand nombre de mamloùks, de maniere
qu'ils composoient la plus forte partie de son armée : il fit arrêter ses anciens
officiers ; les mamloùks eurent toute sa confiance, et furent chargés de la garde
du palais. Il leur donna le surnom de *marins* (Bahharytes), parcequ'ils demeu-
roient avec lui dans la forteresse de Roùdhah, sur le bord du Nil, que les Arabes
nomment communément *âl-Bahhar*, la mer ». D'Hérbelot prétend « qu'ils furent *Bibl. orient.*,
« surnommés ainsi, parcequ'ils avoient leurs quartiers dans les principales villes p. 343.
« maritimes de l'Égypte ». On me permettra d'adopter l'opinion de mon auteur
favori préférablement à celle de notre savant orientaliste, qui ne cite d'ailleurs
aucune autorité. Je crois même que ce dernier n'avoit pas connoissance de
l'anecdote qu'on vient de lire sur les mamloùks, car il n'auroit pas manqué de
la rapporter, soit à l'article des *Mamloùks*, soit à l'article de *Roùdhah*, sur
laquelle il ne donne aucun détail.

(2) *El-Médrécéh él-Mo'ezyeh*. Elle fut fondée en 649 (1251-2).

étoient en garnison dans ce château. Cependant il y a tout lieu de croire que les fondations, et même une partie de l'édifice, furent épargnées; car, peu d'années après, vers l'an 664 (1265-6), le sulthân éd-dtâher Béïbérès, craignant une invasion de la part des croisés, résolut de relever la forteresse de Roùdhah. L'émyr Djémâl éd-dyn Moùça ben Ya'moùr fut chargé de cette importante opération : en peu de temps le château fut en état de recevoir une garnison, et le sulthân renouvela les défenses faites autrefois. Tandis que les architectes et leurs ouvriers travailloient à relever les ruines de cette forteresse, l'armée étoit employée à recreuser le bras du fleuve du côté de Fosthâth ; et le souverain encourageoit ses soldats par son exemple, car il mettoit lui-même la main à l'œuvre. Dès que l'eau eut repris son cours, les ponts de bateaux furent rétablis pour faciliter le passage des troupes. Malgré leur extrême utilité, ces deux ponts, faute d'entretien, ne tarderent pas à être détruits, au point qu'en 895 (1489-90) il n'en restoit plus de vestiges.

Al-Soyoùthy, p. 27 verso.

Lorsque le sulthân âl-Manssoùr Qalâoùn eut formé le projet de fonder l'hôpital (1), la chapelle (2) et l'école (3), qui portent son nom, il tira du château de Roùdhah une partie des matériaux dont il avoit

---

Al-Maqryzy, Descr. topogr. de l'Égypte, chapitre des Mâristâns.

(1) *Al-Mâristân él-Kébyr él-Manssoùry* (le grand hôpital d'Âl-Manssoùr). Il étoit situé entre les deux châteaux du Caire ; l'emplacement qu'il occupoit appartenoit originairement à Âl-Sitt âl-Mulk, fille d'él-A'zyz Billah-Nazâr ben él-Mo'ez lédyn Illah. Elle y fit construire une maison où huit cents filles étoient logées et nourries. Par un de ces abus d'autorité si fréquents parmi les monarques orientaux, él-Mélik âl-Manssoùr Qalâoùn transféra cet utile établissement dans une autre maison, et s'empara de celle-ci pour y bâtir l'hôpital, la chapelle et l'école qui portent son nom. Les fondations de l'hôpital furent commencées le 28 du mois de raby'i premier 682 ; et l'émyr A'lem éd-dyn Sandjar âl-Choudjâ'y, chargé de surveiller les travaux, les poussa avec une telle activité qu'en onze mois et quelques jours l'hôpital fut terminé. Il avoit quatre portiques : sous chaque portique étoit un jet-d'eau ; un canal circuloit tout à l'entour de la cour. Chaque espece de maladie avoit un local particulier ; les femmes étoient séparées des hommes : tout le monde y étoit admis. Il y eut des revenus affectés pour l'entretien de l'établissement, des malades, des médecins et la fourniture des remedes. L'acte de donation fut passé le mardi 23 ssefer 685 (mars 1286). On trouvera dans

besoin, tels que des colonnes de pierre thébaïque et de marbre provenant originairement d'anciens édifices égyptiens.

Les débris de ce château fournirent encore des colonnes de pierre thébaïque pour le pavillon que él-Mélik él-Nâsser Mohhammed, fils de Qalâoùn, fit construire auprès du château de la montagne, et que l'on nomme palais de la justice (*Dâr él-A'del*) ainsi que pour la nouvelle mosquée Nâssery, située hors de la ville de Fosthâth. Enfin on tira des matériaux de ce château jusqu'à ce qu'il fût entièrement rasé. Cependant âl-Maqryzy assure avoir vu une superbe arcade qui soutenoit la partie occidentale de cet édifice, laquelle étoit encore debout en 840 (1436), et que l'on nommoit vulgairement *l'arc* (âl-qoùs). Les fondations des donjons de ce château servirent aux particuliers qui construisirent des maisons le long du rivage du Nil. Bientôt on vit reparoître ces modestes habitations, ces jardins charmants, ces belles plantations de palmiers si utiles par les fruits délicieux et par la fraîcheur qu'elles procurent, ces mosquées et ces petites chapelles dont l'aspect est si pittoresque. Les puissants fondateurs des châteaux et des maisons de plaisance que nous venons de décrire en avoient envahi l'emplacement, ou chassé les propriétaires. Mais un monument non moins considérable que tous ceux dont nous

---

le *Voyage pittoresque de la Syrie*, *de la Phénicie*, etc. du cit. Cassas, une notice historique fort étendue sur cet hôpital, d'après les auteurs orientaux, principalement d'après âl-Maqryzy. *Septieme livraison.*

(2) *El-Qobbeh él-Manssoùryeh.* Les vexations exercées pour faire construire cette chapelle, ainsi que les deux établissements dont elle dépendoit, donnerent lieu à des discussions théologiques sur la légitimité des prieres qu'on y faisoit. Ces discussions qui nous ont été conservées par âl-Maqryzy sont trop étendues pour trouver place ici. Je me contenterai d'observer que l'on avoit inhumé dans cette chapelle él-Mélik âl-Maussoùr Séïf éd-dyn Qalâoùn, qui en étoit le fondateur; son fils él-Mélik él-Nâsser Mohhammed, et él-Mélik él-Ssâléhh A'mâd éd-dyn Ismâ'yl, fils de ce dernier. *Al-Maqryzy, Histoire des colleges.*

(3) *El-Medréceh âl-Manssoùryéh.* Il y avoit dans ce college quatre chaires de professeurs chargés d'enseigner les quatre doctrines orthodoxes de la religion musulmane; d'autres chaires pour expliquer les traditions et le qorân, et pour enseigner la médecine. (Al-Maqryzy, *chapitre des colleges*).

avons donné la description, et qui subsiste encore dans son intégrité,
c'est le *Méqyás* ou Nilometre, situé à l'extrémité méridionale de
Roùdhah. La vénération religieuse dont il jouit, non moins que
l'utilité dont il est, a contribué à sa conservation. Je me réserve
d'en donner une notice historique aussi étendue qu'il me sera possible dans l'article suivant. Je termine celui-ci, en observant que
les auteurs que j'ai consultés ne conduisent pas l'histoire de l'isle de
Roùdhah au-delà du milieu du quinzieme siecle de l'ere vulgaire.
Depuis cette époque, si l'on en juge d'après le témoignage des
voyageurs, elle a été de plus en plus négligée et abandonnée ; en un
mot, elle s'est ressentie, comme toute l'Égypte, du fanatisme des
musulmans et de l'atroce tyrannie des beys. Je laisse aux savants
de l'expédition le soin de faire connoître le triste état où ils auront
trouvé le *jardin* de l'Égypte.

Notice historique sur les Nilometres.

L'IMPÉNÉTRABLE obscurité qui enveloppe tous les anciens monuments de l'Égypte s'étend aussi sur ceux qui sont l'objet de ce mémoire. L'extrême utilité dont ils sont pour les habitants doit en faire
remonter l'invention aux temps les plus reculés, à des époques sur
lesquelles nous n'avons malheureusement que des traditions plus
qu'incertaines. D'après cette désespérante pénurie de matériaux, on
ne me blâmera pas au moins d'avoir recueilli avec soin et de présenter avec la méfiance qu'elles doivent inspirer les notions que
nous ont transmises les auteurs grecs, latins, et arabes. Malgré les
antiques liaisons de ces derniers avec les habitants de l'Égypte,
malgré la facilité qu'ils ont eue de consulter d'anciens livres qobthes,
aujourd'hui anéantis, je ne dois pas me dissimuler que leurs plus
anciens historiens ne sont pas antérieurs au huitieme siecle de l'ere
vulgaire : c'est au lecteur à apprécier l'authenticité des faits qui ont
précédé cette époque, et racontés par eux. Quant à moi, la tâche
que je me suis imposée me prescrivoit de n'omettre aucun détail
relatif à l'objet de mes recherches, et il me suffit de pouvoir garantir
la scrupuleuse fidélité de la traduction des différents passages arabes

que je cite. Un fait, un seul fait, digne de fixer l'attention du philosophe ou du savant sera pour moi une ample récompense des
recherches fastidieuses auxquelles il a fallu me livrer.

Si l'on en croit les Arabes (1), qui remontent, comme on va voir,
à une époque bien reculée, dès que la retraite des eaux et les atterrissements du Nil eurent laissé à découvert une portion du sol de
l'Égypte, les premiers habitants qui s'occuperent de défricher ce sol
encore vierge sentirent la nécessité de connoître la hauteur des crûes
du fleuve. Ils les observoient d'abord d'après la hauteur des terres
voisines ; ils employerent ensuite un plomb, ou plutôt une espece
de sonde faite avec un morceau de plomb attaché à l'extrémité d'un
cordeau : mais on ne tarda pas à s'appercevoir de l'insuffisance, et
sur-tout de l'inexactitude de ces procédés. L'esprit inventif des
Égyptiens s'évertua, et les nilometres proprement dits furent une
des premieres productions de leur industrie naissante : imparfaits
d'abord comme les arts qui les avoient produits, et dont ils suivirent
les progrès, ils consistoient en une simple regle sur laquelle étoit
tracée une échelle de divisions : on appliqua dans la suite ces
mêmes divisions sur les parois d'un puits creusé exprès, ou sur une
colonne octogone de marbre, placée, soit dans un puits, soit dans un
grand bassin où l'eau du Nil pénétroit par un canal. Cette colonne
est ordinairement divisée en vingt-deux coudées, subdivisées chacune en vingt-quatre portions égales, que l'on nomme *doigts*. Les
coudées qui peuvent se trouver au-dessus des vingt-deux premieres
contiennent vingt-huit doigts (2).

Telle est l'idée générale que l'un des auteurs arabes les plus exacts
donne des nilometres en général. Elle est pleinement justifiée par

Forme des
nilometres.

---

(1) Al-Maqryzy, *Description topographique de l'Égypte*, chap. des *Méqyás*
(ou nilometres). Al-Soyoùthy, *Hhusn él-mohhadherát*, etc. *beauté de la con-
versation touchant l'Histoire de l'Égypte et du Caire*, chapitre des nilometres,
n° DCV, DCCVII etc. des manuscrits arabes de la bibliotheque nationale.

(2) Al-Soyoùthy et d'autres Arabes affirment que, sur les nilometres du Ssa'ïd,
toutes les coudées indistinctement, depuis la premiere jusqu'à la derniere, sont
divisées en vingt-quatre doigts.

les descriptions des différents nilometres qui sont parvenus à ma connoissance. Les ténebres épaisses qui dérobent à nos regards la fondation de ces utiles monuments ne nous permettent pas de décider quel doit être le plus ancien ; mais , après avoir contracté l'engagement de rassembler jusqu'aux fables même débitées par les Arabes , il est de mon devoir de donner leur opinion sur cette importante question , qui n'en restera pas moins indécise. Ils attribuent le premier nilometre tantôt à Hhesslym et tantôt à Joseph ; ils le placent tantôt à Amsoùs et tantôt à Memphis. Je ne me permettrai point d'insister sur l'authenticité de ces assertions , mais j'essaierai au moins d'expliquer , d'après les idées généralement reçues parmi les écrivains arabes , et dont on est libre d'apprécier la justesse , une contradiction apparente qu'on pourroit ici leur reprocher.

En lisant leurs ouvrages avec attention, il est aisé de s'appercevoir qu'ils établissent une ligne de démarcation bien prononcée entre les monuments antérieurs et les monuments postérieurs au déluge. Il n'entre point dans le plan de mon travail d'insister sur l'idée qu'ils paroissent s'être formée de cette grande catastrophe, ni de discuter s'ils ne lui attribuent pas la même extension et les mêmes ravages dont la Bible et le Qorân offrent des descriptions si imposantes. Je me contenterai d'observer que , selon eux, presque tous les monuments de la haute Égypte, et quelques uns de la basse, tels que les pyramides, ont été épargnés. Ils attribuent même la fondation des principales villes du Ssa'ïd à une dynastie antédiluvienne , composée de dix-huit kâhens (1) ou grands prêtres-rois.

---

(1) Savoir , *Neqrâoùs* le géant , fils de Messraïm , fondateur de la ville d'Amsoùs , dans laquelle il construisit des monuments admirables. Il ordonna de faire, du côté de la Nubie , des travaux pour redresser le cours du Nil qui étoit partagé en deux branches par une montagne ; il remonta ce fleuve jusqu'à la montagne d'*él-Qomr* (des tourterelles), et plaça des statues auprès de sa source. Quand il mourut, on enferma de grands trésors dans son cercueil. *Noqârès*, son fils, lui succéda : il voyagea jusqu'à l'Océan. — Il eut pour successeur son frere *Messrâm*, fils de Néqrâoùs, qui a donné son nom à Messr (l'Égypte). — Quand celui-ci mourut, son lieutenant *A'iqâm* monta sur le trône ; les Égyptiens raçontent de

ce dernier des choses étonnantes. Il voyagea aussi jusqu'à l'Océan ; il prévit le déluge, et bâtit au-delà de la ligne équinoxiale une forteresse au pied de la moutagne d'él-Qomr, où il plaça quatre-vingt-cinq figures de bronze, par les bouches desquelles le Nil sortoit. A'iqâm revint à Amsoùs. — Il remit la couronne à son fils *A'ryâq*. — Celui-ci eut pour successeur *Loùdjym*, fils de Néqrâoùs. Parmi les nombreux monuments qu'il éleva, on cite quatre tours situées aux quatre coins de la ville d'Amsoùs : sur chaque tour étoit placée la représentation d'un corbeau dont on raconte des choses merveilleuses. Ces tours subsisterent jusqu'à la destruction d'Amsoùs par le déluge. — *Khasslym*, qui lui succéda, fit construire dans la ville d'Amsoùs un méqyâs, dont la description fait partie du texte de ce mémoire. — Après sa mort son fils, nommé *Ssâl*, monta sur le trône : son nom signifie *adorateur de l'étoile de Vénus* (*Zohrah*); on le nomme aussi *Soùmâl*. Il eut vingt fils, entre lesquels il partagea son royaume. — Ceux-ci, après avoir gouverné leurs états respectifs pendant sept années, se réunirent, et se donnerent pour chef un d'entre eux nommé *Berdchân* ou *Bedreçân*. — Celui-ci laissa en mourant l'autorité suprême à son frere *Semroùd* ou *Chemroùd*, le géant, qui fut poignardé par *Toùmydoùn*, fils de Bedreçân. — *Toùmydoùn* régna cent ans. — Son fils *Chéryâq* lui succéda, et fit creuser des canaux tirés du Nil pour abreuver les habitants des villes occidentales de l'Égypte. On raconte que, sous son regne, un prince de la tribu de Qorâch ou de Seth, tous deux fils d'Adam, partit de l'I'râq, conquit la Syrie, et forma le projet de s'emparer de l'Egypte. Sés favoris eurent beau lui représenter le danger d'attaquer une nation aussi habile que les Egyptiens dans la magie et dans les enchantements, cet ambitieux ne les écouta point, et périt dans cette entreprise avec la plus grande partie de son armée. Ceux qui furent épargnés allerent publier ce qu'ils avoient vu, et leurs récits détournerent les rois qui avoient pu former quelques projets contre l'Egypte. — Chéryâq, ayant régné cent trente ans, mourut ; l'empire passa entre les mains de *Sahloùq* son fils : c'est le premier adorateur du Feu, auquel il éleva un temple d'après une révélation dont je fais grace à mes lecteurs. — *Soùryd*, son fils, lui succéda. Ce prince établit les impôts en Égypte, consacra des fonds pour les malades et les infirmes. Parmi les objets merveilleux dont on lui attribue l'invention on cite un miroir de métaux mêlés ou d'airain, avec lequel on découvroit dans les pays éloignés : il plaça ce miroir au milieu de la ville d'Amsoùs. Al-Maqryzy rapporte plusieurs particularités merveilleuses sur ce miroir, qu'il a tirées, dit-il, des livres qobthes. Soùryd fonda aussi les deux grandes pyramides qu'on attribue à Chédâd, fils de A'âd : il fut enterré dans la plus grande. On place sa mort trois cents ans avant le déluge : il régna cent quatre-vingt-seize ans. — Il laissa l'empire à *Herdjyb* son fils. — Celui-ci s'occupa de l'exploitation des mines, de l'étude de la chymie, et construisit les pyramides de Dahchoùr, dans une desquelles il fut enterré. — Son

La capitale de leur empire se nommoit Amsoùs (1) ; elle avoit été bâtie par le premier souverain, nommé Neqrâoùs, qui amena dans soixante-dix bâtiments une colonie en Égypte. Les grands prêtres-rois, ses successeurs, rivaliserent entre eux pour l'embellissement d'une ville où ils faisoient leur séjour habituel. Parmi les nombreux monuments dont ils l'ornerent, et dont les auteurs arabes nous donnent des descriptions aussi romanesques qu'exagérées, nous nous bornerons à citer le nilometre bâti par Hhesslym (2), sixieme succes-

---

fils, *Ménaoùs* ou *Menqâoùs*, qui n'étoit pas moins savant que ses prédécesseurs dans la magie et l'art des talismans, avoit aussi un goût déterminé pour la guerre : il alla attaquer plusieurs nations de l'Occident sur lesquelles il remporta de grands avantages. — *Aqroùs*, son fils et son successeur, doué de dispositions plus justes et plus pacifiques, rendit à leurs époux les femmes enlevées par son pere. Il mourut regretté de ses sujets. — *Armâïnoùs*, son fils, hérita du trône d'Egypte, et fut empoisonné par une de ses femmes qui entretenoit une intrigue amoureuse avec le général de ses armées, nommé *Fér'ân*. — Ce *Fér'ân*, fils de *Mechehoùr*, et cousin d'Armâïnoùs, à qui il succéda, est le dernier roi de la dynastie antédiluvienne; car c'est sous son regne qu'arriva le déluge qui submergea l'Egypte, et qui avoit été prévu dès le temps de Soùryd. Il se réfugia auprès de Noé avec toute sa famille, et entra dans l'arche.

Cette notice des rois d'Egypte antédiluviens, tout abrégée qu'elle est, peut servir à rectifier en beaucoup d'endroits celle que le P. Kircher a insérée dans son *OEdipus AEgyptiacus*, et sur laquelle je ne me permettrai qu'une seule observation. Il nomme le dernier roi de cette dynastie *Pharaun-Abnama* (Faraoùn, *filius Amæ*). Je suis surpris de ce que ce savant n'ait pas lu *Far'ântbn-A'mmihi* (Fara'ân, fils de son oncle), c'est-à-dire cousin du roi précédent. Quant au mot *Pharaun*, c'est sans doute une faute d'impression; il faut lire *Phar'ân*, à cause du *a'ïn*.

T. II, p. 66-70.

(1) Il est étonnant que le P. Kircher se soit contenté de nommer, d'après un auteur arabe, le fondateur de la ville d'Amsoùs, et qu'il n'ait fait aucune attention à cette ville antédiluvienne. Peut-être ses recherches auront-elles été infructueuses, comme on peut le croire d'après le petit nombre d'auteurs arabes qu'il a consultés sur l'Égypte. Il est fâcheux que ce savant ait manqué de secours : avec le talent qu'on lui connoît pour les conjectures, on peut imaginer quel parti il auroit tiré des détails que j'ai recueillis sur Amsoùs.

OEdipus ægyptiacus, t. I, p. 72.

(2) Khasslym, suivant quelques manuscrits.

seur de Neqrâoùs, personnage recommandable par ses talents et sa
science. Ayant conçu le projet de construire une mesure au moyen Nilometre d'Amsoùs.
de laquelle on pût connoître la crûe du Nil, il réunit des savants et
des géometres qui éleverent sur la rive du Nil un édifice en marbre,
au milieu duquel se trouvoit un bassin d'airain qui contenoit un
certain volume d'eau ; sur les bords de ce bassin étoient placés deux
aigles d'airain, l'un mâle et l'autre femelle.

Dès les premiers jours du mois où le Nil commence à croître, on
ouvroit la porte de l'édifice ; les prêtres s'y rassembloient, et ne parloient qu'à demi-voix en attendant que l'un des aigles se mît à chan-
ter : quand le mâle chantoit, on pouvoit compter sur une crûe
pleine et abondante ; mais quand c'étoit la femelle, on ne pouvoit
attendre qu'une crûe insuffisante : dès lors on s'occupoit à mettre
des grains en réserve pour la disette dont on étoit menacé. Quoique
ces deux aigles n'offrent rien de plus extraordinaire que la statue
vocale de Memnon, qui résonnoit encore dans le cours du second
siecle de l'ere vulgaire, il faut convenir que leur histoire a toute la
physionomie d'un conte arabe (1) qui prouve seulement l'idée extraordinaire que les Orientaux se sont faite de la science des Égyptiens. On sait en outre que les Qobthes modernes prétendent
avoir hérité de leurs ancêtres le talent de prévoir, dès les commen-
cements de la crûe, à quelle hauteur elle doit monter. Ils poussent
l'impudence jusqu'à s'attribuer une certaine influence sur ce phéno-
mene périodique ; et les crédules musulmans se sont rendus tributaires de ces audacieux jongleurs, dignes successeurs de leurs ancêtres.

Ce même Hhesslym fit, dit-on, construire un pont sur le Nil dans
la Nubie ; et, d'après les expressions d'àl-Maqryzy, je serois assez
disposé à croire que de son temps les vestiges de ce pont subsistoient
encore, ou au moins qu'on en connoissoit encore l'emplacement.
Au reste, il nous suffit de savoir qu'il étoit situé dans le pays de

----

(1) Cette fable se trouve aussi dans l'*OEdipus ægyptiacus* de Kircher, t. I,
p. 80.

A'loùah (1), qui faisoit partie de la Nubie, pour être certain que le nilometre dont il s'agit devoit se trouver bien au-delà des cataractes.

Quant au nilometre de Memphis, il est postérieur au déluge et à la plupart des monuments de la haute Égypte : ainsi on en trouvera la description à la place que cette ville doit occuper, suivant l'ordre géographique que je crois devoir suivre dans ce mémoire, au défaut d'ordre chronologique. Mais, comme je l'ai déja remarqué, les habitants n'ayant pu construire qu'autant que la retraite plus ou moins lente des eaux laissoit le terrain à sec, on peut juger de l'antériorité respective des villes et des édifices par leur distance de la mer ; et ici la chronologie doit être d'accord avec la géographie.

Quoiqu'on ne puisse douter que la ville d'Amsoùs ne se trouvât au-delà de la première cataracte (2) dans le pays de A'loùah, ne pouvant déterminer précisément sa position, j'ai cru devoir mettre pour ainsi dire hors de ligne la description de son nilometre, et je passe en-deçà des cataractes, où lé premier nilometre que je trouve est celui d'Éléphantine (3), décrit par Strabon, et reconnu dernièrement par nos savants de l'expédition d'Égypte. En attendant qu'ils s'occupent de nous en donner une description exacte, je vais traduire celle qui se trouve dans le géographe grec que je viens de citer.

NILOMETRE d'Eléphantine.

« L'isle d'Éléphantine renferme une ville où se trouvent un temple

---

Al-Maqryzy.

(1) « On prétend que l'on mesuroit le Nil dans le pays de A'loùah jusqu'à l'é-« poque de la construction du nilometre de Memphis.

(2) « Le pays de A'loùah (qu'il ne faut pas confondre avec *ál-Oùdhh* ou « *l'Oasis*) est situé au-dessus des cataractes, dans la Nubie, non loin des confins « de l'Abyssinie. Le principal canton de ce pays se nomme *ál-Aboùdb*; il est

Al-Maqryzy, description de l'Egypte.

« situé sur le bord oriental du Nil, qui se divise là en sept branches ». On trouvera de plus amples détails sur le pays de A'loùah dans les Mémoires que je prépare sur le cours du Nil.

Je ne terminerai point cette note sans observer que le mot *A'loùah* indique un endroit élevé ; c'est probablement dans le même sens qu'on a désigné la haute Égypte sous le nom de *Ssa'yd*, qui désigne un endroit où il faut monter.

(3) Nommée aujourd'hui *Djézyréh Eçoùán*. (isle de Syéné).

« dédié à Cnuphis, et un nilometre semblable à celui de Memphis. *Strab. Geogr. lib. XVII, p. 817 et 1172.*

« Ce nilometre consiste en un puits creusé sur les bords du Nil,

« et construit en pierres noires : il sert à indiquer les grandes, *Aristid. orat. Ægypt. II, p. 261.*

« moyennes, et petites crûes du Nil, parceque l'eau monte et baisse

« dans ce puits comme dans le fleuve ; sur les parois sont gravées

« différentes marques au moyen desquelles on connoît la hauteur

« des crûes. Certaines gens prétendent connoître au premier coup-

« d'œil quelle sera la hauteur de l'inondation , et la prédisent même

« long-temps d'avance d'après des indices qui leur sont connus. »

Le texte de Strabon est trop précis pour avoir besoin de commentaire : nous ne nous permettrons qu'une seule réflexion ; le temple auprès duquel ou plutôt dans l'enceinte duquel se trouvoit le nilometre , étoit dédié à Cnuphis ou Cneph. Cette seconde personne de la trinité égyptienne avoit, comme l'a très bien observé le cit. Dupuis, plusieurs rapports avec Sérapis. Son nom, qui signifie en qobthe *Jabl. panth. I, p. 87, 91. Orig. des cult. II, p. 180,1,2.* bon génie ou bon esprit, a été traduit en grec par ἀγαθὸς δαίμων, nom qu'on donnoit aussi au bœuf Apis. Nous aurons occasion , à la fin de cette notice, d'indiquer les rapports de Sérapis et d'Apis avec les nilometres en général.

Presque en face d'Éléphantine , sur la rive droite du Nil, à trois *Nilometre de Syéné.* lieues environ de la cataracte, se trouve l'ancienne ville de Syéné , nommée aujourd'hui Éçoûân , où il y avoit un nilometre semblable *Hél. æthiop IX, p. 445, ex edit. Boudelot.* à celui de Memphis, suivant Héliodore, et conséquemment à celui d'Éléphantine. « C'étoit, dit cet auteur, une espece de puits revêtu

« en pierres de Syéné , bien polies , et sur lesquelles on avoit gravé

« des lignes à la distance d'une coudée les unes des autres. L'eau

« du fleuve entroit dans ce puits par un canal souterrain. Les diffé-

« rentes lignes de l'échelle, baignées ou laissées à découvert par

« l'eau , indiquoient aux habitants la quantité de la crûe ou de la

« diminution du Nil. »

Ce nilometre , comme on le voit par le témoignage d'Héliodore, subsistoit encore à la fin du quatrieme siecle de l'ere vulgaire ; et vers la fin du septieme siecle il étoit tellement ruiné, que A'mroù ben él-A'ss, qui ne fit certainement que le restaurer , passe parmi les Arabes pour en être le fondateur. Les changements qu'il fit sur l'échelle des mesures, d'après l'ordre de O'mar ben âl-Khaththâb, et que nous aurons occasion de rapporter bientôt, déposent encore en faveur de l'antériorité de ce nilomètre et de ceux de Denderah et de Hhélouân, que les mêmes écrivains arabes attribuent aussi au vainqueur de l'Égypte; ainsi, malgré l'estime toute particuliere que j'ai pour âl-Maqryzy, je ne puis m'empêcher de l'accuser d'avoir manqué dans cette circonstance à son exactitude ordinaire; il eût bien mieux mérité de ses lecteurs, en leur peignant l'état de ces monuments à l'époque où les musulmans firent la conquête de l'Égypte.

Quoiqu'aucun monument historique ne m'autorise à placer un nilometre dans l'ancienne Hermonthis, aujourd'hui Arment (1), on ne peut guere douter de son existence à l'inspection des ruines de cette ville. Le beau bassin de quarante pieds de long sur trente pieds de large, en pierres de taille, et au milieu duquel il y a une colonne de marbre dont il ne reste plus que la moitié sur pied, offre une identité frappante avec les autres nilometres. On sait en outre que l'ancien temple d'Hermonthis étoit consacré au bœuf *Onuphis*. La figure de ce dieu se distingue encore parmi les sculptures qui couvrent les ruines de cette ville. Le taureau constituoit un des principaux symboles du Nil et de l'abondance que ce fleuve procure à l'Égypte : le nom d'*Onuphi* signifie *bon*, et lui donne encore plus de conformité avec le *Cnuphi* d'Éléphantine et l'*Api* de Memphis, deux divinités absolument semblables, qui présidoient chacune à un nilometre.

Malgré les probabilités et même le monument qui me portent à croire qu'il a dû exister un nilometre à Arment, je dois me contenter de soumettre cette conjecture à la critique des savants avec la même méfiance que j'ai témoignée quand il s'est agi de déterminer l'u-

---

(1) On l'appelle aussi en arabe *Beled-Mouçá*, pays de Moïse, parceque les Égyptiens croient que c'est la ville natale de Moïse. Il y a encore un temple souterrain. Vansleb, *relation d'Égypte*, p. 407.

NILOMETRE d'Arment.

Granger, *Voyage en Égypte*, p. 71.

Pocock's, *Observat. on Égypt.*, t. I, p. 11.

Panth. ægypt. I, p. 99-100, II, 270-274.

sage auquel pouvoit être consacrée la statue vocale de Memnon à
Thebes (1), aujourd'hui Aqssor : la partie supérieure de cette statue
colossale dont on ne reconnoîtroit plus les débris sans les inscriptions
qui en couvrent encore les jambes, me paroît avoir servi de gnômon,
et le stylobate de nilometre. Il est inutile de répéter ici les détails sur
lesquels je me suis peut-être trop appesanti dans ma dissertation
sur cette statue, pour démontrer au moins la probabilité de ma
conjecture. Si quelque savant ou artiste de l'expédition d'Égypte
prend la peine de vérifier ce fait, quel que soit le résultat de ses recherches, je me féliciterai toujours de les avoir provoquées.

Il ne seroit pas inutile non plus de s'assurer de l'existence de ce
vaste bassin rempli d'eau saumâtre, et que le P. Portaïs et Granger (2) attestent avoir vu au milieu des ruines de Thebes.

Quant au double usage que j'attribue à la statue de Memnon, il
étoit commun à quelques uns des puits à nilometres. Celui de Syéné,
par exemple, indiquoit le solstice d'été : cet usage est attesté par
Strabon et Eustathe. Suivant ces deux écrivains, lorsque le soleil
se trouvoit dans le signe du cancer au plus haut point de sa décli-
naison vers le nord, on ne voyoit à midi aucune ombre portée dans
ce puits, qui étoit alors également éclairé de toutes parts.

Quoique je manque des secours nécessaires pour déterminer l'é-
poque de la fondation du nilometre de Qoùs, je ne puis adopter
l'opinion de Soyoùthy, qui l'attribue à Ahhmed ben-Thoùloùn. Ce
prince ne fit probablement que le restaurer.

---

(1) Voyez ma *Dissertation sur la statue vocale de Memnon*, t. II, p. 254,
255, 256 de cette édition du *Voyage de Norden*.

(2) Voyez Vansleb, *nouvelle relation de l'Egypte*, p. 400 ; Granger, *Voyage
en Egypte*, p. 60. Ce dernier donne à ce bassin cent cinquante pieds de diametre.
Il n'est pas inutile d'observer, au sujet de ce voyageur, que les savants les plus
distingués de l'expédition d'Egypte, tels que les citoyens Denon, Ripault, etc.
qui ont visité les monuments et les lieux décrits par lui, ont été frappés de son
exactitude et de sa véracité. Tous s'accordent à dire que Granger ne jouit pas à
beaucoup près de toute l'estime qui lui est due. Plusieurs voyageurs anglais rendent
le même témoignage à Bernier, dont l'ouvrage sur l'Inde est presque oublié parmi
ses compatriotes.

Travels in Afric. Ægyp. and Syria, p. 131.

Qoùs , que M. Browne place à un mille est du Nil , est encore au- jourd'hui une ville assez considérable , et les ruines dispersées dans les environs à une assez grande distance suppléent au silence de l'histoire. C'est probablement parmi ces ruines que le prince dont nous venons de parler retrouva le nilometre, qu'il fit réédifier, mais dont on a tort de lui attribuer la fondation. En voici mes preuves.

A l'époque où furent élevés et habités les innombrables édifices dont les ruines excitent encore l'étonnement des voyageurs , le monument dont il s'agit étoit d'une utilité plus grande que sous le regne du prince musulman auquel on l'attribue; car, quoique les historiens arabes placent la ruine de Qoùs sous le regne d'él-Mélik él-Nâsser Mohhammed ben-Qalàoùn, en 776 de l'hégire (1374-6), cependant, en 806 (1403-4), elle étoit encore peuplée au point que la famine et la peste y détruisirent dix-sept mille habitants; mais il y avoit déja long-temps que les ruines de l'ancienne ville qui environnent la ville musulmane étoient dans l'état où on les voit encore aujourd'hui : peut-être étoient-elles plus considérables, parceque les musulmans n'avoient pas encore été y chercher comme dans une carriere des colonnes et autres matériaux nécessaires aux mosquées et autres édifices publics qu'ils veulent ériger.

Je regrette bien de n'avoir pu me procurer quelques détails sur les nilometres qui existoient à Qefth , à Dendérah et à Ekhmym.

Nilometre de Qefth.

Orat. ægypt. II, p. 361.

Nous ne connoissons celui de Qefth (l'ancienne Coptos) que par Aristide : suivant ce rhéteur, pour que l'inondation fût complete et avantageuse, l'eau devoit y monter à vingt-une coudées. Je suis étonné que les auteurs arabes, qui décrivent très soigneusement les nombreux édifices et les sculptures de Qefth, ne fassent pas mention d'un nilometre qui devoit subsister encore dans le cours du second siecle de l'ere vulgaire, et peut-être plus tard.

Maqryzy, hist. de Qefth.

Nilometre de Denderah.

Le nilometre de Denderah est, comme je l'ai déja observé, un de ceux dont on attribue la fondation à A'mroù ben él-A'ss. On se rappelle quels motifs m'ont déterminé à lui contester cette gloire, sans pouvoir désigner cependant à qui elle appartient : mais que ce conquérant en ait été le restaurateur ou le fondateur , l'existence du nilometre n'en est pas moins incontestable, malgré le silence des auteurs arabes et des voyageurs européens : c'est donc pour nos compatriotes de l'Egypte une recherche aussi certaine qu'intéressante. Des sables protecteurs auront caché ce précieux monument, ainsi que bien d'autres, aux yeux des profanes musulmans. Une observation bien essentielle dans le cas où les recherches seroient couronnées du succès qu'on a tout lieu d'attendre, c'est de s'assurer si A'mroù a fait sur l'échelle de divisions de celui-ci les changements prescrits par O'mar pour le nilometre de Hholoùân, et que nous rapporterons plus bas.

Le nilometre d'Ekhmym est attribué par les Arabes à une reine d'Égypte, célebre par l'étendue de ses connoissances, la sagesse de son administration, et les nombreux monuments dont elle orna les villes de son empire, Daloùkah, fille de Zebâ, laquelle succéda au Pharaon qui fut submergé en poursuivant les Israélites.

La même reine fit aussi construire un autre nilometre à Enssenâ. Voici la description qu'en a donnée âl-Maqryzy à l'article de cette ancienne ville du Ssa'ïd.

« Parmi les nombreuses merveilles de cette ville on distinguoit
« une grande place pour les fêtes et les jeux (une espece de cirque),
« où étoit un nilometre bâti par Daloùkah, reine d'Égypte. Cette
« place avoit la forme d'un manteau persan ; à l'entour régnoit une
« rangée de colonnes égales au nombre des jours de l'année solaire,
« d'un marbre rouge très dur et à la distance d'un pas les unes des
« autres. Cette arene recevoit l'eau du Nil à l'époque de la crûe par
« le moyen d'un canal. Quand l'eau étoit parvenue au point néces-
« saire pour arroser suffisamment toutes les terres d'Égypte, le
« roi s'asseyoit sur un trône qu'on lui avoit élevé exprès ; ses cour-
« tisans montoient sur le haut des colonnes dont nous venons de
« parler, et de là ils comparoient les crûes passées avec celle ac-
« tuelle ; ensuite ils se mettoient à courir sur le sommet de cette
« colonnade en sens contraire, jusqu'à ce qu'ils tombassent dans le
« cirque qui étoit rempli d'eau ». Dans le *chapitre des Nilometres*,

3.   30

Nilometre d'Ekhmym.

Maqryzy, Histoire des nilometres.

Nilometre d'Enssenâ.

âl-Maqryzy, en parlant de celui-ci, observe que les coudées en étoient plus petites que celles des autres nilometres. Il fut rétabli sous le regne de Mo'âvyah ben-Aboù-ssofyân, vers le milieu du septieme siecle de l'ere vulgaire, et l'on continua de s'en servir jusqu'à ce que A'bdoûl-A'zyz ben-Méroùân restaurât le nilometre de Hholoùân, que A'mroù ben él-A'ss avoit fait construire ou plutôt réparer.

Nilometre de Hholoùân.

La ville de Hholoùân est située dans la basse Égypte, et faisoit partie autrefois du territoire de Fosthâth. Quoique nous n'ayons pas d'autorité historique pour faire remonter au-delà du siecle de A'mroù (1) la fondation du nilometre qui a existé dans cette ville, l'ignorance des musulmans dans les arts à l'époque dont nous parlons, l'état de guerre où ils étoient continuellement avec les naturels de l'Égypte ; tout nous porte à croire qu'ils ne firent pas à Hholoùân d'autres travaux qu'à Éçoùân (Syéné) et à Denderah : c'étoit encore beaucoup pour des hommes qu'un enthousiasme fanatique portoit à exterminer non seulement les infideles, mais toutes les productions de leur industrie.

Au reste voici une courte notice historique sur la restauration, ou, si l'on veut, sur la fondation du nilometre de Hholoùân.

Al-Maqryzy, description des nilometres.

« Quand les musulmans s'emparerent de l'Égypte, le prince des fideles, O'mar ben âl-Khaththâb, apprit que les habitants de ce pays éprouvoient la famine quand la crûe du Nil n'étoit pas complete, parceque l'on accaparoit les grains, afin d'en faire monter le prix, sans qu'il existât même une disette réelle. Il écrivit donc à A'mroù ben él-A'ss de lui donner des renseignements bien positifs à ce sujet. Voici la réponse de A'mroù : « J'ai appris qu'avec quatorze coudées « de crûe les habitants n'avoient pas à se plaindre de la sécheresse, « mais il en faut seize pour arroser tout le pays, subvenir à tous « les besoins de l'année présente et de la suivante. Deux excès sont « à redouter dans la crûe, l'insuffisance ou la surabondance ; l'une « cause la stérilité, l'autre l'inondation : il y a stérilité quand l'eau « ne monte qu'à douze coudées ; quand elle va à dix-huit, le pays

____

(1) Le premier siecle de l'hégire, le septieme de l'ere vulgaire.

« est inondé, les canaux regorgent, les ponts sont renversés ».
O'mar crut devoir consulter A'ly sur un objet aussi important :
celui-ci lui conseilla de faire construire un nilometre sur lequel on
distrairoit deux coudées des douze premieres, on laisseroit les deux
coudées suivantes sans y toucher, et l'on retrancheroit encore deux
doigts des coudées supérieures à la seizieme.

« A'mroù obéit, et construisit à Hholoùân un nilometre suivant les
divisions que O'mar ben-âl-Khaththâb lui avoit indiquées. Comme il
s'agissoit d'abord de soustraire deux coudées des douze premieres,
à partir du niveau ordinaire du fleuve, pour y parvenir A'mroù
divisa en vingt-huit doigts chacune de ces coudées, qui étoient précédemment divisées en vingt-quatre doigts. Ces douze coudées donnerent donc trois cents trente-six doigts ou quatorze coudées de vingt-
quatre doigts chacune, suivant la division généralement adoptée ; mais
chacun de ces doigts avoit un septieme de moins que le doigt ordinaire. Cette augmentation fictive et apparente du nombre des coudées porta aux nᵒˢ 15 et 16 celles qui étoient réellement les 13ᵉ et 14ᵉ,
et elles conserverent leurs mêmes dimensions. On altéra les coudées
supérieures pour les prolonger en feignant cependant de les diminuer ; on ne traça que vingt-deux divisions sur la coudée qui en
contenoit réellement vingt-quatre. Ainsi une coudée composée de
ces vingt-quatre nouvelles divisions en contenoit véritablement vingt-
six des anciennes, c'est-à-dire une coudée et deux doigts, suivant la
mesure commune des nilometres.

« Ainsi quand la crûe étoit montée à douze coudées de l'ancien
compte, on proclamoit trois cents trente six doigts ou quatorze coudées pour le peuple qui ignoroit la supercherie : quand elle montoit à
treize, on en proclamoit quinze et seize pour quatorze ; au-delà de ce
terme les coudées étoient plus longues par la réduction du nombre des
divisions, et cela afin de diminuer aux yeux du peuple l'effroi que pouvoient causer les approches de l'inondation. Enfin, en suivant toujours
le même système pour la maniere de compter, quand la crûe étoit à
quinze coudées réelles, ce qui en auroit produit dix-sept suivant la
marche adoptée, le nilometre ne marquoit que seize coudées vingt-

deux doigts; pour seize coudées ou dix-huit du nouveau compte on ne proclamoit que dix-sept coudées vingt doigts; pour dix-sept réelles ou dix-neuf nouvelles on ne comptoit que dix-huit, dix-huit doigts, et seulement dix-neuf, seize doigts pour dix-huit réelles ou vingt fictives (1). »

Je dois convenir que cet expédient ne me paroît pas extrémement heureux; car si l'on avoit l'air d'accélérer la crûe aux yeux du peuple, on accéléroit aussi les terreurs de l'inondation : mais comme les inondations sont bien moins fréquentes que la sécheresse, il paroît qu'on avoit principalement pour but de remédier autant qu'il étoit possible aux malheurs que causoit la crainte seule de ce dernier fléau. Au reste ces changements astucieux, opérés par A'mroù sur l'échelle du nilometre de Hholoùân, semblent m'autoriser à placer l'existence de ce nilometre antérieurement à l'arrivée du conquérant musulman. Tous ses travaux se bornerent ici, comme à Éçoùân, à nettoyer le bassin ou le puits du nilometre, et à faire sur la colonne les changements que nous venons de décrire.

Une nouvelle preuve en faveur de mon assertion, c'est que les historiens arabes emploient la même expression (*béná*, bâtir) pour indiquer que ce même nilometre, dont ils attribuent la *fondation* à A'mroù, a été *restauré* par A'bdoúl-A'zyz ben-Méroùân. Ce prince faisoit sa résidence habituelle à Hholoùân : il se plut à orner cette ville de palais, d'hôtels, de bains, et autres édifices utiles et magnifiques; il y termina ses jours la nuit du 12 au 13 de djemâdy premier, l'an 86 de l'hégire (705) : on transporta son corps dans une barque de Hholoùân à Fosthâth, où il fut enterré.

Al-Maqryzy,
Histoire de
Hholoùân.

Nous arrivons enfin à l'un des nilometres les plus célebres de

---

(1) Pour rendre ce passage moins obscur, il a fallu le paraphraser. Le même passage se retrouve dans Kalkasenda, dont Gagnier a traduit quelques fragments qui se trouvent à la fin du Voyage de Shaw, n°. XXXI des *extraits servant d'autorités*. Mais le professeur d'Oxford n'a pas compris le sens de son auteur; l'inexactitude et l'obscurité de sa traduction ont rejailli sur le *mémoire* que Pococke a composé sur les coudées du nilometre : ce dernier s'étant servi de la traduction de Gagnier, n'a pu présenter que des résultats obscurs et inexacts.

l'Égypte, et que les auteurs grecs regardent même comme le plus ancien. Je ne serois pas très éloigné de me ranger de leur avis s'ils ne veulent parler que de la basse Égypte; et c'est dans ce sens en effet que les Arabes, comme je l'ai déja observé, disent que le premier nilometre fut construit à Memphis par le patriarche Joseph; car les mêmes auteurs observent très positivement que Memphis ne fut bâtie qu'après le déluge, et succéda à la ville d'Amsoûs, que cette grande catastrophe avoit ruinée : mais, n'ayant que des renseignements fort vagues sur l'époque de cette invasion des eaux, qui a laissé des traces si profondes dans la mémoire des habitants dont elles ravagerent le pays, et sur celle où vivoit ce patriarche si célebre dans les annales sacrées des Orientaux par sa sagesse, par sa beauté et par ses amours dans leurs romans érotiques, nous ne nous permettrons pas de déterminer l'ancienneté du nilometre de Memphis : nous nous contenterons d'observer que Diodore de Sicile partage l'opinion des auteurs arabes sur l'antériorité de ce monument; mais, sans parler de la distinction établie par ces derniers, et dont je crois avoir démontré la justesse. « Les inquiétudes que cause « l'inondation du Nil ont inspiré aux rois d'Égypte, dit-il, l'idée de « construire un nilometre (ou niloscope) à Memphis. On y prend « exactement la hauteur du fleuve, et des inspecteurs sont chargés « d'annoncer par écrit aux différentes villes du royaume de combien « de coudées et de doigts le fleuve a crû, ou lorsqu'il a commencé « à baisser. Le peuple, instruit de la hauteur, sait sur quelle récolte « il peut compter. »

« Les Égyptiens tiennent par écrit des notes exactes de ces inon-« dations depuis très long-temps. »

Le laconisme de cet auteur et de tous ceux que nous avons consultés parmi les Arabes, les Grecs, et les Latins, est vraiment désespérant; aucun d'eux ne donne la description de ce nilometre. Nous savons seulement qu'il étoit renfermé et même caché aux yeux de la multitude pendant huit mois de l'année dans le temple de Sérapis, auquel il avoit probablement donné son nom, comme j'essaierai de le démontrer à la fin de cette notice : dès les premiers

NILOMETRE de Memphis.

Diod. Sicul. lib. I, t. I, p. 44 ex edit. Wess.

jours de la crûe on le transportoit dans le temple d'Apis , où il restoit quatre mois , c'est-à-dire jusqu'à la retraite des eaux. Je ne prodiguerai point ici les conjectures et les raisonnements pour prouver que ce temple de Sérapis pouvoit bien être cet immense édifice désigné par les auteurs arabes sous le nom de *maison verte* , qui étoit remplie de sculptures et de figures hiéroglyphiques : il étoit sur pied et assez bien conservé en 750 de l'hégire (1349) , que le grand émyr Atâbek Séïf éd-dyn Chekhoùâ él-Ghamry le fit détruire de fond en comble : cependant ce nilometre subsistoit encore à l'arrivée des musulmans en Égypte , qui s'en servirent même ; car un nommé Yahhya ben-Békyr , cité par âl-Maqryzy , dit avoir vu les crieurs publics proclamer à Fosthâth la hauteur de la crûe qu'ils avoient été prendre au nilometre de Menf (Memphis). Ce nilometre passoit probablement pour être plus exact que ceux que les Grecs avoient établis à Babylone : l'un se trouvoit dans un endroit qui fut depuis le marché des habits (1) à Fosthâth, on en vit des vestiges jusqu'à ce que les musulmans couvrirent de bâtiments l'espace situé entre le château et le fleuve ; l'autre étoit dans la citadelle même de Babylone , en face de la porte à droite en sortant pour aller sur la place. On attribue ce dernier nilometre à un gouverneur grec nommé Nicolas Gor , qui vivoit sous le regne d'Héraclius. La colonne de ce nilometre étoit encore conservée, en 1750, dans une mosquée dépendante du château bâti sur les fondations de l'ancienne citadelle dont nous venons de parler (2).

Nilometres de Babylone.

Au reste , les musulmans ne se servirent pas long-temps du nilometre de Memphis ; car nous avons déja vu que A'mroù ben él-A'ss ne tarda pas à en construire un à Hholoùân dans les dépendances de Fosthâth ; mais , dès l'an 97 (716), ce nilometre , réparé peu d'années auparavant par A'bdoùl-A'zyz , étoit déja hors d'état de servir : en outre Fosthâth ayant acquis une certaine importance , on sentit

---

(1) *Qaïçâryet âl-Éksyah* , ou *Qaïçâryet âl-Ssoùf* (le marché de la laine, suivant èbn âl-Thohéïr). — Les *Qaïçâry'eh* sont des marchés semblables aux *Bâzâr et aux Oùkaïl* ; voyez le *Voyage de Niéburh* , t. II , p. 99 , *États barbaresques* , par Dam. p. 148.

(2) Voyez la *Description des plaines de Memphis et d'Héliopolis* par Fourmont (le neveu), p. 7 et 125.

la nécessité d'avoir un nilometre plus voisin que celui de Hholoùân. Le receveur général des impositions d'Égypte, Açameh ben-Zéïd él-Ténoùâdjy, écrivit à son souverain le khalyfe Soléïmân ben-A'bdoùl-Mélik pour l'informer de l'état où se trouvoit alors le nilometre de Hholoùân, et lui demanda ses ordres à ce sujet.

Ce prince lui ordonna de construire un nouveau nilometre dans l'isle de Roùdhah, et celui-ci est le plus grand de tous. Pour donner une idée des sommes énormes qu'on y consacra, les auteurs arabes disent qu'on jeta deux mille oùqyah (onces) d'or dans les fondements : cependant il fut renversé par les eaux ; ce qui détermina le khalyfe âl-Mâmoùn à en faire bâtir un autre à Séroùdât, dans la basse Égypte. Nous n'avons pu nous procurer aucun renseignement sur ce dernier ; mais il y a tout lieu de croire qu'il ne subsista pas long-temps, ou que du moins on ne tarda pas à sentir tous les inconvénients de son éloignement de la capitale ; car, au commencement de l'année 247 de l'hégire (861), lorsque Yézyd ébn-A'bdoùllah le Turk, qui gouvernoit l'Égypte en qualité de vézyr d'âl-Métoùekkel (1), s'occupa de reconstruire le nilometre de l'isle de Roùdhah, que l'on appela le *grand nilometre*. Il chargea le célebre astronome et géometre Mohhammed ben-Kotséïr âl-Farghâny (2) de surveiller les

Nilometre de Roùdhah.

Nilometre de Séroùdât.

---

(1) L'année même de la mort de ce khalyfe, qui fut assassiné le 4 de chaoùâl (11 décembre 861).

(2) Auteur de différents traités astronomiques, dont les principaux sont *Foussoùl âl-T'séltsyn* (les trente Sections astronomiques), *él-Mohharara él-Kâmel fy i'lm-Tésthyhh él-Korah* (traité complet de l'Applanissement de la Sphere), un traité sur les Horloges (*fy tl-Rekhamât*), un autre sur la Description et l'Usage de l'Astrolabe (*Kâmel oùé Mubarhan fy A'ml él-Asthrlâb*) ; enfin un autre traité sur les Mouvements du ciel et toute la science de l'astronomie (*fy tl-Hhirket él-Semâoùyét oùé Djeoùâm'i i'lm él-Noudjoùm*) ; publié en arabe et en latin, avec d'excellentes notes par Golius, sous le titre d'*Elementa astronomica*, etc. Amstelodami 1669, *in-*4°. Ce savant ne paroît pas avoir eu connoissance des deux premiers ouvrages du même auteur que nous avons cités au commencement de cette note d'après Hhâdjy-Khalfah. Voyez *Jac. Golánot. in Alferg. notæ*, p. 1 et 2.

travaux ; c'est le même dont on se sert encore aujourd'hui , comme
le prouve l'inscription arabe en caracteres koûfyques qui se lit sur
la poutre qui traverse le bassin dans son diametre. L'année indiquée
dans cette inscription est exactement la même que celle citée par
les auteurs arabes , c'est-à-dire 247. Du temps d'àl-Maqryzy on le
nommoit le *nilometre neuf*, pour le distinguer sans doute des anciens
nilometres de la haute et basse Égypte. En 259 (872 - 3) , on y fit de
grandes réparations par ordre du sulthân Ahhmed ben-Thoùloùn ,
qui alla lui-même le visiter , accompagné d'Aboù-Ayoùb , receveur
des impositions de l'Égypte ; et du juge Béqâr ben-Qathibeh. Ces
réparations se monterent à mille dynârs ou pieces d'or (12 ou
15000 francs.).

NILOMETRE du chantier des vaisseaux de Roùdhah.

Le même receveur général fit aussi construire un nilometre dans
le chantier des vaisseaux , établi dans l'isle de Roùdhah ; mais il
n'en restoit plus de vestiges dès le quinzieme siecle de l'ere vulgaire.

NILOMETRE d'Alexandrie.

Fideles à l'ordre géographique auquel nous nous sommes astreints,
nous passons maintenant à Alexandrie , sans prétendre rien prononc-
cer sur l'antériorité du nilometre de cette ville. Sa forme, ou, pour
m'exprimer avec plus de précision , la forme de celui qui nous
est bien connu , semble déposer en faveur de sa haute antiquité. Il
étoit portatif , puisque , suivant les historiens ecclésiastiques , on le
déposoit dans le temple de Sérapis, divinité à laquelle on attribuoit la
crûe du Nil. Les mêmes écrivains nous apprennent qu'en l'an 310
de l'ere vulgaire, laquelle correspondoit à la quatorzieme année du
regne de Constantin , cet empereur fit transférer cette mesure du
temple de Sérapis dans l'église d'Alexandrie (1). Vers le milieu du

Socrat. lib. I, cap. 18, p. 48; *Ruff.* lib. II, cap. 13.

---

(1) Il ne faut pas confondre l'église d'Alexandrie , bâtie par Constantin dit *le
Grand*, avec celle que les auteurs ecclésiastiques nomment *Kaiseria* , et que le
savant Petau seroit tenté d'attribuer à Hadrien , parcequ'elle a porté , suivant
S. Epiphane, le nom de *basilique* ou *gymnase d'Adrien* , et ensuite de *Licinius.*
Sous le regne de Constance, on y construisit une église : cette entreprise, com-
mencée par Grégoire l'arien , fut terminée par saint Athanase au milieu du
quatrieme siecle. Peu de temps après, l'empereur Julien ayant fait mettre le feu
à cette église , le même Athanase y fit faire les réparations convenables. Cet

Not. ad S. Epiph., t. II, p. 283.
Epiph. adv. Arian. II, c. 2, t. I, p. 728.

quatrieme siecle de l'ere vulgaire, l'empereur Julien voulant res- *Sozom. lib. V, cap. 3 , p. 597.*
tituer à l'idolâtrie ses anciennes prérogatives et sa splendeur, fit
réintégrer le nilometre dans le Sérapion , où il resta jusqu'à la
destruction de ce monument, sous le regne de Théodose, en 391.
Faute de plus amples renseignements, je ne puis qu'indiquer d'après NILOMETRES de Mendes et de Xoeïs.
Plutarque les nilometres qui ont subsisté à Mendes et à Xoeïs , dans
cette portion de la basse Égypte qu'on nomme aujourd'hui la *Ghar-* *De Isid. p. 368.*
byeh (l'occidentale) ; mais je ne me permettrai point de déterminer
l'époque de leur fondation , ni celle de leur destruction.

Après avoir recueilli avec la plus scrupuleuse exactitude tous les
renseignements que peuvent fournir sur les nilometres les auteurs
arabes, grecs, et latins, et même les voyageurs, je vais présenter le
résultat de mes recherches sur le nom que ces monuments ont porté,
sur la vénération religieuse qu'ils inspiroient, enfin sur le soin avec
lequel ils ont toujours été gardés.

Chez une nation aussi avide de superstitions que l'étoient les Égyp- NILOMETRES divinisés.
tiens , ces utiles instruments ne pouvoient manquer d'obtenir des
temples , et de figurer même parmi les divinités du premier ordre.

édifice subsista encore cinq siecles , et devint la proie des flammes le 3 du mois *Socr. Hist. eccl. lib. VII , c. 15, p. 352.*
choùàl de l'an 300 de l'hégire (mai, 913 de l'ere vulgaire). C'est probablement
après cette catastrophe que les musulmans en firent une mosquée célebre encore *Eutyc. annal. Alex. , p. 503.*
par son immensité, sous le nom de *mosquée des soixante-dix ou mille colonnes,*
laquelle est aujourd'hui abandonnée. Cette mosquée servit d'hôpital aux marins *Soyoùthy, Hhussn. el-*
français blessés au combat d'Aboù-qyr. On y a trouvé l'un des plus beaux monu- *Molhhadher, chap. d'Alex.*
ments égyptiens qui existent ; c'est une cuve de granit noir et fin , semblable
au basalte , de trois metres seize centimetres (neuf pieds dix pouces) de *Norry, Exp. d'Égypte, p. 35.*
long sur un metre soixante-deux centimetres (cinq pieds) de large et un metre
treize centimetres (trois pieds six pouces) de haut , chargée de caracteres hiéroglyphiques gravés avec la perfection des cachets antiques. Cette cuve mériteroit
bien d'être comparée avec celle dont M. Perry a donné les fragments , et dont
il a essayé d'expliquer les hiéroglyphes à la fin de son intéressant et rare ouvrage intitulé , *View of the Levant,* etc. London 1743, *in-fol.* Il y a aussi dans
une ancienne mosquée du vieux Caire une cuve de granit, également couverte de
caracteres hiéroglyphiques : elle faisoit partie des pierres qui , suivant àl-Maqryzy,
furent tirées de Memphis.

3. 31

Le nom de Sérapis, ou plutôt *Cherapi*, sous lequel les anciens Égyptiens paroissent avoir désigné le nilometre, est une assez forte preuve en faveur de cette conjecture : ce mot, corrompu par les Grecs, est composé de *Ser-Api* (colonne de la mesure ou du dénombrement.). Le mot égyptien *Ser, Cher* ou *Sar*, qui se prononce dans le qobthe moderne, *Djar*, désigne une colonne, et répond parfaitement au grec σ͒ήλη. Cet Apis, si fameux dans la théogonie égyptienne, n'étoit peut-être originairement autre chose que le nilometre même, comme semble l'indiquer le mot qobthe *Api* (nombre, mesure); ou au moins cet utile instrument peut (1) bien avoir eu quelque part à l'existence du dieu Apis, et avoir même influé sur le sort brillant de ce bœuf sacré, dont le nom, comme on vient de le voir, signifie *mesure*. C'est dans le même sens que les Arabes nomment aujourd'hui ce nilometre *méqyás* (instrument à mesurer). Cette idée, qui paroîtra d'abord systématique, exige quelques développements. Quoiqu'étrangers en apparence au sujet qui nous occupe, je les donnerai cependant avec d'autant moins de scrupule que rien de ce qui peut contribuer à répandre quelque lumière sur les antiquités de l'Égypte ne me doit être indifférent ; ce sera en outre l'occasion d'ajouter de nouvelles preuves en faveur de certaines assertions énoncées dans mes notices précédentes.

Le culte du Sérapis égyptien, qu'il ne faut pas confondre avec celui que les Ptolémées apporterent de la Grece à Alexandrie (2), datoit en Égypte de la plus haute antiquité : cependant les Indiens, qui revendiquent la triste gloire d'avoir fourni aux Égyptiens les bases de leur religion, leurs pratiques superstitieuses, et sur-tout

Nom original des nilometres.

Jablonsk. Pantheon AEgypt. t. II, p. 173.

Aristid. Orat. in Serap. p. 101.

---

(1) Vide *Pantheon AEgyptiorum*, t. II, p. 255-258.

(2) On ignore lequel des trois Ptolémées, Soter, Philadelphe, ou Évergete, apporta de la Sinope pontique en Égypte le culte de ce nouveau Sérapis, ou plutôt rapporta ce Sérapis originaire de l'Égypte. Ces princes n'oublierent rien pour le faire rivaliser avec l'ancien Sérapis et avec les autres divinités de ce pays, où il fut si bien accueilli, que vers le second siecle de l'ere vulgaire il avoit quarante-deux temples. Vide *Aristid. orat. in Serap.*, t. I, p. 52, *ex edit. Jebb.*

d'avoir peuplé leur Panthéon (1), ne paroissent avoir aucune idée
de Sérapis, ni même d'Apis : le nom de ces deux divinités plus ou
moins altéré ne se trouve pas même dans les *Pouranas* ni dans le
Chastrah, ou dans tout autre ouvrage sanskrit relatif à la théogonie
ou à la religion indiennes. Quant au Sérapis nouveau introduit par
les Ptolémées, son nom seul, absolument étranger à la langue
grecque, et parfaitement conforme à l'idiôme égyptien, suffit pour
démontrer sa véritable origine, quand même nous n'aurions pas les
plus fortes présomptions d'après le témoignage de différents écrivains (2), que les Grecs qui accompagnoient Alexandre porterent
d'Égypte dans leur patrie le culte de Sérapis. En effet ce dieu avoit
bien certainement un temple très fréquenté dans la ville de Ra-
qoùdah (depuis Alexandrie) ; on y déposoit la coudée du Nil (ou   *Vide supra* p. 260.
le Sérapis) : Constantin la fit enlever pour la placer dans la nou-
velle église d'Alexandrie. Le prêtre Ruffin ajoute que la statue du   *Ruff. apud Euseb.* H. E., lib. II ; *Cassiod.* lib. I, cap. 18.
dieu fut renversée et brûlée. Les habitants, aussi scandalisés qu'ef-
frayés d'une pareille profanation, prétendoient que Sérapis indigné
ne permettroit plus au fleuve de croître et de déborder dans les campagnes. Néanmoins la crûe eut lieu les années suivantes; « de maniere,
observent les historiens, qu'on ne peut douter que cette crûe né
dépende nullement des pratiques superstitieuses de ce peuple, mais
des décrets de la providence éternelle. »

Un temple, encore plus ancien peut-être que celui dont nous   *Pausan. attic.* p. 42. ed. : Kuhu.
venons de parler, également dédié à Sérapis, étoit celui de Memphis,
qui contenoit aussi l'instrument à mesurer le Nil (le *Sér-api*). Ce
temple étoit situé sur une montagne nommée *Sinopi* (c'est-à-dire *endroit où l'on mesure*), et dont les Grecs ont fait Σινώπιον; il servoit
aussi de sépulture au bœuf Apis, cette monstrueuse divinité, dont

---

(1) Voyez la *Dissertation on the Ægypt. and the Nile from the ancient books
of the Hindoos*, dans le troisieme volume des *Asiatick researches*; la préface de
la *Grammaire Bengale* de M. Halhed, imprimée à Hougly, p. 4 et 5, et le chapitre
relatif aux Égyptiens et aux Hindoux, dans le second volume des *Sketches relating
to the history, antiquities*, etc. *of the Hindoos* de M. Crauffurd.

(2) *Pantheon Ægyptiorum*, t. I, p. 226-248.

le nom, comme on l'a vu ci-dessus, signifie *mesure*. Nous nous
contentons de renvoyer le lecteur aux savants ouvrages de Jablonski
et du citoyen Dupuis (1) ; et nous terminerons cet article en observant que, de tout temps, même depuis l'islamisme, les nilometres ont été regardés comme des lieux sacrés ; non seulement les
profanes en sont écartés, mais encore les naturels et les gardiens n'y
entrent qu'avec la plus grande discrétion, à cause des malheurs qui
pourroient résulter de la méchanceté d'un homme capable d'arrêter la
crûe par ses enchantements. On connoît la fin tragique de Aboù-
dja'far Ahhmed ál-Morâdy, qui, assis sur les marches du méqyâs,
composoit et déclamoit des vers. Un Arabe vint à passer ; la crûe du
Nil commençoit : il entendit un inconnu déclamer et murmurer à
demi-voix des mots qu'il ne comprenoit pas. Persuadé qu'on méditoit quelque sortilege contre l'inondation, il voulut délivrer son pays
d'un homme qui en préparoit la ruine ; en effet il se glissa doucement
derriere le poëte, le poussa dans le bassin, où le malheureux fut

D'Herbelot ;
Bibliotheque
orient. p. 5oo.

noyé, en 338 de l'hégire (949-5o). Les nilometres avoient aussi des
revenus particuliers et hypothéqués sur les impôts. Sous la dynastie
des Fâthimytes, par exemple, le nilometre de Roùdhah avoit un revenu annuel de 5o dynârs pour l'entretien du canal par où l'eau y
pénétroit : on payoit cette somme très exactement au concierge ou
gardien du méqyâs. Cette place importante fut long-temps l'apanage
exclusif des Grecs, et ensuite des Qobthes, du temps même de l'isla-

Al-Maqryzy,
Descript. de
l'Egyp., chap.
des nilometres.

misme ; mais ils perdirent cette prérogative à l'époque de la construction du nilometre, qui existe encore aujourd'hui dans l'isle de
Roùdhah auprès du Caire, en l'année 247 de l'hégire (861-2). Le
fondateur de ce nilometre Yézyd ébn A'bdoùllah le Turk en confia la
garde à un *mùédzyn* ou crieur sacré des mosquées, nommé A'b-
doùllah ben-A'bdoùl-Sélâm ben-A'bdoùllah áboùl-Reddâd, qu'il avoit
fait venir de Baghdâd en Égypte. L'intendant général des finances
Soléïmân ben él-Oùâheh reçut ordre de lui payer deux dynârs (environ 3o fr.) par mois pour ses appointements. Aboùl-Reddâd mourut

---

(1) Le *Pantheon Ægyptiorum* et l'*Origine des cultes*.

en l'an 266 (879-80), et ses enfants hériterent de cette charge , qui
n'étoit pas encore sortie de sa famille en 1540 de l'ere vulgaire.

Memphis (T. I , page 83, ligne 23).

NOTRE voyageur a très bien vu que Djyzeh n'occupe point la place
de l'ancienne Memphis ; mais les raisons sur lesquelles il s'appuie
n'ont pas l'approbation du cit. Larcher , qui d'ailleurs partage cette
opinion par d'autres motifs. — « On pourroit répondre à M. Nor-
« den , dit-il , que Menès avoit fait construire à cent stades de *Hist. d'Hérod.*
« Memphis une digue qui empéchoit le Nil de submerger cette ville. t. II, p. 362-366, not. (320).
« Diodore parle aussi d'une digue que fit ouvrir le roi Uchoreus
« pour empécher les inondations et arréter les incursions de l'en-
« nemi, etc. » Le méme savant discute les différentes opinions des
voyageurs et des géographes sur la situation de Memphis , qui a été
jusqu'à présent un probléme, dont la solution étoit réservée à nos
savants compatriotes de l'expédition d'Égypte. Ils ont incontestablement retrouvé et reconnu les ruines de cette ville célebre entre les
pyramides de Djyzeh et celles de Ssakharah. Son immense étendue et
les divagations du Nil dans cette portion de l'Égypte, et, plus encore
que tout cela, la fatale activité des musulmans à détruire les anciens
monuments , ont fait disparoître les moindres vestiges de cette ville
voisins du fleuve. Il a fallu se porter dans la partie opposée, du côté
des montagnes ; car il paroît que cette ville couvroit autrefois à-peu-
près tout cet espace. Les auteurs arabes lui donnent trente milles de
long (1) sur vingt mille de large, et la placent à l'occident du Nil,
à douze milles de Fosthâth. Ces dimensions pourroient paroître Près de cinq lieues.
exagérées si l'on ne savoit que plusieurs grandes villes de l'Orient,
telles qu'Isspahân, Samarqand, Bokhârâ, renfermoient dans leur enceinte d'immenses dépendances , méme des champs cultivés. Cette

---

(1) Environ douze lieues sur près de huit lieues , en évaluant le mille arabe à
mille toises de *compte rond* , suivant d'Anville ; ce qui donne deux milles et demi
par lieue commune. Voyez, sur la position de Memphis, l'ouvrage nouvellement
publié par le major Rennell , et intitulé, *The geographical system of Herodotus
examined and explained*, etc., p. 496-517. Ce savant place Memphis à 29 d. 53 m.
de lat. , plus près des pyramides de Ssakharah que de celles de Djyzeh.

observation est d'autant plus applicable à la ville de Memphis, que les auteurs indiens disent qu'elle renfermoit plusieurs cantons, d'abord isolés, mais que les constructions successives rendirent contigus (1). Ces cantons étoient au nombre de cinq : 1°. celui d'*Ugra*, le plus ancien, qui doit son nom à Néqrâoùs, le même probablement que l'Uchoreus des Grecs ; 2°. celui de *Nabha*, dont l'Écriture nous a conservé le nom dans *Noph*, mot que les prophetes emploient pour désigner l'ancienne Memphis ; 3°. celui de *Missra* (ou Missr). On sait que cette ville, en qualité de capitale de l'Égypte, a dû porter ce nom, que l'on donne encore aujourd'hui au Caire pour la même raison ; 4°. le canton de *Mohannastan*, qui se retrouve encore dans le Moqanan moderne (2) ; 5°. celui de *Layasthán* ou *Layavaty*, vulgairement *Layoti* ; c'étoit le fauxbourg de Lété, ou Létouspolis, qui se trouvoit du côté des pyramides. On voit quel immense terrain devoit occuper Memphis ; et quand même le petit village moderne de Ménoùf, qui semble lui devoir son nom, lui devroit aussi son existence, ce ne peut être que les restes de l'extrémité d'un des fauxbourgs de cette ancienne ville.

　　Les auteurs arabes et indiens s'accordent à placer la fondation de Memphis immédiatement après le déluge, et disent que ce fut la premiere ville de l'Égypte bâtie après cette grande catastrophe. Amsoùs, l'ancienne capitale, avoit été détruite par les eaux. A peine furent-elles retirées que Beysser, fils de Kham fils de Noé, fut le premier qui vint s'établir dans la basse Égypte avec trente géants de ses fils, dont quatre étoient déja mariés, et dont l'aîné s'appeloit *Messr*, et donna son nom au pays ; la nouvelle ville fut nommée

Vide supra p. 222.

---

(1) Voyez la *Dissertation* du lieutenant Francis Wilford, *on the Egypt and others countries adjacent to the Cali river or Nile of Ethiopia, from the books of the Hindus*, dans le troisieme volume des *Asiatick researches or transactions of the society instituted in Bengal*, etc.

(2) J'ai vu en effet à Moqanan, dit Pococke, des ruines et des décombres ; mais il y en a encore davantage à Métrahenny, etc. *Pococke's Observ. on Egypt*, p. 40.

Máfih, mot qui, en langue qobthe., signifie *trente*, pour indiquer Voyez ci-dessous, note p. 245. le nombre de ses fondateurs. Avant qu'ils construisissent cette ville, ils habitoient de nombreuses cavernes qu'ils s'étoient creusées au pied du mont Moqatham.

« On comptoit à Memphis soixante-dix portes en fer ; une muraille de fer et de cuivre environnoit cette ville ; quatre canaux souterrains circuloient dans toute son étendue : il y avoit en outre des ponts et des digues si ingénieusement construits que l'eau ne pouvoit jamais pénétrer dans les demeures des habitants. Un descendant de Japhet, fils de Noé, inventa une machine par le moyen de laquelle on faisoit monter l'eau sur le sommet des murailles de la ville ; de là elle se portoit par différents canaux dans toutes les maisons, et ne sortoit que par des issues pratiquées exprès.

« Parmi les nombreux édifices de Memphis on cite la maison verte, ainsi nommée parcequ'elle étoit construite en pierres thébaïques de cette couleur, et d'une telle dureté que le fer ne peut y mordre ; elle étoit couverte de sculptures et d'inscriptions : au-dessus de la porte on voyoit un serpent qui se mordoit la poitrine. Ce morceau de sculpture seul étoit d'un poids si énorme que mille hommes réunis n'auroient pu le remuer. On dit que les Sabéens avoient élevé ce temple à la Lune, et que c'étoit un des sept temples de Memphis consacrés aux sept planetes. Il fut détruit par l'émyr Séïf éd-dyn Cheykhoùà él Ghamry après l'an 750 (1349-50) : on en voyoit encore, du temps d'âl-Maqryzy, quelques pierres dans le marché et dans la mosquée fondés par ce prince et situés dans le quartier él-Sselebyeh, hors du Caire ». Ce même émyr Atâbek ordonna aussi que l'on détruisît tout ce qui pouvoit rester de cette ancienne ville ; de maniere que son anéantissement total ne date, comme on voit, que du milieu du quatorzieme siecle de l'ere vulgaire.

« Memphis fut la résidence des rois d'Égypte, et conserva le titre de capitale de ce beau royaume depuis l'époque de sa fondation jusqu'à l'invasion des Persans conduits par Bakht-Nassar, c'est-à-dire pendant deux mille trois cents cinquante-six ans, suivant le calcul des auteurs arabes. Ce conquérant emmena en esclavage une grande partie des habitants ; et le pays fut désert et inculte pendant plus de quarante ans. Memphis, comme capitale de l'Égypte, souffrit encore plus que toutes les autres villes : cependant elle commençoit à sortir de ses ruines quand Alexandre s'occupa de relever celles de Raqoùdah ; et afin que la nouvelle capitale à laquelle il donna son nom n'eût rien à envier à l'antique Memphis, il en fit retirer tous les monuments susceptibles d'être transportés, et dignes de contribuer à l'ornement d'Alexandrie.

Cependant Memphis subsista encore bien des siècles après cette catastrophe ; et il y a tout lieu de croire qu'elle n'étoit pas encore totalement abandonnée à la fin du premier ou au commencement du second siecle de l'hégire, puisque le nilometre de cette ville servoit encore aux crieurs publics chargés d'annoncer à Fosthâth la hauteur du fleuve. L'existence de ce monument prouve assez que cette ville n'étoit pas éloignée du Nil : nous ajouterons même qu'elle étoit environnée d'eau ; car on distingue encore très bien des portions des bords du canal du côté des montagnes et à l'extrémité du terrain sur lequel se trouvent différentes ruines.

Un écrivain arabe (1), qui vivoit dans le douzième siecle de l'ere

Voy. ci-dessus p. 234.

Browne's,
Travels in
Æ Egypt., etc.
p. 173.

(1) Aboù A'bdâllah Mohhammed ben A'bd âl-Rahhman âl-Qaïcy âl-Gharnâthy, auteur d'un recueil intitulé, *Tohhfat él-Albâb, oùé Mokhter âl-A'âdjâb* (le présent destiné aux hommes bien nés et le choix des merveilles), n° 954 des manus crits arabes de la bibliotheque nationale, *in*-4°. de quarante-six feuillets. Cet ouvrage est divisé en une préface et quatre parties : la préface contient le plan adopté par l'auteur. Dans le premier chapitre il donne la description du monde et de ses habitants tant hommes que démons (ou génies) ; le second chapitre contient l'énumération des tombeaux et des sépultures remarquables, etc. L'auteur conduit son ouvrage jusqu'en l'an 530 de l'hégire (1135-6) : il paroît avoir beaucoup voyagé et vu une portion des objets qu'il décrit, et il étoit natif de la ville de Grenade en Espagne, comme on le voit par son surnom d'âl-Gharnâthy : mais j'ignore l'époque de sa naissance et celle de sa mort ; elles ne sont point indiquées dans la *Bibliotheque orientale* de Hhâdjy-khalfah ni dans celle de d'Herbelot : ces deux bibliographes se contentent de donner le titre de l'ouvrage dont il s'agit et les noms de l'auteur. Je ne dissimulerai point combien j'ai été étonné de ne pas les trouver au moins mentionnés dans la *Bibliotheca arabico-hispana* de Casiri, que j'ai parcourue avec le plus grand soin pour m'assurer de cette étrange omission.

Le passage que je cite se trouve p. 21 du manuscrit de la bibliotheque nationale,

vulgaire, dit avoir vu, dans le palais des Pharaons à Memphis, une maison d'une seule pierre, verte comme le myrte, qui contenoit les figures des astres et tout le systéme céleste sculpté d'une maniere admirable.

En parlant des principaux monuments de cette ville, nous ne devons point oublier la bibliotheque qui étoit placée dans le temple d'Apis ou dans celui de Vulcain. Quoique nous n'ayons rien de positif sur l'importance de cette bibliotheque, son existence est au moins attestée par une calomnie reconnue pour telle depuis long-temps. On accusa Homere d'avoir dérobé, dans le temple de Vulcain à Memphis, l'ouvrage d'une femme nommée *Phantasia*, et de l'avoir publié comme le sien sous le titre d'*Iliade* et d'*Odyssée*.

Nancrat. apud Eusth. in præf. Odyss.

Je regrette bien de ne pouvoir donner au moins un extrait de l'histoire des rois de Memphis d'après âl-Maqryzy; mais ce fragment historique est trop considérable pour trouver place ici. Je terminerai donc cet article par quelques recherches sur le nom primitif de cette ville.

Suivant les Arabes, ce nom est le même que le mot qobthe *map*, qu'ils prononcent *máfih*, et qui signifie *trente* (1), parceque ceux qui vinrent fonder une colonie en Égypte étoient, comme on a vu, au nombre de trente. Certains étymologistes modernes croient reconnoître dans le nom de cette ancienne ville quelque analogie avec la principale idole qu'on y adoroit. Plutarque (*de Iside*) dit en effet que ce nom signifie *port des bons* ὅρμος ἀ⁄αθων ; et, suivant M. J. R. Forster (2), ces deux mots sont la traduction de l'égyptien *mah-nouphi;* *mah* ou *moh* signifie plein, ce qui sert à emplir, πλήρωμα ζύσ⁄ημα, collection, *enouphi* bon ou bon *génie*. On sait que le bœuf Apis, vulgairement nommé ἀ⁄αθὸς δαίμων (bon génie), étoit nourri et adoré

Pantheon Ægyptior., lib. I, p. 99.

---

(1) *Map* copticè, *máab* sahidicè . Voyez le *Lexicon ægyptiaco-latin.* auctore Lacroze, etc.; Oxonii 1775, p. 4o et 186. On a vu ci-dessus, p. 243, l'origine de cette dénomination.

(2) J. R. Forster *Epistola ad Dav. Michaelis* ad calcem *Specileg. Geogr. Hebræor. exter.* p. 34.

3.   32

à Memphis : à l'âge de vingt-cinq ans on l'enterroit, mort ou vif, auprès du village de Busiris, non loin de Memphis. Il n'est donc pas étonnant qu'on ait nommé cette ville *port* ou *réunion des bons génies*. Le même savant observe qu'on l'a aussi désignée souvent sous le nom d'*Anouphi*, bon génie, en sous-entendant *Baki* (ville). Le village moderne de Menf (1), qui se nomme *Panouphi* (ville appartenante au bon génie en langue qobthe, dépose en faveur de cette conjecture. Cette ville n'étoit pas inconnue aux Hindoux ni aux Hébreux : les premiers la désignent sous le nom de *Nabasthán* (séjour céleste); les autres la nomment *Noph*, et quelquefois *Moph*, mots qui ne présentent aucun sens dans la langue hébraïque : mais M. Wilford, qui paroît accorder implicitement une grande antériorité aux Hindoux relativement aux différentes nations de l'Éthiopie, de l'Égypte, de la Syrie, etc., pense que le mot *Noph*, employé par les prophetes pour désigner Memphis, dérive du sanskrit *Nabha*, qui signifie *céleste*. Quant au monosyllabe *Sthán*, qu'on y ajoute pour l'appliquer à Memphis, ce mot se trouve dans presque tous les idiômes de l'Inde et de la Perse, et signifie *lieu*, *séjour*, *station*.

Pyramides (T. I, page 109).

Après les profondes recherches des Kircher, des Greaves, Pococke, Larcher, Grobert, sur les pyramides, oser traiter le même sujet, n'est-ce pas s'exposer à être regardé comme un compilateur, et même un plagiaire? oui, sans doute, si je me bornois à présenter un précis des travaux de ces savants ; mais si j'ai été assez heureux pour consulter des auteurs qui leur étoient inconnus, si j'en tire des inductions différentes des leurs, et fondées sur mes propres recherches, peut-être ne me blâmera-t-on pas d'avoir osé traiter une matiere qui n'étoit pas réellement épuisée.

---

(1) Les Arabes distinguent deux Menf ou *Ménoüf*; savoir, la *Ménoüf* supérieure, *Ménoüf* ou *Menf êl-A'lyé* ; en qobthe *Panoufrès* (la Memphis méridionale); c'est de celle-là qu'il s'agit ici : l'autre, *Ménoüf êl-Soßy* (la Ménoüf inférieure), en qobthe *Panoufkhèt*, et plus exactement *Panoufmhit* (la Memphis septentrionale); c'est l'Onuphis qui est situé dans le *Delta*. Vide *J. R. Forster epistol. ad Michael.*, p. 34 et 35.

Quoique Kircher et Greaves, par exemple, fussent profondément versés dans la langue arabe; faute de manuscrits, ils n'ont pu consulter, relativement aux pyramides, que deux ou trois auteurs fort laconiques, comme il est aisé de s'en convaincre en comparant leurs citations avec celles que l'on trouvera dans le cours de cette notice : aucun d'eux n'a fait usage du volumineux et excellent ouvrage d'âl-Maqryzy, si souvent cité dans mes différentes recherches sur l'Égypte. Son article des *Pyramides* est un des plus complets et des plus étendus. Cet écrivain rapporte soigneusement les descriptions données par les auteurs arabes qui se sont occupés de ces immenses monuments : il ne dédaigne pas même de recueillir les traditions conservées parmi les Qobthes. Cette rigoureuse exactitude, dont on doit lui savoir gré, a occasionné nécessairement des répétitions, et souvent même des contradictions : aussi ai-je cru devoir, sans altérer les faits, les présenter avec un certain ordre; j'ai essayé en outre d'expliquer quelquefois les incohérences qu'on pourroit y remarquer.

On s'appercevra aisément qu'âl-Maqryzy n'est pas à beaucoup près le seul auteur arabe que j'aie consulté. Si mes recherches n'ont pas été aussi fructueuses que j'avois lieu de l'espérer, elles ne seront pas entièrement perdues pour ceux qui seroient tentés d'en faire de semblables, et qui voudront bien s'en rapporter à moi, et croire qu'il n'existe pas dans l'immense collection de la bibliotheque nationale, confiée à ma garde, un seul manuscrit arabe relatif aux pyramides que je n'aie compulsé avec le plus grand soin.

Malgré l'obscurité qu'on peut reprocher aux écrivains indiens, on m'approuvera sans doute de ne les avoir pas négligés; et il paroîtra assez piquant de les voir nous expliquer de la maniere la plus satisfaisante la véritable destination des pyramides.

La diversité des objets que j'ai à traiter dans cette notice, les discussions dans lesquelles il faudra m'engager, m'obligent de le diviser en neuf sections, dont voici les titres; 1° *nombre et situation des pyramides,* 2° *fondation des pyramides,* 3° *forme et dimensions,* 4° *inscriptions,* 5° *ouverture des pyramides,* 6° *démo-*

lition , 7° destination des pyramides , 8°. étymologie du nom des pyramides.

§. P R E M I E R.

Nombre et situation des Pyramides.

A'bdôllathyf, « Il y avoit autrefois une prodigieuse quantité de pyramides de
p. 5o.   différentes dimensions, dispersées dans le canton de Djyzeh, dans
celui de Boùsséïr, sur la route de l'ancienne capitale de l'Égypte
(Memphis), et même jusque dans le Ssa'ïd ». Je ne me permettrai
point de décider si , par le Ssa'ïd , A'bdôllathyf veut désigner le
Fâyoùm, canton de l'Égypte du milieu, ou la haute Égypte proprement dite, suivant la signification du mot arabe *Ssa'ïd.* Aucun voyageur digne de foi n'indique des pyramides dans cette portion de l'É-
Voyage au gypte ; et je ne me permettrai pas, sur le témoignage de Paul Lucas,
Levant, t. I , de citer les douze grandes qu'il dit avoir vues dans le désert à l'est de
p. 100.
Voyage fait Thebes, et celles qu'il place dans la haute Égypte. Je n'ignore pour-
en 1714, t. II, tant pas qu'il a existé des pyramides vers ces cantons, et que ce
p. 3o2.   devoit être les plus anciennes de toute l'Égypte.

Apud Syncel.   Suivant Manethon, les premieres pyramides furent construites
chronogr.,   par Venephès, quatrieme roi de la dynastie thinite. Sans nous en-
p. 54 et 55.   foncer ici dans des recherches chronologiques pour fixer l'époque,
toujours trop incertaine, mais à coup sûr très reculée, où vivoit ce
Venephès , il n'y a point de doute que le nôme thinite ne répondît au
canton d'Akhmym ou à celui de Djirdjeh. La capitale de ce nôme
étoit Ptolomaïs, aujourd'hui Menchyet él Nédeh. Mais il faut convenir que, dans la géographie moderne et ancienne, on ne retrouve
point la ville de Cokhome ou Cokhone, auprès de laquelle, suivant
le même historien égyptien, ces pyramides furent élevées. Ne pour-
roit-on pas supposer que Ptolomaïs, dont le nom indique assez
l'époque de sa fondation, auroit remplacé l'ancienne Cokhome ou
Cokhone? Au reste je n'insisterai pas plus long-temps sur cette conjecture : il me suffit que ce fait , tout vague qu'il est, établisse d'une

maniere assez positive que c'est vers la haute Égypte qu'il faut remonter pour trouver les plus anciennes pyramides, et que, pour ces
monuments comme pour les nilometres, l'ordre géographique, en
descendant le Nil, paroît être d'accord avec l'ordre chronologique.

Quoique Murtady place des pyramides fondées par Saoûân *Merveilles de l'Égypte,* p. 24.
l'Achmoûnén, le même que Hermès à Behnecé, vers la partie supé-
rieure du canal de Joseph ; nous croyons que c'est dans le bas
du *Vosthâny* (l'Égypte du milieu), à l'entrée du Fâyoùm, que
se trouvent les vestiges des premieres pyramides actuellement
existantes. Nous indiquerons d'abord celles de Lâhoùn, bourg situé *Vansleb., nouvelle relat. d'Égypte,* p. 275.
dans la dépendance de Bény-Soùéf, à quatre ou cinq lieues ouest
du fleuve, et celle de Hhavârâ, village un peu plus éloigné dans
l'intérieur des terres, à l'entrée même du Fâyoùm, et près du chef-
lieu de ce canton. La pyramide de Lâhoùn est attribuée au patriarche
Joseph, qui, suivant les Arabes, contribua, par les utiles et im- *Al-Maqryzy, descript. du Fâyoùm.*
menses travaux qu'il fit dans le Fâyoùm, à rendre cette province
une des plus fertiles et des plus riches de toute l'Égypte.

En nous enfonçant davantage dans le Fâyoùm, à un demi-mille
nord de la capitale, et non loin du Birkét qern (lac de Caroun), qui
faisoit seulement partie dú lac Mœris (1), se trouvent de vastes
ruines, parmi lesquelles on remarque les vestiges des deux pyramides nommées dans le pays *Haram Beyamoùt*, c'est-à-dire pyramides de Bayamoùt : c'est un village bâti sur ces ruines, lesquelles
faisoient partie d'Arsinoé ou des dépendances de cette ancienne ville
consacrée au culte des crocodiles. Ces pyramides sont tellement dé- *Observat. on Egypt,* p. 65.
figurées, que Pococke ne les auroit point reconnues sans un pan
qui est encore debout : il en donne le dessin, et il s'en sert pour
restituer le monument dont il dépend.

Je laisse à nos savants voyageurs le soin de reconnoître parmi les
pyramides du Fâyoùm les deux qui furent construites dans un emplacement ménagé au milieu du lac, par Mœris, pour lui et pour sa

---

(1) Suivant le citoyen le Roy, *mémoires sur le Mœris*, t. II, p. 130 des *mémoires*
de l'Institut national de France, classe de littérature et beaux arts.

femme. Seroient-ce celles d'un endroit voisin nommé *Ryân* , sur lesquelles nous n'avons malheureusement aucun renseignement , ou bien seroient-ce ces roches blanches, surmontées d'une hauteur, que le voyageur anglais apperçut dans l'isle située sur un côté du lac, et qu'il seroit tenté de regarder comme la base et les restes des deux pyramides de Mœris ?

Observat. on Egypt, p. 65.

En regagnant les bords du Nil et en descendant toujours vers le nord, on apperçoit, à quatre ou cinq lieues dans les terres , la célebre pyramide de Méïdoùm , qui a plusieurs étages. « L'étage supérieur, dit ébn él-Metéoùedje (1), ressemble à une citadelle bâtie sur une montagne ; c'est la derniere de toutes ». Cette opinion, qui est aussi celle de Norden , ne me paroît pas exacte ; car, relativement à ces mêmes pyramides, les quatre dont nous venons de parler, celles de Hhavârâ , et de Lâhoùn sur-tout , sont encore à cinq ou six lieues plus haut, vers le Ss'aïd : elles auroient donc dû être indiquées comme étant réellement les dernieres. Le P. Sicard dit simplement que « la premiere pyramide qu'il apperçut en descendant le Nil fut celle de Méïdoun ». Il falloit donc ne point étendre l'assertion que nous réfutons aux pyramides en général , mais à celles qui se trouvent situées le long du fleuve : il est inutile d'ajouter à la gauche de ce fleuve, car on n'en trouve pas une seule sur la rive droite ou orientale.

Lettr. édif., t. V, p. 180.

La pyramide de Méïdoùm fait partie de celles de Dahchoùr; on la nomme la *fausse pyramide*, à cause du mauvais état où elle se trouve , ou la *grande pyramide*, à cause de ses prodigieuses dimensions. Comme elle n'est pas aussi près des montagnes que les autres pyramides , elle se détache mieux sur l'horison , et se découvre de plus loin. Les autres pyramides de Dahchoùr, qu'on rencontre en

---

(1) Dans un ouvrage, ou dans le chapitre d'un ouvrage intitulé , *A'djâïb Mesir* (Merveilles d'Égypte), cité par âl-Maqryzy , mais qui ne se trouve pas indiqué ni dans la bibliotheque de Hhâdjy-Khalfah ni dans celle de d'Herbelot. — J'observerai en outre que tous les auteurs arabes s'accordent à écrire *Méïdoùm*, et nos voyageurs écrivent *Meïdoun* , ou *Medoun* ou *Medun*.

descendant le Nil, sont à-peu-près au nombre de onze, entre Chyim, Mesqoùnah et Dahchoùr : elles s'étendent jusqu'à Ssakharah, et plusieurs voyageurs les confondent même avec celles qui portent le nom de ce dernier endroit. Ssakharah est une espece de petit bourg, qui donne aussi son nom à la plaine des Momies : ce nom, qui signifie *rocher* en arabe, indique assez que toute cette plaine est un rocher plat et uni, dans lequel on a creusé des souterrains pour servir de sépulture. C'est parmi ces pyramides de Ssakharah que l'on doit chercher celle que les Arabes désignent sous le nom d'*Aboù-Hermès*, parceque dans le voisinage se trouvoit un monastere de l'abbé Hermès. Si l'on en croit ces mêmes auteurs, cette pyramide étoit située dans la ville de Memphis : il n'y a point de doute que celles de Ssakharah ne fissent partie des embellissements de cette ancienne capitale de l'Égypte : c'est l'opinion de Pococke, qui nous apprend que ces pyramides, au nombre de dix-sept, dont neuf grandes, qui s'apperçoivent de la mosquée d'Atouer ёl Naby (1), à trois quarts de lieue du Caire, sont disposées, du nord au sud, au pied d'une montagne située à trois ou quatre milles nord de Ssakharah, et qui s'étend jusqu'à huit ou neuf milles sud du même endroit.

Fourmont, description des plaines d'Héliopolis, etc. p. 220-226.

Passons maintenant aux pyramides qui portent aujourd'hui le nom de Djyzeh, quoiqu'elles soient à quelque distance de ce village. Le citoyen Grobert et plusieurs autres officiers de ses amis ont compté plus de seize mille pas, évalués à deux pieds chacun, depuis la sortie méridionale de Djyzeh jusqu'au pied du rocher sur lequel se trouvent ces pyramides. Il faut soustraire de cette somme quelques sinuosités dans la marche; ce qui équivaut à-peu-près aux sept mille pas géométriques, ou cinq mille toises, que les voyageurs les plus exacts

---

(1) Les *vestiges du prophete*. Les auteurs arabes écrivent aussi *ёl-Atouár ёl-Néboùyeh*. Cette mosquée est ainsi nommée parcequ'on y montre l'empreinte du pied du prophete (Mohhammed) sur un morceau de marbre. Cette circonstance, qui ne laisse aucun doute sur la véritable orthographe du nom de cet édifice, prouve qu'il est inexactement écrit dans le texte et sur la carte de Norden. Cette note est à la fois destinée à corriger l'orthographe de Norden, ma propre correction, et ce qu'on lit t. I, p. 84 de ce Voyage.

s'accordent à compter de Djyzeh aux pyramides. Ébn-Thohéïr dans son *Al-Fedhâïl âl-Bahyret*, et âl Maqryzy dans sa *Description des pyramides*, les placent à sept mille ou deux farsangs de Fosthâth, et à quarante farsangs d'un endroit nommé *Dzât él-Hhemmâm*, au-dessous d'Alexandrie. D'après des combinaisons aussi ingénieuses que savantes, et qu'on peut voir dans son inestimable ouvrage sur la géographie d'Hérodote, M. le major Rennell évalue à cinq milles et demi la distance de ces pyramides au centre de Memphis (1). Sur cette somme il prend un mille un quart pour la distance de l'entrée au centre de la ville.

Le rocher sur lequel posent les pyramides est élevé d'environ cent deux pieds au-dessus de la vallée du Bahhyreh, laquelle s'étend dans une ligne parallele vers ce rocher, du sud au nord, et a cent dix-huit toises environ dans sa plus forte saillie. Ce rocher est une projection de la montagne libyque, laquelle s'éleve à une grande hauteur une lieue plus loin du côté du nord. C'est une esplanade qui s'avance au milieu des terres labourables, et domine à la fois le sol de Memphis, la plaine de Djyzeh, et contribue, par l'illusion de la perspectve, à faire ressortir la hauteur réelle des monuments auxquels elle sert de base (2).

Nouv. relat.
de l'Égypte,
p. 137.

Parmi ces pyramides, trois sont remarquables par leur hauteur. Vansleb prétend que chacune d'elles étoit placée à la tête de dix petites, et il croit qu'il pourroit y en avoir environ une centaine. Cette conjecture s'accorde parfaitement avec les observations que nous ferons dans la suite de cette notice relativement aux pyramides d'Ava et du Pégou ; mais les vestiges d'après lesquels

---

(1) Page 496 du *Geographical system of Herodotus examined and explained by a comparison with those of other ancient authors and with modern geography*, etc. *by J. Rennell, London* 1800 ; ouvrage digne à tous égards de la haute réputation dont jouit M. le major Rennell, et qui justifie pleinement l'honorable surnom de *d'Anville* de l'Angleterre, que lui donnent ses compatriotes.

(2) *Description des pyramides de Ghizé, de la ville du Kaire et de ses environs, par J. Grobert, chef de brigade d'artillerie*, an IX, in-4°. L'auteur de

Vansleb l'a formée sont anéantis, puisque le citoyen Grobert, qui a
examiné l'état des lieux avec la plus scrupuleuse exactitude, n'a
reconnu que onze pyramides, dont quelques unes sont presque
rasées. Cet officier ne compte même que vingt-huit pyramides dans
toute l'Égypte ; savoir, onze à Djyzeh, dont trois grandes, et dix-
sept à Ssakharah, dont deux d'une dimension assez considérable
pour être apperçues de la mosquée d'Atser él-Naby, à trois quarts
de lieue du vieux Caire : les huit autres, infiniment plus petites, ne
peuvent être reconnues que sur les lieux mêmes. Nous croyons,
d'après l'énumération que nous venons de faire, que les pyramides,
actuellement existantes en entier ou en partie, peuvent être portées
à un nombre plus considérable ; car l'officier dont nous venons
d'invoquer le témoignage ne comprend dans son dénombrement ni
les pyramides de Dahchoùr, ni celle de Méïdoùm, qui, malgré leur
masse prodigieuse, sont trop éloignées de la mosquée d'Atser él-Naby
pour être découvertes de là, ni celles situées dans l'intérieur du
Fàyoùm, lesquelles doivent être encore au moins au nombre de
quatre ; et il n'est pas douteux que les savants de l'expédition n'y
en découvrent un plus grand nombre.

§. II.

Fondation des pyramides.

Non seulement les écrivains latins, grecs, arabes, et indiens ne
s'accordent pas sur le nom des personnages auxquels ils attribuent
la fondation des pyramides, mais encore ils ne nous fournissent pas
les renseignements nécessaires pour déterminer au moins d'une maniere satisfaisante l'époque où furent élevées ces masses colossales.

---

cet ouvrage a écrit *Ghizé* au lieu de *Djyzéh*, pour se conformer à la prononciation vulgaire des habitants de l'Égypte, qui donnent au *djym* arabe le son de *guym*
ou *ghym*, et au *qáf* celui de *háf* ou *gáf* aspiré ; mais cette prononciation est vicieuse,
et ne devroit pas être consacrée dans des ouvrages d'érudition ou de littérature.

3.   33

Les noms de Venephes, de Suphis, de Cheops, de Chephren, aussi-
bien que ceux d'Hermès, de Soùryd, de Chedâd, etc. ne se rat-
tachent à aucune branche connue de l'ancienne chronologie. Nous
pouvons seulement conjecturer que des siecles nombreux ont dû
s'écouler depuis la construction des pyramides de Méïdoùm jusqu'à
celle des pyramides de Memphis. Si l'on réfléchit sur la quantité de
ces monuments, dont il existe encore des vestiges, sans parler de ceux
qui sont entièrement anéantis, sur le nombre de bras et les travaux
immenses qu'ils exigeoient, d'après l'imperfection des machines
employées par les ouvriers, on ne m'accusera pas de vouloir m'égarer dans le dédale d'une antiquité imaginaire. Ajoutons que la même
obscurité nous dérobe l'origine de la derniere aussi-bien que de la
premiere des pyramides, malgré le laps prodigieux de temps qui
doit les séparer, et conséquemment rapprocher celles-là des siecles
connus (1). Les unes et les autres pourtant doivent être, selon moi,
postérieures aux obélisques : ainsi, tout en leur accordant une
haute antiquité, je ne pense pas, comme Norden, que « les pyra-
« mides ont été élevées avant que l'on eût l'usage des caracteres
« hiéroglyphiques » : et par conséquent, antérieurement à la fondation de Memphis, et même de Thebes, dont les ruines sont chargées
d'hiéroglyphes ; les raisons qu'il allegue à l'appui de cette opinion
sont assez spécieuses pour qu'on prenne la peine de les réfuter.

T. I, p. 112, 141 et 147.

---

(1) Mon observation manqueroit de justesse relativement aux pyramides de
Mœris, si l'on adoptoit l'opinion de Wesseling et celle de Larcher. « Il y avoit
environ neuf cents ans que Mœris étoit mort lorsqu'Hérodote alla en Égypte
(environ 459 ans avant l'ere vulgaire) ; ce qui fixeroit l'époque où vivoit Mœris, et
conséquemment la fondation de ces pyramides dans le cours du 14ᵉ siecle avant l'ere
vulgaire ; et cependant le citoyen Larcher place le regne de Mœris à l'an 1424
avant J. C. Suivant le même savant, Cheops, à qui l'on attribue la grande pyramide
de Djyzeh, vivoit en 1178 ; Chephren, auteur de la seconde, en 1128 ; Mycerinus,
qui bâtit la troisieme, en 1072 ; et Asychis, en 1052. Ces dates ont certainement
été calculées avec autant de précision que le permettent les bases trop incertaines
d'après lesquelles il a fallu opérer ; mais elles peuvent inspirer quelques doutes
qui n'ont rien d'injurieux pour le savant qui a pris la peine de les établir.

Hist. d'Hérod. chronolog., t. 6, p. 250.

« Qui pourroit se persuader , dit-il , que les Égyptiens eussent laissé
« ces superbes monuments sans la moindre inscription hiérogly-
« phique , eux qui , comme on l'observe de toutes parts , pro-
« diguoient les hiéroglyphes sur tous les édifices de quelque consi-
« dération ? on n'en apperçoit aucun ni au-dedans ni au-dehors des
« pyramides , pas même sur les ruines des temples de la seconde et
« de la troisieme pyramides. »

Norden , comme on voit , semble croire qu'il n'y a jamais eu de
caracteres hiéroglyphiques sur les pyramides. A son témoignage
j'opposerai celui des auteurs grecs et arabes , et des voyageurs , que
l'on trouvera cités dans l'article des *Inscriptions des pyramides*. Je
conviendrai aussi que ces mêmes auteurs n'offrent rien de satisfaisant sur l'époque où elles furent fondées. Les Arabes remontent à
trois cents ans avant le déluge. Une inscription gravée sur les deux
grandes pyramides, et qui fut traduite en arabe , suivant Aboù-Zéïd
él-Balkhy, apprit « qu'elles avoient été construites à l'époque où la
lyre se trouvoit dans le signe du cancer : on calcula combien de
temps s'étoit écoulé depuis cette époque jusqu'au premier siecle de
l'hégire, et l'on trouva deux fois 36000 ans solaires ou 72000 de ces
années ». Nous laissons au lecteur le soin d'apprécier une pareille assertion. — « Si ces pyramides eussent été construites après le déluge ,
dit Mohhammed A'bdoùllah ben-A'bdoùl-Hhokm , les hommes au-
roïent conservé quelques notions sur ce qui les concerne. »

Nous avons déja eu occasion d'observer (p. 220) que les historiens arabes n'adoptent pas à beaucoup près les idées de leur
législateur et de celui des Hébreux touchant cette mémorable
catastrophe. Un d'entre eux , qui joignoit une espece de critique à
une vaste érudition , Aboùl-ryhhán ál-Byroùny (1) , dit très positi-

---

(1) Dans son ouvrage intitulé , *Èl-Atsár él-Baqyét a'n él-Qoroùn él-Khalyét
fyl-Nodjoùm oùé él-Tárykh* (les vestiges restants des temps passés , touchant les
astres et l'histoire , en un volume , par le cheykh Aboùl-Ryhhán Mohhammed
ben-Ahhmed ál-Byroùny ál-Khoùárezmy ; mort en l'an 330). « C'est un livre très
utile qu'il dédia à Chems él-Mo'ály Qáboùs, sulthán déïlémyte. Il y a développé

vement que « les Persans et les mages ne croient pas au déluge
universel. Quelques Persans seulement pensent que du temps de
Tahmoùrats il y eut une inondation dans la Syrie et dans l'Occident :
mais il s'en fallut de beaucoup qu'elle s'étendît sur toute la terre
habitée ; elle ne passa pas Hholoùân (1), et ne pénétra pas dans

---

les diverses époques employées par les peuples, et les diverses opinions touchant
leur commencement. Byroùn, écrit avec un *bâ* et un *noùn*, est le nom d'une ville
de l'Inde, comme on l'apprend dans l'ouvrage intitulé, *A'yoùn âl-Jmbâ* (sources
de l'histoire). Soyoùthy prétend que notre écrivain fut appelé en persan *âl-
Byroùny*, parcequ'il résida fort peu de temps dans le Khoùârezm (dont il étoit
originaire, comme l'indique l'un de ses surnoms), et parceque les habitants de cette
province appellent tous les étrangers *Byroùny* (natif de Byroùn). Voyez *Hhâdjy
Khalfah*, dans sa bibliotheque orientale intitulée, *Kétâb Kechef âl-Dtanoùn*, etc.
article d'*êl-Atsâr*. D'Herbelot a mutilé le titre de l'ouvrage et le nom de l'auteur
dont il s'agit. Voyez sa *Bibliotheque orientale*, t. I, p. 283, édit. *in-4°*. Je dois
ajouter qu'âl-Byroùny écrivit en persan, et que son ouvrage fut traduit en arabe.
On ignore le nom de l'auteur de cette traduction, que nous possédons à la bibliotheque nationale sous le n° 584 arab.

(1) « Hholoùân, suivant Hhamd-oùllâh ben âby-Bekr âl-Qazoùyny, plus connu
sous le nom de Géographe persan, et auteur d'une excellente description de la Perse
intitulée, *Nozahat âl-Qoloùb*, n° 127, 128, 139 Mss. Pers., est situé dans le quatrieme climat : c'étoit une des sept principales villes de l'I'râq A'raby. Elle fut construite par Qobâd, fils de Feyroùz le Saçânyde, dans le sixieme siecle ; elle est maintenant ruinée, et réduite à l'étendue d'un petit champ ensemencé. Parmi les tombeaux des hommes recommandables qui y ont été inhumés, on y remarque celui de
Hhamzah, le sixieme des sept lecteurs ou rédacteurs du qorân. Le territoire de
Hholoùân se divise en trente villages ou cantons ; il est imposé sur les registres
de l'état à 6100 dynârs. »

Cette ville passa au pouvoir des Arabes en l'an 19 de l'hégire (640). Les khalyfes
quittoient alors Baghdâd pendant les grandes chaleurs de l'été, et alloient goûter la
fraîcheur du climat de Hholoùân, qui est éloigné de 6 ou 7 journées nord. Ils y
trouvoient aussi d'excellents fruits, parmi lesquels on distinguoit des oranges
d'une bonté incomparable, et des figues, que leur goût excellent faisoit nommer
Elementa as- *figues du Roi*. L'astronome *âl-Fraghâny*, qui florissoit dans le neuvieme siecle de
tronom. p. 50. l'ere vulgaire, cite cette ville comme une des plus remarquables de son
temps : Hhamdoùllah, qui mourut en 750 (1349-50 de l'ere vulgaire), en
parle comme d'une ville ruinée : sa destruction peut donc être attribuée à la

l'Orient. Les Occidentaux, ayant été prévenus de cette grande catastrophe par leurs sages, construisirent d'immenses édifices comme les deux pyramides, pour s'y réfugier. L'eau du déluge laissa des traces jusqu'à la moitié des pyramides ; mais elle ne les couvrit pas entièrement. On ajoute aussi que le déluge n'épargna que le

---

fameuse invasion des Tatârs, en Perse, sous la conduite de Holâgoù-Khân, petit-fils de Djenguyz-Khân. Cette ville fut la huitieme métropole établie dans la Chaldée par Jesujab, sous le nom de *Hholoùn* ou *Hhalahha ;* c'est la même ville que la *Qalakh* ou la *Khalakh* de l'Écriture, et la *Khale* suivant la Vulgate ; *Genes. X, 12,* les Syriens modernes en ont fait *Khethra* ou *Khathard.* La ville de Khalakh *Reg.* IV, 17, 6 et 18, 11. donna son nom à la province Khalakhena, dont parle Strabon. L'église de *Geogr.* lib. II. Hholoùân étoit une métropolitaine d'où dépendoient les évêchés de Déïnavâr, de Hamâdân, de Nohâvend, et de Géorgie : « ce qui prouve, dit le savant Assemani, *Dissertat. de* que Hholoùân étoit, comme l'indique le livre des Rois, une ville mede annexée *Syr. nestor.* p. CCCCXIX, ensuite au royaume des Assyriens ». Le P. Lequien assure que le siege métropolitain *Oriens christ.* de Hholoùân fut transporté à Hamâdân en 1175, et que depuis cette époque il *t. II,* p. 1247, 1248. n'est plus mention de la premiere ville dans les fastes ecclésiastiques : en effet c'est probablement peu de temps après qu'elle aura été détruite par les Moghols.

On connoît deux autres endroits nommés *Hholoùân ;* l'un est une petite ville située dans les montagnes de Nichâboùr, sur les confins du Khorâçân, du côté d'Isspahân ; l'autre est un bourg d'Égypte situé un peu au-dessus de Fosthâth, et dont nous avons déja parlé. Nous croyons pouvoir assurer que notre auteur veut *Voy.* ci-dessus désigner l'Hholoùân de l'I'râq A'raby. Le nom de Nohâvend qui suit ne laisse p. 232. aucun doute.

« Nohâvend, dit Hhamdoúllâh dans le chapitre de l'*I'râq persique,* est situé *Nozahat ál-* dans le quatrieme climat : c'est une ville de médiocre grandeur ; elle a deux mille *Qoloùb* cité ci-dessus. pas de circuit ; l'air y est tempéré : elle tire son eau de la montagne Elvend ; elle contient beaucoup de jardins et de terrasses. Les habitants sont des Kurdes de la secte des Chy'ites. Elle produit du froment, du raisin, et a peu de bâtiments : son territoire est divisé en près de cent petits cantons et en trois districts ; savoir, Mélâïr, Asfydchân, et Djehoùq ; il est employé sur les rôles du gouvernement pour 37,000 dynârs d'imposition. Un grand nombre de Kurdes nomades habite les plaines voisines ; ils sont obligés de fournir chaque année deux mille moutons. »

Aboùl-fédâ place également Nohâvend « dans l'I'râq persique, qu'il nomme *le* *Taqoùym ál-* *pays des montagnes (Bélâd él-Djebél),* à quatorze farsangs sud de Hamâdân, *Boldân.* sur une montagne couverte de jardins et de ruisseaux ; elle abonde en fruits si

canton de Nohâvend , et les anciens édifices (les *berby*) de l'Égypte,
construits par le premier Hermès , nommé *Edrys* par les Arabes,
lesquels sortirent intacts de dessous les eaux. »

D'autres , tels que A'bdoûllah ben âl-Djehermy , attribuent les
pyramides aux Amalecites. Djorham , fondateur de la dynastie
djorhamyte dans le Hhedjâz, les ayant chassés de la Mekke, ils firent
une invasion en Égypte, et s'y établirent. Après avoir élevé d'im-

*Pocok. Specim.
hist. arab.
p. 78 not.*

---

excellents , qu'on en transporte dans tout l'I'râq. Elle fut fondée par le patriarche
Noùahh (Noë), comme son nom l'indique ; (*Noùâhh avend*, ouvrage de Noë).
On a changé le *hhâ* en *hé* pour adoucir la prononciation. »

Ce fut dans le voisinage de Nohâvend que, sous le khalyfat de O'mar ben âl-
Khaththâb, en l'an 21 de l'hégire (641-2), se livra la derniere bataille qui rendit
les Arabes maîtres paisibles et absolus de la Perse. Dès l'an 16 de l'hégire (638),
Yezdedjerd avoit été battu, et obligé de fuir au-delà du Djyhhoùn, après la bataille
de Qadessyeh. — On a vu dans le paragraphe précédent que Nohâvend étoit autrefois le siege d'un évêque nestorien.

Je terminerai cette note en rapportant les longitudes et latitudes des deux villes
dont il s'agit, d'après les différents manuscrits de géographie de Hhamd-oûllah et
le plus correct de ceux d'Aboùl-fédâ, qui se trouvent à la bibliotheque nationale.

Hholoùân est situé, suivant le *Nozahat âl-Qoloùb* :

nº 127 vers le	102 deg.	55 m. de long.	34 d.	8 m. lat.
nº 128	80 deg.	55 m. de long.	34 d.	5 m. lat.
nº 139 . .	82 ou 102 deg.	55 ou 15 m. long.	34 d.	5 m. lat.

Suivant le *T'aqoùym âl-Boldân*, d'Aboùl-fédâ, nº 578 :

Ptolémée . . .	71 deg.	45 m.	34 d.	55 m.
Éthoùâl . . .	72 deg.	55 m.	35 d.	55 m.
anonyme . . .	71 deg.	40	30 d.	55 m.

Nohâvend est situé, suivant le *Nozahat âl-Qoloùb* :

nº 127 vers le	88 deg.	5 m. de long.	34 d.	20 m. lat.
nº 128 . . .	88 deg.	5 m. de long.	34 d.	20 m. lat.
no 139 . . .	88 deg.	5 m. de long.	34 d.	20 m. lat.

Suivant le *Taqoùym âl-Boldân* :

Éthoùâl . . .	73 deg.	45 m. de long.	34 d.	20 m. lat.
Ptolémée . .	72 deg.	45 m. . . .	36	44
îbn-Sa'yd . .	73 deg.	30 m. . . .	36	44
canon	76 deg.	20 m. . . .	35	44

Enfin l'Ayïn Akbery et les tables persanes placent Nohâvend vers le 83 deg.
45 min. (15 m.) long. et le 34 d. 20 m. Voyez *Tables of longitudes and latitudes
of places* , t. III ; p. 40-76 de l'*Ayeen Akbery or the Institutes of emperor Akbar*,
translated from the Persian , *by Gladwin*. Calcutta 1780-86 *in*-4º.

menses monuments, ils en furent expulsés par Mélek ébn-Do'ar él-Hazâï, personnage sur lequel je n'ai pu trouver aucun renseignement.

Des auteurs modernes prétendent que les pyramides furent construites par les Israélites durant leur captivité. Ils s'appuient particulièrement sur le témoignage de l'historien Josephe, qui dit que « dans la suite des temps les bienfaits de Joseph étant oubliés, et l'empire de l'Égypte ayant passé dans une autre famille, on traita les Israélites avec la dernière sévérité ; les travaux les plus durs leur furent imposés ; on les força de contribuer à la construction des pyramides, et d'apprendre pour cela différents arts, etc. »

Henric. Spond. de cœmeteriis sacr. lib. I, p. 1, cap. VI ; Brodæus, Epigr. græc. tis vacūs.

Antiq. Jud. lib. I, cap. 6, t. I, p. 250, edit. Havorc.

Le savant Greaves rejette le témoignage de Josephe, par un motif qui me paroît manquer de justesse. « La principale occupation des Juifs pendant leur esclavage en Égypte, dit-il, consistoit, suivant l'Écriture, à faire cuire des briques (*lebeneh* en hébreu, *lebn* en arabe, πλίνθος, πλίνθεια en grec) ; mais comme toutes ces pyramides sont en pierres, je ne puis souscrire à cette opinion ». — J'observerai à M. Greaves qu'il y a plusieurs pyramides construites en briques auprès de Dahchoùr, et sur-tout dans le Fáyoùm, pays où l'on conserve encore le souvenir du patriarche Joseph, et où plusieurs monuments, un canal entre autres, portent son nom (1).

Pyramidogr. p. 2, édit. de Birch.

Exod., cap. 5.

Quoiqu'il s'en faille de beaucoup que mes recherches dans les

Al-Maqryzy, Description du Fáyoùm dans le Mo'edt él-I'tibár, etc., ou Description de l'Égypte. Djeoùâhar él-Bohhoùr, p. 28 et 29.

---

(1) Les Arabes prétendent que, « d'après une révélation de l'ange Gabriel, Joseph entreprit de dessécher le pays d'âl-Fáyoùm, qui étoit entièrement couvert d'eau. Il parvint à la faire écouler, et n'employa que mille jours à cette immense entreprise. Le monarque d'Égypte, qui se nommoit *Rydn*, et qui étoit le troisieme Pharaon, fut frappé lui-même d'étonnement à la vue de ce pays nouvellement sorti du sein des eaux, habité et cultivé en si peu de temps. Il voulut qu'on le nommât *âléf-Yoùm* (mille jours), dont l'on a fait, par corruption, *âl-Fáyoùm* ». Nous croyons qu'on peut conclure de cette anecdote, plus qu'apocryphe, que le Fáyoùm est resté enseveli sous les eaux long-temps après qu'elles se furent retirées de la basse Égypte. Les Kachmyryens débitent un conte à-peu-près semblable sur le desséchement de la vallée qui forme leur pays. Voyez le *Voyage du Bengale à Saint-Pétersbourg*, par *G. Forster*, t. I, p. 287 de ma traduction.

ouvrages arabes m'aient procuré le résultat que je pouvois en attendre, je crois devoir en donner un précis assez circonstancié
pour éviter à d'autres les peines trop inutiles qu'elles m'ont coûtées.

La matiere est déja si obscure que l'on ne sauroit y mettre trop
d'ordre. Pour suivre la marche que j'ai déja établie au commencement de cette notice, mes recherches se porteront d'abord vers les
pyramides de Dahchoùr, dans lesquelles est comprise celle de
Méïdoùm (1).

PYRAMIDES DE DAHCHOUR.

Descript. des pyramides.

« Quant aux pyramides de Dahchoùr, dit âl-Maqryzy, on les
attribue à Chedât ben-A'dym. Il les construisit avec des pierres
taillées, sous le regne et par les ordres de son pere. On confond
généralement ce Chedât avec Chedâd ben-A'âd; mais c'est par un
défaut de prononciation et pour abréger. Chedât ben-A'dym n'est
pas Chédâd ben-A'âd. »

Dans sa *Descr. de l'Égypte, hist. de Menf,* (Memphis).

« Le premier, suivant le même auteur, étoit un des rois de
Memphis, célebre par ses rares connoissances, et sur-tout par sa
science dans les enchantements. Outre les pyramides de Dahchoùr,
il fonda plusieurs villes sur la rive occidentale du Nil; il remporta
de grands avantages sur les Éthiopiens, leur fit beaucoup de pri-
sonniers; c'est le premier qui se servit d'oiseaux de proie pour la
chasse. Il régna quatre-vingt-dix ans, et la ville de Qoùs fut bâtie
sous son regne. »

(2) Le second étoit un roi d'Arabie, fameux par son impiété, et
sur-tout par ce magnifique jardin qu'il avoit planté et orné de portiques et de colonnes, sans oublier les mignons et les jeunes filles,
pour rivaliser le paradis céleste. La veille du jour où ce prince

---

(1) Et non pas Méduun, comme écrit Norden, t. II, p. z, ni Meïdon, etc.
Je ne répéterai pas ici les autres altérations du nom de ce village et de celui de
Dahchoùr : il me suffira d'attester que je me suis conformé, pour ces noms et
pour tous ceux qu'on trouvera dans ces notes, à l'orthographe des meilleurs géographes et historiens orientaux.

Khélasset âl-Akhbâr, n° 104 des manusc. de S.-Germain.

(2) « Tous les historiens ont oublié, dit Khondêmyr, de placer Chedyd et
Chédâd dans aucune dynastie de rois; mais, comme il faut en parler quelque
part, ils donnent la vie de ces deux princes immédiatement après celle du pro-

devoit faire son entrée triomphante dans ce lieu de délices , tout fut renversé par un ouragan terrible , et lui-même périt victime de la vengeance du dieu dont il avoit voulu égaler la puissance.

Les opinions des auteurs arabes, comme on voit, sont très partagées sur le compte de ce prince ; les uns lui attribuent , non seulement les pyramides de Dahchoùr , mais encore la fondation de Raqoùdah (depuis Alexandrie), et celle du Phare, qui dépendoit de cette ville : il fit aussi creuser des cavernes et des forts, ou retraites souterraines nommées *Djenâd* ; ce sont des trésors cachés qui renferment les morts avec leurs richesses. On plaçoit aussi leurs instruments auprès de ceux qui s'étoient occupés des arts (1) ; car ils croyoient à la métempsychose. »

Voy. ci-dessus p. 159 et 166.

D'après des détails aussi circonstanciés , on est étonné de voir d'autres écrivains arabes nier de la maniere la moins équivoque que Chédâd ou aucun prince étranger ait réussi, avant l'invasion de Nabuchodonosor , à s'établir en Égypte. « Tous ceux qui avoient fait

Voy. ci-dessus p. 159 note.

---

phete E'éber (chargé de convertir la tribu idolâtre de A'âd). D'après ces autorités, nous allons dire ici quelques mots sur ce qui les concerne.

« Chedyd et Chédâd étoient deux freres de la famille de A'âd , qui régnerent successivement sur la Syrie.

« E'éber eut une conférence avec Chedyd pour lui montrer le sentier de la vérité , et l'avertir de ce qui étoit permis ou défendu. Quoique Chedyd n'eût point le bonheur d'embrasser la vraie religion , il s'efforça d'administrer la justice, et ne commit ni violence ni tyrannie.

« Chedyd étant mort , son frere Chédâd lui succéda, et le prophete vint lui répéter ses exhortations, et lui annoncer la vraie religion , en lui vantant les plaisirs du paradis , qui seroient sa récompense » ; c'est ce qui inspira à Chédâd l'idée de construire un paradis terrestre : on a vu la suite de ce conte dans notre texte. Ce célebre historien persan ne peut nous indiquer l'époque où vivoit Chédâd ; et Pococke, dans son *Specimen historiæ Arabum* (note, p. 58), n'est pas plus satisfaisant. Il le cite comme le douzieme roi de l'Yémen , et dit qu'il laissa des monuments de sa puissance jusque dans l'Occident.

(1) L'auteur arabe veut probablement désigner ici les édifices voisins de Thebes , dont parlent Hécatée et Hérodote, où l'on avoit placé les statues colossales des grands-prêtres , ou *piromi*. Voyez *Hérod.* Liv. II , ch. CXLIII , p. 119.

quelques tentatives avoient été repoussés par la force des talismans. »

Mais quand même nous pourrions prononcer entre le roi de Memphis (Chedât ben-A'dym) et le conquérant arabe, l'époque de la fondation des pyramides de Dahchoùr n'en seroit pas mieux déterminée, puisque nous ignorons celle où régnoient ces deux princes. Nous savons seulement que les Orientaux les regardent comme postérieurs au déluge ; opinion contraire à celles qu'ils ont généralement sur l'antiquité des pyramides, à moins qu'ils n'accordent une grande antériorité à celles de Memphis sur toutes les autres, qui ne leur paroissent, je crois, que des imitations de celles-ci. Cette opinion est diamétralement opposée à celle que j'ai cherché à établir dans le cours de cette notice, et que je crois appuyée sur des faits physiques. Je conviendrai volontiers qu'elle n'est pas à beaucoup près inadmissible pour les pyramides du Fâyoùm, pays encore enseveli sous les eaux, sans doute long-temps après qu'elles eurent abandonné la plaine de Ssakharah et l'emplacement occupé ensuite par Memphis.

PYRAMIDE
D'ABOU-
HERMÈS. « Le qâdhy Aboù - A'bdoúllah Mohhammed ben-Sélâmeh âl-Qodhâ'ï (1) croit, dit âl-Maqryzy, que la pyramide qu'on voit auprès du monastere d'Aboù-Hermès (2) servit de sépulture à un nommé

---

(1) J'ai donné quelques détails sur cet écrivain, mort en 454 (1062), dans le sixieme volume des *notices et extraits des manuscrits de la bibliotheque nationale.*

(2) Toutes mes recherches ne m'ont procuré aucun renseignement satisfaisant sur le monastere d'Aboù-Hermès. Al-Maqryzy n'en parle point dans le chapitre des *Monasteres* (*Dzikr âl-Déïrât*), qui termine sa description topographique et historique de l'Égypte. Les matériaux employés à la pyramide construite dans son voisinage ne permettent pas de douter qu'il ne fût situé du côté de Ssakharah, où se trouvent en effet des pyramides construites en briques, deux particulièrement qui ne le cedent point à celles de Djyzeh, et dont une est encore ouverte : ce pourroit Dans le
Fihricet. bien être là celles d'Aboù-Hermès; car Ya'qoùb-Mohhammed ben-Isshhâq dit que « les pyramides, connues à Memphis sous le nom d'Aboù-Hermès, sont nommées vulgairement *les deux pyramides* : l'une servit de sépulture à Hermès, et l'autre à sa femme et à celui de ses fils qui lui succéda. Leur voisinage de Memphis ne doit pas les faire confondre avec les pyramides de Djyzeh, que les Arabes appellent aussi *les deux pyramides.* On peut en conclure seulement qu'elles étoient situées à l'extrémité méridionale de cette ville, et celles-ci à son extrémité septentrionale.

Qarâbâche : c'étoit le meilleur cavalier de l'Égypte ; il faisoit téte à
mille hommes, et les mettoit en fuite. Quand il mourut, le roi fut
vivement affecté de cette perte : le peuple le pleura ; et, après
l'avoir inhumé au monastere d'Aboù-Hermès, on éleva sur son
tombeau une pyramide divisée par étages, et construite en boue et en
moëllon, qu'on tira du Fâyoùm, comme il est aisé de s'en convaincre en examinant attentivement le mortier de cet édifice : on
n'en connoît point d'autre magasin que dans le Fâyoùm ; il n'y en
a point à Memphis ni à Oùssym (1).

« Or la pyramide dans laquelle fut inhumé ce Qarâbâche est la
plus grande de celles qui se trouvent au nord du monastere d'Aboù-
Hermès : à la porte étoit une pierre de Kédân, longue de deux coudées sur une de large, et chargée de caractères en lapis lazuli ; ces
caracteres ressembloient à ceux qu'on voit sur les anciens édifices
(les berby) de la haute Égypte (c'étoit conséquemment des caracteres hiéroglyphiques). On montoit à cette porte par des degrés,
dont quelques uns étant entiers, permettoient de s'introduire
dans l'intérieur de la pyramide, qui renfermoit le trésor de son

---

(1) Ou Aùssym, en qobthe *Bouchem.* C'étoit un siege épiscopal situé en-deçà
du Caire, selon Vansleb. Le même voyageur, ou plutôt le P. Portaïs, dont il nous
a conservé la relation, indique auprès du village de Temeh une église dédiée à
amba *Fam il Aussymy,* c'est-à-dire à l'abbé Fâm, natif d'Aùssym. — Il y a tout
lieu de croire que Aùssym faisoit partie du kiâchefliq de Djyzeh, et se trouvoit
conséquemment dans le voisinage de Memphis, dit M. *J. M. Hartmann* (*erdbes-*
chreibung und Geschichte von Africa, das Paschalik Ægypten, p. 668.) *[Hist. de l'égl. d'Alexandr. p. 17. Relation d'Égypte, p. 368.]*

J'ajouterai que cet endroit se trouve fréquemment indiqué dans l'*Historia patriar-*
charum alexandrinorum de Renaudot ; ouvrage plein de recherches et de critique,
que notre savant allemand a oublié de consulter, aussi-bien que l'*Oriens christia-*
nus : ces deux ouvrages lui auroient fourni un grand nombre de noms de lieux ; il
y auroit vu que Wissim, comme écrivent Renaudot et le P. Lequien, fut long-
temps réuni pour la jurisdiction ecclésiastique avec Djyzeh, et il auroit trouvé les
noms de différents évêques de Wissim et Djyzeh ; car c'étoit un seul et même
diocese qui portoit le nom de ces deux cantons. Leurs noms n'étant point indiqués dans la table de l'*Hist. patriarcharum,* j'ai cru devoir citer en marge les
pages de cet ouvrage où ils se trouvent mentionnés. *[Pag. 199, 207, 231, 277, 289, 385, 463, et 473.]*

fondateur, tant en or qu'en pierres précieuses. La porte de cette pyramide est maintenant obstruée par les pierres tombées du sommet; mais en montant dessus on la reconnoît aisément. (1) »

Cette description laisse sans doute beaucoup à desirer ; cependant je crois qu'elle peut suffire pour reconnoître cette pyramide, et établir son identité avec celle de Ssakharah, que les Arabes nomment encore aujourd'hui *él-Haram él-Muderredjeh* (la pyramide à gradins). On a déja vu qu'elle avoit six degrés ou étages ; elle est recouverte en pierres de taille. La construction intérieure consiste en petites pierres minces, séparées par un lit de mortier en sable jaune, épais de six pouces ; il y a deux crevasses dans le flanc méridional : c'est probablement par ces crevasses que l'on pénétroit dans l'intérieur de l'édifice. Il ne faut pas confondre, je crois, cette pyramide avec celle que l'on nomme communément *él-Haram él-Kebyreh él-Bahhyreh* (la grande pyramide septentrionale), l'une des plus remarquables de Ssakharah ; elle est également ouverte. Pietro della Valle et Pococke y ont pénétré et trouvé plusieurs salles. Elle est construite en pierres de taille blanches, tandis que celle dite d'*Aboù-Hermès* n'est composée que de moëllons et de mortier ; particularités qui se retrouvent dans l'autre pyramide. Je ne rechercherai pas si c'est la même qui fut bâtie par Asychis, successeur de Mycerinus, en briques faites avec le limon du lac ; ce qui ressembleroit assez à la boue du Fâyoùm : mais peut-être faudroit-il nous engager beaucoup plus avant dans ces boues pour y chercher la pyramide d'Asychis ; l'incertitude de la découvrir, ainsi que les

---

(1) Al-Maqryzy ajoute ailleurs (toujours dans le même chapitre des *Pyramides*) que, « quand Hermès mourut, on l'enterra à Memphis dans un endroit nommé *Aboù-Hermès* ». On voit qu'il confond les pyramides de Djyzeh avec celle d'Aboù-Hermès. Quoique nous ne connoissions pas précisément ces dernieres, les matériaux suffisent pour établir entre elles une distinction non équivoque. — « En 579 (1183-4), on découvrit la maison d'Hermès dans le territoire de Bousséïr, canton de Djyzeh, et l'on y trouva des figures d'animaux en pierres précieuses, en cuivre, etc. » *Al-Maqryzy, Description de l'Egypte,* article des *Pyramides*.

deux du roi Mœris, nous fait renoncer à des recherches aussi arides
que superflues, et nous allons visiter maintenant les pyramides de
Djyzeh ou de Memphis. Je ne parlerai que des trois plus grandes, parcequ'elles sont les seules sur lesquelles les Grecs, les Arabes, et
les Indiens nous donnent quelques renseignements plus ou moins
fabuleux. Suivant le témoignage de Pline et celui de Diodore, les
naturels ne s'accordent pas depuis très long-temps sur les fondateurs
de ces immenses édifices. Voici pourtant les opinions les plus
accréditées.

La plus grande de ces pyramides est attribuée à Chéops, cet in-
digne successeur du vertueux, du juste Rampsinite. Diodore de
Sicile nomme ce prince *Chembes* ou *Chemmis*, et place sept rois
fainéants entre Rampsinite (qu'il nomme aussi *Remphis*) et Chembes
(ou Chéops). Le frere de Chéops lui succéda, et voulut l'imiter en
tout : il fit donc construire une pyramide, qui n'approcha pas à la
vérité de la premiere ; elle n'a ni édifice souterrain, ni canal qui y
conduise les eaux du Nil. Hérodote nomme ce prince *Chephren*, et
même *Chebreis* suivant quelques manuscrits. Ce dernier nom
ressemble beaucoup à celui de Chabryïs que Diodore lui donne,
en observant, d'après différents auteurs, que ce n'étoit pas le frere,
mais le fils même de Chéops ou Chemmis.

Mycerinus, autre fils de ce monarque (en adoptant l'opinion de
Diodore sur Chabryïs) laissa une pyramide carrée, mais beaucoup
plus petite que les deux autres. Certains Grecs l'attribuent à la
courtisane Rhodopis. Hérodote assure qu'ils se trompent ; car elle
n'a pas vécu sous Mycerinus, mais sous Amasis, c'est-à-dire un
grand nombre d'années après la mort des rois qui ont fait construire ces pyramides.

Suivant Manéthon dans Jules Africain (1), et dans Eusebe (2),
« ce fut Suphis, contempteur des dieux, second roi de la qua-

---

(1) In *Syncelli, Chronographiâ*, p. 56.
(2) *Ibidem*, p. 57.

trieme dynastie memphitique ; qui éleva la plus grande des pyramides , la même qu'Hérodote attribue à Chéops ». Diodore dit que l'on nomme aussi pour fondateur de cette même pyramide Armaïs, frere de Sésostris , Amasis pour la seconde, et Inaron (1) pour la troisieme.

La chronologie égyptienne est tellement obscure , que je n'essaierai pas même de rechercher à quelle époque on peut placer les personnages dont je viens de citer les noms. Je ne me flatterois point de décider dans une note des questions non encore résolues , malgré les profondes recherches des plus illustres savants. J'ai donc cru devoir me borner à présenter en peu de mots et avec précision les opinions que les écrivains grecs disent avoir puisées chez les Égyptiens mêmes relativement aux fondateurs des pyramides ; mais jamais les uns ni les autres n'ont attribué ces monuments au berger Philition , qui conduisoit ses troupeaux dans le voisinage ; c'est une erreur du docteur Shaw, qui , suivant le docte et vénérable Larcher, aura lu l'historien grec un peu trop rapidement : il est fâcheux que cette erreur ait été aveuglément adoptée par deux savants Anglais d'un mérite très distingué, M. Wilford, dans son *Mémoire sur l'Egypte et le Nil, d'après les anciens livres des Hindoux*, et M. Thomas Maurice, dans son *Histoire ancienne de l'Hindoustán*. Nous croyons bien comme eux que les rois pasteurs (2) ont joué un grand rôle en

Hérod. t. II , p. 245 , note.

Asiat. Research, t. III , p. 228.

Maurice's Hist. of Hindoostan , etc , t. II, p. 147-149.

---

(1) Quelques manuscrits portent *Maron* au lieu d'*Inaron* : c'est l'un des nombreux personnages auxquels on attribue les pyramides, suivant Diodore de Sicile .... τὴν δὲ τρίτην Ἰνάρωνα. *Bibliotheca Histor.* lib. I, §. XIV, t. I, p. 75, edit. Wesselling.

(2) D'après différents extraits des Pouranas donnés par M. Wilford dans le *mémoire* que nous avons déja cité, « M. Thomas Maurice conclut, 1° que les *Palibothri* ou *Pallibutra* composoient la tribu indienne la plus nombreuse, la plus puissante et la plus fameuse qui existât encore du temps d'Alexandre. Les domaines des conquérants dans l'Inde s'étendoient de l'Indus, ou au moins de la riviere la plus orientale du Pendj-âb jusqu'aux limites orientales du Bengale ; 2° que cette tribu professoit la religion sivite, pour laquelle elle fut persécutée et chassée

Histor. of Hindoostan , t. II, p. 147-149.

Égypte ; mais ont-ils jamais eu la puissance et les moyens nécessaires pour construire les pyramides ? J'en doute; en outre, aucun monument historique ou fabuleux ne l'atteste. Je ne me permettrai pas de décider si les pyramides sont antérieures ou postérieures à ces rois pasteurs ; mais j'ai tout lieu de croire qu'ils sont les mêmes que ceux que les Arabes nomment *amalékytes*. Ils vinrent de l'Yémen s'établir en Égypte, du temps de Chédâd, fils de A'âd, dont nous avons déja parlé avec l'incertitude que les Arabes témoignent sur la réalité de cette expédition.

Quoiqu'il nous paroisse impossible de découvrir seulement quelques conformités entre les personnages indiqués par les Grecs ou par les Égyptiens que les Grecs consultèrent, pour être les fondateurs des pyramides de Memphis, et ceux dont les écrivains arabes et indiens nous ont transmis les noms, on ne sera pas fâché sans doute d'avoir au moins la nomenclature de ces noms : nous y joindrons quelques détails sur les personnages mêmes, en laissant au lecteur le soin et la liberté d'en apprécier l'authenticité et l'exactitude.

Suivant Ibrâhym ben-Oùessỳf-Châh (1), « les deux grandes pyra-

---

de son pays natal : elle porta en Syrie, dans la Palestine, qui lui dut son nom, et en Égypte, les dogmes sivites et phalliques, et le culte du feu. Embarqués au port de Phœnice, ils passèrent en Angleterre et dans l'Occident ; 3° c'est la race primitive, qui, sous le nom de *rois-pasteurs*, enleva l'Égypte à ses premiers possesseurs, les kuchytes. La démonstration de leur existence est la meilleure réponse qu'on puisse faire à la question que M. Bruce suppose lui être faite *Travels*, t. I, par ses lecteurs : d'où et à quelle époque ces pasteurs sont-ils venus en Égypte? p. 397. Elle est plus satisfaisante que celle que ce voyageur, dépourvu du secours des livres sanskrits, a proposée. Ajoutons que la singulière relation qu'il nous donne dans la même page, d'après la chronique d'Axuma, d'un serpent qui conquit la province de Tigra, est confirmée par différentes chroniques indiennes qui en indiquent la véritable source allégorique », etc. Voy. *Thom. Maurice's History of Hindoostan, its arts, its sciences, as connected with the History of the others great empires of Asia, during the most ancient periods of the world.*, t. II, p. 147-149 (London 1798, *in-4°.*)

(1) *Akhbâr Messr oùé A'djâïblâ.* Je ne me permettrai pas de décider si c'est le titre d'un chapitre ou de l'ouvrage même d'Ibrâhym ben-Oùessyf Châh. Quel que

mides d'Égypte furent construites par Soùryd, fils de Sahloùq, treizieme roi de la dynastie antédiluvienne, qui régnoit à Amsoùs trois cents ans avant le déluge. Voici en peu de mots les raisons qui déterminerent ce souverain à élever des monuments aussi prodigieux.

Voy. ci-dessus p. 221 note.

« Il eut un réve dont je fais grace au lecteur, et qu'il raconta aux savants de sa cour : ces savants, qui avoient le titre de *káhen*, étoient au nombre de cent trente ; leur chef se nommoit *Qélymoùn*. Celui-ci avoit eu aussi un réve, non moins extraordinaire que celui du roi, qui leur ordonna de consulter les astres pour obtenir l'explication de ces deux songes. Les savants obéirent, et découvrirent, par des

Voy, ci-dessus p. 188 note.

---

soit cet ouvrage, je ne peux pas le reconnoître dans celui intitulé, *Djeoùdher él-Boulhoùr oùé Oùáqáy'i él-Doùhoùr fy Akhbár él-Dyár él-Messryeh* (pierreries des mers, et évènement des siecles dans l'histoire des provinces d'Égypte), que Hhâdjy-Khalfah et d'après lui d'Herbelot attribuent à Ibrâhym ben-Oùessyf-Châh. Ce dernier dit que « c'est un abrégé historique de l'Egypte depuis les temps les plus reculés jusqu'au regne de Sélym, qui conquit l'Égypte sur les mamloùks »: J'observerai d'abord que d'Herbelot auroit dû dire, « jusqu'au regne de Soléïman fils de Sélym »; car le nom de ce sulthân termine la liste des souverains mentionnés dans le manuscrit d'après lequel il a fait sa notice, et que j'ai maintenant sous les yeux. Ce manuscrit, *in-4°* de cent soixante-dix-neuf pages, ne porte aucun nom d'auteur, et a été copié en l'an 1033 de l'hégire (1624). Le sulthân Soléïmân mourut le 13 ssefer 973 de l'hégire (30 août 1566); de maniere qu'on ne peut soupçonner le copiste d'avoir fait une continuation au texte de l'auteur original, qui vivoit probablement dans le seizieme siecle de l'ere vulgaire, tandis que, par une inadvertance fort étrange, d'Herbelot, en citant une *Histoire de la ville de Soùs, en Afrique*, par le même Ibrâhym ben-Oùessyf-Châh, place sa mort en 599 (1202); ce qui me paroît d'autant plus juste, que cet auteur est souvent cité par âl-Maqryzy mort en 845. Concluons donc que le *Djeoùdher âl-Boulhoùr*, dans lequel il est également cité, et qui ne contient aucun titre de chapitre semblable à celui qui se trouve au commencement de cette note, ne peut lui être attribué, à moins qu'on n'admette qu'il a existé deux écrivains absolument de même nom; supposition nullement invraisemblable, mais qui n'est appuyée sur aucune autorité, puisque l'ouvrage qu'on voudroit attribuer au second ne porte pas de nom d'auteur.

Bibliot. orient. t. II, p. 142, édit. in-4°.

observations astrologiques, qu'il y auroit d'abord un déluge d'eau,
et ensuite un déluge de feu, qui jailliroient de la constellation du
lion ». — Un autre auteur nous fournira bientôt de plus amples détails sur ces phénomenes ; mais continuons le récit d'Ibrâhym-Châh.

« Ces deux fléaux devoient s'étendre sur les quatre points de l'univers. Le roi demanda si l'Égypte seroit enveloppée dans cette calamité ; ils lui répondirent : « Oui, le déluge en couvrira la plus grande
« partie, et il durera deux ans ». — « Voyez, continua le roi, si ce
« pays redeviendra aussi florissant qu'il l'étoit, ou s'il demeurera
« enseveli sous les eaux ». Il les invita encore à poursuivre leur
explication ; et ils ajouterent : « Un roi entreprendra d'exterminer
« les Égyptiens, et les pillera : la nation des Machoùhoùn, qui
« habite les bords du Nil (1), entreprendra aussi d'exterminer les
« Égyptiens, et conquerra une grande partie du royaume, ou dé-
« tournera le cours du Nil ; et les habitants éprouveront la plus
« affreuse disette. »

D'après tous ces renseignements, le roi ordonna que l'on con-
struisît les pyramides, et que l'on pratiquât un canal, par le moyen
duquel le Nil y entreroit et se rendroit dans un lieu qu'il indiqueroit.
On fit des recherches dans l'Occident et dans le Ssa'id pour remplir
les pyramides de talismans, de merveilles, d'idoles : il commanda
d'y renfermer les corps des rois ; les grands prêtres eurent ordre
de graver sur les murailles des pyramides toutes les sciences oc-
cultes que cultivent les habitants de l'Égypte ; ils peignirent toutes
les étoiles, et inscrivirent les noms des remedes, leurs propriétés
utiles ou nuisibles, l'art des talismans, l'arithmétique, la géométrie,
en un mot toutes les sciences et tous les arts expliqués pour ceux
qui entendent la langue égyptienne : on y plaça aussi un bassin
destiné à contenir l'eau préparée (2), et autres objets semblables.

---

(1) Probablement du côté de la Nubie.

(2) Quelques manuscrits portent *mudaïret* (qui circuloit) au lieu de *mudebberet*
(qui étoit préparée). On verra dans le paragraphe de la *destination des pyramides* quel pouvoit être l'usage de cette *eau préparée*.

3. 35

« Quand on s'occupa de construire les pyramides, on commença
par tailler d'énormes colonnes et par scier des pavés d'une grandeur
prodigieuse ; on tira du plomb de l'Occident, et des pierres du
canton d'Éçoùân (Syene) : ces matériaux servirent aux fondations
des trois pyramides, la pyramide orientale, l'occidentale, et la
pyramide peinte. On transporta ces pierres au lieu de la construction, en y plaçant des inscriptions magiques qui les faisoient rouler
d'elles-mêmes. Après avoir posé une pierre, ils enfonçoient dans
un trou creusé au milieu de cette pierre une verge de fer, dont
l'autre extrémité s'adaptoit ensuite dans la pierre supérieure que
l'on avoit eu soin également de percer par le milieu : on scelloit
ensuite le tout avec du plomb fondu. On fit une porte haute de
quarante coudées à chaque pyramide. La porte de la pyramide
orientale regardoit l'orient, et se trouvoit à cent coudées du centre
de la muraille de cette pyramide ; la porte de la pyramide occidentale regardoit l'occident, et étoit à cent coudées du centre de la
muraille ; celle de la pyramide peinte étoit au sud, et également à
cent coudées du centre de la muraille. Si l'on creusoit au-delà de
cette distance, on trouveroit la porte du canal qui conduiroit à celle
de la pyramide même.

« On éleva chaque pyramide à cent coudées au-dessus du niveau
du sol : les cent coudées dont nous parlons étoient des coudées
royales qui valent cinq cents de celles dont nous nous servons
maintenant (1). Chaque face de ces pyramides a cent de ces anciennes coudées ; ensuite on polit la superficie à la hauteur de trois
cents de nos coudées. Quand elles furent terminées, on les couvrit
d'une étoffe brillante depuis le haut jusqu'en bas, et l'on célébra

---

(1) J'avois cru d'abord qu'il y avoit ici erreur de la part du copiste, et qu'il devoit
y avoir seulement une coudée un cinquieme au lieu de cinq coudées ; mais le même
passage se retrouve littéralement dans Murtâdi, *Merveilles de l'Égypte*, page 42.
Ces coudées ne doivent pas être confondues avec les coudées hâchemytes qu'on
nomme aussi *royales*, mais qui, suivant différents auteurs, n'ont qu'un cinquieme de plus que les coudées communes.

une grande fête à laquelle assisterent tous les sujets de l'empire. On pratiqua dans la pyramide occidentale trente magasins en granit très dur, qui furent remplis de richesses, d'idoles, de figures faites avec des pierres précieuses, d'outils de fer, d'armes qui ne contractent point de rouille, de morceaux de verre malléable et qui ne se casse pas, de talismans merveilleux, de différentes sortes de remedes simples et composés, et de poisons mortels.

« On fit dans la pyramide orientale des especes de spheres qui représentoient le mouvement du système céleste et des étoiles ; on y sculpta les différentes idoles faites par leurs ancétres, la fumée des parfums qu'ils brûloient en l'honneur des étoiles pour se les rendre propices, le tableau de ces étoiles, le lieu qu'elles occupent dans le système céleste, et le changement que ce lieu éprouve successivement. On y renferma les annales et les histoires des évènements passés et des prédictions pour l'avenir, l'histoire de tous ceux qui devoient posséder l'Égypte jusqu'à la fin des siecles : on pratiqua dans cette pyramide des bassins dans lesquels les eaux circuloient (1).

« La pyramide peinte contenoit les corps des grands-prétres dans des cuves de pierres d'Éçoüân noires : auprès de chacun de ces corps est placé un livre qui indique les merveilles opérées par ce grand-prétre, l'histoire de sa vie, et des prédictions sur les évènements qui doivent se succéder depuis le commencement des siecles jusqu'à la fin. Les murailles étoient couvertes des représentations de leurs idoles, des productions de leur industrie, et des secrets de leur science, sans en oublier une : on y avoit aussi accumulé les richesses que l'on offroit aux étoiles, et celles qui appartenoient aux grands prêtres, ce qui formoit des sommes incalculables.

« Chaque pyramide eut son gardien : celui de la pyramide occidentale est une idole effroyable de pierres d'Éçoüân ; elle se tient

---

(1) Ce passage a été traduit par Greaves d'après A'bdoûl-Hhokm, mais avec des omissions, et même des contre-sens, dont on peut s'assurer en conférant ma version avec celle de ce savant, qui se trouve dans sa *Pyramidographia*, t. I, p. 110-115 de ses *Miscellaneous works*, publiés par Birch, en 2 vol. *in*-8°. London 1737.

debout, et comme armée en guerre : un serpent environne sa tête, et ce reptile s'enlace autour de celui qui s'approche de l'idole, lui serre le cou et l'étrangle, ensuite il retourne à sa place.

« Le gardien de la pyramide orientale est une idole d'agate noire et blanche : ses deux yeux sont ouverts et brillants; il est assis sur un trône, et armé : celui qui le regarde entend tout-à-coup une voix qui sort d'auprès de lui; il est frappé de terreur, il tombe sur le visage, et il y reste jusqu'à ce qu'il meure.

« Enfin le gardien de la pyramide peinte est une idole faite d'une pierre nommée *behet*, elle est assise sur un siege de la même pierre; elle a la vertu d'attirer vers elle celui qui la regarde; il y reste fortement attaché jusqu'à ce qu'il meure, sans pouvoir s'en séparer.

« Soùryd confia ensuite la garde de ces pyramides à des esprits aériens, et il leur offrit des sacrifices pour empêcher d'entrer dans les pyramides quiconque n'auroit pas coopéré à leur construction. » On nous dispensera de donner la description grotesque de ces esprits que l'on voit souvent, disent-ils, faire le tour des pyramides à midi et au coucher du soleil (1). »

Suivant une tradition répandue parmi les vieillards de l'Égypte, et qui nous a été conservée par un nommé Ibn-O'féïr, les pyramides furent construites par un roi arabe nommé Djénâd ben-Sâd ben-Chamar ben-Chédâd ben-A'âd ben-A'oùd ben-Irem ben-Sém ben-Noùahh (Noë). Ce prince régnoit à Alexandrie, que l'on nommoit alors Irem aux colonnes : on prétend que son regne dura trois cents ans. On verra, dans l'article des *Inscriptions*, celle qu'il fit graver sur les pyramides : on les attribue aussi à Chédâd ben-A'âd, un des ancêtres du précédent. Puisque j'ai promis de rapporter, malgré leur absurdité, les contes les plus remarquables des Arabes touchant

---

(1) Les fables que les Arabes nous racontent sur ces gardiens et ces esprits attachés aux pyramides ne seroient-elles pas fondées sur les figures monstrueuses disposées probablement à l'entour de ces monuments, et dont le sphinx est la seule qui subsiste? Nous parlerons plus amplement de ces figures fantastiques à l'article de la *destination des Pyramides*.

les pyramides, on me pardonnera peut-être la longueur de celui-ci,
qui n'est pas tout-à-fait dénué d'un certain genre d'intérêt, malgré
l'obscurité qui enveloppe les principaux personnages qui s'y trouvent nommés. « Aboù-A'bdoùllah-Mohhammed ben - Sélâmeh âl-
Qodhâ'ï (1) raconte, d'après A'ly ben él - Hhaçan ben - Khalef
ben-Qadyd, qui le tenoit de Yahhya ben-O'tsmân ben-Ssâlehh, qui
cite lui-même Mohhammed A'ly ben-Ssakhar él-Temymy, qu'un
étranger d'Égypte, du canton que l'on nomme *Qefth*, lequel étoit très
versé dans tout ce qui concerne ce pays, qui en étudioit les anciens
livres, et qui recherchoit les mines et les trésors, dit avoir trouvé

---

(1) Il est auteur d'un ouvrage intitulé, *Él-Mokhtâr fy Dzikr él-Khothath oùé
él-Atsâr* (Choix dans la description des divisions territoriales et des monuments).
« Il mourut, dit âl-Maqryzy, en 454 (1062), avant les années de la calamité : la
plus grande partie des objets mentionnés dans son ouvrage est détruite ; il n'en
reste que le souvenir et l'emplacement, à cause des malheurs que l'Égypte éprouva
pendant les années de calamités survenues depuis 457 (1064) jusqu'à 464 (1071-72),
pendant lesquelles la famine et la peste exercerent leurs ravages. Les habitants périrent, et le pays fut inculte et désolé au point de devenir méconnoissable ».
Aboùlfedâ nous apprend que âl-Qodhâ'y est auteur de trois autres ouvrages; savoir,
1° *Kétâb âl-Chéhâb âl-Akhbâr* (l'Étoile brillante de l'histoire) touchant les sentences, les proverbes et la morale, tirée des sentences du prophete ; 2° *Al-Embâ
A'n âl-Ambyâ* (Instruction d'après les prophetes); c'est, je crois, le même
ouvrage que Hhâdjy-Khalfah désigne sous le titre de *Al-Embâ fy Hhadyts*
(instruction sur les traditions du prophete), et qu'il attribue aussi à él-Qodhâ'y :
3° *Téoùârykh él-Kholafâ* (Histoire des khalyfes). Voyez la préface du *Moùâ'edt
oùé él-I'itibâr*, ou Description topographique de l'Égypte, par Taqy éd-dyn âl-
Maqryzy. *Abulfedæ annales moslemici, ex editione arabico-latina Adler.*
t. III, p. 188, et la Bibliotheque de Hhâdjy-Khalfah, aux différents titres des ouvrages que nous venons d'indiquer.

Quant au fragment dont parle ici âl-Qodhâ'y, c'étoit probablement un de ces
rouleaux que l'on trouve dans les linceuls des momies, et qui contiennent des
inscriptions en hiéroglyphes et en caracteres cursifs. Sans vouloir donner plus de
confiance à la traduction du moine de Qélymoùn qu'elle n'en mérite, on peut en
conclure au moins que, même après l'apparition de l'islamisme, l'intelligence des
caracteres égyptiens n'étoit pas perdue, ou au moins quelques savants de cette
nation prétendoient l'avoir conservée. Nous reviendrons bientôt sur cet objet.

dans ces anciens livres que des gens, ayant voulu creuser une sépulture dans le couvent d'Aboù-Hermès auprès des pyramides, découvrirent un mort enveloppé de linceuls, et qui avoit sur la poitrine un papier roulé dans du linge : en tirant ce papier, on vit une écriture inconnue ; c'étoit de l'ancien qobthe : on chercha quelqu'un pour l'expliquer, et l'on ne trouva d'abord personne. On apprit enfin que, dans le couvent de Qélymoùn (1) situé dans le Fâyoùm, il y avoit un religieux capable de déchiffrer cet écrit, et qui passoit pour exercer la magie ; on le lui porta, et il le lut en effet. Or en voici le contenu.

« La premiere année du regne de Dioclétien, j'ai copié ceci sur un écrit qui datoit de la premiere année du regne de Philippe. Ce prince avoit fait transcrire son exemplaire d'après l'original qui étoit en caracteres d'or. Il avoit chargé de cette copie et de cette traduction deux freres qobthes, dont l'un se nommoit Abloù, et l'autre Tsaouân. Le roi Philippe leur demanda comment il se faisoit que tous deux sussent lire ce qui étoit indéchiffrable pour les autres hommes. Ils lui répondirent qu'ils descendoient du seul habitant de l'Égypte échappé au déluge, parceque Noé l'avoit pris avec lui dans l'arche. Il vint en Égypte avec quelques enfants de Khâm, et y resta jusqu'à sa mort : ses enfants hériterent de lui la science des anciens caracteres égyptiens, et la transmirent à leurs descendants de pere en fils. Or, depuis cette époque jusqu'à celle où Philippe fit traduire cet écrit, on compte 2372 ans, et 1785 ans seulement depuis qu'on en avoit fait une copie en lettres d'or jusqu'au regne de Philippe. En voici le contenu.

---

(1) Notre auteur veut probablement désigner ici le monastere de l'abbé Samuel sur le mont Qélymoùn, au-delà et non loin de la ville de Fâyoùm, et d'un endroit nommé *Désyeh*. Vansleb est le seul voyageur qui, à ma connoissance, fasse mention de Qélymoùn, qu'il nomme *monte Kelmon*. *Relazione dello stato presente dell' Egitto*, p. 205. Ce monastere et cette montagne ont échappé aux recherches de M. Hartmann, qui n'en fait point mention dans son *Erdbeschreïbung-und geschichte von Africa, das paschalik Ægypten*. 1er Band. Hamburg 1799.

« D'après nos observations astronomiques, nous avons prévu qu'un fléau descendroit du ciel et sortiroit de la terre ; ensuite nous avons cherché à savoir quels seroient ses effets, et nous avons connu qu'il ravageroit la terre, qu'il en détruiroit les animaux et les plantes : d'après cette certitude, nous avons fait part de nos découvertes à notre roi Soùryd, fils de Sahloùq, et nous lui avons dit : Ordonne que l'on bâtisse un tombeau pour toi, un pour ton fils et tes parents. Il fit donc bâtir pour lui la pyramide orientale, l'occidentale pour son frere Herdjyb, et la pyramide peinte pour le fils d'Herdjyb : on construisit aussi des édifices nommés *Afroùchât* (1), tant dans la basse que dans la haute Égypte. Nous avons écrit sur les murailles de ces édifices les principes les plus secrets, ceux de l'astrologie, de la magie, de la géométrie, de la médecine, et autres sciences, en indiquant les propriétés bonnes ou nuisibles des choses ; tout cela expliqué pour ceux qui entendent notre langue et qui lisent notre écriture. Ce fléau doit s'étendre sur les quatre points cardinaux de l'univers, lorsque le cœur du lion passera à la premiere minute de la téte du cancer, les astres se trouvant dans la position que nous allons décrire ; le soleil et la lune dans la premiere minute de la téte du béliér, Saturne au premier degré vingt-huit minutes du bélier, Jupiter au vingt-neuvieme degré vingt-huit minutes des poissons, Mars dans le vingt-neuvieme degré trois minutes de ce signe ; Vénus dans le ventre des mêmes poissons, vers le vingt-huitieme degré et quelques minutes ; Mercure aussi dans les poissons, vers le vingt-septieme degré et quelques minutes ; la téte et la queue du dragon dans la balance ; l'apogée de la Lune au cinquieme degré et quelques minutes du lion (2).

---

(1) Ou *Aqtâroùndt*, suivant le texte d'âl-Maç'oùdy. Je n'ai pu me procurer aucun renseignement sur la véritable leçon de ce mot ni sur sa signification.

(2) Les planetes dont il est ici question sont désignées, dans le texte arabe, sous la dénomination qui leur est propre dans cette langue, et sous une autre dont mon auteur ne désigne point l'idiôme ; savoir, Saturne, *Qronoùs* ou *Teqroùys* ; Jupiter, *Zaoùch* ; Mars, *Arych* ou *Arys* ; Vénus, *Afroùd* ; Mercure, *A'thâred* ; le

Nous cherchâmes ensuite à connoître ce que deviendroit l'Égypte après cette grande catastrophe. Nos observations astronomiques nous apprirent qu'un autre fléau tout opposé succédera au premier; ce sera un feu qui consumera les quatre parties de l'univers. Nous avons voulu savoir à quelle époque éclateroit ce fléau, et nous avons vu que ce seroit lorsque le cœur du lion passeroit à la derniere minute du quinzieme degré du lion , le Soleil étant avec lui en conjonction dans la même minute, et en aspect trine avec Saturne et l'arc du sagittaire; Jupiter dans le premier degré du lion , vers la fin de l'embrasement, et Mars avec lui dans la même minute; la Lune dans le verseau en opposition avec le Soleil , et avec elle la queue du

---

Soleil , *El-yás ;* la Lune , *Selyn.* Il est aisé de reconnoître la conformité de la plupart de ces mots avec les noms que les Grecs ont donnés à ces mêmes planetes : ceux-ci les ont-ils empruntés des Égyptiens , c'est ce qui nous paroîtroit assez probable ; mais nous n'osons le soupçonner d'après le peu de ressemblance des noms qobthes de ces planetes avec leurs noms grecs. Comme un pareil sujet ne peut être approfondi dans une note , je me contente de renvoyer le lecteur à l'*OEdipus AEgyptiacus* du P. Kircher , t. I, p. 385; t. III, p. 179-181.

Je ne dois pas terminer cette note sans ajouter qu'il a fallu me borner à traduire ici les principales observations astronomiques indiquées dans ce passage, qui présente des obscurités de plus d'un genre : en outre, l'auteur fait allusion à des mysteres, à des procédés astrologiques, avec lesquels je ne suis point familiarisé. Après avoir extrait ce qui me semble mériter quelque attention , j'ajouterai , pour les savants curieux de recourir au texte même , que ce passage se trouve, avec de légeres variantes, dans l'*él-Mokhtár* , etc. , d'âl-Qodha'ï et dans le *Moroûdje él-Dzeheb*, d'âl-Maç'oùdy, qui cite un astronome nommé Aboù-Ma'char , auteur d'un ouvrage intitulé, *Ketáb él-Oùloùn.* Le titre de cet ouvrage n'est pas probablement entier, et je n'ai pu le rétablir, ne l'ayant pas trouvé dans la bibliotheque de Hhâdjy-Khalfah ni dans la Biographie d'êbn-Khaliqân. J'ai tout lieu de croire que cet astronome est le même qu'Aboù-Ma'char Dja'far ben-Mohhammed ben-O'mar âl-Bâqy , auteur de tables astronomiques, suivant Hhâdjy-Khalfah , qui n'indique pas l'année de sa mort; mais il doit être au moins contemporain d'âl-Maç'oùdy , Voy. ci-dessus p. 273, qui mourut dans le milieu du dixieme siecle, cent huit ans avant âl-Qod'hâ'y : c'est pourquoi j'ai cru devoir conférer le passage dont il s'agit sur le texte d'âl-Maç'oùdy, que nous possédons à la Bibliotheque nationale, sous le n° 599.

dragon dans le vingt-deuxieme degré. Il y aura une grande éclipse
de lune, le dragon se trouvant en conjonction avec cette planete,
Mercure derriere lui, Vénus étant stationnaire, et Mercure ré-
trograde.

« Le roi leur dit : Savez-vous si nous éprouverons d'autres fléaux
que les deux dont vous venez de parler ? Ils lui répondirent : Quand
le cœur du lion occupera un tiers des mansions de la lune, il ne
restera aucun animal vivant sur la terre ; et, lorsque les mansions
seront entièrement parcourues, le systéme céleste se dissoudra et
s'écroulera sur la terre. — Et quel jour arrivera cette dissolution du
systéme céleste ? — Le second jour après qu'il aura commencé à
s'ébranler. Tel étoit le contenu de cet écrit.

« Le même auteur continue, et dit que le roi Soùryd, fils de
Sahloùq, étant mort, on l'enterra dans la pyramide orientale ;
Herdjyb fut enterré dans la pyramide occidentale, et Keroùrès dans
celle dont le bas est en pierres noires, et le haut en pierres nommées
kerdán. Chacune de ces pyramides a une porte qui conduit à un
canal souterrain : chaque canal a cent cinquante coudées de long.
La porte de la pyramide orientale regarde le Bahhyreh ; la porte du
souterrain de la pyramide occidentale est tournée vers le couchant ;
et la porte de la pyramide couverte d'un revêtement, vers le midi.
Or ces pyramides renferment une prodigieuse quantité d'or et d'émé-
raudes. L'écrit dont nous venons de parler fut traduit du qobthe en
arabe le premier du mois égyptien de thoth, qui est le premier
jour de l'ascension du soleil de l'an 225 de l'hégire (839-40), 4321
années solaires (1), depuis la construction des pyramides. On

_____

(1) Le 29 août 839, la sixieme année du regne d'ál-Mo'tassem, successeur
d'ál-Mâmoùn. — 3941 ans, suivant A'bdoùl-Rachyd ál-Bâkoùcy, qui rapporte un
court précis de ce qu'on vient de lire, dans sa cosmographie intitulée, *T'elkhyss él-
Atsár fy A'djáïb él-Melek él-Qahár* (livre exposant les traditions sur les merveilles du roi tout-puissant), n° 585 des manuscrits arabes de la bibliotheque
nationale : on en trouve un extrait fort étendu dans le second volume des *Notices
des manuscrits* et dans les *Mémoires sur l'Égypte, publiés pendant les campagnes
du général Bonaparte*, p. 384-403. — Ce passage exigeroit un ample commentaire.

3.   36

chercha ensuite à connoître combien d'années s'étoient écoulées depuis le déluge jusqu'à ce jour, et l'on trouva 1741 ans 59 jours 12 heures quatre cinquiemes et 59 quatre centiemes d'une heure; on défalqua ce nombre d'années du total que nous venons d'indiquer, et il resta 399 ans 205 jours 10 heures et 21 quatre centiemes d'heure; et l'on connut que c'étoit le nombre égal à celui des années, des jours, et des fractions de jours antérieurement au déluge depuis la composition de cet écrit. »

L'année de l'hégire 225, indiquée par él Qodha'ï et par A'bdoûl-Rachyd, et dans laquelle cet ancien manuscrit fut traduit en arabe, correspond à l'an 839-40 de l'ere vulgaire. Le khalyfe régnant alors étoit Mo'tassem-Billah, fils du célebre Hâroùn, frere et successeur d'ál Mâmoùn, à qui l'on attribue l'ouverture de la grande pyramide.

Voyez le paragraphe des *Inscriptions*.

On s'occupoit beaucoup à cette époque de la recherche des trésors en Égypte, et il y a tout lieu de croire que ces recherches n'étoient pas infructueuses. Les princes qui les ordonnerent n'avoient certainement pas assez de richesses pour subvenir aux profusions qu'ils faisoient en fondations pieuses et en constructions (1). C'est probablement vers la même époque que l'on pénétra dans une petite chapelle sépulcrale située au centre de l'esplanade qui termine la grande pyramide : au milieu de cette chapelle étoit une espece de tombeau surmonté de deux pierres du plus brillant poli, et peintes de diverses couleurs. Sur chacune de ces pierres étoient deux statues aussi en pierres, qui représentoient un homme et une femme tournés en face l'un de l'autre : l'homme tenoit à la main une table de pierre portant une inscription ; la femme avoit un miroir, dont la monture étoit dorée et sculptée. Un vase de pierre, avec un couvercle d'or, se trouvoit entre les deux statues : en levant le couvercle, on vit une espece de poix qui n'avoit pas d'odeur ; cette poix étoit dessé-

---

(1) C'est l'opinion de mon estimable et trop modeste collegue le cit. Laporte du Theil : il l'a développée d'une maniere aussi ingénieuse que savante dans le texte provisoire qui accompagne la sixieme livraison du *Voyage pittoresque de la Syrie*, *de la Phénicie*, *et de la basse Égypte*, par le cit. Cassas.

chée , et enveloppoit une boîte d'or pleine de sang frais et liquide :
le contact de l'air coagula ce sang et le dessécha.

Les tombeaux avoient un couvercle de pierre que l'on leva , et
l'on trouva un homme couché sur le dos comme s'il dormoit : il étoit
parfaitement bien conservé , et desséché ; les cheveux paroissoient
encore à travers ses vieux linceuls : auprès de ce cadavre étoit celui
d'une femme arrangée de même , et aussi-bien conservée.

Enfin cette petite salle contenoit des idoles couchées et debout ,
et des outils dont on ne connoît plus maintenant les formes (1).

Il est fâcheux que Aboù-Ya'qoùb ne nous indique point de quelle
maniere on pénétra dans cette salle sépulcrale ni à quelle distance
elle se trouvoit être de la superficie du sommet de la pyramide. Je
ne dois pas même dissimuler que d'après le texte de notre auteur on
pourroit bien la placer sur ce sommet; mais comme aucun autre
écrivain ne parle d'un semblable édifice , il me paroît inutile de profiter d'une certaine obscurité de texte pour adopter un sens qui
pourroit paroître hasardé , malgré les conjectures de Vansleb. Ce *Nouvelle rela-*
tion d'Egypte ,
voyageur soupçonne qu'il doit y avoir eu des statues sur l'esplanade p. 140.
de la grande pyramide : il atteste même avoir vu les trous des cram-
pons qui servoient à maintenir ces statues. On connoît le fameux
cercle d'or placé sur la pyramide d'Imandès , et enlevé par Cambyses. Les deux pyramides de Mœris étoient surmontées chacune
d'une statue colossale. Il n'est donc pas déraisonnable de conjecturer
que l'esplanade de la grande pyramide fût destinée à recevoir quelque
couronnement , comme celui dont nous venons de parler , et ceux
des édifices à forme pyramidale qui existent encore aujourd'hui dans

---

(1) Al-Maqryzy , de qui j'ai tiré ce paragraphe , cite le *Fihricet ál-Ou'loùm*
(Encyclopédie des sciences) par Aboùl-Faradje Mohhammed ben-Isshhâq ál-
Nédym (le commensal). « C'est un catalogue des ouvrages sur les sciences anciennes , et des livres grecs , persans , indiens , qui existent (traduits) en arabe ,
avec leurs caracteres ». Il est fâcheux que Hhâdjy-Khalfah , qui nous donne cette
trop courte notice , n'ait pas rempli l'année de la mort de cet auteur , qu'il nomme
Aboù-Ya'qoùb Mohhammed ben-Isshhâq ál-Nédym.

l'Inde, aux royaumes d'Ava et du Pégou. Je n'essaierai pas même de prononcer sur l'antériorité respective de ces monuments, qui ont entre eux tant de ressemblance, quoique séparés par une si grande distance ; je remarquerai seulement que les plus anciens livres sanskrits font mention des pyramides d'Egypte, mais sans aucune indication chronologique. L'ancienneté de ces livres prouve au moins que les relations entre l'Égypte et l'Inde remontent à une époque bien reculée.

Asiatick research. t. III, p. 226, édit. *in-8°.*

Maurice's Hist. of Hind. t. II, p. 151.

Suivant un des dix-huit *pourana* (1), intitulé, *Mohacalpá*, « un ancien roi de l'Inde, nommé *Chastrayana*, parcequ'il étoit profondément versé dans les quatre *vedes* et dans les *chastra* ou commentaires des vedes, et surnommé *Vatsa*, parcequ'il descendoit d'un sage ainsi appelé, passa un siecle dans une caverne obscure du *Crichnaguiri* (la montagne noire) sur les bords du *Cáli* (le Nil). Son unique occupation étoit de pratiquer des actes d'une grande austérité. A la fin Vichenou, surnommé *Guhaçáya* (habitant des cavernes), lui apparut, et lui promit un enfant mâle ; c'étoit tout ce que celui-ci desiroit. Vichenou ajouta que cet enfant se nommeroit *Tamóvasta* (obscurité), par allusion au sombre séjour où son pere avoit pratiqué les plus rigoureuses austérités pour l'obtenir. Tamóvasta fut un prince guerrier et ambitieux, mais rempli de sagesse et de piété : il fit les plus grands actes de dévotion en l'honneur de Vichenou, dans la vue d'accroître son empire, et Dieu lui accorda ce qu'il desiroit.

« Ayant appris que le *Messrasthán* (l'Égypte) étoit gouverné par un homme puissant et injuste, nommé *Nirmaryáda* (2), il se mit en

---

(1) *Pourana* est un mot sanskrit, qui signifie *science*, comme *Chastra* signifie *histoire*, *récit en vers*. Les dix-huit *pourana* contiennent les dix-huit livres de l'histoire mythologique des Hindoux ; ils sont très postérieurs aux Vedes. Voyez les *Recherches histor. et géograph. sur l'Inde, par Bernoully, Anquetil*, etc., t. 1, p. 194.

(2) M. Wilford trouve que ce nom a quelque ressemblance avec le Nemrod de l'Écriture.

marche à la tête d'une armée d'élite , et, sans lui déclarer la guerre ,
il entreprit de rendre la justice aux habitants, et leur donna l'idée d'un
bon roi. Ayant reçu avec dédain une missive de Nirmaryâda, celui-ci
s'avança contre lui , et périt dans une bataille sanglante qui dura
douze jours, et dans laquelle Tamòvasta (1) fit des prodiges de valeur.
Ce conquérant s'assit paisiblement sur le trône de l'Égypte ; et la
gouverna avec la plus grande équité.

« Son fils Bâhyavasta se consacra aux pratiques religieuses , et se
retira dans une forêt.

« Rucmavasta , fils de ce dernier , et à qui son pere avoit résigné
l'empire, aima tendrement son peuple , et fit tellement fleurir son
pays, que , sans recourir aux concussions , ses seuls revenus lui
suffirent pour amasser des sommes considérables, avec lesquelles il
éleva trois montagnes, appelées *Rucmadri* , *Rajatadry* , et *Retnadri* ,
ou la montagne d'or , celle d'argent, et celle de perles. »

M. Wilford ne doute pas que ces trois montagnes, bâties près de
Messrasthân, ne soient les trois grandes pyramides voisines de Memphis , ville nommée Messrasthân dans les anciens livres sanskrits.

« On les aura nommées montagnes d'or, d'argent et de pierreries,
continue le même savant , parcequ'elles surpassoient les autres en

-----

(1) Ce Tamòvasta paroît être le Timaus , sous le regne duquel , suivant
Manethon, une horde obscure vint hardiment s'emparer de l'Égypte, et y commit
les plus grands actes de barbarie, tuant les hommes et emmenant les femmes en
esclavage avec leurs enfants. « Les Hindous disent que ces conquérants étoient
commandés par Tamòvasta, qui se conduisit avec la plus grande équité envers les
naturels , mais extermina presque entièrement l'armée du roi. Quoiqu'il soit aisé
de reconnoître ici le même personnage , les faits qu'on lui attribue ne se ressemblent pas ; et si l'on accuse les écrivains hindous , il ne faut pas oublier non
plus que Manethon , à qui nous devons d'ailleurs des faits très curieux , n'est pas
toujours d'une véracité bien austere. Tamòvasta s'étoit établi dans une ville , que
les Hindous nomment *Tamòvastasthân* , et qui pourroit bien avoir été la ville de
Thmuis , depuis *T'mayéh* , laquelle a , peut-être, dans les derniers temps,
donné son nom à la branche phatmétique ; de là sera venu le nom de *Tamiathis* ,
aujourd'hui *Damiette*.

magnificence ; c'étoit sans doute pour indiquer , suivant le style des Orientaux , que la premiere étoit revêtue en marbre jaunâtre ; la seconde , celle d'argent , parcequ'elle avoit un revêtement de marbre blanc ; la troisieme , que l'on nommoit la montagne de pierreries , étoit supérieure aux deux autres , à cause de son revêtement en marbre d'un beau grain , et susceptible du plus brillant poli.

Suivant les mêmes pouranas , ces pyramides sont des monuments de l'ostentation de Rucmavasta , mais non de sa tyrannie ; car, suivant l'expression du Mohacalpâ , ce souverain chérissoit son peuple comme ses enfants. Il fit travailler les Égyptiens , uniquement afin de les tenir en haleine, et de prévenir les désordres ou les rebellions qui pourroient éclater parmi eux.

De toutes les recherches que nous venons de communiquer au lecteur il résulte que le nombre des fondateurs des pyramides indiqués par les Grecs, les Latins , les Arabes, et par les Indiens, est fort considérable , et je doute qu'avec tout le talent imaginable pour trouver les étymologies , on parvienne à découvrir quelque conformité entre les noms de Chéops , Chephren , Mycerinus, Suphis, Armaïs, Inaron, et ceux de Soùryd, de Herdjyb, de Keroùrès, de Chédâd , de Djémâd , et de Rucmavasta, etc. Je ne me permettrai qu'une seule remarque : parmi ces noms il y en a qui sont purement de pays et non appellatifs. Chéops , par exemple , me paroît dérivé de *Qobth* ou *Coptos.* Cette étymologie ne blesse point les regles fondamentales de la langue ni celles de la prononciation ; ce peut encore être la traduction du nom de *Chemnis* , corruption de *Kham* (chaud, brûlé, noir), ancien nom de l'Égypte ; de là *Khami*, égyptien : quant à Mycérinus, il est probable que ce nom dérive de *Messr* ou *Messir* , autre nom de l'Égypte.

§. III.

Forme et dimension des Pyramides.

A'bdóllathyf,
p. 50. « Il y a, disent les Arabes , de grandes et de petites pyramides , des rondes et des carrées ; les unes ont la surface polie, les autres sont

divisées par degrés ou par étages ». — Cette derniere forme particuliere à plusieurs pyramides du Fâyoùm dépose en faveur de leur
antériorité relativement aux pyramides de Ssakharah et de Djyzeh;
elle leur donne en outre une ressemblance frappante avec les pyramides et autres édifices coniques de l'Inde. Nous aurons occasion,
dans un des paragraphes suivants, de développer ce rapprochement
d'une maniere beaucoup plus détaillée.

La pyramide de Lâhoùn et celles de l'intérieur du Fâyoùm ne nous
sont pas assez bien connues pour que nous osions décrire avec précision et les dimensions et la forme qu'elles avoient originairement,
ou qu'elles ont conservées. Vansleb, qui a vu celle de Hhavârâ à la *Nouv. relation d'Egypte, p. 272.*
distance d'environ six cents pas, lui a trouvé beaucoup de ressem-
blance avec la seconde pyramide de Djyzeh pour la hauteur et la
largeur; mais, réduite pour ainsi dire en poudre par la longueur du
temps, elle ressemble plutôt à une montagne de sable qu'à une py-
ramide. Les Arabès assurerent au voyageur Pococke qu'elle est *Observ. on Egypt. p. 66.*
construite en briques crues. Quant aux pyramides, dont le même
voyageur a découvert des vestiges au nord du village de Bayamoùt,
plus avant dans le Fâyoùm, il ne les auroit pas même reconnus s'il
n'eût vu l'angle d'une de ces pyramides dont il donne le dessin, et
qui lui sert à la restituer. D'après ses mesures, ces pyramides devoient avoir six cents dix pieds anglais de haut sur cent vingt de
large. Elles sont bâties d'une maniere toute particuliere; de larges
pierres de taille formoient des massifs solides aux arétes et dans le
centre de l'édifice, et peut-être même au milieu de chaque côté,
comme on pourroit le soupçonner d'après les vestiges de la muraille
d'une de ces deux pyramides.

La pyramide de Méïdoùm, que l'on nomme la *fausse pyramide*,
est divisée en quatre étages, dont chacun a vingt-deux pieds de *Description des pyramides de Ghiz. par Grob. p. 12.*
hauteur verticale : elle est située sur une colline coupée en pyra-
mide tronquée, et égale à la hauteur même de l'édifice qu'elle
supporte; c'est sans doute à cause de cela qu'on la nomme la
fausse pyramide.

Les savants de l'expédition d'Égypte nous donneront certainement des dimensions bien exactes et bien détaillées des pyramides de Dahchoûr et de celles de Ssakharah , parmi lesquelles on en remarque deux sur-tout qui ne le cedent pas à la seconde, et méme à la première de Djyzeh. Il nous reste maintenant à parler de ces dernieres , dont nous ne connoissons que depuis peu de temps les véritables dimensions. Les Arabes paroissent les avoir prises plus d'une fois , mais avec peu de soin , et sur-tout ils ont employé des mesures qui nous sont bien peu connues ; de maniere que l'évaluation présente des difficultés insurmontables , et des résultats de l'exactitude desquels nous avons tout lieu de douter. On me permettra donc de ne pas insister trop long-temps sur les différentes mesures présentées par les auteurs arabes que j'ai consultés , et de ne pas chercher méme à en donner l'évaluation (1).

Voyez la note
de la page 255.A'bdoûl-Ryhhân âl-Byroûny nous apprend que le khalyfe âl-Mâmoûn fit monter sur le sommet de la grande pyramide un homme muni d'un cordeau long de mille coudées royales : cette coudées est d'un cinquieme plus longue que la coudée commune. On trouva que cette pyramide avoit quatre cents coudées royales sur chacune de ses quatre faces : cet homme n'employa pas moins de trois heures pour parvenir au sommet de la pyramide.

Memorabil.
AEgypt. p. 53.« Les géometres, dit A'bdôllathyf, donnent à chacune des deux grandes pyramides quatre cents coudées de longueur pour chaque face mesurée à la base , sur autant de hauteur perpendiculaire,

---

(1) Malgré tous les travaux d'Édouard Bernard (*de Ponderibus et Mensuris veterum*), de Fréret (*Mémoires de l'acad. des inscriptions*, t. XXIV, p. 437), de d'Anville (*traité des Mesures itinéraires*), nous ne pouvons établir aucune évaluation certaine des différentes coudées anciennes ; celle du nilometre même nous est à peine bien connue. Le citoyen Grobert évalue cette coudée à vingt pouces six lignes. D'après des observations qui paroissent plus exactes, et après avoir nettoyé le Méqyâs et découvert la base de sa colonne, le citoyen Lepere la fixe à 0,54 metr. ; ce qui équivaut à dix-neuf pouces cinq lignes. Nous n'avons pas besoin d'ajouter que les coudées marquées sur la colonne du nilometre sont des coudées noires, lesquelles contiennent , suivant les écrivains arabes , six palmes justes et trois doigts , ou vingt-sept doigts ; car la palme juste est de quatre doigts.

mesure prise avec des coudées noires. La pyramide polie est tronquée à son sommet; ce qui produit une esplanade de dix coudées noires en carré. J'ai vu un archer vouloir lancer une fleche sur une de ces deux pyramides, cette fleche ne tomba point à la moitié de l'édifice.

« On nous annonça, continue le même écrivain (1), que les habitants d'un village voisin faisoient leur profession de monter les pyramides sans difficulté; on nous amena un de ces hommes à qui nous donnâmes une petite gratification, et il se mit à monter avec autant de facilité que nous montons un escalier, et même plus vîte : il avoit pourtant des vêtements et des chaussures très larges. Je lui ordonnai, lorsqu'il seroit parvenu au sommet, de mesurer l'esplanade avec le bandeau de son turban : quand il fut descendu, nous calculâmes la mesure qu'il nous rapporta, et nous trouvâmes que cette esplanade avoit onze coudées communes en carré.

« Un géometre m'a assuré que la hauteur perpendiculaire de la pyramide étoit de 317 coudées, et que chaque face avoit 460 coudées; mais cette mesure est fausse : on peut, sans craindre de se tromper, porter cette hauteur perpendiculaire à 400 coudées; j'en ai fait moi-même le calcul.

L'auteur du Fihricet accuse 480 coudées hâchemytes (ou royales) Voy. ci-dessus
p. 232. de haut sur autant de largé pour chacune des deux grandes pyramides; et Èbn--Thohéïr (2) dit qu'elles couvrent chacune un djéryb.

---

(1) A'bdôllathyf veut probablement parler ici des habitants de Bussyris, village dépendant de Memphis (aujourd'hui Boùssyr, dans le territoire de Djyzeh). Ils étoient très habiles à monter les pyramides, *Hist. nat. XXXVI, cap. XVIII,* (*XII*). Cette remarque du naturaliste romain et du voyageur arabe semble prouver que de leur temps ces pyramides avoient encore leur revêtement, qui offroit une surface polie et difficile à gravir. Depuis que ce revêtement n'existe plus, il est bien moins difficile de les escalader, et les voyageurs n'ont plus recours aux habitants de Boùssyr.

(2) *Al-Fédhâïl ál-Bâhyret fy Mohhacen Messroùé él-Qahyret* (les avantages manifestés dans la beauté de l'Egypte et du Caire, par èbn-Thohéïr); c'est une description historique d'Égypte fort abrégée. Hhâdjy-Khalfah n'en parle pas, et

A'boùl-Hhaçán ál-Maç'oudy ajoute que « les quatre angles de chaque pyramide regardent les quatre principaux vents, mais que le vent qui fait le plus d'impression sur ces monuments c'est celui du midi, que les Arabes nomment le *méricy* (1). J'observerai que ce vent brûlant souffle particulièrement pendant cinquante jours depuis Pâque jusqu'à la Pentecôte, c'est-à-dire en germinal et pendant une grande partie de floréal, et l'espace de temps qu'il regne est nommé *khamsoùn* (cinquante). Il coupe la respiration aux voyageurs, et il est imprégné d'une chaleur dévorante ; il enleve une telle quantité de paille et de sable, que le ciel en paroît obscurci ; cette poussiere pénetre dans les coffres les mieux fermés : c'est pendant le khamsoùn que se déclarent sur-tout les fievres malignes et les dyssenteries, dont les suites sont si cruelles pour le peu qu'on néglige d'administrer promptement les remedes convenables. Au reste, on ne peut donner une preuve plus frappante de la funeste et active influence de ce vent qu'en citant les dégradations qu'il produit sur les pyramides, et même sur les obélisques... Mais continuons nos recherches sur les dimensions des pyramides.

Vansleb ; relat. d'Égypt. p. 36.

Un savant médecin, nommé *Ibn-Redhoùán*, rapporte que « la premiere pyramide, c'est-à-dire la plus grande, ayant été mesurée de son temps, on trouva qu'elle avoit sur chaque face quatre cents coudées d'architectes, ou cinq cents coudées noires ; sa base forme un carré à angles droits ; deux des faces sont dirigées vers le nord et le midi, les deux autres vers le levant et le couchant. »

De Ponderibus et Mensuris, p. 212.

Mohhally, auteur arabe, cité par Ed. Bernard, donne aux deux grandes pyramides « trois cent dix-sept coudées de hauteur perpendiculaire, et quatre cent soixante ou quatre cent soixante-deux coudées sur

---

nous ne pouvons déterminer l'époque où elle fut écrite, quoiqu'il y en ait un exemplaire dans la bibliotheque nationale, sous le n° 878, *in-4°*. Nous pouvons simplement garantir que ébn-Thohéïr est postérieur à ál-Maqryzy, qu'il cite plus d'une fois, et dont il n'a pour ainsi dire fait qu'extraire l'ouvrage sur l'Égypte.

(1) C'est-à-dire originaire de la haute Égypte. Le midi, en qobthe, se nomme μϧ. Voyez Lacroze, *Lexic. Ægypt. latin.*, p. 40.

chaque face de leur base ; sur le sommet se trouve une esplanade de neuf coudées de large : au centre de l'édifice on a ménagé une chambre de marbre, longue de vingt-trois coudées égyptiennes, laquelle renferme une caisse aussi de marbre longue de quatre coudées. » Al-Bâkoùcy donne aux deux grandes pyramides trois cent dix-sept coudées de haut sur quatre cent soixante de large à chaque face.

Au reste, toutes ces mesures paroissent avoir été prises sans de grandes précautions, et il est fort douteux que l'on se soit donné la peine de déblayer le sable pour découvrir le sol et la base véritable des pyramides : nous ne parlons pas de l'imperfection des instruments. Une autre preuve de l'inexactitude de ces mesures, c'est que ceux qui les ont prises, trompés par l'illusion de l'optique, ont cru que les deux pyramides étoient d'égale hauteur, tandis qu'il existe entre elles une assez grande différence ; enfin quelques uns ont cru aussi que la hauteur perpendiculaire de ces édifices étoit égale à leur base ; c'est aussi une erreur d'autant plus pardonnable d'ailleurs, que, jusqu'au moment de l'expédition d'Égypte, les voyageurs les plus estimés l'avoient partagée : plusieurs même donnoient aux pyramides plus de hauteur que de largeur, tandis qu'elles sont au contraire plus larges que hautes, comme il n'est plus permis d'en douter d'après les excellentes opérations du citoyen Grobert et autres savants de l'expédition d'Égypte. Ils n'ont rien négligé pour trouver la véritable base de la grande pyramide, et sont enfin parvenus à reconnoître le rocher sur lequel elle a été construite ; ils ont trouvé deux cent huit assises de pierres, qui forment une hauteur perpendiculaire de 447 (et non 448) pieds 2 pouces sur 728 pieds de base à chaque face ; si on suppose que les quatre faces ont été construites avec la même exactitude. Je ne me permets cette observation que d'après celle de Vansleb (pag. 170), qui croit avoir remarqué que les pyramides avoient deux faces moins larges, de maniere à former un carré alongé et non équilatéral, circonstance qui doit être d'autant moins négligée, que, suivant M. Crauffurd, les Hindoux, par une prévention superstitieuse, ne donnent jamais à leurs édifices une forme parfaitement carrée, mais toujours un tant soit peu oblongue ; la différence est

Telkhyss él-Atsâr, etc. p. 61 du manuscrit, et 396 des Mémoires sur l'Egypte.

Maillet, Pococke, Norden, etc.

Description des pyramides de Ghisé, p. 447.

Sketches relating to the hist. religion, etc. of the Hindoos. t. I, p. 106, seconde édit.

quelquefois si légere, qu'on ne l'apperçoit pas à la simple vue.

La seconde pyramide a trois cent quatre-vingt-dix-huit pieds de haut sur six cent cinquante-cinq de base ; elle étoit originairement recouverte d'un enduit composé de gypse, d'un peu de sable, et de quelques cailloux ; il se conserve assez blanc, et réfléchit un peu de lumiere : voilà pourquoi des voyageurs ont assuré que cette pyramide étoit de granit fin. — Les auteurs arabes disent qu'elle a été polie après qu'on a eu posé les pierres par gradins.

La troisieme pyramide a deux cent quatre-vingts pieds de base apparente sur cent soixante-deux de haut : elle a fort peu d'assises enterrées dans le sable ; et l'on ne peut les compter sur la face septentrionale, parcequ'elle est dégradée jusqu'à la moitié de sa hauteur. Les travaux qui ont occasionné cette dégradation ne sont pas tout-à-fait aussi récents que le cit. Grobert paroît le croire. Nous aurons bientôt occasion d'indiquer à quelle époque ils furent entrepris. Quant au revétement de cette pyramide, nous pensons comme lui qu'il a été enlevé dans des temps très modernes ; car des auteurs arabes, trompés par ce revétement, ont cru que la pyramide étoit construite en granit rouge (1) : les fragments de ce granit, entassés à l'entour de sa base, conservent encore l'appareil des deux parements taillés à l'équerre ; ce qui prouve que sa surface même étoit disposée par gradins. Il y a tout lieu de croire que le revétement qui couvroit cette surface étoit composé de plusieurs especes de pierres ou marbres. D'abord le granit rose antique d'Éléphantine, que l'on croit être le pyropœcylon de Pline, c'est une des plus belles pierres que l'on connoisse, et susceptible d'un magnifique poli ; en outre, d'un quartz agate veiné également susceptible d'un beau poli, d'un autre quartz agate orange, etc. Le noyau de ces pyramides est formé d'une pierre calcaire très légere à grains fins, et d'un gris blanc facile à tailler ; l'eau de pluie la pénetre aisément, de maniere qu'elle ne doit

---

(1) La troisieme pyramide, quoique plus petite, dit Pline, est pourtant plus remarquable à cause des pierres d'Éthiopie. *Hist. natur.* lib. XXXVI, cap. XVII, t. II, p. 738, ex edit. Harduini, et t. X, p. 677, ex edit. Franzii.

sa longue existence qu'à la sécheresse du climat. Dans un pays mieux cultivé que l'Égypte, et sur-tout plus peuplé de végétaux à hautes tiges, il n'y a pas de doute que les pyramides, maintenant à nu, n'essuient de promptes dégradations. Ces observations n'auront certainement pas échappé aux fondateurs, et c'est ce qui les aura déterminés à recouvrir ces énormes masses d'un revêtement infiniment plus dur que la pierre même dont leur massif est composé.

§. IV.

Inscriptions des Pyramides.

OUTRE les inscriptions trouvées dans les pyramides, et que nous aurons occasion de rapporter dans les paragraphes suivants, il y a tout lieu de croire qu'on en avoit aussi gravé sur le revêtement de ces mêmes pyramides. J'ai déja transcrit, d'après Hérodote, la ridi- *Voy.* ci-dessus cule inscription placée par Asychis sur la pyramide qu'il fit élever, soit t. I, p. 158. dans le Fâyoùm, soit à Ssakharah. Le même historien nous apprend que « l'on avoit gravé en caracteres égyptiens, c'est-à-dire en caracteres cursifs et non hiéroglyphiques, sur la pyramide de Chéops, *Herod.* liv. II, combien il en avoit coûté pour les ouvriers, en raiforts, en oignons, ch. 125, p. 104. et en aulx. » En outre, les figures d'animaux, sculptées en grand sur *Id.* chap. 148, la pyramide ou sur une des pyramides situées à l'angle où finit le p. 124. labyrinthe, avoient probablement quelque sens mystérieux, et pouvoient être regardées comme des hiéroglyphes. Ce n'est point, je le sais, l'avis de Norden, qui croit les pyramides antérieures à l'invention de ces caracteres, ni celui du savant Larcher, qui prétend « qu'aucun historien n'a remarqué qu'il y eût des hiéroglyphes sur les pyramides ». Il croit que le P. Vansleb, qui atteste en avoir vu, et *Nouv. relation* qui regrette de n'avoir pas eu le temps de les copier, « aura pris *d'Egypte,* pour des hiéroglyphes les restes des inscriptions dont parlent les p. 173. historiens grecs, lesquelles étoient en caracteres ordinaires. Le haut de la première pyramide, que les voyageurs nomment la seconde, est encore revétu de marbre poli, où l'on n'apperçoit pas la moindre trace qui indique qu'il y ait eu des hiéroglyphes ». Mais c'est positivement sur le côté septentrional de cette pyramide , communément attribuée à Chephren , que le savant Greaves , dont on connoît toute l'exactitude et la véracité , atteste « *avoir vu une ligne , seulement une* « *ligne gravée en caracteres égyptiens sacrés , tels que ceux dont* « *se servoient les prêtres , suivant Hérodote et Diodore* , etc. » (1).

D'après des faits aussi-bien établis , on ne récusera peut-être pas le témoignage des auteurs arabes , qui s'accordent unanimement à placer sur les pyramides des inscriptions musnâdes , barthyques , et grecques (2). Nous n'exigerons pas à beaucoup près la même con-

---

(1) *Greaves's Pyramidographia , or a description of the pyramids in AEgypt.* , p. 142 et 143 de l'édition donnée chez Brindley en 1736, et annexée à celle des *Miscellaneous works of Greaves* , publiée par Thom. Birch en 1737 : le même passage se retrouve dans l'extrait de la *Pyramidographia ,* placée au commencement du premier volume de la *collection des Voyages de Melchisedech Thevenot* , oncle du célebre voyageur , et garde de la bibliotheque alors du roi , page 20 , ligne 36.

(2) « Il y a aussi des inscriptions grecques dans l'intérieur de la premiere pyramide , dit Salamech ben-Qand , Ghady âl-Ssâlehhy (de la secte de Ssâlehh) , dont le nom entier pourroit bien être Aboùl-A'bbâs Ahhmed ben Khalyl êl-Ssâlehh , dans sa cosmographie intitulée , *Al-Bostân fy A'djâïb âl-Ardh oùé âl-Boldân* (verger des merveilles de la terre et des pays) , en arabe. L'auteur dit avoir principalement compulsé le *livre des Merveilles* , par Qazoùyny , 1 vol. ; un autre *traité des Merveilles* , par âl-Hharany , 1 vol. ; un troisieme *traité des Merveilles,* par âl-Maç'oùdy , 1 vol. ; les *Prairies d'or* , par âl-Maç'oudy le Grand (Voyez ci-dessous p. 292) ; *Pénétration des horizons* par dés empereurs romains (grecs) , 1 vol. ; *Prés et Lieux de délices* , par le Cheykh Mohhammed âl-Qothby , nommé âl-Oùâthoùâth , 2 vol. ; *Livres des nœuds* d'êbn-A'bd-Rabbo , 10 vol. ; *Abrégé de l'Histoire universelle* d'Aboùl-fédâ , 1 vol. ; *traité de la Vie et de la Mort des hommes illustres* , par êbn-Khâliqân , 4 vol. ; *Soulagement des affligés* , par êbn-Wassel* , 2 vol. ; *Histoire des temps ; Formes et figures des orbes célestes ; Instructions morales* du Qâdhy Chéhâb-êd-dyn âl-Taqryzy. — Cet ouvrage est divisé en sept chapitres : le premier traite du système céleste ; le second traite de la terre habitée et inhabitée en général , des climats , etc. ; le troisieme des mers , des isles , des lacs , des fontaines , des fleuves ; le quatrieme des montagnes , des pierres merveilleuses ; le cinquieme des pays et des peuples en général ; le sixieme des

fiance dans la traduction qu'ils nous donnent de quelques unes de ces inscriptions; comme elles se ressemblent presque toutes, au point qu'il est aisé de reconnoître qu'ils n'ont pour ainsi dire fait que se copier les uns les autres, je me bornerai à citer les deux qui m'ont paru les plus remarquables : elles étoient, disent-ils, en caracteres musnâdes : « *Moi Soùryd, roi, j'ai construit ces pyra-* « *mides en tel temps; je les ai terminées en six années : que celui* « *qui me succédera et croira m'égaler les détruise en six cents ans.* « *Il est pourtant plus aisé de détruire que d'édifier : je les ai revê-* « *tues d'une étoffe brillante; qu'il les revêtisse de nates, s'il le* « *peut* ». Malgré les soupçons assez bien fondés que l'on peut concevoir relativement à la découverte et au sens de cette inscription, la multitude de témoignages des auteurs arabes qui la rapportent avec fort peu de variations n'est peut-être pas à dédaigner entièrement. Tous, à l'exception d'un seul, s'accordent à placer cette découverte sous le regne d'âl-Mâmoùn; mais él-Hhaoùqély semble hésiter entre ce khalyfe et Mo'tassem son successeur. « Il réfléchit sur le contenu de cette inscription; et en effet le produit des impositions de l'Égypte n'auroit pas suffi pour détruire les pyramides. Les impôts, sous son regne, étant répartis avec justice, et perçus avec douceur envers les cultivateurs, ne produisoient, lors même que le Nil atteignoit dix-sept coudées dix doigts, que 4, 2, 57000 dynârs (1), à raison de deux dynârs par feddân (2). Le souverain renonça donc à

---

animaux, des génies, des végétaux, etc.; le septieme des vestiges des anciens édifices appartenants aux rois, aux mages.... Cet ouvrage a été imprimé en arabe seulement à Rome, en 1595, chez Dominique Basa, *in-*4°; il n'a jamais paru; on en trouve une notice fort détaillée dans le *Catalogo dei codici orientali della bibliotheca Naniana*, par Simon Assemani, p. 151-172.

(1) 63,8,55,000 fr., en évaluant le dynâr à 15 fr. pour terme moyen. L'Égypte contenoit donc dans le huitieme siecle 2123500 feddân, ou 4,300,000 arpents cultivés, comme on va le voir par la note suivante.

(2) L'unité de mesure superficielle, dit le citoyen Girard, membre de l'Institut d'Égypte, se nomme *feddân;* c'est une surface de 432 cannes carrées; la canne a 3 metres 99 centimetres de longueur : ainsi le feddân équivaut à 6877 metres 48 *Mémoir. sur l'Egypte pend. les campagnes de Bonaparte,* p. 354.

une entreprise dans laquelle il ne pouvoit se flatter de réussir. »

Le même écrivain affirme que les murailles des pyramides étoient chargées d'inscriptions grecques et autres, dont plusieurs subsistoient encore au dixieme siecle, d'après le témoignage d'Aboùl-Hhaçan âl-Maç'oùdy (1). « On n'en connoît pas, dit-il, les caracteres, et l'on ne peut en savoir conséquemment le contenu. »

Suivant Ebn-O'féïr, un prince, à qui l'on attribue aussi la fondation des pyramides, y fit graver l'inscription suivante : « Moi

---

Nechq ĕl-Azhár, p. 57.

centimetres carrés ; ce qui revient à deux arpents un centieme, mesure de Paris. « Ben-Ayâs dit que le territoire de l'Égypte se mesure en feddân, long chacun de 400 qassabah (cannes) hhâkemytes sur un qassabah de large : chaque qassabah contient six coudées un tiers à mesurer les étoffes (*dserá'a ĕl-qamâche*) ou cinq coudées communes (*dserá'a ĕl-a'mel*) : au reste ces mesures ont beaucoup varié.

(1) « *Mouroùdje ĕl-Dseheb oùé Mo'áden, ĕl-Djoùher fy l-tárykh* (prairies d'or et mines de pierreries touchant l'histoire), par Aboùl-Hhacan A'ly ben ĕl-Hhocéïn ben-Aly âl-Maç'oùdy, mort en l'an 346 (957). L'auteur nous apprend lui-même qu'il commença par composer un gros livre, qu'il intitula, *Akhbár âl-Zémán* (Histoire du temps); ensuite il l'abrégea, et le nomma *Al-Oùéceth* (le Médiocre) : enfin il voulut rassembler ce qu'il avoit développé, et abréger ce qu'il avoit mis dans une forme moyenne ; il en forma l'ouvrage dont il s'agit, en y ajoutant différentes sciences et histoires des nations. « Nous avions donné, dit-il, les noms des historiens des différents siecles, les vies et les classes de savants, depuis les compagnons des prophetes et leurs successeurs jusqu'en l'an 335 (946-7) dans deux ouvrages, intitulés, *Akhbár âl-Zémán* et *âl-Oùéceth*. Nous avons nommé celui-ci *Mouroùdje ĕl-Dseheb*, à cause du prix excessif des choses qu'il contient : nous l'offrons à présent aux nobles, parceque nous y avons rassemblé tout ce qui est nécessaire ; ce qui doit exciter à l'étudier et à le connoître. Nous n'avons négligé aucune espece de sciences, de facultés ou d'histoires, et nous les rapportons en détail ou en abrégé, etc.... » L'auteur lance ensuite des malédictions contre quiconque aura l'audace de faire des additions ou des retranchements à son livre. Cette notice est

Not. extr. des manuscrits, t. I, p. 1-67.

tirée de la *Bibliotheque* de Hhâdjy-Khalfah. Je me suis d'autant plus volontiers déterminé à l'insérer ici, que le cit. de Guignes, qui a donné un extrait fort étendu du *Mouroùdje ĕl-Dseheb*, a négligé de consulter notre bibliographe ; c'est certainement par inadvertance que le même savant, dans le titre de son extrait, nous représente Maç'oùdy comme un *écrivain du douzieme siecle de l'ere chrétienne*, lisez *dixieme siecle*.

« Chedâd-le-Fort qui fais fleurir l'agriculture, qui plante des po-
« teaux, des colonnes, qui bâtis des villes, qui rassemble des ar-
« mées, qui éleve des colonnes, qui réprime les rebelles : ses des-
« cendants seront détruits par la tribu, dont le prophete se nommera
« Hhomâd, et cela arrivera quand sept rois de race noire feront une
« invasion dans ce pays. »

Enfin Murtady parle d'un savant aveugle, nommé Madjed él-
Mélik, qui avoit pour guide un esclave éthiopien, et dont « l'unique
occupation, dit-il, étoit de monter sur les pyramides pour en examiner avec les mains les sculptures et l'écriture, dont il ne pouvoit
se lasser d'admirer le sens, en remerciant Dieu de la profonde
science qu'il avoit accordée à ses serviteurs. »

Merveilles d'Egypte. p. 235.

Quoiqu'il n'entre pas dans mon plan de faire des recherches sur
les différentes écritures hiéroglyphiques et alphabétiques des Égyptiens (1), on me permettra de donner quelques détails sur le carac-

---

(1) Les Égyptiens avoient quatre sortes d'écritures ; la premiere hiéroglyphique,
laquelle étoit de deux especes ; la plus grossiere se nommoit *kyriologique*, κυριολογικη
(qui emploie la figure propre), et la figurée, τροπικη, qui étoit plus ingénieuse : la
seconde étoit symbolique, de deux especes aussi ; l'une plus simple, l'autre plus
mystérieuse ; celle-là étoit tropique, celle-ci allégorique ; ces deux especes d'é-
critures, c'est-à-dire l'hiéroglyphique et la symbolique (nommées toutes deux *hiéroglyphes*, l'une propre, et l'autre figurée ou symbolique), n'étoient point composées de lettres alphabétiques, mais de signes ou de caracteres qui indiquoient les
choses sans figurer des mots : la troisieme épistolaire, appelée ἐπιστολογραφικη, parcequ'elle servoit, dans le commerce de la vie, pour les affaires ordinaires : enfin la
quatrieme et derniere se nommoit ἱερατικη (ou hiérogrammatique), parcequ'elle ne
servoit que pour la religion. Ces deux dernieres écritures, l'épistolaire et l'hiérogrammatique, présentoient des mots, et étoient composées de lettres alphabétiques. « — Le docteur Warburton, de qui j'ai traduit ce passage sur l'écriture des
Égyptiens, n'a pas examiné si ces quatre, ou plutôt ces six sortes d'écritures, ont
été en usage dans le même temps ou à différentes époques ; ce qui méritoit pourtant d'être approfondi, d'autant plus que nous savons que Pythagore n'apprit en
Égypte que trois sortes d'écritures, l'épistolaire, l'hiéroglyphique, et la symbolique. On peut voir dans l'ouvrage que je viens de citer un fort ingénieux commentaire sur ce passage de Porphyre et sur un autre passage non moins important

Divin. legat. of Moses, t. II, 3, liv. IV, p. 96, 97.

Porph. de vita Pythag., p. 15, Edit. Kust.

3. 38

tere musnade dont il est souvent mention dans les auteurs arabes
qui ont écrit sur les pyramides, et autres anciens monuments égyptiens. L'origine de cette dénomination nous est absolument inconnue : nous voyons seulement qu'elle sert à désigner les hiéroglyphes
et autres anciens caracteres égyptiens. « Ce caractere, disent-ils,
étoit si concis, qu'on y renfermoit en quelques lignes des sens qui,
traduits dans une autre langue, auroient rempli un grand nombre de
pages ». Ceci me paroît assez bien convenir aux hiéroglyphes qui
devoient, en effet, contenir beaucoup de choses en peu de figures.
Au reste, voici quelques détails tirés d'un ouvrage arabe anonyme,
qui feront connoître l'idée que l'on peut attacher au caractere mus-

de Clément d'Alexandrie. La clarté avec laquelle ce dernier s'explique sur les
hiéroglyphes devoit assez prouver que l'intelligence n'en étoit pas encore entièrement perdue de son temps ; et l'inscription, dernièrement trouvée en Égypte,
ne nous permet plus de douter que ces caracteres ne fussent usités et entendus
sous le regne des Ptolémées. Les prêtres, voulant témoigner à Ptolémée-Épiphanes
toute leur reconnoissance pour les réparations faites par ses ordres à certains
temples, à des digues, à des canaux, et autres monuments d'utilité publique, ont
fait graver cette inscription en *caracteres sacrés, du pays* (ἱεροῖσι, ἐ[γ]χωρίοισι γράμμασι,) et grecs. On pourroit observer avec raison qu'il s'agit dans cette inscription
d'hiérogrammes (γράμμασι ἱεροῖσι) et non d'hiéroglyphes, distinction qui n'est pas
à beaucoup près aussi subtile ni aussi indifférente qu'on pourroit se l'imaginer.
L'hiérogramme pouvoit bien être aussi un caractere toujours par figures, mais
beaucoup plus cursif que l'hiéroglyphique, dont il donnoit souvent l'explication,
comme on le voit sur la table isiaque : la plupart des figures de ce monument sont
accompagnées de petites inscriptions, probablement explicatives dans un caractere
plus cursif, et très semblable aux hiérogrammes de l'inscription d'Égypte : on les
reconnoît encore dans les rouleaux placés sous les aisselles des momies : ce caractere étant plus aisé à tracer que les hiéroglyphes dont il dérivoit, a dû les faire
négliger, et même leur succéder entièrement ; de maniere que l'opinion, vulgairement adoptée touchant la perte de ceux-ci, n'est peut-être pas très mal fondée :
qu'ensuite les hiérogrammes aient été soumis à un système alphabétique, c'est ce
que je serois très porté à croire d'après le retour fréquent de certaines figures :
en outre le mot grec γράμμα, employé par les Grecs, indique assez positivement
des lettres alphabétiques ; celles usitées par les prêtres devoient naturellement
dériver des hiéroglyphes.

nade; « c'est celui, disent-ils, qui appartient aux sept planetes ; les
« partisans de la métempsychose, qui fonderent les temples et autres
« anciens monuments de l'Égypte, s'en servirent pour écrire leurs
« secrets, les principes de leurs sciences, leurs préceptes, les pro-
« cédés de leurs talismans, le culte à rendre aux esprits qui pré-
« sident aux mansions de la lune pendant les quatre saisons, et de
« ceux qui président aux jours et aux nuits. On trouve des fragments
« de ces caracteres dans les anciens livres (1). »

____

(1) Voyez l'ouvrage arabe intitulé, *Hhall ál-Romoúz oúé Fekk ál-Aqlám oúé él-Thelsimát min-Djém'i ál-Mochkeldt*, solution des énigmes, et dénouement de toutes les difficultés des écritures et des talismans, page 10, feuillet 9 verso — 14 recto, nº 1224, *in-12*, des manuscrits arabes de la Bibliotheque nationale, ancien fonds. Outre ces quatorze alphabets musnades, ce manuscrit en renferme beaucoup d'autres, tels que le qobthe ou égyptien moderne, le grec (*roúmy*), le français (*afrandje*), et beaucoup d'alphabets philosophiques, ou plutôt cabalis-tiques; mais les figures en sont tellement grossieres et inexactes, qu'on ne tirera pas à beaucoup près de ce livre tout l'avantage qu'on pourroit en attendre. Cet ouvrage n'est pas indiqué dans la bibliotheque de Hhâdjy-Khafáh, intitulée, *Ketáb Kechef ál-Dténoùn A'n tçámy ál-Koutoúb oúé ál-Fénoùn* (Éclaircissements des doutes sur les noms des livres et des sciences), qui donne pourtant la notice de six ouvrages intitulés, *Hhall ál-Romoúz ;* mais la seconde partie de leur titre ne ressemble pas à celle de celui-ci. « 1º. *Hhall ál-Romoúz oúé Fétahh él-Aqfál ál-Kénoúz* (Solution des énigmes et ouverture des serrures des trésors), par Aboùl-Qâcem-Ahhmed ben-Mohhammed, natif de l'I'râq; c'est un petit traité (*riçáleh*) sur les écritures, sous lesquelles les anciens cachoient leurs sciences et leurs secrets dans leurs trésors. 2º. *Hhall ál-Romoúz oúé Kechef ál-Konoúz fyl-Tessoúaf* (Solution des énigmes et découvertes des trésors sur la mysticité des Ssofy), par le cheykh A'bdoúl-Sélâm ben-Mohhammed ben-Ghânem, natif de Jérusalem et de la secte châfé'yte; c'est un abrégé qui commence ainsi : *Louange à Dieu qui a ouvert*..... 3º. *Hhall ál-Romoúz oúé Mufátyhh ál-Konoúz* (Solution des énigmes et découvertes des trésors), par le cheykh A'lá éd-dyn ben-A'ly dadah, natif de Bosnie, de la secte dès Khâloùaty ál-Noùry; c'est un abrégé divisé en trois cent-soixante demandes : chaque confé-rence contient trente de ces questions, et il y a douze conférences, conformément au nombre des mois. L'auteur a écrit dans le sanctuaire de la Mekke, en l'an 1001 (1593); on nomme encore cet ouvrage *Açoùalat-ál-Hhikmet* (les Demandes de la sagesse). 4º. *Hhall ál-Romoúz fyl-Qarát* (Solution des énigmes dans la lecture),

, L'ouvrage d'où j'ai extrait la citation qu'on vient de lire contient quatorze alphabets musnades de vingt-huit lettres chacun , et divisés en deux séries. Chaque série est composée de sept alphabets , dont les lettres sont disposées suivant l'alphabet arabe , avec la lettre de cet alphabet correspondante à la lettre musnade : celles de la premiere série sont purement alphabétiques, autant qu'on peut en juger d'après la maniere grossiere dont elles sont tracées. On y reconnoît pourtant quelques lettres qobthes , telles que le *chima* , le *dei* , le *dalda* , etc. ; mais ces dernieres sont beaucoup plus communes dans la seconde série, qui contient sept alphabets musnades anciens. On y remarque l'Ibis qui répond au *thâ* (*th*) , la croix à anse placée au-dessus du *lâm* (*l*) , le scarabée au-dessus du *dthâ* ponctué (*dt*) , Osiris dans sa barque au-dessus du *qâf* (*q*) , etc. Il s'en faut de beaucoup que je croie à l'exactitude de l'auteur et du copiste de cet ouvrage ; mais il peut nous servir au moins à établir une proposition assez probable , c'est qu'on aura fini par alphabétiser (1) les hiéroglyphes , et que peut-être même les lettres de l'alphabet égyptien

---

par le cheykh et îmâm Ia'qoûb ben-Bedrân , natif de Moûssel. 6°. *Hhall âl-Romoûz fy Oûaqaf-Hhamzat oûé Hechâm a'la él-Hamzah* (la Connoissance de Hhamzah et de Hechâm sur le Hamzah) , par le cheykh Borhân éd-dyn Ibrâhym ben-Mouçâ , natif de Krak, mort en 853 (1449-5o) ; c'est un traité de grammaire. Aucun de ces livres , comme on voit, ne présente identité avec celui que possede la Bibliotheque nationale, et que j'ai consulté pour mon travail.

The divin. legat. of Mos. t. II , p. 78.

Réflex. sur l'hist. des ano. peuples. t. II , p. 5o1.

(1) C'est l'opinion de Fourmont et de Warburton. Le premier dit que « l'alphabet éthiopien est le seul de tous ceux que l'on connoît qui tient encore des « hiéroglyphes ». J'ajouterai qu'il a cela de commun avec les alphabets sanskrits , thibétains , et indiens en général , que les consonnes supportent les voyelles. J'observerai en outre que les Coréens ont alphabétisé les caracteres chinois ; ils ont choisi dans cette immense écriture hiéroglyphique 168 caracteres dont ils ont formé un alphabet de lettres ou de figures isolées, avec lesquelles ils représentent tous les sons de leur langue. Les Coréens peuvent donc se flatter d'avoir donné un degré de perfection à l'écriture chinoise. J'ai fait cette remarque, qui n'est pas, je crois, sans importance, sur le seul alphabet coréen existant probablement en Europe , et qui m'a été envoyé de Pékin, en 1790, par mon vénérable et savant correspondant M. Amiot.

étoient dérivées des hiéroglyphes ; et ceci explique pourquoi âl-
Maqryzy, en confondant indistinctement tous les alphabets musnades, nous dit que « c'est le même caractere que celui des hhémya-
rytes, qui vient de A'd, prince arabe, et pere de Chédâd, à qui l'on at- *Description des
tribue les pyramides ; il est composé de lettres isolées », c'est-à-dire *pyramides.*
non liées, comme celles des Arabes. Ce caractere n'est donc pas plus
originaire de l'Égypte que les hiéroglyphes qui étoient d'un usage
vulgaire chez les Éthiopiens (1), de qui les Égyptiens les avoient
reçus. Quant aux caracteres musnades ou hhémyarytes, ils avoient
été apportés chez eux par la tribu arabe ainsi nommée, soit dans
l'invasion qu'on lui attribue, soit après son passage de l'Yémen en
Ethiopie, où elle pénétra sans doute par la mer Rouge à une époque
fort reculée (2). C'est après cette émigration que la tribu hhémyaryte,
ou plutôt la colonie originaire de cette tribu arabe, prit le nom de
Hhabech, mot qui répond au latin *convenæ* (gens rassemblés de
différents endroits) : nous en avons fait *abyssin*, et nous avons

---

(1) Παρὰ δὲ τοῖς Αἰθίοψιν ἅπανίας τούτοῖς χρησθαι τοῖς τύποις. *Bibl. hist.* III, 3, p. 176.   *Diod.*

(2) Nous ne croyons pas, dit Ludolfe, que l'on puisse révoquer en doute
l'origine arabe des Abyssins : il ne leur étoit point difficile de traverser un bras de
mer fort étroit (la mer Rouge). Voici, au reste, les principales preuves que nous
pouvons citer de cette émigration.

1°. Leur religion. Les Sabéens, qui étoient les mêmes que les Hhémyarytes,
adoroient le soleil, la lune, et les démons des gentils ; les Abyssins, jusqu'au
moment de leur conversion à la religion chrétienne, ont professé le même culte :
en outre, ils se font encore circonscrire comme leurs ancêtres idolâtres.

2°. Leur physique. L'extérieur, la physionomie et la chevelure des Abyssins
indiquent une origine asiatique : ils n'ont pas les levres épaisses, le nez écrasé, ni
les cheveux crépus comme les Éthiopiens d'Afrique, et ils sont bien moins noirs.

3°. Leur langue. Il n'y a pas de langue avec laquelle l'Éthiopien ait autant de
conformité qu'avec l'Arabe.   *Ludol. Histor.*
Scaliger a donc eu raison de dire que les Abyssins ne sont pas des Éthiopiens   *Æthiop.,*
indigenes (Αἰθίοπις αὐτόχθονις), mais venus d'Arabie, d'où ils étoient certainement   *lib. I, 15, 11.*   *De Emendat.*
originaires, etc. Vide *Job. Ludolfi ad suam Æthiopiæ historiam commentar.,*   *tempor., lib.*
lib. I, cap. I, n° XIX, p. 57.   *VII, p. 680.*

mal-à-propos confondu ces émigrés arabes avec les Éthiopiens (1), qui sont véritablement des Africains autochthones. Au reste, soit que les caracteres hhémyarytes vinssent d'Éthiopie ou directement de l'Arabie, il n'en est pas moins constant qu'ils sont originaires de cette derniere contrée, où il existe encore des fragments d'inscriptions hhémyarytes, particulièrement sur les ruines de la fameuse ville de Dhofar, ancienne capitale de cette tribu, à deux lieues sud-ouest de Djérym, et sur une muraille du village de Hhodâfât, situé sur la route qui conduit de Damas à San'â : enfin M. Nieburh soupçonne avec beaucoup de probabilité qu'il s'en trouve encore à présent dans les montagnes de l'Yémen, sur-tout entre Taœs, San'â, et Téhâmah. Ce voyageur regrette bien de n'avoir pû aller les visiter ; mais un renégat hollandais lui montra, lorsqu'il étoit très dangereusement malade, la copie d'une de ces inscriptions : il crut leur trouver quelque ressemblance avec les caracteres cludiformes de Persépolis. L'état où se trouvoit cet estimable voyageur nous permet de partager ses propres doutes sur la justesse de son observation, et ces doutes sont confirmés par la vue de l'inscription d'Égypte ; on y remarque plusieurs caracteres qui se retrouvent dans le qobthe moderne, et même dans le grec : une étude plus particuliere nous y feroit peut-être découvrir quelque analogie avec le nagary ou alphabet du sanskrit ; ce qui seroit d'autant moins étonnant que, suivant M. Jones (2), des marchands

Description de l'Arab., p. 83.

---

(1) Le nom original de l'Éthiopie est *Gheez* ; les naturels se nomment *Ag-azy*, mot qui signifie *homme libre*. Vide *Job. Ludolfi ad suam AEthiopicam comment.*, p. 56. Cette étymologie n'est point indiquée dans le *Lexicon Heptaglatton de Castel.*, au mot *Gheez*, p. 5g3.

(2) Discourse on the Arabs, t. II, p. 6, des *Asiatich researches or transact. of the society etablished in Bengal*, etc., édit. de Calcutta. Le fait, rapporté par le savant président de la société de Calcutta, doit paroître d'autant moins hasardé, que l'on remarque plusieurs lettres sanskrites dans la portion de l'inscription d'Égypte en caracteres cursifs et sur le rouleau de papyre trouvé sous l'aisselle d'une momie par le cit. Denon. Il est bien à desirer que ce voyageur en joigne une copie à l'inappréciable collection de dessins faits par lui-même, au milieu des plus grands dangers, dans la basse et dans la haute Egypte, et dont les savants attendent la publication avec la plus vive impatience.

hindoux entendirent parler dans l'Yémen le sanskrit ou une langue très ressemblante au sanskrit : ceux de l'inscription d'Égypte sont fort compliqués. Hhâdjy-Khalfah a donc raison de dire « qu'ils sont group- pés comme ceux des Éthiopiens, et qu'ils se lisent de gauche à droite. » — Il n'étoit pas permis indistinctement à tout le monde de les apprendre ou d'en faire usage. Les tobb'a ou souverains hhémyarytes pousserent leurs conquêtes jusque dans la Soghdiân, dont ils n'étoient pas originaires, comme l'a cru M. Nieburh, mais dont ils ruinerent la capitale, nommée *Soghd*, pour y substituer *Samarqand*. Le nom de cette nouvelle ville, en langue hhémyaryte, se prononçoit *Chamar-kend*, c'est-à-dire *Chamar l'a détruit* (1). Une autre

Dans sa Bibl. orient. au mot l'Ilm âl-Khath. Description de l'Arab., p. 83.

Tárykh âl-Amâm (Hist. des nations.)

(1) *Chamar-Kand*. Ce dernier mot est, comme on voit, la troisieme personne şing. de l'indicatif du verbe *kanden*, détruire, arracher, creuser, labourer. Ce verbe se trouve dans le Persan moderne et dans le Pehlvy, l'un des anciens idiômes de la Perse. J'ai déja eu occasion de remarquer dans d'autres ouvrages que les noms de la Mekke et de Médyne, chef-lieux de la religion musulmane et antérieurement de la religion sabéenne, étoient dérivés de la langue persane, dans laquelle ils signifioient, le premier (*Mâh-gah*), lieu où l'on adore la lune; le second (*Mâh-dyn*), religion de la lune. L'ancienne langue persane se trouveroit-elle être la même que l'ancienne langue hhémyaryte, qu'on parloit dans l'Yémen? c'est ce qui est assez probable, et que le savant Jones est fort disposé à croire d'après certains rapprochements entre le persan et l'arabe.

Meninsk. thes. ling. or. t. III, p. 457. Zendavesta, t. III, p. 451. vocab. Zend. pahlvy et françois. Voyage de Thunberg, préface, p. v. Voyage de l'Inde à la Mekke, par A'bdoâl-Kérym, p. 124.

N'oublions pas pourtant que l'on parloit autrefois en Arabie deux idiômes fort différents, le qoraïchyte et le hhémyaryte. La tribu des Qoraïchytes possédoit le Hhedjâz, où se trouvent la Mekke et Médyne. Ainsi l'étymologie que j'ai proposée pour le nom de ces deux villes seroit beaucoup plus plausible si elles se fussent trouvées dans le territoire des Hhémyarytes; mais n'oublions pas que ceux-ci étoient Sabéens, c'est-à-dire adorateurs des astres, et que les Arabes auront donné conséquemment des noms hhémyarytes aux deux chef-lieux de cette religion, situés en Arabie.

Il exista long-temps à Samarqand, sur un belvédere, une inscription en caracteres hhémyarytes, laquelle commençoit ainsi : « *Au nom de Dieu, ceci est un* « *édifice élevé par Chamar-Ya'rech à la souveraine Soleil* » ! En effet, le Soleil étoit la principale divinité des Hhémyárytes : son nom étoit, dans leur langue, comme dans l'arabe moderne, du genre féminin, et celui de la Lune masculin. — Au reste, long-temps avant l'islamisme, les deux idiômes hhémyarytes et qoraïchytes s'étoient fondus au point de ne faire qu'une seule langue, comme on le voit par les anciens fragments de poésie, recueillis et publiés par Schultens.

Imperium Joctanid. ex Hamzâ, p. 27. Monum. vetust. Arab. p. 13-32.

inscription en la même langue subsistoit encore, dans le quatorzieme siecle de l'ere vulgaire, sur une des portes de cette ville, et
indiquoit que de Sanâ'a à Samarqand il y a mille farsangs : ainsi
les mêmes caracteres ont été gravés sur les murailles des pyramides, sur celles des plus anciennes villes de l'Arabie et du nord de
la Perse.

Je ne m'étendrai pas davantage sur les inscriptions des pyramides,
parceque nous allons y revenir dans le paragraphe suivant.

§. V.

Ouverture des Pyramides.

On ne connoît jusqu'à présent que deux pyramides ouvertes, et
dans l'intérieur desquelles il ait été possible de pénétrer, c'est la seconde de Ssakharah, et la grande de Djyzeh.

Pietro della Valle et Pococke ont visité et décrit l'intérieur de celle
de Ssakharah. Nous ne répéterons pas la description qu'ils en
donnent, et qui certainement recevra de grands éclaircissements par
celles que nous préparent plusieurs de nos compatriotes actuellement en Égypte ; nous nous prescrirons la même discrétion relativement à la pyramide de Djyzeh, et nous nous bornerons à rechercher
l'époque et la cause de son ouverture, et les moyens employés pour
y parvenir.

Cette pyramide a-t-elle jamais été entièrement fermée, et l'ouverture a t-elle cessé d'être connue ? c'est ce qu'il est permis d'examiner. Strabon nous apprend qu'en enlevant une pierre placée vers
le centre d'un des flancs de la pyramide, on trouvoit un canal qui
conduisoit au tombeau du roi : à la vérité il ne nous indique point
sur lequel des quatre flancs de la pyramide se trouvoit cette pierre ;
et si on l'eût connue de son temps, cet amateur d'antiquités égyptiennes auroit-il manqué de la faire lever pour visiter l'intérieur de
cette énorme masse ? Peut-être aussi ce canal étoit obstrué par des
pierres placées exprès pour en défendre l'accès aux curieux, et c'est
probablement l'extraction de ces pierres qui aura coûté tant de peines

aux Arabes. La tradition, rapportée par Strabon, conservée dans le pays, ou connue de quelques uns des nombreux savants pensionnés par ál-Mamoùn, leur aura servi à chercher et à découvrir la pierre du canal mentionnée par ce géographe : c'est ce qui me paroît démontré par le seul examen de ce canal, lequel a été incontestablement pratiqué par les constructeurs mêmes de la pyramide : ou bien il faut supposer qu'il en existe plus d'un, et que le hasard seul a fait découvrir celui-ci ; je conviendrai même que c'est à certains égards l'opinion de quelques Arabes, qui disent que « l'entrée pratiquée par ál-Mámoùn n'est point celle qui date de la fondation de la pyramide, mais qu'elle a été trouvée par hasard ». Un pareil hasard seroit véritablement extraordinaire si l'on n'avoit été dirigé par des renseignements, ou au moins des traditions antérieures. Il faut convenir que les Arabes, qui n'épargnent pas, comme on le verra bientôt, les détails vraisemblables et fabuleux relativement aux objets trouvés dans l'intérieur de la pyramide, sont très laconiques pour ce qui regarde les travaux préliminaires : enfin le silence absolu d'él-Makyn, d'Aboùl-fáradje, d'Eutychius et d'Aboùl-fédá, et sur-tout d'un certain patriarche jacobite, nommé *Mar Dionysios*, qui accompagna le souverain musulman en Égypte, et qui a consigné plusieurs faits intéressants (1) dans sa relation, pourroit faire douter qu'on doive lui attribuer cette importante entreprise ; à la vérité le témoignage très positif d'auteurs non moins recommandables que ceux-là ne permet guere de lui contester le mérite d'avoir au moins déblayé ce canal.

« En l'an de l'hégire 217 (2) le khalyfe A'bdoùllah ál-Mámoùn ben-

Aboù-Mohhammed ál-Maç'oùdy. Ebn-Thoheïr, dans Alfa-dháïl él-Bahiret.

___

(1) Tels que la congélation du Nil à cette époque. Le même fait est attesté par Aboùlfaradje dans sa Chronique syriaque. Il dit que « ál-Mámoùn et son compagnon de voyage Mar Dionysios trouverent le Nil gelé ; ce que l'on n'a pas revu ». Voyez *Gregorii Abulfaragii, sive Bar Hebræi Chronicon syriacum*, etc. ex edit. syriaco-latiná, p. 155 (152).

(2) Al-Mámoùn arriva en Égypte le 7 de mohharrem 217 (mercredi 14 février 832). Après avoir appaisé les troubles qui l'y avoient appelé, il en repartit vers la fin de ssafar de la même année, c'est-à-dire que son séjour ne fut pas de deux

Hároùn âl-Rachyd, étant venu en Égypte, se rendit à Memphis,
alla visiter les pyramides, et voulut en faire détruire une pour savoir
ce qu'elle contenoit. On eut beau lui représenter l'impossibilité de
cette entreprise, il insista fortement, et l'on parvint à percer le trou
que l'on voit encore aujourd'hui à travers une muraille qui a près
de vingt coudées d'épaisseur : on y employa le feu, le vinaigre, différents outils de fér, et des sommes considérables. A l'extrémité du
trou que l'on venoit de pratiquer se trouva un bassin d'émeraude,
qui contenoit mille pieces d'or, lesquelles pesoient chacune une
once. Le khalyfe fut trés surpris de cette découverte ; mais son
étonnement redoubla quand il eut fait évaluer ces pieces, et qu'on
lui eut démontré qu'elles équivaloient précisément à la somme qu'il
avoit dépensée pour pratiquer ce trou : il fut surpris de ce que l'on
eût pu prévoir de si loin, et avec autant de justesse, combien ces
travaux pourroient coûter, et de ce que l'on eût laissé cette espece
d'indemnité, ou plutôt de remboursement.

On dit que le bassin qui contenoit ces pieces d'or étoit d'une
seule émeraude. Al-Mâmoùn le fit porter dans son trésor.

Cette entreprise fut la derniere merveille opérée en Égypte : on y
travailla pendant deux années entieres, et parmi ceux qui entrerent
dans le canal qu'on avoit creusé plusieurs périrent. — Vingt autres
personnes résolurent de descendre dans le même trou, après avoir
préparé des cordes, des lumieres, et des vivres : ils y trouverent
des chauve-souris grosses comme des aigles, qui les frapperent au
visage ; ils en prirent une à laquelle ils attacherent une ficelle, et
elle leur servit de guide dans ce lieu qu'ils ne connoissoient pas ; ils

---

mois (de 49 jours). Voy. *él-Mahyn*, *Histor. saracen.*, p. 137, ex edit. arab. latin.;
Abulfed. Annal., t. II, p. 146 et 677 ; et *Renaud. Hist. patriarchar. Alexandr.*,
p. 258, 268, 270, 279. Nous ajouterons, d'après ébn-Tholéïr, que, pendant son
séjour en Égypte, âl-Mâmoùn alla visiter Memphis ; ce qui nous prouve qu'en
l'an 217 il subsistoit encore des vestiges de cette ancienne ville assez considérables
pour fixer l'attention du prince des fideles, et que les auteurs cités dans la note
précédente n'ont pas recueilli tous les faits relatifs à ce voyage.

la suivirent, jusqu'à ce qu'ils se trouverent exténués de fatigues :
ils entendirent un bruit qui les glaça d'effroi, ils s'évanouirent ; et,
après avoir repris leurs sens, ils se leverent, et sortirent de la
pyramide. »

Suivant Ibn-Redhoùân, « les ouvriers, employés par le khalyfe
âl-Mâmoùn, parvinrent à un appartement carré, au milieu duquel
étoit un tombeau de marbre que l'on y voit encore aujourd'hui, car
on ne pùt jamais le déplacer ». — Notre auteur veut désigner la cuve
de marbre qu'on a trouvée dans la piece principale de la pyramide.
On verra, dans le chapitre de la *Destination des Pyramides*, pourquoi je ne crois pas que cette cuve ait jamais servi de cercueil.

Aboù-Mohhammed A'bdoùllah ben-A'bdoùl-Rahhman nous a donné
une description plus détaillée de l'intérieur de la pyramide ouverte
par l'ordre du khalyfe âl-Mâmoùn ; c'est un témoin oculaire qu'il
fait parler.

Tohhfat él-Albáb. Voyez ci-dessus p. 244.

« J'ai pénétré, dit-il, dans la grande pyramide ouverte par l'ordre
d'âl-Mâmoùn, et je suis entré dans une salle carrée par le bas et
ronde vers le haut. J'ai vu au milieu un puits (1) profond de dix
coudées, et de forme carrée : des hommes, y étant descendus, trouverent dans chaque angle une porte qui conduisoit à un grand
appartement où gisoit un homme mort, enveloppé dans de nombreux linceuls ; chacun de ces hommes avoit plus de cent robes,
dont la plupart étoient usées ou noircies par la longueur du temps :
les corps n'étoient pas plus grands que les nôtres ». — L'auteur fait
cette remarque, parceque l'opinion vulgairement reçue veut que les
premiers habitants de l'Égypte fussent des géants, et que les pyramides soient leur ouvrage : mais continuons de le laisser parler.

« Leurs corps et leurs cheveux étoient parfaitement conservés ; il
n'y manquoit rien : parmi ces morts je ne reconnus point de vieil-

---

(1) C'est de ce puits que parlent les voyageurs ; il est maintenant encombré de
moëllons et autres décombres ; mais il me semble que Maillet lui donne infiniment
plus de profondeur qu'il n'en a ici. Voyez la *Description de l'Égypte* par Maillet,
t. I, p. 3i5, édit. *in-12*.

lards , car aucun n'avoit des cheveux blancs ; les cadavres étoient
devenus secs comme de la paille, et l'on ne pouvoit cependant
en détacher un seul membre. Outre les corps dont étoient remplis les quatre appartements situés au bas de ce puits , il y avoit
une multitude de chauve-souris d'une grosseur monstrueuse : on
avoit aussi enterré différents animaux dans le sable. Je ramassai
un paquet de linge plié , gros de plus d'une coudée ; je déchirai ce
paquet , et j'y trouvai des bandelettes de lin blanches , avec des
figures de soie rouge, roulées à l'entour du corps d'une huppe morte ;
il ne restoit rien des plumes ni du corps de cet oiseau , tant il y avoit
de temps qu'il étoit mort. Dans cette salle de la pyramide étoit une
porte qui conduisoit au haut de la pyramide par un canal qui n'avoit
pas de degrés , et qui étoit large de cinq âchbâr (palmes) : on y
monta , dit-on , du temps d'âl-Mâmoùn , et l'on parvint à un petit
appartement qui contenoit une statue d'homme en pierre verte ,
comme une émeraude : cette statue fut présentée au khalyfe ; et
comme elle étoit creuse, il la fit ouvrir : elle contenoit le corps d'un
homme qui étoit couvert d'une plaque d'or fin , ornée d'une grande
quantité de pierres précieuses ; il avoit sur la poitrine la poignée
d'une épée sans prix , et sur la tête un rubis gros comme un œuf de
poule , et qui brilloit comme la flamme. Al-Mâmoùn prit pour lui
ces différents objets ; et j'ai vu moi-même la statue d'où l'on avoit
tiré le cadavre , elle étoit auprès du palais royal de Fosthâth , en
511 » (1117-8 de l'ere vulgaire) , ou 611 (1214) , suivant quelques
manuscrits.

Al-Mâmoùn , effrayé des dépenses énormes qu'avoit occasionnées
l'ouverture de cette pyramide , défendit d'entamer la seconde.

Voici encore quelques détails sur la chambre de la pyramide découverte par âl-Mâmoùn. Al-Mâqryzy nous les présente comme de
simples traditions.

« On dit que, dans l'intérieur de cette pyramide, les ouvriers
trouverent une salle , avec trois portes qui donnoient chacune dans
une chambre particuliere : chacune de ces portes avoit dix coudées
de haut sur cinq de large (environ dix-sept pieds sur huit pieds six

Él-Atsár âl-
Baqyeh ; par
Aboùl-Ryhhân
âl-Byroùny.

pouces), et en marbre poli et parfaitement apareillé ; les jambages
de ces portes étoient chargés de caracteres bleus, que l'on ne put
pas lire : ils travaillerent trois jours pour découvrir le moyen d'ouvrir
ces portes ; enfin ils apperçurent, à dix coudées, en face de l'entrée
de la porte, trois colonnes de marbre debout ; chaque colonne étoit
creusée dans toute sa longueur, et dans l'intérieur se trouvoit la
figure d'un oiseau. La premiere de ces colonnes contenoit la figure
d'un pigeon en pierre verte ; dans la colonne du milieu on trouva
la figure d'un faucon en pierre jaune, et dans la troisieme celle d'un
coq en pierre de Kedân. »

J'interromps ici le récit de mon auteur pour observer que, d'après
ses idées, ces oiseaux étoient des talismans placés pour empêcher
d'ouvrir les portes, à la garde desquelles ils étoient préposés. En
effet, « à peine eut-on déplacé le pigeon que la premiere porte qui
lui correspondoit s'ouvrit sans difficulté, quoique mille hommes
n'auroient pu l'ébranler, à cause de son énorme masse : on déplaça
les deux autres figures, et les deux autres portes s'ouvrirent également sans difficulté. En entrant dans la chambre du milieu, on y
trouva trois strades de pierres transparentes et éclatantes : sur ces
trois strades étoient trois morts enveloppés dans trois robes ; au-
dessus de leur téte étoit une inscription en caracteres inconnus. On
trouva dans l'autre piece plusieurs niches en pierres, avec des caisses
également en pierres, qui contenoient des vases d'or supérieurement
travaillés, et enrichis de pierres précieuses. La troisieme contenoit
aussi plusieurs niches de pierres, où l'on avoit placé des cuves en
pierres pleines d'armes et d'instruments de guerre : on en mesura
une épée qui avoit sept empans de long, et ces empans sont de
douze à la coudée. Al-Mâmoùn fit enlever les objets trouvés dans
ces appartements, ainsi que les colonnes, et l'on ferma les portes
comme elles étoient précédemment.

« Le méme khalyfe trouva aussi dans la pyramide une statue
d'homme en pierre verte comme de l'émeraude ; elle étoit creuse,
et se fermoit comme une écritoire : en l'ouvrant, on y trouva le
corps d'un homme, avec une espece de cuirasse d'or fin et enrichie

de pierreries ; sur sa poitrine étoit la poignée d'une épée sans prix ;
il avoit sur la tête un rubis gros comme un œuf de poule : le khalyfe
le prit. » — Plusieurs historiens assurent que l'idole dans laquelle on
trouva ce cadavre resta attachée à la porte du palais impérial de
Fosthâth jusqu'en l'an 611 de l'hégire ». (1214-5 de l'ere vulgaire).

Voy. ci-dessus
p. 3o4.

L'anecdote suivante prouve que ceux qui, parmi les Égyptiens ,
s'occupoient de la recherche des trésors (1) , ne négligeoient pas
de visiter et de fouiller la grande pyramide.

« Ahhmed ben-Thoùloùn (2) se rendit un jour à cheval auprès des
pyramides ; son grand chambellan lui fit remarquer des hommes vêtus
de laine : ils avoient des pelles de fer et des pioches. Le prince leur
demanda ce qu'ils faisoient. Ils lui répondirent : « C'est nous qui

---

(1) Al-Maqryzy, *Description topographique de l'Égypte*, etc. , chapitre des
trésors que les habitants de l'Égypte nomment *Méthâleb* (ou plutôt *Mothlab* au
singulier). C'est ainsi que l'on désigne les trésors cachés dans les temples , les
pyramides et anciens monuments de l'Égypte par leurs fondateurs. Quoique je
n'adopte pas les exagérations des Arabes sur ces trésors enfouis, il n'y a point de
doute qu'à différentes époques les souverains ou gouverneurs musulmans n'y aient
déterré des sommes considérables , comme je l'ai déja observé (page 278) d'après
le cit. Laporte du Theil, rédacteur du texte provisoire qui accompagne la cinquieme
livraison du *Voyage en Syrie, en Phénicie*, etc. du cit. Cassas, et il espere ajouter
de nouvelles preuves dans le texte définitif. Je terminerai donc cette note , en
observant que l'anecdote qu'on lit ici a été répétée par le même auteur (àl-Maqryzy) dans son *traité des Monnoies musulmanes*, avec quelques détails que j'ai
cru devoir ne pas négliger. Ces deux passages ont déja été traduits par le modeste

Traité des
Monnoies
musulmanes ,
p. 38 , 3g, 4o.

et savant Silvestre de Sacy , à qui l'on doit une excellente traduction du traité
que nous venons de citer et de celui du même auteur sur les *poids et mesures légales
des musulmans*. L'extrait *du chapitre des trésors , que les habitants* de l'Égypte
nomment Mathlâb, traduit par le même savant, se trouve à la suite de l'édition
arabe-latine du traité des Monnoies d'àl-Maqryzy, publiée par le laborieux et
docte orientaliste M. Tychsen de Rostoch , sous ce titre , *Al-Maqrizi Historia mo-
netæ arabicæ e codice escurialensi, cum variis duor. codd. Lugdunensium lectio-
nibus et excerptis anecdotis nunc primum edita , versa et illustrata ab Olao
Gerhardo Tychsen. Rostochii* 1797 , p. 157 , 158 , 15g.

(2) Nommé gouverneur d'Egypte par le khalyfe, en l'an 254 (867). Il se rendit
indépendant l'an 265 (878-9) , et mourut en 270 (883-4).

nous occupons de chercher les anciens trésors ». (1) Ahhmed leur défendit de s'occuper désormais de pareilles recherches sans en avoir une permission écrite et sans être accompagnés d'une personne envoyée par lui. Ils lui dirent que , sous le cercle vertical des pyramides, il y avoit un trésor auquel ils n'avoient point encore pu parvenir. Ahhmed leur adjoignit âl-Râféqy ; il envoya ordre au gouverneur de Djyzeh (2) de procurer des hommes à ceux-ci et de fournir aux dépenses que ces travaux exigeroient, et il se retira : ils travaillerent long-temps avant de rien découvrir. Ahhmed alla les voir , tandis qu'ils creusoient : ils trouverent enfin un bassin (de pierre) rempli de dynârs , et sur lequel étoit une inscription en caracteres barthyques (3) : on fit venir quelqu'un pour la lire. Or voici ce qu'elle contenoit : « Moi, un tel fils d'un tel , roi : c'est moi « qui ai séparé l'or de ses scories et de ses impuretés ; celui qui voudra « connoître combien mon regne est supérieur au sien n'a qu'à com- « parer combien l'alloi de mes dynârs l'emporte sur l'alloi des siens, « car celui qui purifie l'or de ses scories sera lui-même purifié dans « cette vie et après sa mort ». —« Dieu soit loué ! s'écria Ahhmed, cette inscription est encore plus précieuse à mes yeux que les richesses contenues dans ce bassin. Il fit distribuer deux cents dynârs à chacun de

---

(1) Je lis *Nahhnoù qoùm nethlab êl-Muthâleb* , au lieu de *Nahhnoù a'n qoùm*.... Quoique le cit. Silvestre de Sacy ait adopté cette derniere leçon, je préfere l'autre qui se trouve dans le manuscrit 673 A , à la vérité fort mal écrit, mais, selon moi , le plus correct : il a été revu par un lecteur instruit.

(2) Ou au commandant de la maoùnah de Djyzeh , suivant la leçon du *traité des Monnoies musulmanes*, p. 38 de la traduction du citoyen Silvestre de Sacy. Ce savant conjecture avec beaucoup de raison que le mot *maoùnah* signifie une caserne, un corps-de-garde, un lieu où logent les soldats nommés *âvân.*

(3) *Barthyeh.* Nous ignorons jusqu'à présent quels sont ces caracteres ; aucun des auteurs arabes que j'ai consultés, et qui m'ont fourni quelques renseignements sur les caracteres musnades , ne parle de ceux-ci. Seroient-ce les caracteres parthes ou anciens persans ? Il ne seroit pas en effet étonnant que les Persans qui ont conquis l'Egypte y eussent laissé quelques monuments de leur écriture : à la vérité les Arabes les désignent ordinairement sous le nom de *fârsy*, et non de *barthy*.

Traité des Monnoies, p. 157.

ceux qui faisoient profession de chercher des trésors, et cinq à chacun des ouvriers, outre la paie de son travail ; trois cents dynârs à âl-Râféqy, et mille à son eunuque Nécym ». Ailleurs, notre auteur dit que Ahhmed permit à Nécym de prendre autant de dynârs qu'il voudroit. « J'en prendrai, dit celui-ci, autant que mon maître le jugera convenable. — « Prends-en, dit le prince, autant que tes deux mains pourront en contenir ; et tu prendras en outre deux fois la même somme dans mon trésor, car je suis avare de ces pieces-ci ». Il étendit les mains, et il se trouva qu'elles en conte-noient mille. Ahhmed emporta le reste, et il reconnut que le titre de ces dynârs étoit supérieur à celui de tous les autres. Dès ce moment il s'occupa d'améliorer le titre des dynârs en Égypte, et il fabriqua ceux que l'on nomme *ahhmédy,* lesquels surpasserent toutes les autres monnoies pour la bonté de l'aloi ; c'étoient aussi les seuls que l'on employât pour la dorure (1).

Merveilles d'Egypte, etc. trad. par Vatier, p. 59.

(1) On ne sera peut-être pas fâché de voir le même fait rapporté par Murtadi. « On raconte encore que d'autres personnes, du temps du commandeur Achamed, fils de Toulon, Dieu lui fasse miséricorde, entrerent pareillement dans la pyramide, et y trouverent une cruche de verre rouge, qu'ils emporterent. En sortant ils perdirent un de leurs hommes ; ce qui les obligea de rentrer pour le chercher : ils le trouverent tout nu, riant continuellement, et leur disant : Ne vous mettez point en peine de me chercher, après quoi il s'enfuit d'eux, et retourna dans la pyramide ; ce qui leur fit connoître que les démons lui avoient fait perdre l'esprit : c'est pourquoi ils sortirent, et le laisserent là : sur quoi ils furent accusés devant le juge, qui les fit punir exemplairement, et leur ôta cette cruche qui se trouva être de quatre livres de verre. Un homme se prit à dire là-dessus que cette cruche n'avoit pas été mise en ce lieu-là pour néant ; ce qui fut cause qu'on l'emplit d'eau : puis on la pesa encore, et elle se trouva peser autant qu'elle faisoit quand elle étoit vuide, et rien de plus. Ils ôterent ensuite de cette eau plusieurs fois, mais elle revenoit toujours à son premier état ; ce qui leur fit conjecturer que c'étoit un des vaisseaux à vin dont les anciens s'étoient servis, et qui avoit été fait pour cela par leurs sages, et mis là-dedans ; car l'usage du vin étoit permis

Hhusn âl-Mohhadhér. article des *Pyramides,*

parmi eux : ce fut là une étrange merveille ». Djélâl êd-dyn âl-Soyoùthy raconte à-peu-près les mêmes fables : j'ai cru devoir les citer pour montrer de quelle maniere certains écrivains arabes dénaturent les faits les plus simples et les plus

§. VII.

Démolition des Pyramides.

Les travaux et les découvertes dont nous venons de parler inspirèrent à différents souverains ou gouverneurs de l'Égypte l'idée de démolir les pyramides pour trouver plus sûrement les trésors qu'elles renfermoient.

« Un nommé Qará-qoùche, eunuque grec, et surintendant des bâtiments de l'Égypte, homme plein de génie et d'activité, proposa au sulthân Ssélâhh éd-dyn ben-Yoùçouf de détruire les petites pyramides dispersées autour de la grande. Le prince y consentit, et les matériaux furent employés à construire la muraille (1) de pierre qui environnoit le vieux et le nouveau Caire, avec le terrain qui sépare ces deux villes, et celle qui ceint le château situé sur le Moqatham », ou plutôt sur un rocher séparé de cette montagne. Ce château, connu sous le nom de *Qassr él-chém'a* (la forteresse de la Bougie), subsistoit déja depuis long-temps, et faisoit partie de l'ancienne Babylone d'Égypte. On doit encore au même intendant le château du Caire nommé vulgairement *Palais de Joseph ;* il y fit creuser un puits qui porte aussi le nom de *Joseph,* non pas comme l'ont cru certains voyageurs, et même des naturels du pays, parceque ce sont des monuments du patriarche Joseph, mais parceque le monarque, sous le regne duquel ils furent élevés, étoit fils d'un prince de ce nom. C'étoit dans ce palais que l'on fabriquoit l'étoffe de soie, envoyée, chaque année, par le grand-seigneur, à Mekke, pour couvrir la ka'bah: ce puits est taillé dans le roc; il a

A'bdóllathyf, p. 5o.

Voyage de Niebuhr, t. I, p. 92.
Voy. ci-dessus p. 332.

---

authentiques. Je crois en outre pouvoir conclure de cette citation et de beaucoup d'autres que la plus grande partie de leurs fables historiques ne sont que les accessoires et les embellissements qu'ils ont cru devoir ajouter à un fonds de vérité.

(1) Cette muraille devoit avoir 29,000 coudées d'étendue ; mais d'Anville doute qu'elle ait jamais existé, et il pense qu'on s'est borné à enfermer dans cette muraille qu'on reconnoît encore, le Caire proprement dit et son château. Voyez *Mémoire sur l'Egypte*, p. 136,

trois étages, et on y descend par un escalier de trois cents marches.
Il seroit intéressant de découvrir si c'est véritablement l'ouvrage de
Qarâ-qoûche, ou s'il n'a fait que le restaurer. — « Les matériaux qu'il
tira des petites pyramides et d'un grand nombre de temples qu'il dé-
molit dans la basse et dans la haute Égypte lui servirent aussi à
construire des digues le long du fleuve, ou plutôt à les réparer ; car
on regarde ces digues comme les ouvrages des géants. En l'an 1200
de l'ere vulgaire, ces digues subsistoient encore au nombre de quarante ; mais, à cette époque, elles essuyerent un rude échec faute
d'avoir été réparées : trois furent entièrement rompues ; et l'eau
n'étant plus retenue s'extravasa au loin, et ne couvrit pas les ter-
rains élevés qui avoient besoin d'être arrosés. Au reste, des pyramides attaquées par Qarâ-qoûche il ne subsiste plus que le noyau
proprement dit, lequel est composé de petites pierres et de moëllons qui ne conviennent pas à des digues ; voilà pourquoi on les a
abandonnées. »

« En 593 (1197), él-Mélik él-A'zyz O'tsmân, second fils et successeur
de Ssélâhh éd-dyn ben Yoûçouf, accéda aux vives sollicitations d'un
imbécille qui lui proposa de détruire les pyramides, en l'assurant
qu'on trouveroit dans les fondements des richesses immenses. On
commença par la petite en pierres rouges, et si dures que le
fer n'y mord qu'à la longue. On rassembla un grand nombre
d'ouvriers, de maçons, et des grands du royaume : il leur ordonna de
détruire cette pyramide, ils y camperent : on employa des hommes
et des chevaux, et l'on sacrifia des sommes immenses. Pendant huit
mois entiers ils travaillerent, enlevant, chaque jour, avec les plus
grands efforts et des difficultés inimaginables, une pierre ou deux.
Les ouvriers d'en haut ébranloient les pierres avec des coins et des
leviers ; ceux d'en bas les tiroient avec des cordes et des traits : la
pierre, en tombant, faisoit un bruit effroyable qui s'entendoit à
une grande distance ; les montagnes en étoient ébranlées, et la terre
trembloit : la pierre s'enfonçoit dans le sable ; il falloit travailler
beaucoup pour l'en tirer : on creusoit ensuite des trous dans la
pierre pour y enfoncer des coins qui servoient à la casser par mor-

A'bdóllathyf,
p. 57. ed. ar.

ceaux. Ces morceaux étoient bientôt chargés sur des voitures qui les
conduisoient au pied de la montagne voisine à très peu de distance.

« Après de longs travaux et des dépenses considérables, leur ardeur
se ralentit; on parla de renoncer à cette entreprise; on manquoit
de forces et de moyens : les ouvriers dégoûtés refuserent de travailler, et l'ouvrage fut entièrement abandonné, sans que l'on eût
même endommagé considérablement la pyramide : cependant, en
voyant les pierres qu'on en avoit tirées, on imaginoit qu'elle devoit
être rasée; mais, en examinant la pyramide même, on ne croyoit pas
qu'elle eût été entamée; elle n'étoit qu'un peu découverte sur les flancs.

« Ayant été moi-même témoin des travaux effroyables auxquels
cette entreprise avoit donné lieu (1), je demandai au chef des maçons s'il lui seroit possible de remettre une seule de ces pierres en
place et de l'ajuster positivement comme elle étoit, moyennant
mille dynârs. « Je n'entreprendrai pas une pareille opération, me
« dit-il avec serment, quand on me donneroit le double de cette
« somme ». — C'est probablement cette démolition qui aura produit
l'excavation de dix pieds de profondeur qu'on remarque sur le flanc
septentrional de la troisieme pyramide. Ce travail n'a abouti qu'à
dégrader ce côté de la pyramide jusqu'à la moitié de sa hauteur.

Les inutiles et dispendieuses tentatives d'él-Mélik él-A'zyz ser- *Description des*
virent sans doute de leçon à ses successeurs ; car nous ne voyons *pyramides de*
pas qu'aucun autre prince, depuis cette époque, ait tenté de dé- *Ghisé,* p. 96.
truire ou seulement d'ouvrir une des pyramides : cependant je
trouve à la marge d'un exemplaire de l'ouvrage d'ál-Maqryzy (n° 106
des man. orient. de St-Germain), une note qui mérite d'être recueillie.

« Mohhammed-Pâchâ, qui extermina une grande partie de l'armée d'Égypte, et qu'on appelle à cause de cela le *second vainqueur*
de l'Egypte depuis Sélym, voulut détruire les deux grandes pyramides, et les brûler avec de la poudre et du feu; mais on craignit les

─────────────────────────

(1) A'bdóllathyf écrivoit en 597 de l'hégire (1200 de l'ere vulgaire), comme il
le dit lui-même p. 51 et 52 de l'édition arabe *in-8°*.

suites d'une pareille opération, et l'on parvint à l'en détourner, en lui observant que les pierres tomberoient sur le Caire comme une nuée de sauterelles. Il se rendit à ces représentations, et abandonna son projet (1). »

Un douanier d'Alexandrie, qui avoit suivi Mouråd bey dans la haute Égypte à l'arrivée du capitan Pâchâ, a raconté au citoyen Grobert que ce bey reçut un jour en présent une bague, sur laquelle on avoit gravé la prédiction d'un évènement heureux : la nuit précédente, il avoit rêvé qu'il trouveroit des trésors dans la troisieme pyramide : il n'en fallut pas davantage pour le déterminer à les chercher ; mais ses tentatives ayant été infructueuses, quelques avanies lui fournirent de quoi payer les ouvriers qu'il avoit inutilement employés à enlever quelques pierres de cette pyramide : on met aussi cette anecdote sur le compte de Mohhammed bey, prédécesseur de Mouråd.

Description des pyramides de Ghisé, p. 96.

§. VIII.

Destination des Pyramides.

Quoique les nombreux témoignages des différents auteurs cités dans ce *mémoire* et la description des tombeaux trouvés dans la pyramide du temps d'âl-Mámoùn ne permettent guere de douter

---

(1) Ce Mohhammed-Pâchâ fut nommé gouverneur de l'Egypte en 961 (1552-3); il vécut environ trois ans : c'étoit le dixieme gouverneur depuis que l'Egypte avoit avoit passé sous la domination ottomane. Voyez l'*Histoire* des gouverneurs d'Egypte, par Marâï ben-Yoùçouf, traduite de l'arabe en allemand, par Reiske, sous ce titre : *Marai des Sohns Josephs von Jerusalem geschichte der regenten in Egypten, aus der arabischen ubersetz.*, etc., et insérée dans le tome V du *Magasin* de Busching, et n° 786 des manuscrits arabes de la bibliot. nationale.

Rerum ægypt. lib. I, cap. VI, p. 29. Suivant Prosper Alpin, voyageur contemporain d'Ibrâhym Pâchâ. « Ce fut ce gouverneur d'Égypte qui, en 1584, fit d'abord élargir l'ouverture de la grande pyramide, de maniere qu'un homme pût y entrer debout ; ensuite il se proposa de pratiquer une mine dans cette même pyramide, et de la détruire par le moyen de la poudre : mais le consul de Venise parvint à le détourner de ce projet, en lui représentant que la ville du Caire courroit les plus grands dangers par cette explosion. »

que quelques uns de ces édifices n'aient servi de sépulture (1),
étoit-ce là leur destination primitive (2) ? c'est ce que nous allons
tâcher de découvrir. Le docteur Shaw (3) est le premier, je crois,
qui ait élevé cette importante question ; il oppose des raisonnements
pleins de philosophie et de justesse aux assertions de son compatriote Greaves. « Si Chéops, Suphis, ou quel qu'ait été le fon-
« dateur de la grande pyramide, dit il, ne l'avoit destinée que
« pour être son tombeau, pourquoi en rendre l'entrée si étroite,
« et lui faire faire tant de détours ? quel étoit l'usage de ce puits
« situé au bout de cette entrée ? que prétendoit-il faire de la chambre
« basse et de la grande niche ou du trou qu'on y voit encore dans
« la muraille orientale, etc. ? » — M. Shaw conjecture que « tous
« ces détours, ces appartements, en un mot toute cette architecture
« mystérieuse avoient quelque autre fin plus noble, et que la même

---

(1) Ébn-Khordâdyeh, dans son *traité des Edifices merveilleux*, atteste « avoir lu
dans un ancien livre sabéen que les deux grandes pyramides servirent de sépulture
à Aghâdymoùn (lisez *Agatho dæmon*) et à Hermès, qui sont deux grands prophetes parmi les Sabéens. Aghâdymoùn est le plus ancien des deux et le plus
grand. On dit aussi qu'elles ont servi de tombeau à la femme d'Hermès et à ses
enfants. — Suivant les mêmes Sabéens, les pyramides étoient la sépulture des
ames pures. »

Les Arabes de l'Yémen regardent ces pyramides comme la sépulture de Chédâd   *Ébn-O'faïr.*
ben-A'âd, et autres anciens rois arabes, qui conquirent autrefois l'Égypte ; ces
rois étoient des Arabes autochthones de la tribu des Amalékytes, et autres.

Suivant âl-Bâkoùcy, Soùryd fut enterré dans la pyramide orientale ; son frere
Herdjyb, dans l'occidentale ; et Kéroùrès, fils de Herdjyb, dans la troisieme.
Murtady, après avoir dit que « la pyramide Bahharyeh étoit un temple dédié aux   *Merveilles*
astres, ajoute que « la méridionale étoit le tombeau des rois ; Soùryd y fut en- *de l'Egypte.*
terré ; elle contenoit plusieurs merveilles, des statues et des livres, et, entre   p. 20.
autres, une statue qui rioit. »

(2) On n'exigera pas que je réfute sérieusement les auteurs qui prétendent que
Joseph ou d'anciens rois d'Egypte emmagasinerent des grains dans les pyramides,
et que ce fut de cette destination qu'elles tirerent leur nom. Voyez ci-dessous
l'article de l'*Etymologie du nom des pyramides*.

(3) T. II, p. 150, 151 de la traduction de ses *Voyages en Barbarie et au Levant*.

« divinité, qui étoit représentée par la forme extérieure des pyra-
« mides, étoit honorée dans leurs appartements intérieurs ». En
effet les pyramides, aussi-bien que les obélisques, étoient consacrées à Osiris ou le Soleil. Ce fait, énoncé par le même voyageur,
me paroît démontré jusqu'à l'évidence par le cit. Dupuis et M. Thomas Maurice. Je ne pourrois sans doute rien ajouter aux raisonnements de ces savants; on me permettra seulement de chercher à
reconnoître ici l'identité des obélisques et des pyramides : si j'y
parviens, ce sera une nouvelle preuve que ces dernieres n'ont jamais
été destinées à servir de tombeau.

Nous avons déja observé que l'on ne trouvoit des pyramides que
vers l'extrémité inférieure du *Vosthány* (ou Égypte du milieu),
dans le Fâyoùm, et à l'entrée du *Bahhyreh* (la basse Égypte), contrées encore inhabitées ; et probablement inhabitables, lorsque la
haute Égypte étoit déja florissante : ajoutons qu'il existe encore des
obélisques au-delà des cataractes et dans l'Éthiopie. Je n'entreprendrai point ici une dissertation sur l'antiquité des obélisques
d'Axoum (1); il me suffit d'observer que ceux qui se voient au

Id. p. 139, 140.
Origine des cultes, t. I, p. 431.
Maurice's ancient Histor. of Hindoost. t. I, passim.

---

(1) Axoum, une des plus anciennes villes d'Éthiopie, étoit la capitale de la
province de *Siris* ou *Siré*, dont les habitants adoroient *latrator Anubis*, c'est-à-
dire *Sirius* ou le *chien*. Parmi les nombreux monuments d'antiquités qui attestent
l'antique splendeur de cette ville, nous ne parlerons que des obélisques qui ont
excité l'admiration de tous les voyageurs ; Alphonse Mendez ne parle que de seize
ou dix-sept ; M. Bruce en a compté jusqu'à quarante. Ces obélisques se trouvent
non loin des mausolées des anciens rois du pays ; circonstance qui mérite d'être
remarquée. Je ne me permettrai pas de décider entre Poncet et Bruce : le premier
affirme avoir vu des hiéroglyphes sur ces obélisques ; le second prétend, au contraire, qu'il ne s'y en trouve pas, et il en conclut que ces obélisques ne remontent
pas au-delà du temps de Ptolémée Évergètes. La découverte récente de l'inscription
d'Égypte ne nous permet plus de douter que les hiéroglyphes ne fussent encore
connus et même usités sous le regne des Ptolémées : ainsi la conjecture de Bruce,
uniquement fondée sur l'absence des caracteres hiéroglyphiques, tombe d'elle-
même. Quant à moi, je serois fort porté à appliquer à ces monuments la conjecture de Norden relativement aux pyramides ; et elle seroit, je crois, mieux
placée. Il n'y a sans doute aucune invraisemblance à supposer que les provinces de

Ludolf. ad Histor. Æth. comment. p. 261.
Bruce's travels. t. III, p. 130.

milieu des ruines de Memphis, d'Héliopolis, d'Alexandrie, ont été tirés des ruines de Thebes, ville incomparablement plus ancienne que celles dont nous venons de parler : ajoutons que les obélisques portoient originairement le nom qui, dans la suite, fut donné aux pyramides ; ce nom formera l'objet de mon dernier paragraphe. Je me borne à établir maintenant, d'après l'autorité de Jablonski, que les pyramides tirerent leur nom des obélisques ; ce qui prouve assez clairement qu'elles leur sont postérieures, et qu'elles n'en étoient même qu'une imitation imparfaite. En effet, en s'avançant dans la basse Égypte, à mesure que les eaux l'abandonnoient, les Égyptiens y porterent la religion de leurs ancétres ; mais ils n'y trouverent point des carrieres où ils pussent tailler ces monuments consacrés au principal objet de leur culte (le Soleil) : il fallut donc chercher les moyens d'y suppléer. Le sommet des obélisques présentoit une forme compatible avec les matériaux qu'ils pouvoient employer. Ils résolurent de substituer l'immensité et la solidité à la hardiesse et à l'élégance ; c'étoit sans doute pour établir une plus grande ressemblance entre les obélisques et les pyramides qu'ils

Pantheon œgypt. Prolegom., p. 5o.

Siré et de Tigré aient été peuplées avant l'invention des hiéroglyphes, et même avant que la basse Égypte le fût. Nous croyons en outre qu'il est difficile de contester aux Ethiopiens la gloire d'avoir peuplé et civilisé la haute Egypte. Au reste, il y a tout lieu d'espérer que les monuments nombreux qui, de l'aveu même des Arabes, existent au-dessus de la cataracte, par-delà Ibrym et Derry, nous donneront les moyens de reconnoître les traces du peuple qui, étendant ses habitations le long des bords du Nil, apporta son industrie et ses arts de l'Ethiopie dans l'Egypte.

Puisqu'il s'agit ici d'obélisques, on me permettra de consigner ici un fait relatif à ceux de Héliopolis (A'ïn Chems). Celui que l'on voit aujourd'hui étendu sur le sable fut renversé le 14 de ramadhân 656 (15 sept. 1258). On trouva sous cet obélisque plus de deux cents qanthârs d'airain, et l'on tira de son sommet plus de 10,000 dynârs. Le sommet des obélisques, si l'on en croit les Arabes, étoit surmonté d'une espece de capuchon d'airain. Le fait que je viens de citer est tiré d'un ouvrage historique d'âl-Maqryzy, intitulé, *Kétáb âl-soloùk bît-a'réfet dovâl âl-moloùk* (livre des Vies pour la connoissance du regne des rois), n° 672 des manuscrits arabes de la bibliotheque nationale.

couvrirent celles-ci d'un revétement en marbre de Syené et en granit. Ce revétement étoit chargé d'inscriptions ou de figures hiéroglyphiques. Ces pyramides étoient oriéntées ; et un savant anglais (1) prétend qu'elles servoient, comme les obélisques , à déterminer les quatre points cardinaux de l'année ; savoir, les deux solstices et les deux équinoxes. En effet , Proclus nous assure que c'étoit par le moyen des pyramides que les prétres égyptiens observoient les étoiles , et déterminoient l'année astronomique. M. Stuart observe que les pyramides à degrés , par exemple , pouvoient avoir une inclinaison proportionnée à celle de l'équateur ; de maniere qu'à l'équinoxe d'automne l'ombre commençoit à parcourir tous les degrés , à partir du sommet de l'édifice , et arrivoit à terre à l'équinoxe du printemps. Nous ne nous permettrons pas de décider jusqu'à quel point cette ingénieuse conjecture peut être fondée, sur-tout si l'on pense que les pyramides ont été pour la plupart recouvertes d'un revétement plat et poli ; mais elles pouvoient avoir d'autres usages relatifs à l'astronomie, et dont les prétres seuls s'étoient réservé la connoissance : la vénération religieuse dont ils avoient environné ces monuments en est, selon moi, une preuve suffisante.

Suivant Murtady « la grande pyramide *Bahharyeh* ou septentrionale étoit un temple consacré aux astres : on y voyoit deux statues vocales, l'une du Soleil, l'autre de la Lune ; c'étoit la demeure du grand Soyoûf, si fameux par ses enchantements , et contemporain de Farân du temps du déluge ». Cette derniere circonstance nous paroît un de ces agréments que les Arabes croient devoir souvent ajouter aux récits les plus importants , mais qui n'empéchent pas de reconnoître assez aisément la vérité historique qu'ils ont voulu consigner et embellir. Je crois pouvoir en recueillir ici une assez importante, c'est que la pyramide dont il s'agit pouvoit être un observatoire et un temple ; ce temple, suivant le cit. Dupuis, renfermoit le tombeau d'Osiris (le Soleil personnifié) ; et, tous les

---

(1) *Jacob. Stuart ad Carol. Wentwort. epistola,* ad calcem *Commentarii de Obelisco Cæsaris Augusti,* etc., *aut. Aug. Mar. Bandinio,* p. cv.

ans, les prêtres, par le moyen du canal souterrain dont nous avons
parlé, pénétroient dans l'intérieur de l'édifice pour y déposer l'image
de cette divinité. On pourroit nous opposer la difficulté qu'il y avoit
à pénétrer dans les chambres intérieures des pyramides ; ces chambres d'ailleurs ne ressemblent pas à des temples. — Pour juger du
passage, il faudroit l'avoir connu dans son état primitif; aujourd'hui
nous n'avons que des données assez vagues sur ce canal. Quant
aux salles intérieures, bien loin de les regarder comme un temple
où tout le monde pouvoit être admis, elles nous paroissent avoir été
des especes de sanctuaires, semblables au *saint des saints* chez les
Hébreux, dont les prêtres s'étoient exclusivement réservés l'accès :
ajoutons que ces mêmes Hébreux, dans le souvenir desquels toutes
les pratiques égyptiennes étoient si profondément gravées, témoignoient beaucoup de penchant pour sacrifier sur les hauts lieux.
Les habitants de la basse Égypte, fideles aux principes religieux
transmis par leurs ancêtres, ont cru faire une œuvre pie en élevant
ces montagnes artificielles. Au reste, je ne présente cette idée qu'é-
pisodiquement et qu'autant qu'elle ne paroîtra pas contradictoire
avec la précédente : c'est sur celle-là sur-tout que je crois devoir
insister d'autant plus fortement, qu'elle me semble capable de détruire une opinion aussi fausse que généralement répandue. Si les
pyramides eussent été construites pour servir de tombeau, les petites, dispersées autour des grandes, auroient aussi renfermé quelques momies. Les auteurs arabes, qui ont décrit les attaques livrées
aux grandes pyramides et la destruction de la plupart des petites
par Qarâ-qoùche, ne parlent que des matériaux qu'on en a tirés,
sans laisser même entrevoir qu'elles continssent rien autre chose
que des pierres. Ces petites pyramides, ainsi que les grandes,
étoient donc consacrées à l'astre qui nous éclaire, ainsi qu'aux
autres planetes ; et, pour cette fois, le docte Athanase Kircher n'étoit
peut-être pas très éloigné de la vérité, quand il a dit, en parlant de
la grande pyramide, que c'étoit une espece d'autel très élevé, érigé
en l'honneur des dieux : enfin l'espece de culte que les Sabéens leur

rendoient prouve la profonde vénération religieuse dont elles jouissoient, et les idées astronomiques qui y étoient attachées.

Ebn Aby-Sselet, auteur d'un ouvrage intitulé, *A'djáib* (les Merveilles), et cité dans l'*él-Dorr él-tsamyn* (1) raconte que les Sabéens
et les Mages alloient sur des chameaux et sur des chevaux faire des
pélerinages aux pyramides ; ils s'y rassembloient des pays les plus
éloignés, allumoient des flambeaux depuis la montagne jusqu'au
fleuve ; c'étoit pour eux une grande fête. Ils adressoient aussi des
prieres au sphinx (2).

« Ils continuerent ces pélerinages jusqu'à ce que le trône de l'É-
gypte fût occupé par un roi nommé (le nom est en blanc dans le
manuscrit). Quand ils se rassemblerent autour des deux pyramides,
le feu qu'ils avoient allumé fondit sur eux du côté du fleuve et du côté
de la montagne, et les dévora ; il ne resta qu'un seul homme : le roi
le fit venir en sa présence, et lui dit : « Est-ce toi qui restes seul de
toute ta bande » ? «Oui, répliqua celui-ci». « Pourquoi allez-vous en
pélerinage à ces deux pyramides »? ajouta le monarque. — « Parceque
nous adorons les anges qui sont dessous, et qui les portent ; nous
leur rendons nos hommages » — « Envoyez celui-ci rejoindre les
autres », s'écria le roi : en effet ils l'envoyerent vers ses compagnons,
et le brûlerent. »

Le témoignage formel d'un historien arabe, nommé Aboù-Ssâdeq
Aboù Zakaryâ, qui dit s'être trouvé avec des Sabéens qui faisient ce

---

(1) *Él-dorr él-tsamyn él-mendtoùm fy má Oùarada fy Messr oùé d'málhá
btl-khossoùs oùé él-o'mmoùm* (la Perle précieuse enfilée, arrangée) dans ce qui
existe de l'Egypte et de ses cantons relativement aux particularités de ce pays
et à ses habitants), par A'ly ben-Faqyr Mòllá-Dáoùd, le prédicateur, le bijou-
tier de la secte de Hhanyfah, petit *in-4°*, n° 812, des manuscrits arabes de la bibliotheque nationale ; c'est un précis historique sur l'Egypte, depuis les temps les
plus reculés jusqu'à la conquête de ce royaume par les musulmans. Nous ignorons
vers quel temps vivoit cet auteur, dont il n'est point parlé dans la bibliotheque de
Hhâdjy-Khalfah, Voyez p. 33 et 34 du manuscrit.

(2) Voyez ci-après l'article du *Sphinx*.

pélerinage, semble nous autoriser à croire que l'on alloit encore
visiter ces monuments après la conquête de l'Égypte par les musulmans. Outre les flambeaux qu'ils allumoient à l'entour des pyramides,
les pélerins en faisoient plusieurs fois le tour ; cérémonie que les anciens Arabes pratiquoient et que pratiquent encore aujourd'hui les
musulmans autour de la Ka'bah, temple originairement dédié à la
Lune, et très révéré des Sabéens avant l'apparition de Mohhammed, *Ebn-Thohéir*
qui détruisit le sabéisme ou culte des astres parmi les Arabes. Ces *dans l'él-*
Afdhâil.
mêmes Sabéens brûloient de l'encens, et sacrifioient un veau noir et un
coq blanc (1) ; le premier sans doute en l'honneur d'Agathodæmon,
l'autre à Hermès, deux personnages pour lesquels ils avoient un
profond respect, et dont les corps, selon eux, avoient été déposés
dans les pyramides (2), sans prétendre toutefois qu'elles fussent destinées originairement à leur servir de tombeaux. C'est ainsi qu'aujourd'hui le temple de la Mekke contient les sépultures d'un grand
nombre de dévots qui ont desiré et obtenu d'être enterrés autour de
la Ka'bah. Les musulmans ne croient pas cependant que cette enceinte sacrée ait jamais été destinée à renfermer des tombeaux. — Je
n'entreprendrai pas de concilier mes auteurs sur Agathodæmon, dont
le nom est plus ou moins dénaturé dans tous les manuscrits, et
qu'ils disent être le même que Seth, fils d'Adam, ni même sur
Hermès. Il n'y a pas de doute que cet Agathodæmon ne soit un

---

(1) Voilà l'explication de ce vers de Lucain :

Votaque pyramidum celsas solvuntur ad aras.

«(2) Ceux des Indiens que l'on nommoit Σιμνοι (Samanéens ou Sabéens), et non *Clémen. Alex.*
pas vénérables, comme traduit Potter, passent leur vie entiere nus ; ils s'atta- *Strom.* lib. III,
chent à la vérité, prédisent l'avenir, et adorent une certaine pyramide sous laquelle cap. VII,
ils croient que reposent les ossements de leurs dieux ». On peut voir des détails bien p. 539 (194).
intéressants sur les Samanéens dans le sayant discours préliminaire placé à la tête
de l'*Ezour-Védam*, par le cit. Sainte-Croix. Voyez aussi des détails très curieux *Hist. patriarc.*
dans le *More Nebokhim* de *Moses Maimonides*. — Nous ajouterons que le docte *Alexandr.*,
abbé Renaudot pense que, sous le nom de *sabéisme*, les Arabes désignent ordi- p. 26 et 27.
nairement la doctrine des philosophes grecs, dont Origene et d'autres anciens
peres de l'église étoient imbus.

emblême du Soleil, quoiqu'ils nous le représentent tantôt comme fils et disciple d'Hermès, et tantôt comme antérieur à celui-ci de mille ans, mais toujours comme un prophete des sabéens, aussi-bien que Hermès (1). Ils comptoient aussi trois Hermès : « le premier est le même que Édrys ou Énoch; c'est lui qui fonda les pyramides, et y grava les éléments des sciences pour les préserver de la destruction; car ces connoissances lui avoient fait prévoir que la terre essuieroit deux grands fléaux par l'eau et par le feu. L'o-pinion vulgaire veut que cet Hermès fût un des sept surveillants pré-posés à la garde des palais des sept planetes; celui-ci étoit chargé de la garde de A'thâred (Mercure), dont il prit le nom. A'thâred, en langue therdânyenne (2), signifie Hermès : il vint s'établir en Égypte avec tout ce qu'il possédoit, et amenant avec lui ses fils nom-més Ssâ, ou plutôt Ssâb, de qui les Sabéens prétendent tirer leur ori-gine (3), Akhmym, Atryb et Qofth, (il n'est pas fait mention d'Agha-

El-Fihricet d'Aboù-Ya'qoûb, etc.

---

(1) « Avant l'apparition du christianisme chez eux, les habitants d'Égypte, c'est-à-dire les qobthes, les regardoient comme des prophetes conformément aux idées que les sabéens ont de la mission prophétique, mais non pas suivant la révélation. Chez eux ce sont seulement des ames pures qui ont été dégagées de toutes les souillures de ce bas monde, d'une substance et d'une nature supé-rieures, lesquelles se sont identifiées avec eux; en sorte qu'ils annonçoient les évènements futurs long-temps avant qu'ils n'arrivassent, et qu'ils connoissoient tous les secrets de l'univers ». — Telle est l'idée qu'àl-Maqryzy nous donne du sabéisme dans sa Description des Pyramides, d'après différents auteurs arabes. On trouvera d'amples détails sur le sabéisme dans les notes de Pococke sur le *Specimen Hist. Arabum*, p. 154-150.

(2) Toutes mes recherches n'ont pu me procurer des renseignements sur cette langue therdânienne (*logath therdânyeh.*)

(3) Suivant le *Miràt âl-Zamàn fy tàrykh êl-à'yàn* (le Miroir du temps tou-chant l'Histoire des grands). « C'est un volume composé par le cheykh Aboù-Modtaffer Yoûçouf Qarâ-Oûghly, surnommé Sabth êbn êl-Djoûzy, mort en l'an 654 (1256-7). Al-Dzaheby dit qu'il raconte beaucoup d'histoires, mais il ne le croit pas fidele dans ce qu'il rapporte d'après les autres, et il divague. Cet ouvrage a été abrégé par Qothb êd-dyn-Moûça ben-Mohhammed êl-Ba'lbéky, mort en 726 (1325-6): celui-ci a ajouté quatre volumes de supplément, à dater de 654 (1256),

dymoùn); c'étoit le plus grand sage de son siecle : « cependant l'auteur
de l'*él-Dorr él-tsamyn*, cité précédemment, dit que son fils Agha-
dymoùn étoit plus grand que lui. — Les deux autres Hermès sont postérieurs au déluge; l'un est Hermès le Babylonien, né en Chaldée, où
il fonda la ville de Babylone ; l'autre est Hermès trismégiste. Au reste
on peut consulter sur ces trois personnages l'Histoire universelle d'A-
boùl-fâradje p. 5 de l'édition syriaque et p. 9 de l'édition arabe.

Les Arabes ne nous parlent que des cérémonies pratiquées au
dehors des pyramides : il est assez piquant d'apprendre des Hindoux
celles qui avoient lieu dans l'intérieur même de la grande pyramide.

Les brahmanes, que M. Wilford consulta sur les pyramides, se
sont tous accordés à lui dire que ce devoient être des temples consacrés au culte de Padmadeo ; ils lui demanderent si elles n'avoient
point dans l'intérieur une communication souterraine avec le Nil.
M. Wilford leur ayant répondu que l'on soupçonnoit bien l'existence
d'un semblable canal, et que l'on croyoit même en reconnoître
aujourd'hui l'ouverture, les brahmanes ajouterent alors que ce
que l'on prenoit pour un sarcophage étoit une cuve que les prêtres
remplissoient d'eau sacrée et de fleurs de Lotus. On me permettra
d'indiquer ici l'étonnante conformité d'opinion qui se trouve entre
les brahmanes et le docteur Shaw, dont l'opinion déja citée sur les
pyramides annonce autant de justesse que de philosophie.

« On peut supposer, dit ce voyageur, qu'elle (cette cuve) servoit

---

année de la mort de l'auteur ». Ce supplément, dit-il, pourra paroître prolixe et
diffus ; mais ce sont des notes qui m'ont été communiquées par mes amis, ou co-
piées sur celles de différents personnages recommandables, entre autres, ébn Abyl-
Rédjâl. Cet ouvrage a été traduit en turk par le mòlla Mohhammed ben-A'bdoùl-
A'zyz, surnommé âl-Oùdjoùdy, mort en 1021 (1612), et abrégé par Châhânchâh
Mohhammed ben-Mohhammed ben-Béhrâm Châh. Ébn él-Djézary et ébn Abyl-
Rédjâl ont composé un supplément au texte original ; ces derniers ont eu un
continuateur dans l'Im éd-dyn âl-Barzely surnommé *Hhâfez* (qui sait tout le
qorân) : enfin Sa'd éd-dyn ben-O'mar bey a composé un autre supplément au
Mirât-âl-Zamân, etc. » *Hhâdjy-Khalfah*, *bibliot. orient.* au mot *Mirât*. Je ne sais
pourquoi d'Herbelot n'a pas donné au moins un extrait de cet article.

au culte mystique d'Osiris, ou que c'étoit un de ces coffres sacrés dans lesquels les Égyptiens gardoient les images de leurs divinités, ou les vêtements et les ustensiles dont ils se servoient dans la célébration de leurs mysteres, ou bien encore ce pouvoit être un *favissa,* espece de réservoir où l'on gardoit l'eau sacrée employée aux cérémonies ». M. Shaw ajoute ensuite que, pour les dimensions et la forme, cette cuve est absolument différente de tous les cercueils de pierre qu'il a vus en Égypte : ces cercueils sont couverts de caracteres hiéroglyphiques, faits précisément comme les caisses des momies, de maniere à ne contenir qu'un seul corps, avec une espece de piédestal destiné à le soutenir debout ; car toutes les momies sont toujours placées ainsi, tandis que la cuve dont il s'agit est à plat sur le plancher, et paroît même y être adhérente. Aussi la salle où elle se trouve étoit-elle une espece de souterrain auquel on ne pouvoit parvenir que par un passage extraordinairement étroit et difficile, afin d'en rendre l'entrée moins accessible, et d'inspirer une sainte terreur aux dévots ; c'est ainsi que l'on ne pénétroit que par de longs et étroits canaux dans les caves de Delphes, de Trophonius, et de Newgrange en Irlande. Les oracles de la sybille de Cumes, le purgatoire de saint Patrice étoient fondés sur de semblables moyens.

Au reste, si tous ces témoignages et ces raisonnements laissoient quelques doutes sur la destination véritable et primitive des pyramides, le plus sûr moyen de les lever entièrement c'est de démontrer la conformité des pyramides de l'Égypte avec celles de l'Inde ; celles ci n'ont jamais servi de sépulture, et ont encore actuellement la destination que nous prétendons attribuer aux pyramides de l'Égypte.

On voit auprès de Benarès plusieurs pyramides moins considérables à la vérité que celles de l'Égypte ; elles ont des souterrains qui s'étendent à la distance de plusieurs milles : ces souterrains sont fermés ; et les pélerins n'osent s'y engager, à cause de l'air méphitique qui s'en exhale lorsqu'on ouvre la porte.

Presque toutes les pagodes du Carnate sont des pyramides completes ou tronquées. M. Reuben-Barrow cite un ancien édifice en pierres de taille massif sans aucune cavité, situé à Yambeah, près de la riviere de Catabeda, sur la côte d'Arakehan. Il différoit si peu d'une pyramide, qu'il n'auroit jamais imaginé que c'étoit la représentation de l'image de Siva, si les naturels ne le lui eussent affirmé. Or Siva, Sib, Chiva ou Chiven est le même que Mahadeo (1), la seconde personne de la trinité des Indiens : quoique l'on le regarde comme la puissance destructrice, on lui reconnoît aussi la force créatrice et productrice, puisqu'on l'adore ordinairement sous la forme du Lingam (2), le même que le phallus des Égyptiens, emblème de la fécondité du Soleil, auquel les obélisques et les pyramides étoient consacrés.

Asiatick research. t. II, p. 426, édition de Calcutta.

« Le plus grand édifice de cette espece que j'aie vu dans l'Inde, continue M. Reuben, se trouve à deux journées de la riviere de Gondec, près d'une place nommée *Kessereh*. Cet édifice est connu sous le nom de *Bhimchyn's dewri*, mais il représente évidemment l'image bien connue de Mahadeo; c'étoit originairement un cylindre placé sur un cône tronqué, afin qu'on le vît de plus loin : il est maintenant bien dégradé, et il n'est pas facile de décider si le sommet du cylindre a été rond ou conique : une grande portion de la surface est détruite, mais on en voit des vestiges à une grande distance au-dessus et au-dessous du monument, le long de la riviere. On ne sera peut-être pas fâché d'en connoître les dimensions.

---

(1) Le grand dieu en langue sanskrite.

(2) « Et quelquefois aussi par une figure qui réunit les parties génitales de l'homme et de la femme, pour indiquer la procréation et la fécondité ». *Voyage du Bengale à Saint-Pétersbourg, par G. Forster*, t. I, p. 52 de ma traduction.

Une description fort détaillée de Benarès, insérée dans l'*Asiatick Miscellany*, t. I, p. 385, 388, édition de Calcutta, 1785, nous apprend que, « dans une pagode de cette ville, on voit une pierre noire cylindrique, nommée *sib* (ou chiva) ou mahadeo; c'est le phallus des anciens Egyptiens; les hommes et les femmes vont en foule adorer cette image, etc. »

Diametre de la partie cylindrique,	64 pieds anglais
Hauteur du cylindre,	65
Hauteur du cône tronqué, sur lequel est posé le cylindre,	93
Diametre du cône à sa base,	363

65 + 93 = 158

« Le cône et le cylindre étoient en briques : celles du cylindre étoient de différentes grandeurs ; quelques unes avoient deux empans de long et un de large ; d'autres étoient de la grandeur commune, mais plus minces ; elles étoient bien cuites, quoique liées avec du mortier qui ne valoit guere mieux que de la boue. Rien n'indiquoit que le cylindre fût creux ; la portion conique étoit couverte de broussailles ; mais, en y faisant quelques breches, il est aisé de s'appercevoir qu'elle est construite toute en briques.

Bénarès.

« Ce monument étoit sans doute disposé de maniere à ce qu'on pût le découvrir de l'antique ville, où subsiste encore debout le pilier de Singuéah (1). Ces piliers ou ces colonnes extraordinaires que l'on voit encore à Bettiah, à Dehly, et à Allah âbâd (2), ont beaucoup de ressemblance avec les obélisques d'Égypte et avec les fleches du Diable à Boroughbridge : ils doivent sans doute leur existence à quelques opinions religieuses et à la piété de ceux qui les ont fait ériger ; ils étoient destinés à recevoir des inscriptions, et conséquem-

---

(1) M. Hodges a donné un excellent dessin de cette colonne dans ses *Travels in India*, p. 62 ; on en trouvera une copie soigneusement faite dans la traduction française de ce Voyage, qui va paroître, et qui formera les tomes IV et V de ma *collection portative de Voyages, traduits de différentes langues orientales et européennes.*

(2) « Dans la cour du palais (d'Allahâbâd) s'éleve un pilier rond, haut d'environ quarante pieds, et d'une seule pierre qui ressemble à du porphyre. Il paroît couvert d'une inscription en anciens caracteres hindoux ; mais le temps qui n'épargne pas même le marbre les a tellement altérés et effacés, qu'ils sont illisibles. On attribue ce monument à Bimchyne, qui étoit un chef puissant et l'un des principaux guerriers du Mahabharat : mais vous êtes trop bon chrétien pour vous en rapporter au calcul des brahmanes relativement à l'époque où vivoit ce Bimchyne ; car ils vous assureront qu'à cette époque il n'étoit pas encore question de notre premier pere, etc. » *Voyage du Bengale à Saint-Pétersbourg*, t. I, p. 101.

ment à transmettre différents faits aux races futures. En effet, les trois colonnes de Bettiah, de Dehly, et d'Allah-âbâd, sont chargées de caracteres que l'on n'a pas encore pu déchiffrer (1).—« J'ajouterai que les principaux temples du Pégou, d'Ava, et du Thibet, tels que le Choe Madou à Pégou, le Choe Dagon à deux milles et demi nord de Rangoun, ont une ressemblance frappante avec les pyramides d'Égypte : ils ne servent point de sépulture, mais sont dédiés à Mahadeo ; car M. Symes nous apprend que « *Madou* n'est que la syncope de ce mot, qui désigne chez les Indiens le grand dieu, le même que Osiris (2) ». Un pareil rapprochement peut étonner, mais il n'en est pas moins juste ; il me seroit aisé de le rendre encore plus frappant par différents détails. Le Choe Madou de Pégou, par exemple, est environné de petites pyramides, et gardé par deux lions et d'autres statues. C'est ainsi qu'à l'entour des pyramides de Djyzeh on en avoit construit beaucoup d'autres petites, qui sont presque toutes détruites, ainsi que les génies, qui n'étoient autre chose que des statues placées auprès des pyramides ; le sphinx a seul résisté aux injures du temps et des hommes (3). — Le royaume

Symes's Embassy to the Kingd. of Ava, p. 187, édition *in*-4°.

3e *Planch. de la même relation.*

Embass. to Ava, p. 248, édit. *in*-4°.

---

(1) *Voyage du Bengale à Saint-Pétersbourg*, tome I, p. 101. — *Memorandum concerning an old building in the Hadjipore district near the Gunduc river*, etc. by M. Reuben Burrow, dans le second volume des *Asiatick researches or transactions of the society instituted in Beng.*, p. 426 de l'édit. de Calcutta, et 377 *in*-8°.

(2) Qu'on me permette d'ajouter ici une note qui auroit été sans doute mieux placée à l'article des *Inscriptions*. M. Symes fut très étonné de trouver auprès de Méday, ville du pays des Birmans, sur la riviere Irraouaddy ou Irabatti (19e deg. 30 min. lat.), une espece d'inscription hiéroglyphique ; c'étoit un morceau de granit grossier, et gris, posé à plat sur un piédestal en maçonnerie, long de six pieds, et large de trois. On lui dit que cette pierre, comme celle de Paoudany, portoit l'empreinte véritable du pied de Gaudma ; et il apprit qu'on voyoit une impression semblable à celle-ci sur un immense rocher situé entre deux montagnes, à une journée ouest de Membou : la plante du pied offre environ cent figures emblématiques gravées dans des compartiments séparés. M. Symes a eu soin de faire dessiner ce curieux monument pour qu'on pût en comparer les hiéroglyphes avec ceux des Égyptiens.

(3) Voyez ci-après l'article du Sphinx.

3.   42

Hist. nat. du Japon, t. I, pl. IV, édit. in-fol. Tur-ner's embas. to the Tibet, p. 262.

de Siam est si voisin de celui du Pégou, qu'on ne doit pas être étonné de la parfaite identité de leurs édifices à forme pyramidale. Pour en être convaincu, il suffit de comparer la fameuse pyramide de Pkah-Thon (1), donnée par Kœmpfer, avec le Choe Madou dont nous venons de parler. Observons, en outre, que cette pyramide n'est point un tombeau, mais qu'elle fut bâtie par les Siamois en mémoire d'une victoire qu'ils remporterent dans ce même endroit sur les Pégouans. Cette victoire les affranchit du joug de ces ambitieux voisins, et leur rendit leur ancienne liberté : cette pyramide est donc un monument triomphal. Passons maintenant au Thibet, et nous y verrons que le corps du lama est placé dans un cercueil d'or, au pied, mais non pas dans l'intérieur, d'une pyramide de la plus grande beauté, renfermée dans un édifice ; les côtés sont revêtus de lames d'argent massif : elle forme, en s'élevant, plusieurs gradins sur lesquels on dépose les offrandes. M. Turner remarqua que l'on avoit sculpté sur le devant d'un de ces gradins deux lions rampants : entre ces lions étoit placée une statue d'homme avec des yeux d'une grandeur démesurée, et assez semblable, à ce qu'il me paroît, à la description que les Arabes nous font des génies, gardiens des pyramides. (2). Notre voyageur a été fort étonné de voir des lions sculptés dans les temples du Thibet, et vénérés dans un pays où il n'existe pas un seul de ces animaux vivants : il en conclut qu'il a dû y avoir de grandes relations entre le Thibet et l'Égypte, où le Soleil étoit adoré sous l'emblème du

---

(1) « La fameuse pyramide de Pkah Thon ou Puk'a Thon est élevée dans une plaine, à une lieue nord-ouest de la ville de Judia, suivant Kampfer. Gervaise *Histoire du Japon*, t. I, p. 28, édit. in-fol. nomme cette ville Judia, Judtija, Odian et Upia, la désignant comme la capitale du Siam et la résidence du roi ; il la place au 10ᵉ deg. 58 min. de lat., et au 155ᵉ deg. 20 min. de long. nord. Voyez la *Carte du royaume de Siam et des royaumes qui lui sont tributaires, selon les observations des PP. jésuites*, etc. par le P. Coronelli. Cette carte est annexée à l'excellente *Histoire naturelle et politique du royaume de Siam*, par Gervaise, voyageur moins connu, quoique non moins exact et non moins estimable que Laboubère.

(2) Voyez ci-après l'article du *Sphinx*.

lion (1). On me permettra de ne pas m'engager dans une pareille discussion : il me suffit d'avoir démontré que les pyramides de l'Inde et même celles du Thibet (2) ne servent point de sépulture, et que, comme les obélisques dont elles n'offroient que des imitations bien imparfaites, elles étoient originairement consacrées au soleil, l'ame de l'univers, dont le culte se retrouve chez presque toutes les plus anciennes nations. Le soin qu'on avoit pris d'orienter ces édifices et leur forme ont pu inspirer par la suite l'idée de s'en servir pour observer le cours des astres. Cette conjecture de Proclus, adoptée par M. Maurice (3), n'a rien d'incompatible avec la destination pri-

(1) L'Égypte, en langue thibétaine, se nomme *Eunani*, et le lion *singhi*. Il paroît qu'à une époque quelconque il a dû exister entre ce pays et le Thibet des communications très fréquentes ; et aujourd'hui même les Thibétains ne parlent de l'Égypte qu'avec respect : c'est de là sans doute qu'ils ont puisé leur vénération pour le roi des animaux ; vénération qui se manifeste dans leur architecture sacrée, où le lion occupe une place distinguée. Ils n'ont point d'édifice religieux qui ne soit orné à chacun de ses angles d'une tête de lion portant des sonnettes pendues à sa mâchoire inférieure, etc. Voyez *an account of an Embassy to the court of the Teshoo Lama in Tibet, containing a narrative of a Journey through Bootan and part of Tibet by Sam. Turner.* p. 288, et t. II, p. 52 de la trad. française.

(2) Je pourrois encore citer les deux grandes pyramides du Mexique, consacrées, l'une au Soleil, et l'autre à la Lune ; elles avoient deux faces larges, et deux plus étroites. Cette forme est d'autant plus à remarquer, qu'elle s'accorde avec l'observation que j'ai déja faite ci-dessus (p. 287) sur les idées superstitieuses que les Hindoux y attachent. Si l'on en croit M. Hasius, deux faces de la pyramide dédiée au Soleil avoient chacune environ 800 pieds de long, les deux autres 600, et le monument 350 pieds de haut : celle dédiée à la Lune avoit 400 pieds de haut sur 600 pieds de long et 250 de large. Voyez *regni davidici et salomonei Descriptio geogr. et historic.*, etc. aut. J. M. Hasio. Norimberg. 1739, p. 130, 131 de la seconde partie intitulée, *de Magnitudine comparata urbium*, etc. Voyez aussi sur la pyramide du Soleil au Mexique les intéressantes observations de M. Thomas Maurice, dans ses *Indian antiquities, or dissertations relative to the ancient geographic. divisions, theolog, laws*, etc. *of Hindoostan*, t. III, p. 88.

(3) The use to which they were anciently applyed to have be *three-fold*, and to consider them as TOMBS, TEMPLES and OBSERVATORIES. Maurice's *Indian antiquities or dissertations relative to the ancient geograph. theolog. laws, gouvern. and litterat.*, etc., t. III, p. 86.

mitive des pyramides. Que, dans la suite, des souverains ou des
personnages célebres par leurs vertus ou par leurs rarès connoi-
sances aient choisi leur dernier asyle dans les flancs de ces sanctuaires mystérieux et impénétrables aux profanes, c'est ce qui me
paroît démontré par le témoignage même des auteurs arabes (1),
aussi-bien que par les momies, que ces mêmes Arabes disent avoir
trouvées dans l'intérieur de la grande pyramide. Les petites ne contenoient probablement rien ; car ils n'auroient pas manqué de nous
parler des découvertes auxquelles leur démolition auroit donné
lieu. Ces petites pyramides n'étoient que les accessoires des grandes ,
sur la destination desquelles elles ne laissent aucun doute , puisqu'elles établissent une conformité parfaite entre les pyramides
d'Égypte et les principaux temples d'Ava, du Pégou, et de l'Inde.

§. IX.

Etymologie du nom des Pyramides.

Les différentes conjectures des plus savants orientalistes touchant
le nom primitif des pyramides suffisent pour prouver qu'il s'en faut
de beaucoup que ce nom soit bien connu : les explications que les
auteurs anciens et les Arabes nous en donnent nous paroissent bien
obscures ; peut-être une partie de cette obscurité doit être attribuée
à nos foibles connoissances dans l'ancienne langue de l'Égypte.
Cette langue ne nous est connue que par les rares vestiges qui se
trouvent aujourd'hui mêlés dans le qobthe moderne, avec un grand
nombre de mots grecs et quelques uns arabes; c'est cependant parmi
ces vestiges que je crois avoir retrouvé le véritable nom des pyramides. Quoique cette étymologie ait obtenu l'approbation de quelques savants , je suis loin d'y attacher plus d'importance que n'en

---

(1) « Lorsqu'après le déluge , l'Égypte redevint peuplée comme elle l'étoit
auparavant, on plaça des sépultures dans les deux pyramides, dit l'auteur de
l'*él-Dorr él-tsamyn*, cité précédemment page 318.

méritent ces sortes de découvertes ; mais , avant de présenter mon étymologie, on me permettra de jeter un coup-d'œil rapide sur toutes celles qui ont été proposées jusqu'à présent par les savants des différentes nations et des différents âges.

Les Arabes désignent les pyramides sous le nom de *haram* (1), mot qui fait au duel *haramani* ; c'est le nom qu'ils donnent particulièrement aux deux grandes pyramides de Djyzeh. Leurs lexicographes rangent ce mot sous la racine *harama* (être accablé de vieillesse) ; et, à l'appui de cette étymologie , âl-Maqryzy cite un ouvrage de Galien sur l'hygiene (2), dans lequel ce célebre médecin

---

(1) C'est par une erreur de copiste qu'on lit *âhoùdm* et *hoùmân* dans l'*Oriental geography of ebn-Haukal* (intitulé, *Méçâlik oùé Mémâlik*), p. 33 de la traduction anglaise, publiée, en 1800, par M. le major Ouseley. Ce savant et laborieux orientaliste a eu soin d'indiquer lui-même cette faute de son texte original dans son intéressante préface , p. xxix. — Quoique cette géographie contienne une grande quantité d'articles extrêmement utiles et curieux, celui des pyramides est très court et très vague. Je vais en donner la traduction pour rendre ma *notice* aussi complete qu'il dépend de moi : n'ayant pu me procurer un exemplaire de cet ouvrage qu'au moment où se termine l'impression de ces notes, il m'a été impossible d'en faire usage dans le cours de mon travail.

« A deux farsangs de Fosthâth sont d'anciens bâtiments, nommés *âhoùdm* (lisez *ârhâm* , les pyramides), parmi lesquels on remarque deux masses énormes nommées *hoùmân* (lisez *haramani*, les deux pyramides). Chacune d'elles a quatre cents coudées de hauteur ; et sur les murailles sont des inscriptions grecques qui indiquent que « la construction des hoùmân (lisez *haramani*, des deux pyramides) eut lieu lorsque *âl-nesr âl-thâïr* (l'aigle volant) étoit dans le signe du cancer ». Chacun de ces édifices est quadrangulaire, et diminue jusqu'au sommet, où se trouve une esplanade assez grande pour un chameau : dans l'intérieur sont des canaux par où un homme peut passer sans difficulté. Il y a dans hoùmân (les deux pyramides) une excavation souterraine , que l'on soupçonne avec quelque probabilité avoir été la sépulture des anciens monarques de ce pays. »

(2) *Kétâb Djâlynoùs fy tadbyr âl-ssihha* (livre de Galien sur le soin de la santé). La bibliotheque nationale possede un exemplaire de cet ouvrage de Galien , cité par âl-Maqryzy, sous le n° 986 des manuscrits arabes. Le passage dont il s'agit se trouve page 60 de ce manuscrit, avec des variantes qui nous conduiroient à des discussions fort étrangeres au sujet qui nous occupe.

dit que « ceux qui sont parvenus à un âge avancé se nomment
« *haram*, mot dérivé d'*áhrám* (les pyramides), parcequ'ils ne
« doivent pas tarder à être placés dans ces monuments ». Si l'on
s'en rapportoit à Galien ou à l'opinion que son traducteur arabe lui
prête, ce seroit le nom des pyramides qui auroit donné naissance à
la racine arabe *harama*. Quoique je ne prétende pas même discuter
si la fondation des pyramides est antérieure à la formation de la
langue arabe, je ne puis adopter une étymologie qui me paroît
purement fantastique. On connoît le goût des Arabes pour ramener
tous les mots étrangers qu'ils rencontrent à leur propre langue, et
leurs talents pour imaginer des contes plus ou moins ridicules à
l'appui de ces étymologies. Nous pouvons au moins induire de
celle-ci, en l'appréciant à sa juste valeur, que le mot *haram* est
celui de toute la langue arabe qui, pour le son, approche le plus
du nom égyptien des pyramides. Nous espérons que le résultat de
nos recherches justifiera cette induction, laquelle viendra aussi à
leur appui.

Lexicon arab.
latin. p. 2538.
Not. in Abulf.
Egypt. p. 64,
not. 135.

Golius croit retrouver quelque conformité entre ce mot et le
Heremoùn (arx, palatium) des Hébreux. M. Michaëlis n'est pas
de cette opinion.

Mais c'est assez nous appesantir sur les étymologies des Orientaux.
Passons maintenant aux différentes explications proposées pour le
πυραμὶς des Grecs. On n'exigera pas que nous réfutions sérieusement l'auteur de l'*Etymologicum magnum* et Etienne de Bysance,

Stephan. de
Urbib. ad voc.
ΠΥΡΑΜΙΣ.

qui veulent faire dériver ce mot de πυρὸς (froment), parcequ'on
suppose que les pyramides ont été construites par un prince qui s'en
servit pour emmagasiner des blés ; ce qui produisit la disette en
Égypte.

D'autres prétendent attribuer ce nom à la forme même de ces
monuments, qui, comme la flamme, se terminent en pointe : or le
nom du feu en grec est πῦρ ; mais que ferons-nous de la syllabe αμ,
en accordant, comme nous le croyons bien, que ις soit une terminaison hellénique ? Cette seule difficulté me paroît insoluble et
péremptoire : en outre est-il probable, comme le remarque Jablonski,

que les Égyptiens aient emprunté des Grecs, qui leur sont bien
postérieurs pour la civilisation, le nom d'un de leurs très anciens
monuments ? Il est donc plus naturel de diriger ses recherches sur
les vestiges de leur ancienne langue ; c'est ce qu'ont déja fait plusieurs savants dont nous allons rapporter les opinions.

Suivant David Wilkins (1), *Hérodote*, *livre II*, et, d'après cet
historien, Kircher, dans un ouvrage que le savant Anglais ne cite
point, et que nous n'avons pu découvrir, ont fait dériver le mot
πυραμὶς de πυρωμὶς qu'Hérodote rend par καλὸς κ'αʃαθὸς (honnête et bon). Les Qobthes modernes, ajoute Wilkins, désignent
par πιρωμι un *homme*, sans y attacher de qualification bonne ou
mauvaise.

Malgré ma haute estime pour D. Wilkins, je ne puis m'empêcher
de le contredire sur l'idée qu'il prête à Hérodote ; et, sans m'engager
ici dans des discussions superflues, il suffit de consulter l'excellente traduction du cit. Larcher pour se convaincre que l'historien
grec n'a point prétendu retrouver le nom des pyramides dans le mot
πιρωμι. Au reste, Wilkins lui-même convient que ce mot n'a jamais
pu servir à former le nom des pyramides ; et il propose une autre
étymologie qui ne me paroît pas plus juste, πουρο μιοι (*regum
generatio*, *stemma*). Je sais bien que l'opinion vulgairement reçue
veut que les pyramides fussent les tombeaux des rois ; mais je n'ai
pas vu qu'elles leur aient jamais servi de berceau. Ainsi on nous

---

(1) *Dissertationes de lingua coptica* ad calcem *Oration. dominic.*, etc. à
Chamberleyne, edit. ann. 1715, p. 107 et 108. Il ne faut pas confondre David
Wilkins avec Charles Wilkins, autre savant anglais, très versé dans le sanskrit,
et qui a traduit de cette langue sacrée ; 1º le *Bhagat guita*, épisode du Mhabharat,
dont il prépare une traduction complete ; 2º l'*hitopadès* (instruction utile) de
Vichnou-Sarma ; il paroît que c'est le prototype des fables attribuées ensuite à
Pidpay, à Lokmân, à Ésope, etc. ; 3º l'*histoire de Duchmanta et de Sakountalà*.
Je n'ai point encore vu ce dernier ouvrage, publié depuis peu de temps. Ajoutons,
à la gloire de ce savant, qu'il a puissamment contribué à établir l'imprimerie dans
l'Inde, en gravant lui-même, avec autant d'élégance que de précision, des caracteres bengales et persans.

Origin. ægypt.
p. 446, 447.
permettra de ne pas plus adopter cette étymologie que la précédente, qui a pourtant eu l'approbation de Périzonius.

A'bdôllat.
Denkwürdig-
keiten Egypt.
p. 169.
M. Gunther Wahl, dans les notes qui accompagnent sa traduction allemande de l'ouvrage de A'bdôllathyf sur l'Égypte, rapporte une autre étymologie, qu'il attribue à Lacroze et à Jablonski; c'est πιρεμjιϭι (*altitudinis incola, altitudinem penetrans* monumentum). Si, comme nous n'en pouvons douter, la derniere syllabe de πύραμὶς est une terminaison grecque, que devient cette étymologie, qui d'ailleurs ne me semble pas caractériser assez particuliérement ces édifices ?

Prolegomen,
p. 82.
Je ne ferai pas le même reproche à celle que Jablonski a proposée dans son *Pantheon Ægyptiorum.* πιϱη μουε (*solis radius*, ou plutôt *solis splendor*). πιϱη, en langue qobthe, signifie encore *le soleil;* μουε, *splendeur, éclat.* Nous avons déja remarqué que les pyramides étoient consacrées au Soleil; et ce qui donne un nouveau degré de probabilité à cette étymologie, c'est qu'elles n'étoient que des imitations du sommet des obélisques, nommés par les Grecs *pyramïdéion,* πυραμιδειον. Le mot *obélisque,* comme on sait, est purement grec (1). Il seroit donc assez probable, comme le pense Lacroze, que le nom primitif de ces monuments du culte des habitants de la haute Égypte eût passé ensuite aux pyramides mêmes qui, selon moi, leur sont très postérieures, et me paroissent, comme eux, avoir été consacrées à l'astre du jour. Je n'ignore point que le même savant dont je viens d'invoquer le témoignage leur

---

(1) Il vient d'ὀϭίλος (broche), diminutif ὀϭιλίϭκος, Voyez *Angelus Bargæus de Obelisco,* cité par M. le chanoine Bandini, dans sa belle dissertation latine et italienne intitulée, *de Obelisco Cæsaris Augusti è campi Martii ruderibus nuper eruto commentarius,* page 7. Je regrette bien de n'avoir pu encore me procurer un ouvrage du savant Zoega, intitulé, *de Origine et usu obeliscorum,* ad Pium sextum, Romæ 1799, en un volume *in-fol.* de 700 pag., orné de gravures. *Kirch. OEdip,*
ægypt. III,
p. 345. Les Arabes désignent les obélisques sous le nom de *Micellet Fara'oïn* (aiguille de Pharaon). *Micellet* signifie une aiguille dont on se sert pour des ouvrages très grossiers.

attribue une autre destination ; mais , comme nous avons traité ce sujet dans le paragraphe précédent , nous n'y reviendrons pas , de peur de perdre de vue notre mot πιρη μουε , dont le sens me plaît infiniment plus que la forme ; car s'il étoit véritablement la racine du mot grec , l'*upsilon* , qui se trouve au commencement de celui-ci , devroit être placé à la fin , et l'*iota* au commencement. De plus , les Arabes n'auroient certainement pas employé leur mot *Haram* , qui commence par une lettre aspirée , s'il se fût agi de représenter ce mot égyptien qui n'en contient aucune.

Un savant moderne, dont nous avons plus d'une fois parlé dans ces *notes* avec la haute considération due à ses talents et à sa personne , M. Adler (1) propose une autre étymologie. « Il est véritablement ridicule , dit-il , de prétendre tirer le mot *pyramide* du πῦρ (feu) des Grecs ; c'est le mot qobthe ou égyptien ραμα *rama* ou ραμι *rami* , qui signifie *hauteur* , et qui a la même origine que le *rom* , *ramah* , hébreu. *Pi* est l'article masculin des Égyptiens ; de là *pirami* (2). »

---

(1) *Adlers Kurze übersicht seiner biblisch kritischen reise nach Rom.*, p. 191 et 192. Cette relation est remplie de la plus vaste et de la plus solide érudition ; elle offre rapidement des extraits des manuscrits les plus précieux , renfermés dans les bibliotheques de Vienne , de Venise , de Padoue , de Mantoue , de Parme , de Bologne , de Florence , de Rome , de Milan , de Turin , de Paris ; de Leide , et d'Amsterdam.

(2) Nous avons plusieurs autres exemples de l'article égyptien inséré dans les mots grecs dérivés de cette langue. C'est ainsi que l'article arabe *al*, incorporé dans beaucoup de mots espagnols , en décele l'origine arabe. Voyez *Conjectures of G. Penn on the ægyptian original of the Word* ΠΥΡ, dans le premier volume , pag. 270, 271 des *orient. Collections*, publiées par le major Ouseley, l'un des plus savants orientalistes d'Angleterre , et à qui nous devons déja plusieurs ouvrages très importants, tels qu'un Traité pour faciliter la lecture des manuscrits persans, en un volume *in-4°* ; une traduction de l'Histoire de Perse intitulée , *Djihán árá ;* celle de la Géographie d'ébn-Hhaoùqal , en un vol. *in-4°*. Ajoutons que M. Ouseley ne se borne pas à se consacrer tout entier à la littérature orientale ; il emploie des sommes considérables à l'impression des ouvrages et à l'acquisition des manuscrits orientaux.

3.   43

Un savant tel que M. Adler peut être cru sur parole , et doit
faire autorité pour toutes les questions sur lesquelles il prononce.
Nous savons aussi que l'esclavage des Juifs en Égypte a été d'assez
longue durée pour que l'on puisse se flatter de retrouver dans
l'hébreu des fragments d'une langue dont il nous reste si peu de
chose : en outre, la racine du mot qu'il cite se reconnoît avec la
même signification qu'il lui donne, non seulement en hébreu , mais
en chaldéen , en samaritain , en syriaque : ainsi nous ne nous permettrons pas même d'observer que nous avons vainement parcouru
le *Lexicon ægyptiaco-latinum* (1) de Lacroze imprimé et manuscrit, et le Vocabulaire qobthe (2), publié par Kircher, dont le texte

---

(1) Ce précieux manuscrit , de format *in-folio*, et tout entier de la main de
Lacroze , est divisé en deux parties : la première, composée de 270 pages, renferme le vocabulaire qobthe proprement dit ; les trente pages de la seconde sont
consacrées aux mots de la langue ssa'ïdyque : cette division a été adoptée par les
abbréviateurs et éditeurs de ce savant ouvrage , MM. Scholtz et Woïde , qui le
publierent à Oxford , en 1775, en un vol. *in-4°* de 199 pages. M. Woïde a eu
entre les mains une copie de ce manuscrit qui n'existoit point encore à la bibliotheque quand ce savant vint à Paris, en 1773. Les additions qu'il a faites à ce
dictionnaire peuvent, à certains égards, nous dédommager des suppressions qu'il
s'est permises. Je regrette cependant qu'il n'ait point imprimé la courte mais intéressante préface de Lacroze. Voyez de plus amples détails sur l'impression de ce
dictionnaire dans le tome X de l'*Orientalische und exegetische Bibliotek* de
Michaëlis , pag. 138-140 , et dans le *Litterarischer briefwechsel* (Commerce
épistolaire) du même savant , tome III , p. 43-192.

(2) *Lingua ægyptiaca restituta opus tripartitum*, *una cum supplemento,* Romæ
1643 , *in-4°*. On a long-temps suspecté l'authenticité de cet ouvrage , et beaucoup
de savants le regardoient comme une de ces impostures littéraires dont notre
docte jésuite n'étoit point avare quand il s'agissoit de soutenir quelques uns de ses
systèmes ou de ses conjectures. Mais je dois déclarer ici que j'ai découvert le
manuscrit original d'après lequel le P. Kircher a composé l'ouvrage dont il s'agit,
ou plutôt dont cet ouvrage n'est qu'une traduction quelquefois assez infidele.
Ce précieux manuscrit , apporté du Levant par le célebre voyageur Pietro della
Valle , et déposé par lui à la bibliotheque vaticane, où on le conservoit sous le
n° 71 , fait partie de nombreux trésors littéraires, dont les victoires à jamais mé-

original a été transporté de la bibliotheque vaticane dans la bibliotheque nationale, sans y découvrir le mot ϱαμα dont parle M. Adler;
mais, en accordant à notre savant que ce mot a pu exister dans
l'ancien égyptien avec la signification qu'il y donne, nous lui observerons que ce mot ne se rapproche pas plus que les précédents du
haram des Arabes : ce dernier pourtant doit nous servir de guide
dans nos recherches, et j'ose croire que le résultat des miennes
justifie cette assertion.

Le mot qobthe qui me paroît le plus conforme à celui-ci est
χϱωμ, *khrom*, qui désigne le *feu* : ajoutez l'article masculin πι, et vous
aurez un mot peu différent de πυϱαμὶς. Quant à l'*upsilon* substitué
à l'*iauda* qobthe, lorsque l'on pouvoit rendre fidèlement cet *iauda*
par l'*iota* grec, on sait que ces trois lettres ont à-peu-près le même
son ; et, d'après le goût des Grecs pour helléniser tous les mots
étrangers qu'ils étoient obligés de transcrire dans leurs caracteres,
peut-on douter qu'ils aient hésité à se permettre une mutation
presque insensible dans la prononciation pour former une syllabe
grecque (πῦϱ) correspondante pour le sens et le son au mot original (1) ? Ce mot, suivant leurs lexicographes, devoit désigner le

---

morables des armées de la république ont enrichi la bibliotheque nationale de
France. Comme la transcription et la traduction de Kircher manquent souvent
d'exactitude et de correction (et il faut convenir que ce laborieux écrivain n'avoit
pas alors tous les secours dont nous sommes munis), je compte donner une
notice de ce manuscrrit, laquelle pourra servir de supplément à la *Lingua
ægyptiaca restituta.*

(1) C'est ainsi que le mot πῦϱ lui-même est d'origine égyptienne, et dérive de
πι-ϱη, qui, en qobthe moderne, désigne encore *le soleil* (PH πι et Φ, ἥλιος, sol.
Vid. *Lexicon ægypt. latin.* p. 85). Un savant Anglais, M. Granville Penn, croit
que ce mot aura été adopté par les Grecs à une époque très reculée, lorsque cette
langue, commençant à adoucir sa primitive grossièreté celtique ou pélasgique,
adopta différents mots égyptiens, et finit après par se perfectionner avec le
secours des dialectes de la Phénicie, de l'Arabie, et de la Syrie : ce mot-ci fut du
nombre, et ils en étendirent la signification en l'appliquant au feu : ce qui est
d'autant plus probable, dit M. Penn, que nous parlons du soleil comme d'une

Lexicon.
Ægyp. latin.
p. 116. Voyez
Matth. 3 : 10.
17. 19 : 13 :
40.

feu; Πυραμὶς ἀπο τοῦ πύρος, *Pyramis vient du feu.* En effet, cet élément se nomme πι χρωμ (1), *pi-khrom* (le feu) en égyptien ancien et moderne. Quant à la lettre gutturale χ, on sait combien les Grecs prenoient de licence pour supprimer ou altérer les lettres dont la dureté blessoit leurs organes : ils auront cru celle-ci suffisamment exprimée par le ρ, dont la prononciation, pour le peu qu'elle soit grasseyée, en approche beaucoup. Les deux dernieres portions de πυραμὶς s'expliquent aisément; l'une, qui n'offre aucun sens en grec, correspond à la derniere syllabe du mot original (on sait que l'*ô* long approche beaucoup du son de l'*a*); la seconde est une terminaison purement grecque.

La conformité entre πι χρωμ *pi-khróm* et *él-haram* nous paroît tellement frappante, que nous nous bornerons à une seule observation. Les Arabes ont traduit, suivant leur usage, l'article masculin πι par *ál*, et transcrit ce mot avec les caracteres arabes HRM (*ál hrm*). Comme dans leur langue les voyelles ne se peignent presque jamais, l'usage seul et non l'analogie, aura fait prononcer *ál-Haram* au lieu d'*ál- Hróm*. Au reste, les lettres fondamentales du mot, c'est-à-dire les consonnes, n'en sont pas moins certaines et bien reconnoissables.

---

portion de cet élément..... ». Au reste, nous nous bornons à invoquer ici le témoignage formel de ce docte Anglais pour ce qui nous concerne seulement, sans prétendre le suivre dans ses immenses recherches, qui font l'objet d'une lettre extrêmement intéressante, intitulée, *Conjectures on the ægyptian original of the word* ΠΥΡ *and on its primitive signification in Greece, in a letter from Granville Penn to major Ouseley*, t. I, p. 137-159, 263-275, 343-355 des *Oriental Collections* de M. le major Ouseley.

(1) Je sais que, dans le dialecte du Ss'aïd, le *feu* se nomme πι Κωλτ (*pi koht*); mais n'oublions pas que l'on ne trouve point de pyramides dans la haute Egypte, et qu'elles semblent être, comme je l'ai déja observé (page 321) des monuments particuliers à la basse. C'est donc dans l'idiôme de cette derniere contrée qu'il faut chercher l'étymologie de leur nom, et que nous croyons l'avoir trouvée.

Le Sphinx (T. I , page 129).

LES recherches auxquelles il a fallu me livrer pour composer la
notice précédente m'ont nécessairement procuré des renseignements
sur le sphinx. Je me suis déterminé d'autant plus volontiers à ré-
diger ces notes, qu'elles contribueront à compléter mon travail sur
les pyramides.

Cette statue colossale, que ses caracteres devroient faire nommer
la sphinx, et dont on ne voit maintenant que la tête et le col, les
sables ayant couvert le reste du corps, se trouve à une portée
de fleche sud-est des deux grandes pyramides ; il paroît que du
temps de Pline elle étoit entièrement à découvert, si l'on en juge
d'après les dimensions qu'il nous en donne. « La tête du monstre,
dit-il, mesurée vers le front, a cent deux pieds romains de circonférence (quatre-vingt-douze pieds français six pouces une ligne, et
conséquemment vingt-neuf pieds cinq pouces quatre lignes de diametre) : sa longueur est de cent quarante-trois pieds (cent vingt-neuf
pieds huit pouces trois lignes); et sa hauteur, depuis le ventre jusqu'au
sommet de la tête, est de soixante-deux pieds (cinquante-six pieds
deux pouces neuf lignes) : c'est une espece de divinité bocagere pour
les habitants ; on croit qu'elle a servi de sépulture au roi Amasis. »

Pline est le seul qui, parmi les anciens, nous donne quelques
détails sur cette figure colossale : Strabon, Aristides, et les autres
écrivains posterieurs qui ont parlé de l'Égypte, n'ayant fait nulle
mention du sphinx, l'auteur le plus ancien que nous puissions citer
après l'historien de la nature est Aboù A'bdoûllah-Mohhammed âl-
Qodhâï, qui, comme on a déja vu, florissoit dans le onzieme siecle
de l'ere vulgaire. A cette époque on ne voyoit plus que la tête et le
col du sphinx, le reste du corps étoit enseveli dans le sable ; « en
l'évaluant d'après les dimensions de la tête, dit âl-Qodhâï, il doit
avoir plus de soixante-dix coudées de longueur (1). »

____

(1) Nous avons tout lieu de croire que le *traité des Édifices merveilleux* d'âl-
Qodhâï, indiqué par âl-Maqryzy, n'est qu'un chapitre du grand ouvrage du
même âl-Qodhâï, intitulé, *âl-Molihtâr*, etc. Voyez p. 273.

Nous ne citons *ici* âl-Qodhâ'ï que d'après la citation d'âl-Maqryzy ;
mais un auteur qui ne lui est postérieur que d'environ 40 ans , et
dont nous avons le texte sous les yeux, est beaucoup plus satisfaisant.

Page 59 de
l'édition arabe,
in-8°.

A'bdòllathyf , qui écrivoit en l'an 597 de l'hégire (1200 de l'ere
vulgaire) , nous apprend que de son temps « cette figure avoit du
rouge (1) sur les joues , et qu'elle conservoit sur toute la partie antérieure tout l'éclat de la fraîcheur et de la beauté , et elle avoit l'air de
sourire aux spectateurs de la maniere la plus agréable. »

« Des hommes instruits , ajoute le même écrivain, me deman-
doient ce que j'avois vu de plus étonnant. Je leur répondis : ce sont
les proportions du sphinx ; car les différentes parties de sa figure,
telles que le nez , les yeux, les oreilles, sont proportionnées comme
dans la nature. Le nez d'un enfant, par exemple, est fait pour sa
taille, et contribue à l'embellir : placé sur le visage d'un homme , il
l'enlaidiroit, de même que le nez d'un homme défigureroit un enfant,
ainsi des autres membres. Il faut qu'ils soient tous proportionnés au
module de la figure à laquelle ils appartiennent ; car l'absence des
proportions rend une figure hideuse : ce qui me paroît donc le plus
surprenant, c'est que le sculpteur ait pu conserver ces mêmes proportions dans toutes les parties de la figure , malgré ses dimensions
colossales, puisqu'il n'y a rien de semblable dans les ouvrages de la
nature. »

Description
de l'Egypte ,
article de
Aboùl-Hoùl.

L'étonnement de notre auteur décele une profonde ignorance dans
les arts ; mais les détails dans lesquels il entre pour motiver cet
étonnement nous autorisent à en tirer une conjecture assez importante , et qui se trouve vérifiée par le témoignage d'âl-Maqryzy :
c'est que, du temps de A'bdòllathyf, la figure du sphinx étoit encore
fraîche et intacte ; en effet ce ne fut que plus d'un siecle après ,
c'est-à-dire en 780 de l'hégire (1378-9 de l'ere vulgaire), que « le
bienheureux cheykh Mohhammed Ssa'ïm él-Deher , de l'ordre des

---

(1) Il faut donc lire dans le texte de Pline *rubrica* , comme portent quelques
manuscrits, et non *lubrica* , qui est la leçon généralement adoptée. *Plin. Hist.
nat.* lib. XXXVI, 17, p. 738, ex edit. Harduini, t. IX, p. 674, ex edit. Franzii.

Ssòfy et du monastere él-Ssâlehhyeh , *forma le projet de détruire quelques uns des usages contraires à la loi de Dieu.* Nous avons vu, dit âl-Maqryzy , ce saint personnage aller aux pyramides , mutiler la figure du sphinx, et en disperser les morceaux : cette figure est restée dans cet état jusqu'à présent; et , depuis cette époque , les sables inondent le territoire de Djyzeh. *Les habitants attribuent ce fléau à la mutilation du sphinx ».* — Les deux phrases que nous avons soulignées nous paroissent mériter une attention particuliere, et nous comptons bien y revenir.

Les principaux voyageurs s'accordent assez entre eux dans les descriptions qu'ils nous donnent du sphinx (1) : c'est une tête colos-

---

(1) Bélon, *Observations de plusieurs singularités ,* etc. p. 259. Ce voyageur, en nous donnant les dimensions du sphinx, nous apprend que « François I avoit résolu de faire fondre un Hercule ou un Mars colossal. Le patron , dit-il , a duré long-temps à l'hôtel de Nesle, qui avoit cinquante-deux à cinquante-trois pieds de hauteur; et véritablement il l'eût fait s'il n'eût été prévenu de mort. »

Prosper. Alp. *Rerum ægypt.* lib. I, cap. VI, p. 33, dit que , vers 1580, cette statue étoit encore très bien conservée, à l'exception d'une légere fracture au nez. Suivant l'auteur anonyme d'une relation intitulée, *the Pelgrim to Mecca,* et insérée dans le second vol. de la collection d'*Hackluits ,* p. 201, ce voyageur donne vingt-six pieds de circonférence au col de la statue. Voyez aussi le *Voyage de Vincent le Blanc ,* t. II, p. 143. — Le seigneur de Villamont, dans ses *Voyages,* livre III, p. 456, édition de 1607, donne des dimensions si exagérées , que je doute qu'il aít vu lui-même le sphinx : il accuse quatre-vingt-douze pieds de hauteur, sans comprendre la colonne qui supporte cette tête, etc. — Quoique Sandys ne donne aucune mesure , sa description porte un caractere incontestable d'exactitude et de fidélité : il croit avec raison que c'est un morceau de rocher que la nature semble avoir placé là exprès pour être taillé, etc. *Sandys's travels,* etc. , p. 102 de la septieme édition de 1673. Henry Blount donne au sphinx quarante verges (yards) environ de circonférence, et douze à quatorze de hauteur ; il le croit aussi taillé dans le roc même. *Voyage into the Levant ,* t. I, p. 527 de la *collection of Voyages and travels of the earl of Oxford.* — Monconys, t. I, page 385 de ses *Voyages,* édit. *in-12,* nomme cette statue l'*idole,* et lui donne vingt-six pieds de haut : le dessin qui accompagne sa relation est visiblement faux. — Pietro della Valle , t. I, p. 331 de ses *Voyages,* édit. *in-12,* parle du sphinx, mais n'en rapporte aucune mesure : il croit que le rocher dans lequel on l'a taillé a été apporté

sale considérablement mutilée, d'environ vingt-six pieds de module ;
sur le sommet de la téte on voit un trou de quinze pouces de diametre dans la partie la plus large, et d'environ neuf pieds de profondeur : les portions qui n'ont pas été mutilées ou dégradées conservent encore l'enduit rougeâtre ou roussâtre dont parlent Pline et

Grobert,
description des
Pyramides,
p. 33.

---

d'ailleurs. — Thévenot, le neveu, dont on connoît l'exactitude et l'excellent jugement, est d'une opinion contraire ; c'est à la fois la plus générale parmi les voyageurs et la plus probable : il accuse vingt-six pieds de haut, et quinze depuis l'oreille
jusqu'au menton. *Voyages de M. Thévenot*, t. II, p. 426, édition *in-12*. Cette
mesure s'accorde avec celle prise par M. Teils, consul hollandais, et rapportée
par Vansleb dans sa *Relazione dello stato presente dell' Egitto*, etc. page 266.
Le même voyageur, dans sa *nouvelle relation d'Égypte*, page 144, est conforme
pour les mesures à M. Thévenot, sur l'exactitude de qui il paroît compter encore plus
que sur celle du consul hollandais, cité dans son premier ouvrage. — Corneille le
Bruyn, t. I, p. 643 de ses *Voyages*, édit. *in-4°*, s'en rapporte également aux
mesures de M. Thévenot. — Thompson, *travels through Turkey*, etc. tome II,
p. 144, et van Egmont, *travels through Europa, Asia minor*, t. II, p. 90, éva-
luent à trente pieds anglais la hauteur entiere de la téte et du col. Au reste, je ne
cite ces deux voyageurs que pour n'omettre aucun de ceux qui sont venus à ma
connoissance ; mais, loin de leur accorder plus de confiance qu'ils n'en méritent,
je les soupçonne fort d'avoir, comme Gemelli Carreri, composé leur *relation* dans
leur cabinet. — Pococke, qui l'a mesurée avec un quart-de-cercle, etc., lui a trouvé
vingt-sept pieds anglais de haut, trente-trois pieds de large à la portion inférieure
du col où commence la poitrine, vingt pieds depuis la nuque jusqu'au dos, de là
jusqu'au trou qui est sur la croupe soixante-quinze pieds. Ce trou a cinq pieds de
long, et de là à la queue Pococke croit pouvoir compter trente pieds : ce compte
excede, dit-il, un peu celui de Pline qui ne se monte qu'à 113 (lisez 143) pieds de
long. *Descript. of the East.*, t. I, p. 46. — Le consul Maillet croit que cette téte
a plus de trente-cinq pieds de tour sur un corps de plus de trente pas de longueur.
Description de l'Egypte, t. I, p. 279, édition *in-12*. — Fourmont le neveu dit
que cette téte a plus de trente-cinq pieds, *Description des plaines d'Héliopolis*,
p. 256. — M. Niebuhr a trouvé que la hauteur du menton étoit de dix pieds six
pouces, la longueur de la téte dix-sept pieds, hauteur totale de la téte et du col
vingt-sept pieds six pouces, *Voyage en Arabie*, etc., t. I, p. 159. — L'estimable
auteur d'une trop courte *Relation de l'expédition d'Égypte*, le cit. Norri, donne
8 met. 55 cent. (26 pieds) au col et à la téte pris ensemble.

A'bdôllathyf. Ce n'est point l'unique preuve que nous ayons du talent des Égyptiens pour composer des couleurs indélébiles : les sculptures des temples de la haute Égypte sont recouvertes de peintures qui ont encore toute leur premiere fraîcheur.

Les mêmes voyageurs ne sont pas moins d'accord sur l'exécution de ce colosse : ils croient généralement qu'il a été taillé sur place. La parfaite ressemblance de la pierre dont il est formé avec celle du rocher sur lequel il repose ne peut laisser de doute ; et je ne serois pas fort éloigné d'adopter l'opinion du consul Maillet, qui croit que *Description de l'Égypte, t. I, p. 280.* c'étoit originairement un de ces *témoins* laissés par les ouvriers employés à niveler le rocher sur lequel on assit les pyramides. On aura ensuite imaginé de sculpter cette masse informe, ou peut-être même l'aura-t-on ménagée exprès. J'ai parlé, dans la *dissertation sur la statue de Memnon*, des rochers sculptés par les anciens Indiens : ainsi je ne répéterai pas ici des rapprochements déja indiqués ; ce n'est pas le premier colosse de cette espece taillé par les Égyptiens. Ceux que l'on voit dans la haute Egypte doivent être antérieurs de beaucoup à celui-ci ; et , si les conjectures fondées exactement et uniquement sur l'analogie sont de quelque poids , nous avons tout lieu de croire qu'il dépendoit du temple des pyramides. Les Égyptiens, suivant l'excellente observation de M. Thomas Maurice , pla- *Indian antiq. t. III, p. 236.* çoient des avenues de sphinx aux approches de leurs temples, pour prescrire la discrétion à leurs initiés , et inspirer au peuple une sainte terreur (1).

Cette idée est parfaitement justifiée par le nom que les Arabes

---

(1) Quoique l'opinion de ce savant Anglais vienne à l'appui de ma conjecture , je dois indiquer une nuance qui se trouve entre cette opinion et celles de Plutarque, et de Clément d'Alexandrie , qui me paroît avoir ici copié Plutarque. « Les Égyptiens, disent ces deux écrivains, placent des sphinx à l'entrée de leurs temples pour annoncer que ce qui concerne les dieux est énigmatique. *Plutarch. de Isid.* t. II, p. 354, ex edit. Duval; *Clem. Strom.*, lib. V , p. 240 (664) , ex edit. Potter. Le même pere, ajoute plus bas que le sphinx étoit le symbole de la force et de l'intelligence , indiquées par le corps du lion et le visage de l'homme , et désignoit aussi le système du monde.

3   44

Nechq el-Azhár de ben-Ayâs, p. 205.

tous les ans, à l'époque de la crûe du Nil, les Qobthes précipitoient dans le Nil une jeune fille richement parée, et que l'on arrachoit des bras de ses parents : ils espéroient, par ce sacrifice humain, obtenir du fleuve une crûe abondante et une riche moisson. Il ne fallut pas moins que l'autorité absolue de A'mroù ben-él-A'ss, soutenu du khalyfe, son maître, pour contraindre ces chrétiens à renoncer à cet abominable usage, et pour réprimer les murmures et les séditions que cette réforme pensa causer : on ne put même leur refuser de remplacer cette victime humaine par un simulacre en terre grossièrement travaillé, qu'ils plongent encore tous les ans dans le fleuve à la même époque.

Prosp. Alpin. Rerum ægypt. lib. I, cap. VI, p. 51.
Maillet, Desc. de l'Egypte, t. II, p. 200, etc.

Quelques savants ont cru reconnoître dans le sphinx un instrument de la supercherie des prêtres égyptiens qui s'introduisoient dans l'intérieur de la statue pour rendre des oracles : une pareille conjecture n'est que trop conforme au caractère bien connu de ces prêtres et à la stupide crédulité de leurs sectateurs, mais elle ne me paroît appuyée sur aucun témoignage historique ; je la crois même démentie par la construction de la statue, dont la bouche ni les oreilles ne sont point percées : le trou que l'on voit sur le sommet de sa tête, et sur-tout celui que le docteur Shaw a remarqué sur sa croupe, correspondoit sans doute à un canal inférieur ; et il y a

Voyage en Barbarie, t. II, p. 157.

tout lieu de croire que ce dernier qui, suivant les mesures du voyageur anglais, avoit quatre pieds de long sur deux de large, servoit d'escalier pour descendre dans un canal, dont l'autre extrémité aboutissoit peut-être au puits de la grande pyramide. Prosper Alpin (1), qui

---

mement curieux et exact, contient une notice historique sur tous les souverains et les gouverneurs de l'Égypte, depuis l'an 18 de l'hégire jusqu'en 932 de la même ere (1525-6 de l'ere vulgaire). Ebn-Zoûlâq étant mort en 387 de l'hégire (997 de l'ere vulgaire), nous ne doutons pas que son ouvrage n'ait été continué par une autre main.

(1) Le passage de ce voyageur, trop peu consulté jusqu'à présent, m'a paru assez important pour être traduit en entier et trouver place ici.

Prosper Alpin alla un jour visiter les pyramides avec un religieux des freres prêcheurs, nommé le P. Bigi, homme très versé dans les mathématiques, et

est descendu dans ce puits muni d'une boussole, et qui s'est engagé
dans le conduit souterrain, ne doute pas que si les décombres ne

---

excellent mécanicien. Notre voyageur en parle avec les plus grands éloges, et fut
charmé de l'avoir pour compagnon dans cette circonstance. « Après avoir parcouru
avec nous, dit-il, la partie supérieure de la pyramide et l'avoir soigneusement
examinée, il nous dit qu'il lui venoit dans l'idée que cet édifice devroit être aussi
profond en fondations qu'élevé au-dessus de la terre, et qu'en un mot il soupçonnoit que ce puits intérieur, dont tout le monde connoît l'ouverture à une certaine distance après l'entrée dans la pyramide, et duquel j'ai parlé plus haut, que
ce puits enfin ne devoit point avoir été destiné à recevoir de l'eau, mais bien
plutôt à servir d'entrée à des conduits vers les parties inférieures et souterraines
du monument. Afin de vérifier une chose aussi intéressante, on entreprit, à sa
persuasion, et pour cela on n'épargna aucune dépense ; on entreprit, dis-je, de
faire déblayer par des paysans la terre et les pierres qui remplissoient la capacité
du puits ; ensuite, au moyen d'un cable, nous descendîmes, lui, plusieurs autres,
et moi-même : dans l'exécution de notre dessein, nous eûmes le bonheur de rencontrer une commodité inespérée. Tout à l'entour de cette cavité cylindrique, les
constructeurs ont eu l'attention de laisser des bouts de pierre en saillie ; ils nous
servoient d'appui, et rendoient notre descente aussi commode que sûre. Descendus, par ces moyens, à une profondeur que nous évaluâmes à soixante-dix pas
géométriques, nous nous trouvâmes à pieds sur le fond du puits : là est un espace
libre et dégagé, où viennent se réunir deux routes ou galeries, lesquelles se
trouvent pratiquées et équarries dans le goût de celles que nous avions parcourues
dans la partie supérieure de la pyramide. La boussole nous apprit que l'une de
ces routes devoit conduire vers le grand sphinx de pierre, et l'autre vers la seconde pyramide, monument auquel on ne connoît pas jusqu'à présent d'entrée
extérieure semblable par sa partie supérieure à celle de la grande pyramide.

« Nous étions déterminés à suivre chacune de ces deux galeries en leur entier ;
mais, à quelque distance, nous les trouvâmes embarrassées par des pierres détachées de la voute : la crainte d'en faire ébouler d'autres en déblayant celles-là,
et de nous enterrer ainsi nous-mêmes, réprima notre curiosité, et mit fin à notre
expédition souterraine. Le résultat de notre examen fut donc que le puits de la
grande pyramide n'a point été destiné par les architectes à fournir de l'eau à
la pyramide, quoi qu'en ait pu dire et penser Bellon, mais bien que ce puits a été
ménagé pour servir d'ouverture commune à un double chemin ; l'un vers l'intérieur du sphinx colossal, qui se voit sur la terre non loin de la grande pyramide ;
l'autre vers la seconde pyramide, qui est un tombeau destiné, soit à un second

Voy. ci-dessus p. 217.

et qu'on nomme la mosquée Nâsséryéh : depuis cette époque on cessa de voir cette statue à sa place. »

Quoique l'histoire de cette statue colossale ne puisse pas contribuer à répandre un grand jour sur celle du sphinx, j'ai cru devoir cependant lui donner place ici, puisque c'est l'unique preuve qui nous reste de l'existence de ce précieux monument, dont l'érection, aussi-bien que celle du sphinx, est enveloppée de la plus impénétrable obscurité : à la vérité une opinion vulgaire, que Pline nous donne pour telle, vouloit que le sphinx eût servi de tombeau au roi Amasis ; mais, quand même ce prince auroit choisi sa sépulture dans cette statue, seroit-ce une preuve qu'il en étoit l'auteur ? en outre, à quelle époque vivoit le roi Amasis, dont Lucain place aussi la sépulture dans une pyramide (1) ? La tradition conservée parmi les Arabes n'est pas plus satisfaisante, et donne lieu aux mêmes objections. « Parmi les anciens Égyptiens, disent-ils, les

'Al-Maqr. art. d'*Aboùl-Hoùl.*

uns adoroient le tombeau d'Atryb placé dans une des isles formées par le Nil, et celui de Ssâ situé sur les bords de ce fleuve ; d'autres façonnerent une statue à la ressemblance d'Achmoùn, placerent cette figure entre les deux pyramides, et l'adorerent sous le nom d'*Aboùl-Hoùl* (ou plutôt de *Belhoùt*). Les Sabéens ne cesserent d'adorer cette idole, de lui sacrifier un coq blanc, et d'y faire brûler de la sandaraque. Ils lui adressoient des prieres qui commençoient toutes

Él-dorr-él-tsamyn. p. 35 du manuscrit cité ci-dessus, p. 318.

ainsi : « O Belhoùt, nous venons vers toi t'adresser nos vœux et nos « hommages ; daigne nous exaucer ». —Le culte rendu au sphinx et aux pyramides est une circonstance qui me paroît mériter d'autant plus d'attention que plusieurs écrivains arabes d'un certain poids, tels que A'bdôllathyf, âl-Maqryzy, âl-Soyoùthy, sont parfaitement d'accord sur ce point. Pline nous représente le sphinx comme la divinité bocagere des habitants (2). Nous ajouterons même que ces

---

(1) Non mihi pyramidum tumulis evulsus Amasis. *Phars. IX,* 155.

(2) *Sphinx'. . . quasi numen silvestre accolentium,* lib. XXXVI, cap. XVII, p. 673, ex edit. Franzii ; t. II, p. 738, ex edit. Harduini.

Le naturaliste romain n'ignoroit pas le sens emblématique de cette statue,

pratiques superstitieuses pourroient bien avoir subsisté plus long-
temps qu'on ne l'imagineroit ; elles provoquerent l'indignation et le
zele du ssôfy, qui mutila la statue du sphinx, afin d'avoir le mérite
de *détruire quelques uns des usages contraires à la loi de Dieu* : ce
sont les expressions mêmes de l'auteur arabe, et il est difficile, je
crois, d'en donner une explication différente de celle que je propose.
Les Égyptiens anciens et modernes, idolâtres, chrétiens, ou musulmans, toujours avides de superstition, ont toujours su allier les
pratiques religieuses de différents cultes. Il n'est donc pas étonnant
que parmi eux il s'en soit trouvé qui ne se bornassent point à conserver pour les pyramides et pour le sphinx un respect religieux,
mais tacite et intérieur : quelques uns alloient probablement encore
y faire des cérémonies odieuses aux musulmans, ennemis déclarés de
toute espece d'idolatrie. Il n'y avoit pas même long-temps que ceux-ci
étoient parvenus à abolir parmi les Égyptiens un usage superstitieux
bien plus condamnable. A l'arrivée des musulmans en Égypte (1),

---

lequel étoit trop généralement connu pour qu'il en fît même mention ; mais ce
dont les Romains ne se seroient peut-être pas douté, c'est que les naturels de la
basse Égypte avoient pour le sphinx la même vénération dont jouissoient les divinités champêtres et bocageres de la Grece et de l'Italie. Il est aisé de s'appercevoir
que Pline n'a employé les mots *numen silvestre* que pour faire un rapprochement
qui le rendît plus intelligible à ses lecteurs, et pour leur apprendre une parti-
cularité relative au sphinx fort peu connue. Comme ce petit commentaire sur le
passage de Pline pourroit bien paroître hasardé aux yeux de quelques critiques,
je m'estime très heureux de pouvoir citer à son appui l'opinion d'un ancien voyageur anglais, bien moins connu qu'il ne mériteroit de l'être : « *Is adored*, dit-il
en parlant du sphinx, *heretofore by the country people as a rural deity* ». Sandys
travels, etc. p. 102 de la septieme édition.

(1) « Après un siege de sept mois, A'mroù bén êl-A'ss s'empara du fort de la
Bougie à Babylone, dans l'année 18 de l'hégire (639); en l'an 19 (640), Héraclius mourut ; en l'an 20 (641), A'mroù prit Alexandrie, qui lui coûta quatorze
mois de siege, et vingt-trois musulmans. Voyez êbn-Zoùlâq, *Doùalhhat êl-âzhâr
êl-Ishhaqyte fy men oùalâ êl-Déyâr êl-Messryêh* (Jardin des fleurs de la secte
ishhaqyte, touchant ceux qui ont gouverné la province d'Égypte), n° 788 des
manuscrits arabes de la bibliotheque nationale, pag. 18 et 19. Cet ouvrage, extrê-

A'bdòllathyf, Al-Maqr., art. d'*Aboùl-Hoùl*. donnent au sphinx, et qui n'est qu'une corruption du mot original. Ils l'appellent *Aboùl-Hoùl* (pere de la terreur), et ajoutent que l'ancien nom étoit *Belhoùt* ou *Belhyt*. Il suffit de connoître de quelle maniere les Arabes défigurent les mots étrangers qu'ils veulent revétir de leurs caracteres pour s'appercevoir qu'ils ont voulu rendre à la fois et le sens et le son du mot égyptien, qu'ils écrivent *Belhoùt*, mais qui devoit étre, je crois, *Bal-hoti* (œil redoutable, *oculus terribilis*); non seulement ce mot nous offre le sens et les consonnes, c'est-à-dire les lettres fondamentales des mots *Belhoùt* et *Belhyt*, Thévenot, t. II, p. 425. Vansleb, *relaz. dell Egitto*, p. 125 ; *nouv. relat. d'Egypt.* p. 12, etc. mais il nous explique l'incertitude des Arabes entre ces deux mots : dans le premier mot, ils ont supprimé la finale *iauda*; dans le second, ils l'ont transposée : cette licence n'est rien en comparaison d'*Aboùl-Hoùl*, qu'ils prononcent vulgairement *Aboùl-Hon*, et qu'ils ont formé de *Belhoùt*. C'est ainsi que de *Thebæ* ils ont fait *Medynet-Aboù*, qu'ils auroient dù écrire *Medynet-Tháboù*; et ils traduisent *ville du pere*, quoiqu'ils sachent très bien que, pour donner ce sens à ces deux mots, ils devroient étre orthographiés *Medynet-Aby*; mais peu importe la régularité grammaticale, pourvu qu'ils puissent former dans leur langue un assemblage de mots correspondants à-peu-près pour le son et le sens au mot étranger qu'ils veulent exprimer. Nous pourrions encore citer *cheykh ábádéh*, corruption d'*Abydus*, et beaucoup d'autres mots.

Outre la destination dònt nous venons de parler, et qui lui valut probablement son nom, le sphinx en avoit une autre non moins connue, c'étoit d'annoncer que la crûe du Nil avoit lieu sous les signes du lion et de la vierge; peut-être méme étoit-ce une espece de nilometre dans les hautes crûes, et indiquoit-il leur abondance ou leur excès. Je n'insisterai point sur cette conjecture, que l'abbé *Hist. du Ciel*, t. I, p. 55, 56. Pluche prétend confirmée par l'étymologie méme du mot *sphinx* (1). *Al-Qodhá'ï, A'bdòllathyf, ál-Maqr.*, etc. Les auteurs arabes attribuent au sphinx une autre destination non moins importante que celles que nous venons d'indiquer. Ils pré-

---

(1) En effet en hébreu, en chaldéen et en syriaque, ce mot signifie *abondance, inondation, surabondance*. Vide *Castelli Lexicon heptaglotton*, p. 3815, 3816.

tendent que c'étoit un talisman pour empêcher le sable d'encombrer le lit du Nil et le sol de Djyzeh. Il y avoit autrefois un autre talisman pour empêcher le Nil de divaguer et d'empiéter sur la campagne. « C'est pourquoi, ajoutent les Arabes, il tournoit le dos au sable, l'autre le tourne au fleuve; tous deux sont orientés. Cette statue, qu'ils nomment la concubine d'Aboùl-Hoùl (c'est-à-dire du sphinx), ou de Pharaon, étoit placée dans la ville de Fosthâth, tout auprès de l'édifice nommé *Dâr-êl-mélik*, palais du roi, dans la *rue de l'Idole*, (1), laquelle, suivant âl-Météoùedje, commence à la tête du grand marché, près la rue d'A'mmar. On dit que si l'on place un fil sur la tête du sphinx, et qu'on tende l'autre bout jusqu'à sa concubine, on trouvera qu'il vient précisément sur sa tête, de maniere que ces deux figures se trouvent sur une même ligne et d'égale hauteur : c'étoit en effet une grande idole, avec des membres proportionnés à sa taille, et semblable à celle que nous venons de décrire (au sphinx); elle tenoit un enfant sur son sein, et avoit un pot sur la tête, le tout en granit très dur. On pense communément que c'étoit une femme. »

Il est aisé de reconnoître ici la déesse Isis tenant entre ses bras le jeune dieu Horus, et portant sur la tête le boisseau, symbole de l'abondance. Le fanatisme avoit déja fait mutiler le sphinx; l'avidité causa la destruction de la statue qu'on nommoit sa concubine.

« En l'année 711 de l'hégire (1311-12 de l'ere vulgaire), l'émyr, surnommé Bélâth, rassembla une troupe de maçons et de tailleurs de pierres : ils se mirent à briser la statue de la concubine de Pharaon; ils la couperent, et en firent des marches et des socles : en démolissant ce monument, ils espéroient découvrir des richesses qu'ils croyoient cachées dans les fondations; mais, après avoir creusé jusqu'à l'eau, ils ne trouverent que des assises de pierres; celles qui composoient les fondations souterraines furent employées à faire les piliers de la mosquée cathédrale, située hors de Fosthâth,

Al-Maqr. art. d'Aboùl-Houl.

---

(1) *Zeqâq âl-Ssénâm.* Cette rue étoit ainsi nommée, sans doute, à cause de cette statue qui s'y trouvoit.

l'eussent empêché d'avancer, il ne fût parvenu immédiatement sous le sphinx. — Au reste, la destination astronomique de cette statue me paroît suffisamment établie, sans qu'il soit nécessaire de lui en chercher une purement conjecturale.

Nous ne terminerons pas cet article sans faire quelques observations sur le caractere éthiopien de cette tête. Il justifie pleinement le portrait que fait Hérodote des anciens Égyptiens, ainsi que l'opinion du citoyen Volney, qui les regarde « comme de vrais negres de l'espece de tous les naturels d'Afrique (1) », et celle de M. Will. Jones, qui prétend que « les Éthiopiens de Méroé étoient le même peuple que les premiers Egyptiens et les premiers Hindoux ». Ajoutons, d'après le même savant, que « les caracteres alphabétiques, les monuments d'architecture et de sculpture, et les immenses travaux souterrains de ces trois nations démontrent jusqu'à l'évi-

Sandy's travels, p. 102.
Volney, Voyage en Syrie, t. I, p. 75, seconde édition.
Asiat. researc. t. III, p. 5, édition in-8°.

---

roi, soit à la reine, femme du premier, comme aiment à l'imaginer et à le répéter beaucoup de gens du pays ; et c'est cet autre monument que j'ai dit être privé de toute entrée extérieure. Le puits où nous descendîmes est si bien celui qui se trouve mentionné dans Pline, que la profondeur de 86 coudées qu'il lui assigne se rapporte à la mesure que nous avons estimée et donnée plus haut : ce fut même la lecture de Pline, qui, tourmentant le P. Bigi, et lui faisant desirer de vérifier par lui-même toute cette descente, donna lieu à notre découverte. » — Voyez *Prosperi Alpini Rerum ægyptiacarum*, lib. I, cap. VI, p. 32 et 33. La mesure de ce puits, donnée par l'auteur du *Tohhfat él-âïbâb*, et citée ci-dessus p. 303, est visiblement fausse, ou plutôt c'est une de ces erreurs de copistes qui répandent tant d'obscurité dans les ouvrages orientaux relatifs aux mesures et aux distances.

(1) M. Blumenbach reconnoît trois différences principales dans le caractere national des physionomies des anciens Égyptiens, et les classe ainsi ; 1° celle qui convient à la caste éthiopienne, 2° celle qui approche de la figure des Hindoux, 3° celle qui tient un peu des traits des deux premieres ; et qu'il nomme *mixte*. Voyez de précieuses et savantes *Observations sur quelques momies égyptiennes ouvertes à Londres par J. Blumenbach*, en 1774, t. I, p. 503-525 du Magasin encyclopédique ; recueil non moins utile que volumineux, et dont on doit la création et la continuation au zele infatigable de mon laborieux collegue le citoyen Millin, conservateur des médailles et antiques de la bibliotheque nat. de France.

dence leur primitive identité (1) ». —En effet, le caractere qobthe ou moderne des Égyptiens, ainsi que l'éthiopien et le sanskrit, s'écrivent de gauche à droite : les voyelles, dans les deux derniers alphabets, sont annexées aux consonnes, et forment avec elles un systéme syllabique très simple ; enfin il suffit d'avoir les premieres notions de la langue éthiopienne pour être frappé de l'étonnante ressemblance des lettres de cette langue avec les caracteres de l'ancien sanskrit, et sur-tout avec ceux des inscriptions des caves de Canarah, qui remontent au-delà de tous les périodes connus de l'histoire indienne. L'immense étendue de ces caves, de celles d'Élephanta, d'Ambola, et d'Ellora (2), les innombrables

---

(1) Nous avons déja remarqué, dans une note de la *Dissertation sur la statue de Memnon*, pag. 166, 167 du tome II de cette édition du *Voyage de Norden*, que les anciens désignoient sous la dénomination d'*India*, non seulement l'Inde, mais encore l'Éthiopie, et probablement le Ssa'id ou la haute Égypte. Il n'est peut-être pas inutile d'observer ici que le nom du Nil est un mot sanskrit qui signifie *bleu :* ce fleuve, dans la même langue, se nomme *Caly*. Voyez la Dissertation de M. Wilford, *on Egypt and others countries adjacent to the Caly river or Nile*, etc., p. 46 et suiv. du tome III des *Asiatick researches*, édit. *in-8°*.

(2) Les caves et sculptures d'Elephanta, de Canarah, d'Ambola, sur la côte de Malabar, près de Bombay, ont été décrites particulièrement par Linschote, 1ʳᵉ part. chapit. 44, p. 83 de ses *Navigations*, 3ᵉ éd., par Ovington, t. I, p. 153-157 de ses *Voyages;* Fryer, *account of East-India and Persia*, p. 72-75; Hamilton, *History of the East-Indies;* t. I, p. 241; Grose, *Voyage to the East-Indies*, p. 90; dans le *Zend-avesta*, t. I, p. ccccxix, contenant la relation des Voyages du citoyen Anquetil; *Voyage en Arabie*, par M. Nieburh, etc. t. II, p. 25-35; Dalrymple, *account communicated to the society of antiquaries*, *Archæologia* t. VII, p. 324; Gough, *comparative view of the monuments of India*, p. 5 et suiv. Hunter, *account of the Pegu*, p. 83-110, et p. 59-69 de la traduction française intitulée, *Description du Pégu et de l'isle de Ceylan;* Maurice, *Indian antiquities*, t. II, p. 131 et suivantes; Moore, *narrative of the operations . . . . against Tippoo Sultaun*, p. 437, appendix; Goldhingham, *some account of the cave in the island of Elephanta*, t. IV, p. 424-434 des *Asiat. research.*

Les caves et pagodes d'Ellora, près de Daoûlet-Abâd, ressemblent beaucoup à

et colossales statues qu'on y a sculptées dans le roc même, les idoles qu'on déterre journellement à Gayah, les plus antiques pagodes de l'Inde à forme pyramidale, décèlent à la fois les préjugés religieux, l'industrie, le style, la patience et les traits bien prononcés de cette même race d'hommes qui creuserent les syrinx près de Thebes, les catacombes de Ssakharah, sculpterent les statues colossales de la haute et basse Égypte, et éleverent les pyramides (1). La rigoureuse justesse de ce rapprochement me fera pardonner, je l'espere, l'espece de présomption qu'il y a en effet à prétendre ajouter un nouveau degré de probabilité à l'opinion de l'illustre président de la société asiatique. Certains naturels de l'Inde et de l'Afrique nous offrent encore aujourd'hui d'autres conformités, sur lesquelles nous n'insisterons pas ; celles que nous avons indiquées dans le cours de nos recherches suffisent pour établir qu'à une époque très reculée, les habitants de l'Inde et de l'Égypte avoient la même origine, la même religion, et les mêmes arts (2). A laquelle de ces deux nations doit

---

celles de Salsette et d'Eléphanta, quoiqu'elles en soient éloignées de plus de deux cents milles anglais du côté de l'est (environ soixante-quatre lieues): je n'en connois que deux descriptions à la vérité très étendues, et qui paroissent très exactes ; l'une par Thévenot le neveu, t. 5, liv. I, chap. IV, intitulée, *des Pagodes d'Ellora*, pag. 222-229, édition *in-12*; l'autre par M. Mallet, intitulée, *Description of the caves*, etc. *on the mountains to the eastwards of Ellora*, t. IV, p. 382-425 des *Asiat. researches*. M. Mallet, ayant consulté deux savants du pays sur ces antiquités ; l'un musulman, les attribua à un prince de sa religion qui vivoit il y a neuf cents ans ; l'autre, brahmane, cita un ouvrage indien qui l'autorisoit à donner à ces travaux sept mille huit cent quatre-vingt-quatorze ans d'antiquité.

(1) Les amateurs de la littérature orientale apprendront avec plaisir qu'on a recueilli toutes les productions de ce savant, lesquelles forment six vol. *in-4°.*, publiés à Londres en 1799. « C'est, comme l'observe très bien l'éditeur, le plus beau monument que l'on puisse élever à sa gloire. »

(2) Les montagnards garraous et quelques autres du nord et de l'ouest de l'Hindoùstân ont le teint et les traits caractéristiques de la physionomie éthiopienne : les Negres d'Angola se peignent la figure et les bras précisément comme les Indiens

appartenir le droit d'aînesse, et quelle peut avoir été leur origine? voilà deux questions aussi intéressantes pour la philosophie que pour l'érudition; et qui feront probablement le désespoir de plus d'un moderne OEdipe.

---

et portent sur le front les mêmes marques qu'on voit sur celui des sectateurs de Chiven (ou Mahadeo). Voyez *Observations on the inhabitants of the Garrow hills*, t. III, p. 20-45 des *Asiatick researches*, édit. *in-8°*; *Voyage à la côte d'Afrique*, par L. de Grandpré, t. I, p. 75-76. — Ajoutons que Bout ou Bedha, cet ancien dieu ou législateur de l'Inde, du Thibet, et de la Tatárie, est représenté avec des cheveux crépus, un nez épaté, des levres épaisses, etc.

FIN DES NOTES ET ÉCLAIRCISSEMENTS.

TABLE

DES AUTEURS ORIENTAUX

ET DES SAVANTS ORIENTALISTES

CITÉS DANS LES NOTES

ET LES ÉCLAIRCISSEMENTS DE L'ÉDITEUR.

A'BDÒLLATHYF ben-Yoùçouf ben-Mo-hhammed , natif de Baghdâd. *Kétáb ál-Éfádet oùé él-I'itébár fyl-ômoùr él-muchâhidet oùe él - Hhaoùddits él-mo'âynet be-árdh Meṣsr.* (Instruction et exemples touchant ce que l'on a vu et appris du pays de l'Egypte.) Publié en arabe seulement , par M. White , sous le titre de *Compendium memorabilium Ægypti, arabicè*, etc. cité t. III , pages 173, 248 , 282 , 284 , 309 , 310 , 311 , 342; la traduction alle-mande par M. Wahl, cité t. III , pages 173, 181 , 184.

(*Nota*. M. White a donné du même ouvrage une seconde édition arabe, avec une traductionlatine , in-4°. , dont je viens de recevoir un exemplaire.)

A'bdoùl - Hhokm , voyez A'bdoùl-Rahhman.

A'bdoùl-Kerym , pélerin musulman. *Voyage à la Mekke* , t. II, p. 175 , t. III, p. 197.

A'bdoùl-Rachyd âl-Bâkoùcy, *Tel-khyss él-átsár* , etc. t. III , p. 160, 277 , 287.

A'bdoùl-Rahhman ben - A'bdoùllah ben - A'bdoùl - Hhokm le qoraïchyte. *Foutoùhh Messr oùé ákhbárhá oùé áqálymhá,* (Conquête d'Egypte, son histoire et ses provinces , depuis les temps les plus reculés), rédigé par Aboùl-qacem A'ly ben-êl-Hhaçan ben-Khalef ben-Fedyet êl-djaùhéry êl-âzâdy en 585 (1188). Quoique nous ne con-noissions pas l'époque de la mort de A'bdoùl-Hhokm , nous sommes auto-risés à la placer dans le 2d siecle de l'hégire au plus tard. Cet ouvrage se trouve à la bibl. nat. , n° 785; où il est inexactement indiqué sous le nom d'*ál-Oùâqédy*. Cité t. III , pag. 255, 271.

Aboù A'bdoùllah Mohhammed ben-Mohhammed ben-A'bdoùllah ben-Edrys êmyr êl-Moùmenyn. *Kétáb Nozahat ál-Muchtâq* etc. (L'amusement du cu-rieux dans les descriptions des pays , des cantons, des isles , des villes et leurs horizons.) t. III. page 159.

Nota. Voyez de plus amples détails sur le titre de cet ouvrage dans le fragment publié par M. Hartmann , sous le titre de *Edrissi Africa ,* 2ᵃ *edit. Gottingæ* 1796, *in*-8°.

Aboù A'bdoùllah ... âl - Qodhâ'ï. *él-Mokhtár fy dzikr él-khothath* , etc.

Notice de cet ouvrage, t. III. p. 244, 262, 273. Ses autres ouvrages , *ibid.*

Aboù-A'bbâs Ahhmed ben-A'ly âl-Qalqachendy. (et non Kalkasendy), natif de Qalqachend , et surnommé ensuite

3.

46

FIN DE LA TABLE DES AUTEURS.

TABLE GÉNÉRALE DES MATIERES.

A

C.

Cacheff, *voyez* Kiâchef.

Cadi, *voyez* Qâdhy.

Caffetah, *voyez* Qaftân.

Caire (le vieux), son étendue, t. I, p. 78 ; notice sur cette ville, *ibid.* ; maison d'eau au vieux Caire, p. 79 ; puits de Joseph, p. 72 ; grenier de Joseph où l'on rassemble le bled donné en tribut au grand-seigneur, p. 79 ; environs de cette ville secs et stériles, p. 80 ; distance du vieux au nouveau Caire, t. I, p. 81 ; noms de ces deux villes en arabe, p. 69 ; commerce du nouveau Caire, p. 171 et 77 ; prix des marchandises en 1738, p. 74.

Cali, nom du Nil en sanskrit, t. III, p. 280.

Calische (*lisez* Khalydje), *voyez* Canal.

Cambyse, recherches sur l'époque de son regne, t. II, p. 211, *note* ; renverse la statue de Memnon, et détruit le memnonium, p. 201, 210, 211, 244 et 236.

Canal d'Alexandrie ou de Cléopâtre, antérieur à la ville bâtie par Alexandre, t. I, p. 29 ; t. III, p. 175 ; notice chronologique des réparations faites à ce canal, 176-179 ; son étendue et son utilité, *ibid.* et t. I, p. 15 ; ses eaux arrosent un bois de dattiers voisin de la ville, t. I p. 18 ; ses bords couverts d'arbres et de camps d'Arabes, *ibid.* ; creusé pour transporter les marchandises du Caire à Alexandrie, p. 19 ; n'est plus entretenu et Norden le passa à pied sec au mois de juin, *ibid.* — Canal de Suez, ses différents noms, t. III, p. 191 ; son ancienneté et son étendue, t. I, p. 70 et 80, t. III, p. 187 ; avoit son embouchure à Qolzoum, *ibid.* ; noms de ceux à qui on l'attribue, p. 187 et 188, nettoyé à différentes époques, p. 188 et 189 ; embouchures de ce canal, p. 195 ; paralelle entre ce canal et ceux dont parlent les Grecs, p. 194 et 195 ; ne sert maintenant qu'à conduire les eaux du Nil au Caire, t. I, p. 70 ; époque et cérémonie de l'ouverture de sa digue, t. I, p. 70 et 81 ; sa largeur, p. 70. — Canal de Joseph auprès de Roddah, t. II, p. 45. — Canal voisin de Ghâoù êl-Cherqyeh, t. II, p. 61 et 62. — Canal nommé *Khalydje êl - Mufrathah*, près de Syouth, t. II, p. 55. — Canal ou *Khalydje* Souhhâdjyah, t. II, page 64. — Canal voisin de Bârdys, sa direction, t. II, p. 80. — Canal, ou Khalydje Muhharaqah, auprès de Bahdjoùrah, t. II, p. 82. — Canal au-delà de la cataracte, t. III, p. 40.

Canarah, *voyez* Caves.

Canne, évaluation de cette mesure, t. III, p. 177 et 291.

Canaux, leur importance pour l'Egypte, t. I, p. 94.

Canaux dans le voisinage de Sâkhet, t. II, 57.

Caracteres chinois alphabétisés par les Coréens, t. III, p. 296 ; caracteres hiéroglyphiques, *voyez Hiéroglyphes*, *Écriture* et *Alphabets.*

Caractere hhémyaryte, le même que le musnade, p. 297. — Caractere barthyeh, p. 307.

Carâts, *voyez* Kharadje.

Carnac, *voyez* Qarnâq.

Carrieres voisines d'Eçoùàn, t. III, p. 281.

Carullo Meresel, *voyez* Kafr oùl-Mersel.

Casse fistulée, t. I, p. 88.

Catacombes d'Alexandrie, aussi larges que celles de Naples, t. I, p. 17.

Cataracte, description de la premiere, t. III, p. 26 et 27.

Catea, *voyez* Qathyah.

Catherine, *voyez* Eglise ; Butte de Sainte-Catherine à Alexandrie, t. I, p. 13.

Caves d'Éléphanta et de Canarah, décrites par différents voyageurs, t. III, p. 349, comparées avec les syrinx et autres catacombes d'Egypte, p. 350.

Caylus a copié une erreur de Pline relativement à la statue de Memnon, t. II, p. 196 ; cité p. 205, 209 et 210.

Caymakans, *voyez* Qâym-maqâm.

César, son palais à Alexandrie. *Nouvelles littéraires*, t. I, p. XLI ; décrit par Philon, *ibid.* p. XLIII ; étoit situé entre le petit pharillon et la nouvelle Alexandrie, *ibid.* p. XLIV ; il n'en reste aucun vestige, t. I, p. 5.

Chaasmy et Taamy, deux statues, dont l'une est celle de Memnon, t. II, p. 215 et 216.

Chabryïs, le même que Chephren, t. III, p. 265.

Chaghâb, village, t. II, p. 138.

Châhân Châh, surnommé êl-Afdhal (l'émyr) se promenoit souvent à Roùdhah, t. III, p. 207 ; son assassinat, p. 205.

Déïr Attin , *voyez* Déïr êt-Tyn au mot Couvent.

Delta , pourquoi cette partie de la basse Egypte est ainsi nommée , t. I , p. 58 et 59 ; maniere dont on y arrose les terres , p. 192.

Déluge ; opinions des Arabes sur cette catastrophe , t. III , p. 220 ; des Persans , p. 256 ; rois et monuments antédéluviens , p. 220 , 221.

Demegraed , *voyez* Démyghràd.

Demfiig (*lisez* Demfygh ou Demfyq) , village , t. II , p. 110.

Demhid . (*lisez* Demhhyd) , village , t. III , p. 40.

Demyghràd (plutôt Démyqràd) , l'ancienne Crocodilopolis , t. II , p. 135.

Denderah , ville autrefois environnée de sycomores , t. II , p. 87 , 88 ; t. III , p. 132 ; description des ruines environnantes d'après différents voyageurs , t, II , p. 88 , 102 ; position de cette ville rectifiée par Bruce , p. 102. *Not.* ; son nilometre réparé par A'mroù , t. III , p. 228.

Dendoùr , village au-dessus de la cataracte , t. III , p. 86.

Denon a dessiné avec la plus grande exactitude un très grand nombre de monuments de la basse et haute Egypte , t. III , p. 161 et 298.

Deqqeh , village au-dessus de la cataracte , t. III , p. 50.

Déràoù , village , t. II , p. 153.

Deriminna , *voyez* Déïr minah au mot Couvent.

Déroùth , village sur le bord du Nil , au midi de Rossette et à l'est d'Alexandrie , t. I , p. 58.

Déroùth êl-Cheryf , village , t. II , p. 47 , 48.

Derrau , *voyez* Deràoù.

Derri , ville de Nubie , terme du voyage de Norden , *préf.* XXIX , t. III , p. 64.

Derut , *voyez* Déroùth. — Derut ell-Scheriff , *voyez* Déroùth êl-Chérif.

Dharéïrah , *voyez* Sauterelles.

Dhofar , ancienne capitale des Hhémyarytes , t. III , p. 298.

El-Djàr , étoit le nom d'un port et d'une ville dans le voisinage de Médyne , t. III , p. 191. *Note.*

Djaùher passe avec son armée sur le pont de Roùdhah , t. III , p. 213.

Djebeleïn , *voyez* le mot Montagne.

El-Djélâmeh (peut-être êl-Tedjélâmeh) , ville assez considérable , t. III , p. 134.

Djémâl êd-dyn Moùça ben-Ya'moùr , chargé de reconstruire la forteresse de Roùdhah , t. III , p. 216.

Djenàd , retraites souterraines , t. III , p. 261. (*lisez* Hhaïàd).

Djénàd ben-Sàd , fondateur des pyramides , t. III , p. 272.

Djenyneh , village , t. II , p. 80.

Djéràdjoùs , village voisin de ruines antiques , t. II , p. 110 , t. III , p. 130.

Djerbàch âl-Kerymy , est chargé de réparer le canal d'Alexandrie , t. III , p. 178.

Djerêrah , village , t. II , p. 137.

Djermes (que Norden écrit verques) , petits vaisseaux employés à la navigation entre le Caire. Rossette et Damiette , t. I , p. 57 , 58.

Djézyret , *voyez* le mot Isle.

Digue , *voyez* Canal.

Djindyeh , village , t. II , p. 38.

Djirdjeh , capitale de la haute Ègypte , et évêché qobthe , t. II , p. 76 , t. III , p. 137. ; sa distance du Caire , t. II , p. 43 ; le Bey de cette ville en guerre avec les Arabes , t. I , p. 104.

Dimmel , (*lisez* Dymmel) , village , t. III , p. 40.

Diodore de Sicile restitué dans un passage inintelligible , t. II , p. 194 , 195. *Note.*

Djorham , prince du Hhedjàs , en chasse les Amalécites , t. III , p. 258.

Diospolis (la petite) , aujourd'hui Ghâoù êl-Cherqyéh , t, II , p. 61.

Djoùdjoùghâh , village au-dessus de la cataracte , t. III , p. 64.

Djoùmez (*lisez* Djuméyz) , sycomore ; observation sur cet arbre , t. I , p. 85. Ce fut Zacharie et non Za-chée qui monta sur cet arbre pour voir passer J. C. *ibid.*

Djoùz (plutôt que êdjous) , village , i. III , p. 130.

Dirmimund , *voyez* Déïr Meimound au mot Couvent.

Dirp (*lisez* Dirb) , t. II , p. 83.

Divân , *voyez* Dyvan.

Djybéqah , village , t. II , p. 147.

Djyzeh ou Djyzah ; description de ce village sur la rive occident. du Nil , t. I , p. 83 ; n'est pas dans l'ancien emplacement de Memphis , p. 83 , 84 ; distance de Djyzeh aux pyramides , t. III , p. 252 , *voyez* le mot Pyramides.

Doùehh , village , t. II , p. 143.

Doùér a'ïd , village , t. II , p. 60.

Doulàb et non Dulab , village , t. II , p. 40.

Doûlekâ (ou Daloùkah); on lui attribue la fondation du phare d'Alexandrie , t. III , p. 164 , *voyez* Daloùkah.

Doùm, palmier , *palma Thebaica caciofera* , t. II , p. 89 , 214.

Dueer ait , *voyez* Doùêr a'îd.

Dueeg, *voyez* Doùehh.

Dulab, *voyez* Doulâb.

Dupuis , son opinion sur les cornes d'Ammon , t. II , p. 247. *Note.* sur la destination des pyramides , t. III , p. 314.

Dureg, *voyez* Tourrâhh.

Dychmend , village, t. II , p. 35.

Dynâr d'Égypte , son évaluation , t. III , p. 178, 291.

Dyvàn , (village au-dessus de la cataracte) t. III , p. 62.

Dzât êl-Hhemmâm , endroit voisin d'Alexandrie , t. III , p. 252.

E.

Ebennut. (*lis.* Ebn-Hoûd) , t. II , p. 105 , 132.

Ebn Gaziim , *voyez* Ibn Ghazym.

Ebn âl-Mâmoùn âl-Bétâîhhy , *voyez* , Mohhammed ben êl-Emyr noùr êd-doùlah.

Echmend êl-A'rab, village, t. II , p. 31 , t. III , p. 147.

Eçoùàn , ville de la haute Égypte , t. II , p. 155 ; t. III , p. 5 ; obélisques , t. I , p. 170 , *voyez* Syéné.

Écritures des Égyptiens au nombre de quatre , t. III , p. 293 ; leur écriture alphabétique dérivoit peut-être des hiéroglyphes , t. I , p. 294. 296.

Edfu, *voyez* Etfoù.

Édifices des Hindoux ne sont point parfaitement carrés , et pourquoi , t. III , p. 287.

Efendy , origine et signification de ce mot , t. III , p. 57. *Note.*

Église de Saint-Marc à Alexandrie , t. I , p. 13. — Église de Sainte-Catherine à Alexandrie , p. 13.

Égypte , son ancien nom , t. II , p. 183 ; ses anciennes relat. avec l'Inde, t. III, 280 ; progrès de la sculpture , t. II , p. 209 , 217 ; la terre a besoin de culture , t. I , p. 91 ; la basse Égypte étoit désignée sous le nom même d'Égypte , t. II , p. 166 ; peuplée par Bosséïr ou Béysser , t. III , p. 242 ; elle doit son nom à Messr. *ibid.* , gouvernement de l'Égypte sous les Turks , t. I , p. 94-100 ; religions, p. 100 ; produit des impositions sous le Khalyfe Mo'-tassem , t. III , p. 291.

Égyptiens étoient originairement le même peuple que les Indiens , t. III , p. 350 ; la physionomie des anciens Égyptiens offre trois différences principales, p. 348 ; ils ne sont pas fondateurs d'une colonie chinoise , t. II , p. 167 ; leur frugalité , t. I , p. 86 ; leur vénération pour le nombre septenaire , t. II , p. 231 ; leur croyance sur l'union de l'ame et du corps , t. I , p. 146 ; leur musique, t. II , p. 282 , 283 ; leurs prêtres chantoient les sept voyelles , p. 283 ; leurs différentes écritures , t. III , p. 293. les hiéroglyphes leur sont venus de l'Éthiopie , p. 297 ; éloge de leurs travaux , t. I , p. XLVI ; leurs couleurs indélébiles , t. III, p. 341, descriptions de leurs vases et ustensiles, t. I , p. 89 ; ils faisoient le commerce par le canal de Suéz et la mer Rouge, t. III, p. 162 ; de quelles manieres ils arrosent leurs terres, t. I , p. 92.

Égyptiennes , maniere dont elles portent de l'eau , t. I , p. 87.

Eïleh , sa distance de Qolzoum , t. III , p. 197.

Ekhmym ou Akhmym , *voyez* Akhmym.

Ell Ekrat , *voyez* êl-Eqràt.

Elephanta , *voy.* Caves.

Elephantine , isle nommée aujourd'hui *El-Zâher* (la fleurie) , t. III , p. 8 ; nilometre de cette isle , t. III , p. 224 ; temple dédié à Cnuphis , *ibid.*

Ellora, description des pagodes de cet endroit, t. III. p. 349, *voy.* Caves.

Equinoxe du printemps, époque mémorable pour les Egyptiens , t. II , p. 252.

Eschebbat et teir ou Deiir , *voy.* Djebel êl-Déïr au mot Montagne.

Eschmend ell arrab , *voy.* Echmend êl-A'rab.

Esnay (*lis.* Esnê et non Esneh) ; son ancienneté et ses ruines, t. II , p. 138, 142, t. III p. 120 ; on expédie du séné de cette ville , t. III , p. 87.

El-Eqràt , village, t. II , p. 53.

Essof , *voyez* êl-Sôf .

Essouan ou Essuaen , *voy.* Eçoùàn.

Etfehh, isle , t. II , p. 25, 28.

Etfoù , village , t. II , p. 29.

Ethiopie, étendue du pays désigné sous ce nom, t. II , p. 165 , 166. *note.*

H.

Juifs, ont ordinairement la douane d'Alexandrie, t. I , p. 41 : font un grand commerce de commestibles, p. 42 : leurs intrigues, p. 43 : exemple du peu d'égard qu'on a pour les Juifs à Alexandrie, p. 44 : recherches sur leur origine, t. II. p. 190.

Julien (l'empereur), fait reporter le nilometre dans le serapion, t. III , p. 237.

Jupiter Amoun , présidoit au soleil du printemps, t. II , p. 246, 247 ; ses emblêmes, *ibid.*, *note.*

K.

Ell-Kabunia, *voy.* êl-Qàboùnyah.

Kachmyr . rendu habitable de la même maniere que le Fâyoùm , t. III , p. 259.

Ell-Kaep, *voy.* êl-Qâb.

Kâfoùr êl-Ikhchyd fait déblayer le bras du Nil , entre Roùdhah et Djyzeh , t. III, p. 207.

Kâhen nom des grands-prêtres rois d'Egypte, t. III , p. 188 : souverains d'Amsoùs , p. 220.

Ell-Kajoudsche , *voy.* êl-Qâyoùdjéh.

Ell-Kalabche , *voy.* êl-Kelabchy.

Ell-Kallaha, *voy.* êl-Qala'ah.

Kardous , *voy.* Qârdoùs.

Kefr bény Mohhammed (et non Kafr Bény Hammed), le village de la tribu de Mohhammed, t. II , p. 39.

Kefr oùl-Mersel, mosquée voisine d'Alexandrie, t. I , p. 58.

Kefr êl-Oyâd, village , t. II , p. 23, t. III , p. 146.

El-Kelâbchy, village au-dessus de la cataracte , t. III , p. 42.

Kellabie (*lis.* Kélâbyeh) , village , t. II , p. 144.

Kenauvie, *voy.* Qanàvyeh.

Keravaschiée , (*lis.* Kêrâvâchyéh) , village au-dessus de la cataracte , t. III , p. 62.

Ell-Kerné, *voy.* êl-Qerneh.

Kéroùrès , enterré dans la troisieme pyramide , t. III , p. 277.

Ell-Kgusuer (*lisez* êl-Qoùzer), *voy.* le mot Couvent.

Khalydje , *voy.* Canal.

Khamroùyéh le Thoulounyde répare le phare, . III , p. 168 , son nom entier, ibid.

Khamsoùn , temps que dure le vent du midi, en Egypte , t. III , p. 286.

Kharadje, tribut du royaume, t. I , p. 95.

Khasslym ou Hhesslym , *voy.* ce mot.

Kiâchef (et non Cacheff), fonctions de cet officier , t. I , p. 100.

Kiaja (*lis.* Kiâyâ), officier inférieur, nommé aussi Kikhyâ , t. I , p. 97.

Kieche, *voy.* Kikhyâ.

Kikhyâ , officier turk, t. I , p. 97.

Ell-Killg , *voy.* êl-Qylhh.

Ell-Kimau , *voy.* êl-Qyman.

Kirkar , village, t. II , p. 45.

Knuphis , temple de ce dieu à Eléphantine, t. III , p. 9; ses dimensions , p. 10.

Kofferloyad , *voy.* Kefr êl-Oyâd.

Koft , *voy.* Qefth.

Kombusch , *voy.* Qombouch.

Komgeride, *voy.* Qomdjeryd.

Komom , *voy.* Qombouboù.

Konombu , *voy.* Qonomboù.

Koroskof, *voy.* Qorousqah.

Kos, *voy.* Qoùss.

Kournabilal , *voy.* Qourn Abyl âhl.

Kubaen , *voy.* Qoubân.

Kudjued , *voy.* Qoudjoud.

Kufr henem Hammed , *voy.* Kefr bény Mohhammed.

Kufr solu , *voy.* Kefr soloù.

Kumbeer , *voy.* Qoùm byr.

L.

Labyrinthe attribué à différents personnages, t. II , p. 194.

Lagsas , *voyez* êl-Ahhsâs.

Lâhoùn , village qui a donné son nom à une pyramide, t. III , p. 249.

Larcher a soigneusement déterminé la position de Momemphis , t. III , p. 202.

Latopolis , aujourd'hui Esné, t. II , p. 138.

Lions sculptés sur les temples du Thibet, t. III , p. 326 et 327.

Longévité des Éthiopiens, t. II , p. 187 ; des Chinois et des sauvages , p. 188.

Loùdjym , roi d'Amsoùs ; monument élevé par lui , t. III , p. 221.

Louqssor , Luxxor ou Luxoreen , *voy.* Oqssor.

M.

Ell Maabda , *lisez* êl-Ma'âbdah , t. I , p. 52.

Machines hydrauliques des Égyptiens , t. II , p. 17.

p. 112 : la cuve qu'il prend pour un sarcophage n'a jamais eu cette destination : preuves de cette assertion, t. III, p. 321-322. Les pyramides étoient probablement consacrées au Soleil comme les obélisques, t. III, p. 314 : on leur offroit des sacrifices, page 318. Ressemblance des pyramides de l'Inde avec celles de l'Egypte, pag. 322-324. Description d'une grande pyramide de l'Inde, pag. 323-324 ; du Pka'hthon à Siam, page 326. Pyramides du Thibet, *ibid.* ; du Mexique, *ibid.*, *note.* Recherches sur le nom original des pyramides, p. 328-336. Ce nom vient probablement de celui du feu en ancienne langue égyptienne, p. 335, 336.

Pytheas, astronome qui observoit il y a deux mille ans à Marseilles, et de quelle maniere, t. I, p. 169.

Q.

El-Qâb, village, t. II, p. 145.

El-Qâboùnyah, village, t. II, p. 153.

El-Qabtarah (et non él-Ghâbtàrah), village, t. II, p. 155.

Qâdhy (et non Cadi) ; ses fonctions, t. I, p. 99.

Ell Qaesser, *voyez* él-Qâsser.

Qaftân (et non Caffetah), robe d'honneur, (et non pas brevet du grand-seigneur), t. I, p. 97.

Qaïçâryeh, signification de ce mot, t. III ; p. 234.

Qaïm-Maqâm, ses fonctions, t. I, p. 100 et 125, *note.*

El-Qala'ah (et non ell Kallaha), forteresse ; sa situation, t. II, p. 18.

Qalanych, village, t. III, p. 144.

Qalâoûn (él-Mélik él-Manssour Séïf él-dyn), fonde l'hôpital, etc., t. III, p. 216 et 217.

Qamazah (et non Gamaze, ni Ghamazah) ; charrue employée dans les environs de cette ville, t. I, p. 91.

Qamoùlâ (et non Ghamoulah), village, t. II, p. 111.

Qanâq, village, t. II, p. 155.

Qanâvyeh (et non Ghanâvyeh), tome II, p. 103.

Qarâbâche, célebre cavalier d'Egypte, enterré dans la pyramide d'Aboù-Hermès, t. III, p. 263.

Qaradjâ, gouverneur d'Alexandrie, détruit une immense colonnade, t. III, p. 182. Note sur ce personnage, *ibidem.*

Qarafah, village, t. II, p. 173.

El-Qarafy, ou plutôt él-Qarafah (et non ell Gharafi), bourg et cimetiere des Turks, t. II, p. 18.

Qarâ-qoùche, intendant d'Egypte, fait démolir les petites pyramides, t. III, p. 309 ; ses autres travaux, *ibidem* et 320.

Discussion sur ce personnage et sur Qarâdjâ, t. III, p. 182.

Qardoùs, village, t. II, p. 60.

Qarnâq, village à cent trente-cinq lieues du Caire, t. II, page 115 ; t. III, p. 126. Dimension des obélisques situés auprès de cette ville, t I, p. 171.

Qassabah, *voyez* Canne.

El-Qasser (et non él-Ghouzer), village, t. II, p. 84.

Qasser àl-Séyâd (et non Qâcer-oùcyâd), village, t. II, p. 84.

El-Qasser (ou plutôt él-Qassr et non él-Ghâcer), village.

Qathârah (et non Ghatârah), village, t. II, p. 106.

Qathyâ, village, t. III, p. 142.

Qathyah, village, t. II, p. 56.

Qàym-maqàm (et non Caymakan), ses fonctions, t. I, p. 100 et 125.

El-Qàyoùdjeh, village, t. II, p. 147.

Qefth, à quelle époque le nilometre de cette ville subsistoit encore, t. III, p. 228.

Qélymoùn, chef des *Kâhen*, explique le songe de Soùryd, t. III, p. 268.

Qélymoùn, ancien grand-prêtre égyptien à qui l'on attribue la fondation de Raqoùdah, t. III, p. 159 (le même que le précédent).

Qélymoùn, couvent du Fayoùm, t. III, p. 274.

Qenéh (et non Ghéneh), ancienne ville, t. II, p. 103.

El-Qernéh, village, t. II, p. 112.

Qirbeh (et non Ghirbéh), village, t. II, p. 154.

Qobâd, fondateur de Hboloùân, t. III, p. 256.

Qobthes, orgueil de leurs prêtres, t. II, page 57 ; sacrifioient une jeune fille au Nil, t. III, p. 345, 346.

R.

S.

Sabéens (les) avoient élevé un temple à la lune dans Memphis t. III, p. 243. — détails sur leur religion , leur langue, etc. t. III , p. 29 ; sacrifioient aux pyramides , p. 318 ; au sphinx 344 ; les mêmes que les Samanéens , *ibid. n.*

Sabéisme, note sur cette religion , p. 320.

Sabua (*lis.* Saboùah), village au-dessus de la cataracte et voisin de ruines remarquables , t. III, p. 53.

Sacheb , *voyez* Sàkhet.

Ell-Sag , transcription fautive de *él-Záher*, *voyez* le mot Isle.

Saghell Bagjura , *voy.* Sàhhel Bahdjoùrah.

Sahdaet, *voyez* Ssa'àdàl.

Sàhhel Bahdjoùràh (et non Bakhdjyoùrah), village , t. II, p. 82.

Sahloùq , roi d'Amsoùs , t. III , p. 221.

Sa'ïd Efendy est chargé par le sulthân O'ts-mân d'examiner les moyens de rétablir le canal de Suez , t. III , p. 194.

Saide , *voy.* Ssà'ïdeh.

Sainte-Croix, son *Examen critique des hist. d'Alex.* cité , t. III , p. 157 ; *son Mémoire histor. sur Alexandrie* , discuté , p. 158 et suiv. ; *ses Remarques sur les anciennes biblioth. d'Alexandrie* , citées p. 169 et suiv.

Saïques , vaisseaux turks qui se voient dans le port d'Alexandrie , t. I , p. 57.

Sakarra, *voy.* Ssakharah et Pyramides.

Sàkhet, village , dont le Bàzàr est assez bien fourni . t. II , p. 57 et 58,

Sakied Musa , *voyez* Sàqyet Moùça.

Sakkara, *voyez* Ssakharah.

Sakkiet Mekki , *voyez* Sàqyet Mekky.

Salaem , *lis.* Salàm , t. II , p. 52.

Salchie , *voyez* Ssàlchbyeh.

Sallaem êllodder (*lis*, Salàm êl-Oder), village, t. II , p. 53.

Samaluud (*lis.*Samaloùd, village), t. II, p. 40.

Samanéens , les mêmes que les Sabéens , t. III , p. 319 ; *voyez.* Sabéens.

Samarqand , signification du nom de cette ville , t. III , p. 299 ; distance de Samarquand à Sana'à , p. 300.

Samhuud et Samuud (*lis.* Ssàmhoùd), t. II, p. 80 ; t. III, p. 130.

Sandys, opinion de ce voyageur sur le sphinx, t. III , p. 339 et 345.

Sanuada . *voyez* Soùàdah.

Sàqyet Mekky , bourg avec une mosquée , sa situation , t. II, p. 16 ; observation sur ce nom mal traduit par Norden , t. II, p. 16 , 17, *note*; et sur des machines hydrauliques , t. II , p. 17.

Sàqyet Moùça , village, t. II , p. 45.

Sardsch êll Farras (*lis.* Sardjo êl Faràs), village, t. III , p. 39.

Sau-adno , *voyez* Ssàoùàdneh.

Sauaggel (*lis.* Sàoùàhhel) , village, t. II , p. 82 ; t. III , p. 135.

Sauterelles , description de celles nommées Dharéirah , t. I , p. 87 , 88.

Sauuada , *voy.* Ssaoùàdah.

Sauviedell Tschiedami , *voyez* Zàviet êl-Djydàmeh.

Ell-Sauvie , *voy.* êl-Zàvyeh.

Sauvied êl-Masluub, *voyez* Zàvyet êl-Massloùb.

Scagab , *voyez* Chaghàb.

Schaurie , *voy.* Chàryeh.

Schuch Tamisch , *voy.* Chàkhet A'mych.

Schachtura , *voy.* Chàhbtourah.

Schagab , *voyez* Chaqab.

Scharaque , *voyez* Charàkoùeh.

Ell-Schech Amer , *voyez* êl-Cheykh Amr.

Schech atmaen , *voyez* Cheykh àtmén.

Schech Bereeck , *voyez* Cheykh Baryk.

Schech Flaeck , *voyez* Cheykh Fellàhh.

Schech Haridi , *voyez* Cheykh Hbàrydy.

Schech-hie , *voyez* Cheykhyéh.

Schech mebadir, *voyez* Cheykh mébàdyr.

Schech Seinetdien , *v.* Cheykh Zeïn êd-dyn.

Schechsiat , *voy.* Cheykh Syàd.

Schechs , *voy.* Cheykh.

Scheck-Ghadder , *voy.* Cheykh Khadr.

Scheich Abadé , *voy.* Cheykh Abàdeh.

Schemt ell-uab , *voy.* Semt êl-Oùàhh.

Schenhuer , *voy.* Chenhoùr.

Shenduie , *voy.* Chendàoùyeh.

Schenine , *voy.* Djényneh.

Scherabie , *voy.* Chéràbyeh.

Scherauna , *voy.* Chéràoùnah.

Scherek Abohuer , *voy.* Cherq àboù Hhoùr.

Scherek Dendoùr , *voy.* Cherq Dendoùr.

Scherek-Girche, *voy.* Cherq-Ghyrcheh.

Scherek Merie , *voy.* Cherq Méryéh

Scherek Merruvau , *voy.* Cherq Meroùvàoù.

Scherek Seliin , *voy.* Cherq Selym.

Scherek Uladiachchia , *voy.* Montagne de Cherq Oùlàdàdjyéh.

Schereina , *voy.* Chéraïnah.

Scherona , *voy.* Chéroùnah.

Schiaturma , *voy.* Chàth ùl-mà.

Schiim , *voy.* Chymeh.

Schiub , *voy.* Choùb.

Schobacq , *voy.* Chobàq.

Schorbatschies , *voy.* Tchòrbàtchy.

FIN DE LA TABLE GÉNÉRALE DES MATIERES.

ADDITIONS ET CORRECTIONS

POUR LE PREMIER VOLUME

DU VOYAGE DE NORDEN.

JE dois observer d'abord que le plan de cette édition ayant été changé pour des raisons indiquées dans ma *préface* (p. 154 de ce volume), il ne faut point avoir égard à quelques unes des notes qui indiquent au lecteur la table géographique que je projetois lorsque j'écrivois ces notes, mais que je n'ai point exécutée.

Je crois devoir ajouter ici que les noms de lieux placés entre deux parentheses offrent la transcription littérale, suivant mon *Alphabet harmonique* des mots arabes inscrits sur les cartes de Norden : mais ces mots ayant été originairement tracés par une main inexpérimentée et même ignorante (probablement par le prêtre qobthe qui accompagna Norden dans une partie de la haute Egypte), il ne faut pas s'étonner si plusieurs de ces mots sont incorrects : ces incorrections ont dû se retrouver dans ma transcription littérale ; mais j'en ai rectifié plusieurs en note, un beaucoup plus grand nombre dans la *table des matieres*, et quelques uns aussi dans ces *additions et corrections*. On sent aisément que ce travail ne peut être que le fruit de la lecture des auteurs orientaux : voilà pourquoi je n'ai pu le faire que successivement. Je conviendrai même avoir laissé subsister encore quelques uns de ces mots visiblement altérés, mais que je n'ai pu corriger, ne les ayant point encore trouvés dans les livres que j'ai consultés.

Page xj, ligne 24 : Coptes, *lisez* Qobthes.

Page xiv, dans l'*Alphabet harmonique* : Gâf, *lis.* Qâf; ou, *lis.* où; Tçâ, *lisez* Tsâ; tdâ, *lis.* Dtâ.

Nota. Ces légers changements sont le résultat des corrections que j'ai faites sur ce travail, qui n'étoit alors qu'une simple ébauche, ou plutôt un essai auquel je crois avoir donné à peu près toute la perfection dont il est susceptible dans un très court mémoire, intitulé, *Note du cit. Langlès sur sa maniere d'orthographier les mots orientaux*, placé à la tête du cinquieme volume des *Notices et extraits des manuscrits de la bibliotheque nationale*.

Page 17, ligne 3 : un consul général ; *ajoutez en note*, c'est, je crois, Maillet, auteur d'une *description de l'Egypte*, assez connue (L-S).

Page 35, ligne 7 : un voyageur ; *ajoutez en note*, ce voyageur est Richard ococke, auteur de la *Description of the East* (L-S).

Page 35, ligne 10 : je m'en rapporte ; *ajoutez*, à lui.

Page 58, ligne 10 : Abougyr, *lisez* Aboù-qyr.

Page 73, lignes 3, 6, 11 : Maïdins, *lisez* Mëïdyns.

ligne 5 : Felourly, *lisez* Fondoùqly.

ligne 7 : Genzerly, *lisez* Zendjerly.

Page 74, ligne 12 : 154 dragme, *lisez* 144 dragmes.

Ibid. ligne 8 : rotal, *lisez* Rothl.

Page 81, ligne 13 : Khalidje, *lisez* Khalydje.

Ibid. ligne 17 : Djgzah, *lisez* Djyzéh.

note : Roudhah, *lisez* Raoùdhah.

Page 84, lignes 10, 27 : A'ther én-naby, *lisez* Atser én-nabi, qu'on écrit aussi Atser él-Naboùyeh.

Page 85, ligne 12 : (Djoumez), *lisez* (Djouméïz). *Voyez* Forskal *flora ægyptiaco-arabica*, pl. LXXVII, p. 180; Prosper Alpin. *Histor. natural. Ægypt.*, pars secunda, p. 12.

Ibid. ligne 14 : Zachée, *lisez* Zacharie.

Page 88, ligne 21 : *ajoutez en note*, la casse fistulée s'appelle en arabe *khyâr-chember*, *voyez* Forskal *flor. ægypt. arab.*, p. LXVI; Prosper Alp. *Histor. nat. Ægypt.*, pars secunda, p. 2, (L-S).

Page 91, en marge : Planch. XLIII, *lisez* LIII.

Page 93, lig. 19, 23 : Khalidje, *lisez* Khalydje.

Page 97, ligne 2 : Assappes, *ajoutez* (A'zâb).

Page 99, ligne 4 : Assappes, *id.*

Pag. 105, ligne 3 : Gheneh, *lisez* (Qénéh).

Ibid. lig. 10 : (Farount), *lisez* (Farsyoûth).

Pag. 106, ligne 7
114   7   } Qaïmaqam, *lisez* Qâïm-maqâm.
125   14

Pag. 115, lig. 24; *ajoutez en note*, cette premiere pyramide est désignée dans les planches sous le nom de seconde (L-S).

Pag. 130, en marge : Pl. LIV, *lisez* XLIV.

Pag. 136, *note* ; 1743, *lisez* 1737.

Pag. 140, lig. 24 : Louqssoryn, *lisez* Oqssoréyn.

Pag. 151, ligne 6 : οὐδεὶς, *lisez* οὐδεὶς.

Ibid. λίθω, *lisez* λίθων.

Pag. 155, ligne 6, plâtre, *lisez* chaux.

Pag. 157, ligne 2 : within, it, *lisez* within it.

Pag. 158, lig. 24 : Ρίουσα, *lisez* ʽΡίουσα.

Pag. 162, lig. 10 : un pilier d'édifice, *lisez* une masse d'édifice.

Page 169, lig. 21 : trente ans avant, *ajoutez* Pline.

Ibid., lig. 23 : portant, *lisez* portent.

Pag. 172, lig. 15, et 175, lig. 32 : Mathâryn, *lisez* Matharyeh.

Pag. 175, lig. 16 : aboù Saïffin, *lisez* aboù Séïféïn.

Pag. 175, lig. 27 et 28 } Ater en naby, *lisez* Atser èn-naby.
176,   2

Pag. 176, lig. 20 { Menawad, *peut-être faut-il lire* Ményet oûâdy.
    { Mençal Mousa, je crois qu'il doit y avoir *Ményet âhl-Moùça*, c'est-à-dire le village du peuple de Moyse.

TOME II.

Page 13, *note* : Fendougly, *lisez* Fondoûqly.

Page 13, *note* : Ather èn-naby, *lisez* Atser èn-naby.

Page 16, *note* : musulmans renégats, *lisez* renégats devenus musulmans.

Page 17, ligne 30 : Nieburh, *lisez* Niebuhr.

Ibid. ligne 26 : Saqyeh tedbyr, *lisez* Sâqyéh tédyr.

Page 18, lig. 12 et 21 : (Manêl-Mouça), *lisez* Ményet âhl-Moùça.
    lig. 23 : Dahhchoùr, *lisez* Dahchoùr.
    lig. 26 ; el-Kharafy, *peut-être faut-il lire* èl-Qarafeh.

Page 19, lig. 28 : Tourahh, *lisez* Toùradje.

Page 19, lig. 19 : Aboù-Eify, *lisez* Aboù-Séïféïn.

Page 20, lig. 3 : Mahhsarah, *lisez* Ma'ssarah.

Page 21, lig. 22 : Hhelouân, *lisez* Hholoùân.

Page 22, lig. 19 : Dahhchoùr, *lisez* Dahchoùr.

Page 23, lig. 18, 28 : Ghamaz, *lisez* Qamazéh.

Page 24, lig. 18 : (Ryghâ), *lisez* Riqah.

Page 25, lig. 22 : (Medoun), *lisez* (Mëïdoùm).

Page 26, lig. 21 et 22 : de quatre heures en quatre heures, *lisez* de quart-d'heure en quart-d'heure.

Page 29, lig. 25 : Sauvied êl-masluub, etc., *lisez* Zâvyeh êl-massloùb, c'est-à-dire le couvent, ou l'hermitage du crucifié.

Page 29, lig. 13 : Ouasthâ, *lisez* Oùasthah.

Page 30, lig. 16 : qom Djeryd, *lisez* koùm-Djeryd.

Page 35, lig. 15 : (qom bouch), *lisez* Koùm-boùch.

Page 39, lig. 1 : (qoufr-Solou), *lisez* (kefr-Soloù).

lig. 14, 23 : qoufr bény-Hhammed, *lisez* kefr bény-Mohhammed.

lig. 17 : Bény-Hhammed, *lisez* bény-Mohhammed.

Page 42, à la marge : Planche LXVI, *lisez* Planche LXXVI.

Page 45, *note :* la pluïe ou l'arrosement de Joseph, *remplacez ainsi cette note.* Bahhar-yoùçouf, la mer ou le lac de Joseph (L-S).

Page 55, lig. 26 : êl-Ma'afrata, *lisez*, Mufrathah.

Page 61, lig. 13 : Ghaou al-Herqyeh, *lisez* Ghaoù êl-Cherqyeh.

Page 81, lig, 5 : Ssamhhound, *lisez* Samhoùd.

Page 88, lig. 21 : omnibus instant, *lisez* omnes instant.

Pag. 113, *ajoutez à la parenthese* (et plus correctement Oqssor et oqssoréïn).

Pag. 151, lig. 27 : transposition, *lisez* transcription.

Pag. 167. lig. 23 : Francizii, *lisez* Franzii.

Pag. 175, lig. 24 : voyage à Médyne et à la Mekke, *lisez voyage de l'Inde à la Mekke, par A'bdoûl-Kerym,* t. I, p. 55 de la *collection portative de Voyages traduits de différentes langues orientales et européennes.*

Pag. 187, lig. 29 : Moroë, *lisez* Meroé.

TOME III.

Page 8. lig. 2 : (êl-Zâher), *ajoutez* isle fleurie.

Page 27, lig. 17 ; (Djézyret êl-Hhéïf), *ajoutez* (isle où il ne pleut pas).

Pag. 112, *note ; Açâb :* lisez *A'zâb.*

Pag. 120, lig. 19 : Esneh, *lisez* Esné.

Pag. 172, lig. 5 : l'an de l'ere vulgaire, *lisez* vers l'an 180 de l'ere vulgaire.

Pag. 177, lig. 1 : Mohhammened, *lisez* Mohhammed.

Pag. 181, lignes derniere et pénultieme : A'bdellalhyf, *lisez* Abdôllathyf.

Pag. 189, lig. 27 : Kitâa, *lisez* Kétâb.

Pag. 192, lig. 29 : Hhosséïn, *lisez* Hhocéïn.

Pag. 193, lig. 2 : 716, *lisez* 719.

Pag. 196, lig. 19 : Kalkachendy, *lisez* Qalqachendy.

Pag. 205, lig. 5 : Vézyr âl-Mamoùn, *lisez* Vézyr êbn âl-Mâmoùn.

Ibid. lig. 8 : cet historien est, *lisez* cet historien cite.

Pag. 212, lig. 12 : son ayeul, *lisez* son pere.

Pag. 222, lig. 2 et 3 : qui amena dans 70 bâtiments, *on peut aussi traduire* qui amena sur 70 chevaux, parceque le mot arabe *merkeb* a cette double signifi-cation, en désignant un véhicule quelconque.

Pag. 227, lig. 22 :
228, lig. 1 et 11 : } Qoùs, *lisez* Qoùss.

Pag. 235. lig. pénultieme : *Golânot*, lisez *Golii not.*

Pag. 242, lig. 25 : Beysser, *ajoutez* ou Bosséïr.

Pag. 251, lig. 16
28 } Atouer ên-naby, *lisez* Atser ên-naby.

Pag. 255, lig. 24 : les historiens arabes, *lisez* quelques historiens arabes.

Pag. 261, lig. 9 : Djenâd, *restituez* Hhaïâd, suivant la leçon qui se trouve

dans l'ouvrage manuscrit d'A'bdoûl-Hhokm. Ce mot est mal orthographié dans tous
les manuscrits d'âl-Maqryzy, que j'ai consultés, et qui portent *Djénâd*.
    Pag. 275, lig. 22 : des poissons, *lisez* du poisson.
           23 : ventre des mêmes poissons, *lisez* dans le ventre du poisson.

    Nota. Batḥn êl-Hhaoûh sont trois étoiles placées sur la tête et l'épine du poisson
boréal. Voy. *Globus cœlestis cufico-arabicus à S. Assemano illustratus*, p. CLXIII.
    Pag. 282, lig. 10 : Mohacalpa, *lisez* Mahacalpa.
          26 : Chemnis, *lisez* Chemmis.
    Pag. 286, ligne derniere : μιζι, *lisez* μιζις.

    Nota. Pendant l'impression de la table des auteurs et de celle des matieres, j'ai
reçu l'ouvrage de M. Zoega *de origine et usu obeliscorum* dont j'ai parlé, p. 332;
et le cit. Silvestre de Sacy a inséré dans le *Magasin encyclopédique*, t. VI de la
sixieme année, un important *mémoire sur l'origine du nom donné par les
Grecs et les Arabes aux pyramides d'Egypte.*
    D'après différents motifs énoncés dans ce *mémoire*, mon estimable collegue
pense que le nom primitif des pyramides devoit être composé, abstraction faite
des voyelles, des trois lettres H, R, M. « Ces trois lettres, dit-il, donnent une
» racine bien connue et très riche en significations et en dérivés dans les langues
« orientales; elle signifie incontestablement dans son sens primitif, *séparer du
« commerce et de l'usage des hommes* : de-là, en hébreu, en chaldéen, en
« syriaque, le verbe signifie *consacrer à Dieu, dévouer, anathématiser, ex-
« communier*, etc..... Si devant le mot *haram* ou *hram* nous mettons l'article
« égyptien Πι, nous aurons Πι Ἡρωμ : de-là les Grecs ont pu faire aisément πυραμις;
« et en retranchant l'article, nous aurons le *haram* des Arabes : ce mot signifiera
« le lieu saint et l'édifice consacré d'une maniere particuliere, soit à quelque
« divinité, soit à un usage religieux. Il est très possible que les Egyptiens écrivissent
« 'HPAM sans aucune voyelle après la consonne aspirée, comme ils écrivent
« aujourd'hui 'HPA, visage, etc ». Nous renvoyons le lecteur à ce mémoire pour
connoître les objections que l'auteur se fait à lui-même.
    M. Zoega se borne à proposer, pag. 131 et 132, pour racine du nom des pyra-
mides le mot oriental *Hermon* (arx, palatium). Nous avons déja observé, p. 330,
que M. Michaëlis a rejeté cette idée qui appartient originairement à Golius. Aucun
de ces savants n'ayant fait mention du mot égyptien πιχεωμ (le feu), que j'ai proposé pour l'étymologie du nom des pyramides qu'on regardoit comme l'emblême
et à certains egards comme la représentation du feu et du soleil auquel elles étoient
consacrées, j'attendrai leur avis sur cette étymologie.

FIN.